～ フランク・クリフォードの英国式占星術 ～

7つのメソッド
ホロスコープをよむ

GETTING TO THE HEART OF YOUR CHART
PLAYING ASTROLOGICAL DETECTIVE

フランク・クリフォード／著

浦谷計子、坂本貴子／訳

親愛なる読者の皆さまへ

　ARI占星学総合研究所からこの本の翻訳本が出版されることをとても光栄に思います。日本は私がもっとも好きな場所のひとつです。私が最初に東京を訪れたのは、1982年、子供のころでした。明るいライトや街のエキサイティングな雰囲気にクラクラしたことを思い出します。まるで魔法のようでした。

　そして、2014年に講師を務めるために再び日本を訪れたとき、友人の鏡リュウジ氏と京都の神社に行きました。そのとき、神主が星の神様のとても古い置物や美しい天文学的な星の図を見せてくださったことを思い出します。

　この本のなかには私へのインタビューが含まれていますが、占星術の本には普通、個人的なことは書いていないものです。でも、このイントロダクションのなかで、もう少し私の占星術における道のりについて皆さんにお伝えしたいと思います。

　占星術は人から教わることが多いと思いますが、私の始まりは独学でした。1989年の8月、ロンドンのタッド・マンという占星家を訪問。家に帰り、コンピューターから印刷した自分のチャートを見て、私は自分で勉強を始めたのです。私は記号を覚え、スクエアやトラインやセクスタイルがどういうものなのか勉強し、すぐに出生占星術のとりこになっていきました。それから私は学校へ行き、そのあとは大学へ行って、手に入れることができる多くの人々のチャートを見たのです。

　私の占星術の勉強は、人々の人生の魅力や伝記への興味から来ています。これは私のチャートでは、双子座のASCや水瓶座のMCから見てとれます。有名な人の伝記を読むときは、本のなかで読んだことをチャートのなかで確認します。チャートを読んで「あなたのチャートにはこれがあります。だから、あなたの性格はXYです」とか「YZがあなたに起きるでしょう」などという占星家もいるでしょう。

　もし、あなたがその反対の方法をとるなら、つまり、人々がその人生で行ったことから占星術を学ぶなら、他の人に前もって考えたアイディアを押しつけるけるようなことを避けることができると思うのです。そして現実のなかで、実際の人々の人生のなかで、占星術がどのようにあらわれているかを学び始めることができるでしょう。

　ホロスコープはあなたのエッセンスを描いています。それは、あなたのモチベーションやエネルギーのタイプです。あなたが誰かの人生について細かいことまでわかっていたら、それをチャートのなかに見つけるのは簡単でしょう。でも、その人がどんな人なのかわかっていない場合は、その人の人生でそのチャートが正確にどのように現実化するか個々のことを予測することはできないのです。

　伝記への興味が高じ23歳のとき、初著書『British Entertainers（イギリスのエンターテイナー）』（フレ

ア、1997年）を出版。それは700件の占星術的な伝記と出生データをまとめた自費出版の本でした。数年後、手相の本を出版してくれる出版社を見つけましたが、私は完璧主義者なので（太陽が牡羊座で月が乙女座）、すぐに自分の本は自分で出版するようになったのです。

　大学を卒業してから、クライアントをとり始め、同時に勉強を続け、評判を築いていくために、イベントやパーティーのファンドレイジングの仕事をし始めました。占星術で安定した収入を得るためには、書いたり、クライアントをとったり、講座で教えるなど多方面のことをし、できるだけ多くの分野で働くエネルギーをもつことが必要です。お金を儲けることに注力したことはありません。お金持ちになりたいのなら、占星術はいい職業ではありませんよ！　安定した顧客基盤を築くのに5年かかり、この分野で一定の評価を得るのにはもっとかかりました。

　やがて29歳の頃、私は講座をもち始めました（サターンリターンの頃です）。それは恥ずかしがり屋だった私にとって、ものすごい飛躍でした。最初のセミナーでは、生徒さんたちの前に立ち、「口を開けて、言葉を出すことができれば、大丈夫！」と考えていたくらいです。そうできるかどうかすらわかりませんでしたが、幸運にもできました。それ以来、教えることをやめることができなくなったのです！

　2003年にロンドン占星術学校の校長に就任。その学校は、現在、世界中に知られています。オンラインスクールや中国の分校もあり、またスペイン語でのコースもあります。学校を経営していていいことは、教えることで学べることです。何年ものあいだに数千人もの生徒たちがいて、そのほとんどが本当に特別な人なのです。彼らに教えることは本当に楽しいことです。私は彼らの面倒をよくみるので、彼らは私のことを「フランクママ」と呼びます。僧侶みたいに聞こえる「ファーザーフランク」より面白いですよね。牡羊座の私にとって、教師としてほとんど無限の忍耐力をもっていることは驚くべきことです！　それは生徒たちが学ぶ過程を楽しめるようにするために、教える側に必要なことでもあります。

　ここ10年の間、私は占星術と手相術を教えるために12カ国以上の国を旅しました。多くの素晴らしい思い出があります。科学博物館で講義したこと、エグゼクティブや銀行家たちでいっぱいの部屋でタイミングの秘密について語ったこと、アメリカの夜のトークショーで1時間ぶっ通しで400もの占星家たちを笑わせ続けたこと、タブロイド紙の記者から占星術を使ってサダム・フセインを見つけてくれと頼まれたこと、テレビに出て、ユニバーサルスタジオのゲームショーのアイデアを考えたこと、中国のメディアに「ハリーポッタースクールの校長」と呼ばれたこと！　たくさんの印象的なことがありました。好きなことを続けられることに本当に感謝しています。

　占星術で私が信じていることは（この本の最初のほうにも書いていますし、ARIの動画セミナーでも話しています）、もっとチャートのとおりになるように、そのポテンシャルをもっと活かすことができるように、人は、人々や状況に働きかけていく傾向があるということです。もし、チャートに乙女座の要素がたくさんあれば、混乱していて、ルーティン化していない人々や場所を求めてしまいます。整理して片づけることを学ぶのがあなたのネイチャー（あるいは「契約」）だからです。チャートに天秤座の要素がたくさんあれば、争いがある人々や場所を惹きつけてしまうのです。それは外交のエキスパートや平和をつくる人になることができるようになるため。単純なのです。あなたがそうなるために生まれてきた人になれるような人生の経験に惹きつけられるのです。

　人々は多くの異なる理由のために占星術を学んだり、占星家に会いに行ったりします。自分について学ぶた

め、将来どうなるのか知るため、株式市場の動きを知るためという理由もあります。占星術を批評する人は、だまされやすい人や傷ついた人を引き寄せていると思っていますが、私は占星家（そして占星術を学んでいる人）は、今まで会った人のなかでも、もっとも知的な人々だと思うのです。そして、私のところに助けを求めに来て、私から正直な見立てを得ていくクライアントたちは、依存するためのグルを求めているから来るのではないのです。私は誰かのグルになることに興味をもったことは一度もありません。翻訳家であることが私の仕事であり、チャートがどのようにその人々の人生や状況をあらわしているのかを示すのです。そして私の仕事は、彼らが自分で決めること、チャートや彼らがどんな人なのか、何が欲しいのかに基づいて、より良い選択をするように手助けすることです。クライアントは、人生でいい決定をするための力を得たという気持ちで、鑑定の場から帰るべきなのです。「すべては星が決めているんだ」、自分ではどうしようもできないんだ、という気持ちで帰るべきではありません。そんなことはないのですから。

　予言や予想より自己理解のほうがずっと大切です。もし、あなたが自分の性格や自分のニーズ、自分の行動、関係性のパターンを理解していたら、将来に向かってより良い選択をしたり、より良い人々や環境を、あなたの人生に引き寄せることができるでしょう。占星術は予言よりも「タイミング」なのです。宇宙やあなたのまわりにいる人々の「リズム」に沿って、個人的な、または仕事上の選択をするために占星術を使いましょう。

　あなたが今、手にしている本は2012年に最初に出版され、その後、2017年に少しアップデートされたものです。私が解説した有名人について、あまりご存じないかもしれませんが、彼らの物語が占星術、そして、あなた自身の出生図をより良く理解する助けになることを望んでいます。

　これからARIで動画セミナーや実際のセミナーを行います。オンラインで直接、皆さんにお会いできるのを楽しみにしています。

　ARIとあなたに感謝しています。あなたがもっと占星術の素晴らしい世界の発見を楽しみ、自分を理解し、自分を受け入れることができるようになりますように。

Frank

マリオ・トレヴィーノとスー・ハリエット・スミスへ
―― 変わらぬ愛をこめて ――

　牡羊座の太陽と11ハウスの金星がコンジャンクションし、天王星とオポジションになっているチャートをもつ私は、占星家として歩んだ二十数年間のなかで、素晴らしく知的でダイナミック、かつクリエイティブでインスピレーションに富む多くの女性たちと出会いました。彼女たちと出会い、学べたことは、このうえない幸運でした。

　この本を次の女性たちに捧げます――彼女たち全員が占星家で、私は彼女たちから学ぶ光栄に浴し、多くは私の良き友となってくれました。

リン・ビール、リン・ベル、フェイ・ブレイク、グラツィア・ボルドーニ、
バーナデット・ブレイディ、リンダ・クボタ・バード、キャロライン・ケイシー、
ダービー・コステロ、パメラ・クレイン、スー・ジャブナー、キム・ファーリー、
フィオナ・グラハム、リズ・グリーン、ジェニー・ハート、デイナ・ホリデイ、
デボラ・ホールディング、メイヴィス・クレイン、ジェシカ・マレー、
ジャイグレッチ・ペシン、メラニー・ラインハート、ロイス・ロデン、
ウェンディ・ステイシー、ジェイン・ストラザーズ、エリン・サリヴァン、
キーラ・サザーランド、スー・トンプキンス

　そして、この本の執筆と改訂にご支援とご協力をくださいました次の方々に、心よりお礼申し上げます。

マリオ・トレヴィーノ、ナン・ゲアリー、ジェイン・ストラザーズ、
サイ・ショルフィールド、タマラ・スタメンコヴィッチ、アルバート・バガ、
マイケル・ナイル、コヴェントガーデンにある占星術ショップのバリー・ストリート、
クレイグ・ノッテンベルト

　最後に、その著書『Astrology in Action』を通じて、新米占星家だった私の目を開き、ホロスコープのテーマやオーバートーンの見つけ方を教えてくださったポール・ライトに厚くお礼申し上げます。

本書掲載の「ホロスコープの車輪」リスト（ページ番号付き）

アースデイ（地球の日） 119
アーロン・スペリング 164
アイリーン・キャラ 235、239
アカデミー賞（第1回） 268
アニタ・ブライアント 126
アメリカ合衆国初代大統領就任式 224
アレクサンダー・グラハム・ベル 107
アン・ダナム 219
アン・ペリー（ジュリエット・ヒューム） 133
アンジェラ・ランズベリー 263
アンソニー・ホプキンス 150
アンソニー・ロビンズ 103
アンネ・フランク 197
イーノック・パウエル 187
イメルダ・マルコス 192
インド独立／演説「運命との約束」 188
ウエールズ公妃ダイアナ 189
エイミー・ワインハウス 78
エド・ゲイン 183
エベル・ナイベル 136
エリザベス・テイラー 127
エリザベス2世女王 141
オードリー・ヘップバーン 163
キャシー・フォード 116
キャシー・ベイツ 164
クエンティン・クリスプ 154
クライアント 88
クリス・エバート 257
クリスティーナ・ケイ 174
ゴラン・イワニセビッチ 258
コレッタ・スコット・キング 76
ザ・ビッグ・タイム（TV番組） 272
サルマン・ラシュディ 58
シェール 168
ジェーン・フォンダ 205
ジェフ・バックリィ 170
ジェフリー・アーチャー 59
ジェフリー・ダーマー 178
シシー・スペイセク 163
シビル・シェパード 51
ジミ・ヘンドリックス 79
ジム・ジョーンズ 137
ジム・バッカー 234
ジャーメイン・グリア 118
シャーリー・テンプル・ブラック 144
ジャクリーン・スタローン 90
ジャスティン・ビーバー 134
ジャニス・ジョプリン 94
ジャワハルラール・ネルー 188
ジャンヌ・ウェバー 181
ジュディ・ガーランド 95
ジョージ・マイケル 168
ジョーゼフ・キャンベル 156
ジョーン・ケネディ 16
ジョーン・ベイクウェル 152
女性クライアント 112
ジョニー・カーソン 132
ジョルジオ・モロダー 242
ジョン・F・ケネディ 222
ジョン・ウェイン・ゲイシー 177

ジョン・デロリアン 135
ジョン・ベネット・ラムジー 110
ジョンベネ・ラムジー 110
ジョン・マッケンロー 160
ジリアン・マッキース 77
シルヴィオ・ベルルスコーニ 117
シルヴェスター・スタローン 162
スーザン・ボイル 270
スティーヴン・ソンドハイム 153
ステファニー・コール 199
聖フランシスコの言葉引用時のサッチャー 186
セーラ・ファーガソン 130
セリーヌ・ディオン 169
ダイアナ・ロス 208
ダイアン・ウォーレン 102
ダイナスティ（TVドラマ） 165
ダスティン・ホフマン 95
タニ・グレイ・トンプソン 262
タミー・フェイ・バッカー 228、231
タミー・ワイネット 167
男性クライアント 86
「血の川」演説 187
チャールズ・マンソン 179
ディーパック・チョプラ 72
ディヴァイン 149
ティナ・ターナー 260
デヴィッド・バーコウィッツ 178
テッド・ケネディ 16、128
デニス・ルイス 262
ドナルド・トランプ 81
トマス・ハミルトン 180
ドリス・デイ 171
ドン・シンプソン 268
ナンシー・レーガン 207
ニーナ・シモン 100
バーバラ・カートランド 47
バーバラ・ストライサンド 74
バイロン卿 77
パティ・ハースト 124
『パノラマ』インタビュー時のダイアナ妃 189
バラク・オバマ 211、214
ピーター・サトクリフ 179
ピーター・セラーズ 101
ピート・ベネット 271
ビリー・ジーン・キング 257
ビル・クリントン 58、222
フィリピン独立 193
フェルディナンド・マルコス 192
フランク・クリフォード（著者） 93
フランク・シナトラ 111
フランシス・フォード・コッポラ 90
ブリジット・バルドー 138
ブルック・シールズ 96
フレンズ・リユナイテッド（SNS） 49
フローレンス・バラード 209
ベニート・ムッソリーニ 173
ホイットニー・ヒューストン 143
ポール・ニューマン 131

ホリー・ジョンソン 259
マーガレット・サッチャー 139
マーガレット妃 87
マーサ・スチュワート 98
マーティ・ケイン 198
マーティン・ルーサー・キング・ジュニア 185
マーロン・ブランド 162
マイラ・ヒンドリー 182
マヤ・アンジェロウ 158
マリリン・モンロー 194
マルキ・ド・サド侯爵 261
マルク・デュトルー 184
マルコス夫妻亡命時 190
マルセル・プショー 180
マルチナ・ナブラチロワ 251、254
ミーナ 126
ミュリエル・スパーク 171
メアリー・ウィルソン 210
メアリー・タイラー・ムーア 243、246
モニカ・ルインスキー 82
ライザ・ミネリ 125
ラス・メイヤー 97
リチャード・ディンプルビー 152
リチャード・ニクソン 80
リベラーチェ 99
リンダ・グッドマン 129
リンダ・グレイ 161
ルイーズ・ウッドワード 115
ルース・ウェスサイマー博士 57
レオナ・ヘルムズリー 206
ローナ・ラフト 125
ロス・ペロー 75
ロバート・シャピロ 92
ロマン・ポランスキー 106

本書では（別記された特例をのぞき）、天体・ASC、MCに対するメジャー・アスペクトのみを示したイコール・ハウスのチャート（「はじめに」参照）を使用しています。
また、チャートの重要エリアを強調するために、特定の構成やアスペクトを示すアスペクトラインのみを表示している場合があります。

略語；
ASC – アセンダント
DSC – ディセンダント
EQHS – イコール・ハウス
IC – イムム・コエリ
MC – ミッドヘブン
SA – ソーラーアーク
TR – トランジット

目　次

はじめに ───────── 9
　水星的なメソッド ……………………… 11

正確なデータ ───────── 19
　現代のデータ収集 ……………………… 20

パート1：ツールの紹介 ───────── 23
　ゾディアックと天体 ……………………… 25
　　・サイン：4つのエレメント ………… 25
　　・サイン：3つのモード …………… 28
　　・サインと天体のエッセンス ……… 29
　4つのアングルと12のハウス ……… 39
　ルーラーとディスポジター ………… 44
　天体の逆行 ……………………… 48
　アスペクト ……………………… 51
　天体の配列を解釈する ……………… 56

パート2：最初に考慮すべき事柄 ───── 61
　違いを知ろう ……………………… 62
　天体の効果 vs. 影響 ……………… 63
　影響力のある天体―いくつかの観察結果 … 66

パート3：主要なアセスメント ───── 69
　1. 天体の分布 ……………………… 71
　2. 4つのアングルのサインの関係 … 79
　3. 太陽－月－ASCのトリオ ……… 86
　4. エレメントとモードのバランス … 95
　5. メジャー・アスペクト ………… 97
　6. メジャーな複合アスペクト …… 104
　7. オーバートーンを見つける …… 111

パート4：5つのチャートのテーマ ───── 121
　ホロスコープ・スナップショット …… 122
　　・支配的、もしくは欠けているエレメントとモード
　　　 ……………………………… 124
　　・サイン、もしくはハウスの強調 …… 125
　　・テーマのセット ……………… 127
　　・相反するテーマ ……………… 129
　　・テーマのペア ………………… 131
　　・数多くのテーマ ……………… 135
　　・支配的なテーマのないチャート …… 136
　　・メジャーな複合アスペクト …… 137
　　・2つの極めて重要な特徴 …… 143

パート5：チャートを語るもの ───── 145
　エッセンスをつかむ ……………… 146
　　・人物の経歴を探る …………… 148
　　・プロフィールを構築する ……… 150
　　・1つのアスペクトから推理する … 154
　　・ホロスコープ・スナップショット … 156
　　・天と地の響き合いに耳を傾ける … 160
　　・楽曲にあらわれる占星術的な符号 … 166
　　・小説とチャートの符号 ………… 171
　　・ホシをあげろ！ ……………… 175
　　・演説 ── 行われた時期と与えた影響 … 184
　　・歴史的大転換 ………………… 190
　　・発言とチャートの符号を見つけてみよう … 198

パート6：パズルのピースをつなぎ合わせる ───── 201
　五人の詳細なプロフィール分析 …… 203
　ワークシートの解説 ……………… 204
　　・バラク・オバマ ……………… 211
　　・タミー・フェイ・バッカー …… 228
　　・アイリーン・キャラ …………… 235
　　・メアリー・タイラー・ムーア …… 243
　　・マルチナ・ナブラチロワ ……… 251
　ミステリー・チャート …………… 258

　3つのエッセイ
　　・ラスベガス、ハリウッド、その他の安手のバビロン
　　　 ……………………………… 264
　　・リアリティ番組という一発屋幻想が突きつける現実
　　　 ……………………………… 269
　　・ゼロからのスタート：魚座・海王星の舞台を整える
　　　 ……………………………… 273

終わりに ── 好きだからこそ …… 279
ホロスコープ・ワークシート …… 282
フランクにいこう ── インタビュー …… 286
推奨書籍一覧 ……………………… 292
注記と参考資料 …………………… 293
本書に登場する占術用語について …… 296

ARI の書籍をご購入いただきまして、
誠にありがとうございました。
無料・有料の様々なサービスを
ご活用いただければ幸いです。

ホロスコープ作成ソフト
| スターナビゲーター

| 無料・有料動画セミナー

| YouTube チャンネル

星の情報をお届け！
| 無料メルマガ

あなただけの占い
| 77億分の1。シリーズ

本格的なインターネット占い
|「占いの部屋」

単発からコースまで
|「占星学のスクール」

E-mail ari-support@arijp.com　　TEL 03-6425-7265

Astrology Research Institute

未來予報
カレンダー

77億分の1。
ふたりの相性
恋愛と結婚の時期

77億分の1。
わたしだけの
バースデーブック

Star Navigator

ARI占星学総合研究所
https://arijp.com

はじめに

INTRODUCTION

はじめに
INTRODUCTION

　出生図を読むとき、あなたならまず、どこから見始めますか？　いちばん大切なエリアやテーマを、あなたはどのように評価しますか？　ホロスコープのオーバートーンや繰り返し登場するパターンを、どうやって見つけ出しますか

　長年経験を積んだ占星家でさえ、細かな情報の波に押し流され、ホロスコープの多様なエリアを統合しようともがくうちに、本当に大事なテーマをいとも簡単に見逃してしまうものです。この本は、占星術の初心者や学生、またはプロの占星家が、どんなホロスコープからも、その重要な要素や特徴、物語の筋書きを素早く見つけ出す手助けになるようにつくられています。

　『ホロスコープをよむ7つのメソッド』は、チャートのオーバートーンやカギとなるアスペクト、アンバランスや注目すべき天体など、繰り返し強調されるエリアに重点を置いています。ホロスコープを少しの重要要素だけに限定して、チャートやチャートの持ち主の隠れた側面を見逃すのは私の本意ではありません。むしろ、ホロスコープの基本的なプレイヤーを見つけて優先順位をつければ、人生のストーリーの大きな流れが明らかになることを示したいと思うのです。こうすれば占星家の仕事は、よりシンプルに、より効果的になります。

　この本は料理本のようなチャートの読解集でもなければ、天体をサインやハウス、アスペクトと混ぜて組み合わせるだけのガイド本でもありません。そのような内容の素晴らしい本は他にもたくさんあります（292ページの推奨書籍一欄にいくつか紹介しています）。これは重要なポイントの見つけ方を伝授し、さらにその実例を紹介することによって「実践的な占星術」を学ぶための本なのです。

　このあと、チャートを「読み解く」ためのシンプルなメソッド、そして人生というドラマの主要人物や効果的に働く天体をどう評価すればいいのかをご紹介します。

　この本では情報を整理するメソッドを学んでいきますが、還元主義的アプローチをとるのではなく、むしろ、カギとなる事柄をいかにふくらませ、どのように解釈するかを示していきたいと思います。

　『ホロスコープをよむ7つのメソッド』は、どのホロスコープにも出てくる個々のパーツを特定し、優先順位をつけ、まとめていくメソッドが学べるようにつくられています。この本の6つの章の詳細は以下のとおりです。

1. ツールの紹介：出生図における基本要素（エレメント、モード、サイン、天体、4つのアングル、12のハウス、アスペクト）を紹介します。この章には、ルーラーやディスポジター、逆行を理解し、天体の配列を解釈するためのクイック・ガイドが付いています。

2. **最初に考慮すべき事柄**：この章では、どのホロスコープにも出てくる主要な天体を見つけるとともに、各天体の特徴的な働きや、それらが及ぼす影響について学びます。

3. **主要なアセスメント**：この章で学ぶのは、どの出生図にも出てくるカギとなるエリアを評価する方法です。多くの実在人物の事例を使って次のようなことを学びます。
   - 天体がハウスにどう配置されているかによって、主な天体やエリアを特定します。
   - 4つのアングルのサインから、「コンパス」が示すエネルギーの方向性を調べます。
   - 太陽、月、ASC（ビッグスリー）の違いとエネルギーを理解します。
   - エレメント、モードのアンバランスを計算します。
   - ホロスコープのメジャー・アスペクト（コンジャンクション・スクエア、オポジション）をチェックします。
   - Tスクエア、グランド・クロス、グランド・トラインなどの複合アスペクトを分析します。
   - チャートの主要なオーバートーンを見つけます。

4. **5つのチャートのテーマ**：実在する人物の経歴を参考にしながら、チャートのテーマ（モードのアンバランスから天体の強調や複合アスペクトまで）が有名人の人生にどのようにあらわれているかを検証します。

5. **チャートを語るもの**：人物の経歴をたどりながら、天体のプロフィールをつくります。特定のアスペクトを使って探偵のように調べ、テレビや音楽、本、犯罪や政治家のスピーチのなかから占星術的に符号しているポイントを見つけて楽しみましょう。

6. **パズルのピースをつなぎ合わせる**：5つの詳しいプロフィールとワークシートを示し、人物の経歴を使いながら、チャートのなかの重要なエリアを特定し、統合していくメソッドを学びます。

水星的なメソッド
The Mercury Method

　チャートを統合して読み解くメソッドは数多くあります。私自身のチャートは、水星がとても強い（ASCが双子座で、月は乙女座で3ハウス、水星は10ハウス）ので、その影響が私のアプローチやこの本にも間違いなくあらわれています。まず太陽を見る占星家もいれば、ASCから始めて、チャートルーラーに進む人もいます。最初にエレメントやモードを吟味する人もいれば、初めからステリウムに注目したり、また直観的にチャートが「語りかけてくる」ことに向かう人もいます。これらのメソッドにはすべて価値があり、どれが良くてどれが悪いということはありません（とはいえ私は、自分の生徒には真っ先に月のまわりを見るのはやめるように指導しています。非常に繊細なこのエリアに真っ先に触れると、クライアントとのセッションで問題を起こすからです）。占星家の多くは、クライアントと一緒に仕事をしません。このこと自体、議論すべき課題です！　もちろんホロスコープの読み方に唯一無二のメソッドなどありませんが、豊富な語彙と効果的なテクニックがあり、おもなチャートの構成要素をきちんと理解していれば、すべての道はローマに通ずるのです。

　分析を始める前に、占星術の主要要素——サイン、天体、ハウス、アスペクト——を知り、どんな状態が重要で影響力が強い天体なのかを理解しておく必要があります。最初の2章で、これらを解説します（23ページからの「ツールの紹介」と61ページからの「最初に考慮すべき事柄」）。その後、チャートを分析する前に、目立つ特徴（ノーアスペクトや要素の欠落）や、どの天体のテーマが繰り返されているか（太陽と月とASCの3つの天体・感受点を見ることから、おもな複合アスペクトを見ることまで）を見ていきたいと思います。これが69ページから始まる「主要なアセスメント」の基礎となります。

プロの占星家が人を占うときに、社会的な天体やアウター・プラネットの影響を少し減らしたほうがいいかもしれないということについては議論の余地があるかもしれません。このあとの文章には多少の誇張が含まれているかもしれませんがご容赦ください。

- 天王星的要素を少なめに ―― 見識ある者しか入学できない唯一本物の占星術学校の校長となり、自分たちとは違う考え方をもつ占星家を皮肉な蔑みの目で見下す。
- 海王星的要素を少なめに ―― 曖昧な意見や発言をあらゆるすべてのものに適用する。チャートを分析するときも区別なく、クライアントを救い出すためにセッションを行う（5時間に及ぶマラソンセッションを決行してチャート分析する）。
- 木星的要素を少なめに ―― すべてのことに対して答えをもち、容赦なく判断を下すカリスマ占星家となる。偉大な占い師、預言者と見られることを好む。
- 土星的要素を少なめに ―― 占星家として、くどくどと教義を繰り返し語り、新発見や進展、数百年にも及ぶ新しい研究はまったく目に入らない。厳しくて制限の多い規則を機械的に適用し、チャートの裏に隠れた本当の人物を見過ごす（もしくはその人物を思いやることができない）。出生図の批判を出生図の持ち主の批判に利用する、もしくは人物を白か黒かで判断してしまう。
- 冥王星的要素を少なめに ―― 状況を変える望みはない、身の毛のよだつような恐ろしい「運命」やカルマを避けることはできないと告げてクライアントを怖がらせる。クライアントはこの占いセッションの結果、自分がいつまでたっても虐待の犠牲者なのはすべてチャートのせいだ、と言い訳し、自分の人生のコントロールを天界もしくは占星家任せにする。

私の意見では、天体についていえば、人物重視の占星術を使いたい占星家は、地球に近い天体を見て、もっと水星の要素を使ったほうがいいと思います。コンサルティングを行う占星家は、水星的な仕事をしなければなりません。これは、豊かな語彙を身につけ、天体配置に関するキーワードを学び、クライアントや友人、家族などのさまざまな実例から解釈を学ぶ必要があるということです。

私たちの知っている人々の人生や経験を考えると、多くの人々のなかで、山羊座の月がどのように「反応する」のか、ICにある土星が、「どんなさまざまな方法」で、「どのような人々に対して」実現するのか、見えてくるようになります。このような多様なケーススタディーなしでは、他の占星家のアイデアを繰り返し、決まり切った考え方をクライアントに押しつけることになってしまいます。自分自身の観察による知識を積み上げることだけが、クライアントにありきたりの天体の意味や占星術の仮説を押しつけることを防ぐ唯一のメソッドなのです！　似通った人生経験や出来事、性質をもつ人々のチャートを研究することで、チャート上の共通の特徴を捉えることができるでしょう。

私たちは、ホロスコープのなかで「何が何を意味するか」を知り、ホロスコープと「クライアント」の橋渡しをする仲介者、そしてシンボルの解説者でなければなりません。とくに重要なのは「背景」を知ることです。「真実は目の前にある」のです。出生図のなかにシンプルに描いてあるわけではありません。私たちの目の前に座っている人物のなかにこそ真実はあるのです。カウンセリングで使う言葉をあらかじめ準備し、アスペクトや天体の配置の説明からカウンセリングを始めるのも重要かもしれません。しかし、私たちにはクライアントの声に耳を傾け、彼らの話をよく聞く必要があります。（チャートが示す要素に基づいて）多様な解釈をクライアントに押しつけるのではなく、クライアントと会話し、特定のアスペクトや配置を彼らがどのように使うのかに耳を傾けることで、大きな収穫を得ることができるのです。彼らの背景やストーリーだけがチャートに息を吹き込めます。その背景がなければ、チャートは単なるさまざまに解釈可能なシンボルの羅列（シンボルは重要ですが）にすぎなくなります。多くのクライアントに接し、多様な人生のストーリーを聞けば聞くほど、天体の特定の配置（そして、そのバリエーション）についてより正確に解説することができるのです（水星的プロセスの詳細については、145ページの「チャートを語るもの」をご参照ください）。

そして、他のインナー・プラネットも忘れてはいけません。たとえば私たちには、金星的側面も少しは必要です。ついさっきまで泥だらけで転げまわっていたような服装で占いセッションに臨むより、いい香りを漂わせながらちゃんとした服装でクライアントと対面するほうが良いですからね。また、クライアントに共感して心を開き、自分がこのチャートの持ち主だったらどんな人生を送っているか、相手の身になって想像するためには、月的側面も少しは必要になります。予言したい、アドバイスを与えたい、「ちゃんと」占いをしたいというあなたの欲求より、クライアントへの尊敬の念や思いやりのほうが強くなくてはならないのです。

まあ、彼ならそういうよね、そうじゃない？

この本は、ホロスコープの概要説明を単純明快で体系的に行う私独自のメソッドをみなさんに提供する目的で書かれています。私のメソッドは、何年にも及ぶホロスコープの研究と、20年以上もクライアントの出生図を解析してきた私自身の経験に基づいて構築されたものです。占星家にはそれぞれ自分のやり方があり、そのメソッドには彼らの人格（そして彼ら自身のチャート）があらわれています。私のメソッドにも私の人格や、占星家としての私自身が反映されているのです。私のメソッドがあなたのお役に立てるように、また、あなた自身の占星家としてのスタイル確立の一助となれるように、心から願っています。

チャートを解釈するとき、私たち自身のチャートや経験、盲点が、私たちの世界の見方、そして、その象徴をどう捉え、どう見て、どう生きていくかということにいかに影響を与えるものなのか、無視することはできません。93ページに私自身のチャートを載せています。私のメソッドの裏づけとなる私自身のチャートの占星術的な重要ポイントを紹介せずに自分のメソッドを紹介しても、あまり意味がないですからね。私のチャートには、火星と水星のオーバートーンがあり、この２つの天体は素早く物事を結びつけることにかかわっています。私の水星－冥王星のオポジションは、何事も深く掘り下げ、手がかりをたどって、探偵ごっこをするのが大好きなのです。双子座での土星ライジングと乙女座の月は、人の経歴や伝記の研究、正確なデータ収集に対する私の愛やチャートの核心――本質中の本質――に迫り、クライアントの人生に役立てたいという私の欲求をよくあらわしています。

難しいチャートなんてない！
KISSの原則

何年も前、私がまだ20代前半だったころ、著名な占星家によるマスターコースの授業に招待されました。受講者は長い経験をもつ占星家たちでした。ワークショップのリーダーがヘルマン・ヘッセのチャートを発表したとき、誰かが「ああ、なんて難しいチャートなの！」と甲高い声をあげました。他の受講生たちもそれに同意し、なんと解釈するのを諦めてしまったのです！　これには本当に驚きました。プロの占星家たちがチャート解読のメソッドももたずに解読に挑戦し、簡単にサジを投げるのですから。ヘッセのチャートには、当時23歳だった私でも見抜けるほどシンプルな、謎解きのカギとなるテーマがあったのです。彼のチャートには魚座に３つの天体があり、木星が射手座のASCとコンジャンクションしていて、木星的オーバートーンがありました。経験豊富な他の受講生たちでさえ知らないことを、自分が知っているはずがない、発言したところで恥をかくだけだと思った私は、沈黙を守りましたが、何も言わなかったことをいまだに後悔しています！

最近では、解読するのが難しいチャートなど存在しないと考えています。メソッドを使用すれば、すべてのチャートを分解し、理解し、統合することができるのです。とくにプロの占星家としてチャート解析のプロセスを始める際は、KISSの原則（Keep It Simple, Sweetheart!／シンプルがいちばん！）を採用することが重要です。私の意見では、数多くのテクニックや感受点が多くの占星家たちの仕事を難しくしています。しかし、占星術の「専門家」が四重円や追加感受点をたくさん使用するときは、通常オーブを狭くして、チャート上の特定のエリアに限定して行います（著名な占星家、パメラ・クレーンの名が思い浮かびますね）。しかしながら、他の多くの占星家たちは、多すぎる感受点の渦にのみこまれ、「あらゆるものにあらゆる意味を見出してしまう」のです。そして、ついには混乱をきたし、クライアントにほんの少ししか伝えられないという羽目に陥ります。

私は、最近発見された天体や小惑星をあまり使いませんが、将来的には研究したいと考えています。ここ数年パメラ・クレーンが、小惑星の名前と世界の重要人物、場所、出来事を結びつけた非常に優れた解釈を公表しており、これには魅了されます。おそらく近い将来、小惑星が再び大流行し、それがチャートの本質を損ねたり薄めたりする邪魔者ではなく、「特定の追加情報」を与えてくれるありがたい存在なのだと、多くの人々が受けとめる日がやってくるでしょう。

　ここで私たちを格別にイライラさせる例をご紹介しましょう。それは盲目的な「システム」信奉です。私たちは、チャートを読めば読むほど、何年も前に定義された占星術的指標——たとえばどんな要素があれば著名な専門家や成功する俳優、時代を代表する画家になれるのか、といった指標——が、今となっては精査に耐えない、役に立たないことだと気づかされます。この原因の一端はおそらく、出生図が実際に何をあらわせるか、考慮すべきさまざまな外的要因は何か、という問題に対する見解の違いでしょう。ある日私は、私の学校を訪れた講師が、歴代の大統領や首相たちの出生時刻入りの出生図を不正確だと却下するのを見て愕然としました。彼らの出生図が、その講師の信奉する教義に照らし合わせると、世界のリーダーとなる必須条件を満たしていなかったのです。「正確な情報に基づいたこのチャートがあなたの推測と合わないなら、チャートを疑わずに、もっと良い方法を使えばいいでしょう？」と言いたい気持ちは山々でしたが、柄にもなく唇をぎゅっと噛みしめてこらえました。

　翼を広げた私たちのメッセンジャー、水星の助けさえ借りれば、私たちはパターンを見つけ、つながりをつくり、関係性を明らかにすることができるのです。本質的なテーマを切り出し、アメリカの占星家スティーブン・フォレストが言うように、「順序、明快さ、全体像」を保つことができるのです（スティーブンは乙女座MCに土星があります）。私たちはツールを磨くため、何百ものチャートを読まなければなりません。ホロスコープから意味を取り出そうとする前に、私たちはまずチャート解読の準備をし、信頼性の高いメソッドを採用して探偵のように調査する必要があります。十分に試行・検証されたメソッドは不可欠ですが、私たちに必要なのは、改訂されることをいとわないメソッドです。なぜなら私たちが新しく出会うすべてのチャートや人物の経歴が、私たちに新しい事実を教えてくれ、実際に活用できる占星術への理解を深めてくれるからです。私たちはそれぞれ人生経験を積み、周囲の人々から影響を受けます。しかし、まずはメソッドから始めなければなりません。ある占星家は「占星術は天界と地球との会話を聞かせてくれる」と書きました。チャートを読むことは、チャートが語りかけてくる進行中の物語をクライアントと「共に」紡ぎ、事実を発見していくプロセスなのです。そして、私たちの仕事は、チャートを描き直すのではなく、読むことなのです！

ハウスシステム

　私は長年にわたる経験から、予測や読解をするときにイコール・ハウス・システムが優れていると気づいたので、それを使うようにしています。単に優れているだけでなく、これを使えば追加で2つのツールを使うことができるからです。それはノナゲシマル（訳注1）とネイディア（天底）で、イコール・ハウスの10ハウスの起点に当たるASCから90度のポイントと、その反対の4ハウスの起点のポイントのこと。イコール・ハウスの12個のカスプはASCとアスペクトをつくり、そのサインとも自然で適切なアスペクトをつくり出します（例：牡牛座がASCの場合、水瓶座と獅子座にある10ハウスと4ハウスのカスプとスクエアになります。これらはもともと牡牛座とスクエアになるサインです）。私の観察では、ハウスを使って天体を読み解く際、どのハウスに天体があるかにかかわらず、イコール・ハウスのカスプの非常に近くにある天体がもっともはっきりと注目されます。それはハウスを使って天体を読むときに強力なメッセージを与え、ASCに適切なアスペクトをもつのです。

　「しかしながら、この本で紹介するすべてのテクニックやアイデアは、ハウスシステムに関係なく使用できます」。——どうぞ自分にいちばん合う方法を使ってみてください！　正しい方法や「唯一の方法」などないの

訳注1：ASCから90度さかのぼった、MCに近くなるポイント

です。私は授業のなかで生徒に、まずはたくさんのチャートをさまざまなハウスシステムで試し、それから自分にいちばんぴったり合うシステムを選びなさいと教えています。また、一見して彼らの天体を「より良い」ハウスに置いてくれるように見えるシステムを安易に選ばないようにとも教えています。

　私はハウスの解釈を重要視するやり方からは距離を置き、そのかわり4つのアングルや天体とサインの関係、天体間のアスペクトに注目してきました。主要なチャートのテーマは、どのハウスシステムを使ってもさまざまな形で繰り返されます。ハウスについての詳細は42〜44ページを参照してください。

さらなる考察
　占星術のチャートは、既成事実ではありません。取り消すことのできない特徴や出来事をあらわすものではないのです。私たちはそれぞれが自分の人生の主人公で、私たち自身の人生の伝記を書くように指名された作家だといえます。この世に生を受けた瞬間から、チャートは、決まった予測可能な時期に、トランジットやプログレスやダイレクションの刺激を受けると「運命」づけられているかもしれません。しかし、その旅路や数多くの選択肢には、交渉の余地があるのです。特定の地域の周辺には、さまざまなルートが用意されています。ホロスコープからはほぼ間違いなく、特定の地域を旅するための「さまざまな」ルートや、進むルートによって到達可能な目的地がたくさんあることが読みとれるのです。ディーン・ルディアは、チャートは私たちが基礎エネルギーを最大限に利用するための「インストラクション集」だと言いました。それぞれのチャートには同じツール（サイン、天体、ハウス）があり、チャートさえ見れば、人間のあらゆる性質を理解することができるのです。でも、そこには、いろいろな選択肢やエリア、そして道しるべがあります。

　占星家のリチャード・スワットンの著書『From Symbol to Substance（シンボルから実体へ）』（フレア、2012年）に記されたさまざまなレベルの照応は、人間の性質が数多くのレベル、すなわち、物体、信条、感じ方、感情、態度、場所、行動、職業、そして人間、などから読みとれることを、私たちに思い出させてくれます。

　ここで、私の数少ない占星術における「信条」のひとつをご紹介します。私たちはみんな、特定のサインやハウスのなかで、互いにアスペクトをつくる天体をもって生まれ、それらは私たちの動機や人生のシナリオ、つまり、起こり得る出来事や、状況、出会いを示唆しています。そして私たちは、「そうなるために生まれてきた人間」になれるように私たちを勇気づけ、私たちの人生の「動機やシナリオを引き出してくれる」人々や状況を通じて、自分の人生と出会うのです。言い方を変えると、生まれたときから私たちは、出会う人々や出来事のなかにホロスコープのテーマ（私たちの「契約」）を見つけます。人生におけるホロスコープのテーマとの出会いは、自分のチャートと関係をもつ、あるいはチャートと共に生きる「練習」をするためなのです（30〜35ページの各サインの最後の部分参照）。

　たとえば、天秤座の要素が強い男性の場合、人生の早い時期に衝突に遭遇します（例：父親と対立する弟をもつ／両親が離婚し、天秤座の少年は両親のどちらを選ぶか選択を迫られる）。この男性は正義の重要性を身をもって知るために仲裁者として力を誇示して対立を解決し、選ぶのが困難に思える選択肢のなかから正しい判断を下すことで、「自分の出生図を使って、人生の目的を達成することを促される」のです。皮肉にも、天秤座は仲違いが嫌いなサインなのに、対立や分裂に直面しなければ、人生の目的の大部分に関与することができないのです！　（ホロスコープに描かれる）人生の課題や意味を受け入れることは、ホロスコープのテーマを積極的に活用するのと同様、私たちの人生の旅路の大部分なのです（ノエル・ティルは別の言い方をしています。「天体は充足が必要な欲求である」と）。私たちは出生のテーマをあらわす人生のストーリーに惹きつけられるのです。そしてそれらは（トランジットやダイレクションにより）人生の特定の時期にあらわれます。チャートのテーマを意識的に認識すれば、私たちは無用で不利益な繰り返し起こるパターンと決別し（つまり、無益な役柄を演じるのをやめて）、天体の配置の別の活用方法を経験したり、選べるようになるのです。

　私たちはよく、自分と似通った台本をもつ人々に惹きつけられます。彼らの存在は、私たちがチャートのポ

ジティブな要素を活かし、ネガティブな台本を破り捨てる手助けをしてくれるのです。ここで**テッド・ケネディ**のチャートを簡単に見てみましょう。128ページに書きましたが、彼のチャートには海王星のテーマが強く出ています（魚座の太陽が、海王星とコンジャンクションしている乙女座の月とオポジション）。ですから彼の最初の妻、**ジョーン・ケネディ**のチャートが乙女座でコンジャンクションする太陽-海王星-金星がライジングしていてもなんの不思議もありません。彼女の乙女座の太陽- ASC は、DSC の魚座6度の土星とオポジションし、テッドの乙女座-魚座のポラリティ（乙女座6度と魚座2度）と彼の土星のサブトーン（山羊座ライジングで、1ハウスに山羊座の土星がある）と結びついています。

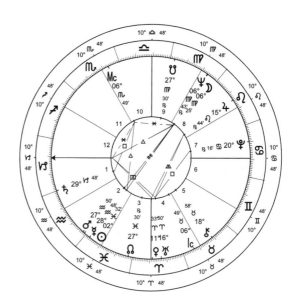

テッド・ケネディ

　ジョーンの経歴のカギは海王星の影響です。アルコール中毒の両親（一人は広告会社の重役）のもとに生まれ、モデル兼ミュージシャンとなった彼女は、1958年11月29日（彼女の木星が回帰し、トランジットの太陽が射手座6度にあるこの二人のカップルの太陽のミッドポイントに到達した日）にテッド・ケネディと結婚しました。海王星らしく、彼らは共にアルコール中毒と戦い、子どもたちに襲いかかった数々の災難に心を痛めました。テッドが選挙キャンペーン中に飛行機の墜落事故に遭って背中と腰に重傷を負った際にはジョーンがテッドの代理を務め、キャンペーンの予定をみごとにこなしました（魚座のDSC－土星）。その事故は彼女の土星回帰時に起こったのです。トランジットの土星が彼女のDSC の魚座5度で留、そして、乙女座6度のトランジットの天王星とオポジションになっていました。テッドのチャパキディック溺死事件（訳注2）からの生還はスキャンダルとなり、ジョーンの三度目の流産の原因ともなりました。悲しいことに離婚後もジョーンは慢性アルコール中毒と戦い続け、アルコールが原因のケガにも苦しみ、飲酒運転の常習犯として何度も逮捕されたのです。

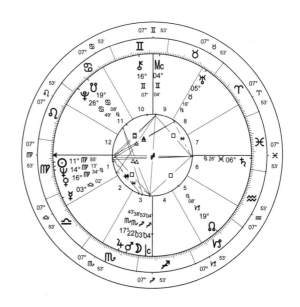

ジョーン・ケネディ

背景と他の要素

　ホロスコープから何が「読みとれるか」については多くの議論が交わされています。チャートは単に「時の

訳注2：1969年にアメリカ合衆国のマサチューセッツ州で発生した、飲酒運転と薬物使用の末に起きた自動車事故。テッドは元選挙スタッフとの不倫スキャンダルを恐れて、事故を通報せず、救助活動も行わず逃亡した。

流れのなかの一瞬」なのです。これはどんなチャートにもいえることです（チャートが私たちに属しているのではなく、私たちがチャートという「時の流れのなかの一瞬」に属しているのです）。チャートを適切に読むためには、占星家は「背景」を把握しなければなりません。背景を知ったうえでもなお、チャートには、いかようにも展開し得る象徴的な解釈が数多く詰め込まれているのです。

　ホロスコープから読みとれる、その人物に生来備わった可能性を表現するとき、覚えておくと便利なことがあります。それは数々の外的、教育的、文化的、社会的要因をいかに取り入れるかによって、その可能性をどれだけうまく表現できるかが決まるということです（これら外的要因はチャートから、または生年月日付近の日常／世代サイクルや一生を通じて、ある程度読みとれます）。前世や来世をどう理解するか（または信じるか否か）にかかわらず、私たちはそれぞれ自分たち独自のチャートが「あるからこそ」、特定の人生経験を「選ぶ」のです。――「ホロスコープは私がどのように人生を見るかをあらわし、その人生の見方が私の出会いを左右する」――しかし、どんな人生経験を選択するかは、外的条件にも左右されます。

　さらに突きつめると、こうもいえるでしょう。たとえば、天王星の配置が強い人は不当な環境（その配置には妥当な）に置かれ、その環境を打破したい、もしくはその状況から目覚めたい（天王星の作用）と思うかもしれません。彼女は人生のいろいろな段階で、外に向かって発言したいという自分の衝動を活かせる場所、自分が何か進歩的な活動や変革の起爆剤となれる場所を探し求めています。それはトランジットの天王星の場合と同じです。自己の抑圧や制約があるからこそ、トランジットの天王星がやって来るのです！　ここでもう一度、天王星の例をあげてみましょう。同性愛はよく天王星と関連づけられます。その理由のひとつは天王星が、他者との違いや逸脱、「アウトサイダー」と関連しているからです。単純な符号としては、この解釈で良いといえるでしょう。しかし、この解釈が適用できるのは、同性愛が他とは異なる、逸脱している、同性愛者たちが「アウトサイダー」だと見なされる文化や社会においてのみです。ゲイの男性・女性たちのチャートを個別に見ると、彼らが周囲の期待や認識、彼らの暮らす環境における「常識」を打ち破ろうとするときに限って、天王星的要素が強く出る、といえます（例：田舎町に住む月‒天王星の女性が結婚や家族、家庭生活という因習を拒み、同性の恋人と一緒に住み始めて町中が大騒ぎする場合など）。

　しかし、外的要因が私たちの機会を支配して、形作る場合もよくあります。非常に革新的な性格や人生を示す天王星的チャートをもつ人が、飢餓にあえぐ環境に生まれついたらどうなるでしょう？　「自分の意見を述べ」、不正に立ち向かうことより、飢えを生き抜くことを優先する状況に生まれついたとしたら？　この人物は私たちが考える天王星的な人生を経験することはまずないでしょう。しかし、機会や長寿に恵まれれば、チャートにあらわされた支配的な天王星がなんらかの形でこの人物の人生にあらわれようとするかもしれません。

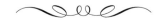

正確なデータ

ACCURATE DATE

正確なデータ
ACCURATE DATE

　話を進める前に、占星術のカギとなるコンセプトを学び、観察や研究結果を発表するために重要な情報を共有したいと思います。それは、正確なデータを活用すること、そしてすべてのデータソースを入手することです。

　1970年代、数名の占星家たちが、占星術コミュニティのために膨大な出生データ集を出版するというムーブメントを起こしました。このデータ集には情報源リストが掲載されていました（たとえば「出生証明書に基づくデータ」など）。これ以前、占星家たちが出版された出生データの信憑性に疑問を呈することは滅多にありませんでした。ですから検証済みの著名人データはごく少なく、大抵は推測に基づき修正された、情報源のわからないでたらめな寄せ集めだったのです。

　今日に至ってもなお、情報源の記載なしで、もしくはこれが推測に基づくデータだとか、修正されたデータだとすら記述せずに出生データを掲載している書籍や記事があります。掲載された情報が正しいかどうか読者にはわからず、なかにはデータを無邪気に信じて、不正確なチャートを再利用してしまう人もいるでしょう。もっと悪いのは、ある人物がホロスコープ上では「どう見える」べきかという推測に「フィットする」がゆえに、そのチャートにしがみついてしまう読者がいるかもしれないことです。

　最近では、何万ものデータを掲載した正確なコレクションがたくさんあり、占星家たちは相関を見つけたり、偶然で繰り返されることを区別するために、複雑な計算を伴う分析を行うことができます。コンピューターを使えば、占星術を数量的にとらえたい研究者たちは、カギとなる性格や出来事を共有する数百ものホロスコープを瞬時に選べ、占星術理論をテストすることができるのです。このやり方を使えば、占星術の「料理本」に載っている数多くの主張をくつがえし、「クリーンアップ（一掃）」できるかもしれません。

　幸い私たちのコミュニティには、今でもデータを集め、出典を突き止めて査定し、出版してくれる献身的でしぶとい（ダイハードな）コレクターがいます。しかし、すべては一人の使命感にあふれた占星家から始まったのです！

現代のデータ収集
Modern Data Collecting

　私は幸運にも、10年間ロイス・ロデンと共に働く機会を得て、彼女の最後の本（『Profiles of Women（女性のプロフィール）』改訂版）の執筆と定期ニュースレター『Data News（データ・ニュース）』にも加わりました。ロデンは占星家の、プロとしての水準を高めることに職業人生を捧げました。彼女の（修正された）チャートには射手座のMCに土星（バケット型チャートのハンドル）があり、彼女の仕事がプロ意識と責任感のベンチマークとして働いたことがわかります。

ロデンは修正された、もしくは推測に基づいたチャートが、たとえ発表されたとしても、その使用自体に不満があったわけではありません（不正確なデータに基づいて理論を組み立てるのは懸念要因ではありますが）。問題は（いまだに問題ですが）、占星術関連の書籍や発表における情報源への言及の不足だったのです。

初めてのデータ集『Profiles of Women（女性のプロフィール）』（AFA、1979年）のなかで、彼女はこう書いています。

世界中の占星家のみなさんにぜひお願いします。すべてのチャートに情報源を記載してください。……健全な研究には卓越したチャート解説能力と同じように、データの正確性が不可欠なのです。……推測や修正は私たちのビジネスには有効なテクニックで、うまく使えば占星家の専門的テクニックを披露する素晴らしい方法ともなります。しかし、修正データとは知らせずにデータを修正し、それに基づいて出した解釈を発表するのは軽率です。それは単なる推測に過ぎず、私たちコミュニティの知性に対する侮辱なのです。

ロデンは熱心な収集家でした。各ファイルに「家族」「政治家」「映画スター」等々と題したインデックスカードをつけて常にデータを収集していました。初めてのデータブック『Profiles of Women（女性のプロフィール）』が出版されると、彼女は、コレクターにとってはデータを送って貢献したり、データを交換したり、また占星家にとってはデータをもらうデータセンターのような存在となりました。データは変動が激しく常に訂正の必要があるので（出生証明書にさえ間違いが見つかります）、彼女のニュースレター『Data News（データ・ニュース）』は、データをつねにアップデートし、新発見を発表する場となりました。また、彼女にとってそれは、24カ国に点在する占星家たちとの交流の場ともなったのです。ロデンは不屈の精神と対人能力で、優れたデータ収集のスタンダードを確立し、他のライターや出版物に対して、プロレベルの報告とデータ利用のエチケットを推奨したのです。

ロデン評価システム

データソースを明かそうと提唱したロデンのキャンペーンは功を奏し、多くの雑誌（『The Mountain Astrologer（マウンテン・アストロロジャー）』等）が正確な情報をベースにし、情報源が記載された記事のみ採用するようになりました。彼女は、多くのデータ収集者からの提供データを統合するだけでなく、1980年までにデータの完全性を評価するシンプルなシステムを開発しました。彼女の編み出した分類法は、データ収集においてもっとも重要かつ長期間通用するもので、今日の占星家たちの実際の仕事に大きく貢献したのです。下記に掲載されたレーティングは、データの正確さ、もしくはデータ活用時のルールに対する著者の認識、そしてロデンが設定したプロとしてのスタンダードを守る意志をあらわす「省略表現」として、今日では当たり前に理解され広く使用されています。

AA 出生証明書、病院、教会、もしくは政府の出生記録によるデータ。人口動態統計オフィスの記録。家庭用聖書の記載、育児日記や家庭での記録。出生日時は子への配慮から微調整されることもあり（例：2月29日生まれを2月28日とする等）、ときには情報が間違っている場合もあるが、これがもっとも正確な証拠データである。

A 本人、家族、友人や同僚から提供されたデータ。これら情報源から提供された60分「時間枠」内のデータ（例：午後3時30分〜4時など）や、新聞の誕生発表も含める。

B 上記情報源からデータが得られない場合、伝記や自叙伝、個人ホームページに掲載されたデータ。

C 注意：無効なデータ。情報源なし、曖昧で修正された／推測に基づくデータ。「個人的で」不明瞭な情報源。おおよその出生時間（例：「早朝」「昼食時前後」）。

DD 汚染データ。2つもしくはそれ以上の根拠なき出生時間、場所、日付を引用する。裏づけのないデータで他者の情報と相反する。

現在、占星家が入手できる何千ものデータは、世界中の占星家コミュニティが長年にわたって追跡し、ダブルチェックして得た正確な出生情報の蓄積です。彼らは年月をかけてデータ収集の独創的手法を編み出しました。著名人や人口動態統計オフィスに問い合わせの手紙を書いて貴重なデータを嗅ぎ出したり、「履歴書」記載の公式年齢を信じる代わりに膨大なインタビュー記録の抜粋から出生記録を抜き出したり、おそろしく下手な手書きの出生記録を何百何千と解読したりするのです。デビッド・フィッシャーは12年もかけて「イギリスAAデータ集カードインデックス」を編纂、改訂しました（約5,742人分）。几帳面で緻密な研究者たち、トムとセルマ・ウィルソン夫妻、フランシス・マカヴォイ、ステファン・プリブロースキー、グランジア・ボルドーニ、故エドウィン・スタインブレッカー、そしてサイ・スコルフィールドは、世界中の占星家たちにとって驚くべき貴重なデータ鉱脈を発掘してくれました。ボルドーニは、多岐にわたる検証済みの出生や人物の日常生活にまつわるデータを20冊以上のシリーズとして発行したのです。スタインブレッカーはアメリカとヨーロッパ各国の出生届管理局に手紙で問い合わせし、公表価値のある（著名人から戦犯にいたるまで）何千もの追加データを収集して、パスファインダー・プログラムに発表しました。今日もっとも活動的な収集家であるサイ・スコルフィールドは、さまざまなウェブサイト上で（http://astrodatablog.blogspot.co.uk 参照）データを蓄積し、ソーラー・ファイヤーのために新しいデータ集をつくり上げました。デイナ・ホリデイは匿名で服役囚と文通し、何百もの連続殺人鬼や犯罪のデータを積み上げ、メディアで引っ張りだこのリン・パーマーやフレドリック・デイビース、シェリー・アッカーマンは独自の貴重なデータを一般に公開したのです。ドリス・チェイス・ドーンとニコラス・キャンピオンは膨大な量の人物の日常生活にまつわるデータを収集し、エジンバラではキャロライン・ジェラードとポール・ライトが、スコットランド内で出生日時に直接アクセスできる方法を提供するという記念すべき偉業を達成しました。私自身は、アストロ・データバンクの立ち上げと『Data Collector's Handbook（データ・コレクターズ・ハンドブック）』の発刊に際し、アメリカ全州の出生記録オフィス局長に電話し、出生時間が記録された出生届の割り出しに成功しました。ロデンに「データフリーク」と呼ばれながらも、私たちは占星術を愛するがゆえに打ち込んだこの無償の仕事を何年も楽しんだのです。

　ここでいちばん重要なのは、この過去60年間におよぶデータ収集とその保管、共有事業により、生徒や現役占星家たちが、正確な検証済みデータへアクセスできるようになったことです。これにより、私たちは占星術的語彙を構築し、独自の理論をテストできるようになりました。正確なデータさえあれば、他の占星家たちの受け売りに終始することもありません。過去の占星家がつくり上げた既成のやり方や解釈に、疑問を呈することもなく修正もせず、その凝り固まった解釈をさらに助長する結果に終わることも避けられるのです。講師や作家たちは、これらのデータ集によって、検証済みで信頼に値する発見や観察結果の発表機会を与えられました。世界中のデータ収集家たちの生涯をかけた夢とゴールが叶ったのです。ロデンが亡くなる前の2003年、UACにおいて、ロデンのパートナーであるアストロ・データバンク・ソフトウェアのマーク・マクドナーは、「ロイス・ロデンは生涯にわたって情熱を傾け、占星術が受けとるにふさわしい十分な尊敬を我々が再び勝ちとれるよう、その礎を築いてくれました。我々占星術コミュニティはロデンのような仲間をもてたことを幸せに思います」と語りました。ロデンが与えてくれたかけがえのない贈り物を活用し、占星術の新たな歴史を築いていけるかどうかは、私たち占星術コミュニティの努力にかかっているのです。

　※執筆にあたり寛大なご支援をいただいた下記の皆様にお礼申し上げます。
　　アメリカのT. パット・デイビス、ビクトリア・ショウ、ユージーン・ムーア、タシ・グレイディ、ジャニス・マッケイ、ロバート・ペイジ、リンダ・クラーク。
　　フランスのアンドレ・バーボルト、ディディエ・ゲスレイン、パトリス・パティアロット。
　　ベルギーのジャニー・ブシエ、ルック・デマー、マイケル・マンドル、ジエトシュ・ヴェアイーヴル。
　　ブラジルのマルセロ・ボルヘス。
　　ドイツのピーター・ニーヘンキ、ハンス・ヒンリック・テイジャー。スエーデンのアイヴァン・ニールソン。

PART 1
ツールの紹介

INTRODUCING THE TOOLS

PART 1
ツールの紹介
INTRODUCING THE TOOLS

　この本は占星術の基本構成要素（もしくは占星術という建造物のブロック）を、それぞれどのように解釈すべきかについて語る本ではありませんが、ここでは簡単に基本となる構成要素を紹介しています。占星術のこの分野については、素晴らしい本がたくさん出版されています。なかでも私のお気に入りの本を292ページの推奨書籍欄に掲載していますのでご覧ください。

ゾディアックと天体
　サインは人間の経験と表現の原型です。エネルギーのタイプ。天体がエネルギーを通じてどのように行動するかを表現する形容詞。天体はエネルギーであり、プレイヤー／俳優、名詞なのです。

4つのアングルと12のハウス
　アングルは私たちを取り巻く世界や環境に対する私たちの指向性を表現し、ハウスは天体がどこでそれらの「台本」を演じるかをあらわします。

ルーラーとディスポジター
　ルーラーは天体を特定のハウスに関連づけ、ディスポジターはサインの位置により、天体同士がどのように関連しているかをあらわします。

逆行天体
　逆行しているように見える天体は、人生の早い時期に目覚めたものの、その後、保留状態に陥り、ようやく「第二のチャンス」を与えられ動き出した私たち自身の一部をあらわしています。

アスペクト
　天体同士のコンビネーション（アスペクト）は物語の筋書きをあらわし、特定のアスペクトは天体間の特定の力――流れや関係のタイプ――をあらわします。

天体の配列の解釈
　コンジャンクションを形成する天体の配列を見極めることで、それら天体／エネルギーが活動する順序や、天体同士が互いにどのように反応するかがわかります。

ゾディアックと天体
The Zodiac and the Planets

サイン：4つのエレメント

ゾディアックのサインを理解する第一歩として信頼できる方法は、まず、各サインを分類するエレメントとモードを考察することです。すべてのゾディアックのサインは、1つのエレメントと1つのモードからなる特定のコンビネーションです。のちに個人の出生図を参考に、この特定の組合せについて検討し（95〜97ページの章を参照）、なぜこの組合せが根本的・心理的にバランスをとろうとする行動をあらわすのかを見ていきます。ここでは、「チャートの核心」に迫る最適な出発点として、4つのエレメントと3つのモードをご紹介するにとどめましょう。

火	牡羊座、獅子座、射手座
地	牡牛座、乙女座、山羊座
風	双子座、天秤座、水瓶座
水	蟹座、蠍座、魚座

火と風のサインは男性的で陽のエネルギーをあらわすとされ、自意識が高く活動的で外交的な、外向きのカラーをもっています。地と水のサインは女性的な陰のエネルギー——内向的で内に向かう性質や、潜在意識や受け身であることをあらわします。

ホロスコープのなかでもっとも際立つエレメントを探し出せば、私たち個人がそれぞれにもつ特有のエネルギーの「タイプ」、何が私たちを刺激し、何に私たちは「突き動かされるのか」を見極める、最初の重要なカギが見つかります。

火が強いタイプ：

- チャレンジや競争、エキサイティングなものやリスクに奮い立ちます。
- 栄光や偉大さ（神々しい光）、自分の個性が他者から認知されることを求め、多くの人は金銭や地位を追求することを避けます。
- ポジティブな結果をつねに信じ、たとえそれが疑いようもなく非現実的で非実用的でも、数々の可能性に満ちた輝かしい未来が自分を待っていると信じずにはいられない性分です。
- 積極的に人に注目されるよう努め、比較的簡単に注目され、昇格し、表彰されたりします。
- 持ち前の身にたぎる情熱と楽観主義に突き動かされ、他人を熱中させたいという欲求があります。
- 何事も追求せずにはいられず、信念や大義に憑りつかれます。閉じ込めきれない情熱の炎が飽くことなく燃え続けます。
- 直感が強く、それを力強く主張します。
- 子どもっぽく遊び心があり、はじけるように快活です。
- 精力的に自らすすんで仕事をする、（自己）アピールする、欠点の多い伝道者や利己的なスヴェンガーリ（訳注3）になることをいといません。もしくは預言者や、生徒を感動させ影響を与える教師、類まれなリーダーになる素質をもっています。

訳注3：スヴェンガーリ（Svengali）は、ジョージ・デュ・モーリアによる1894年の小説「トリルビー」に登場する催眠術師。悪意をもって他人を意のままに操る人物を意味する。

地が強いタイプ

- 都合がよく、具体的で目に見える結果が望めないとやる気が出ません。世界をより良い場所にしようと努力します。
- 決まりきった型どおりの安全な仕事や生活、安定した収入を好みます——安全重視で見慣れたものや習慣と共に過ごしたい性分です。
- 身体を動かす活動を通じて感情を解き放つのを楽しみ、官能的な生活を堪能しようとします。
- 物質社会に深くつながり、目に見えるものだけを信じる傾向があります。
- 地に足をつけて働き、限界を知り、満足のいくできばえの仕事に喜びを感じます。
- ゆっくり慎重で粘り強く、建設的な傾向があります。
- 頼りになる人物で、誰もが寄りかかれる「岩」のような存在です。生産性が高く、目標をもって突き進む「現実主義者」です。
- 優れた職人や大工・建築者(小さな家から帝国の建設まで)、仲間を支える同僚、身体を使うのが得意な官能主義者(スポーツ、肉体労働)で、田舎をこよなく愛します。

風が強いタイプ

- 情報のやりとりや対話、ディベートに奮い立ちます。
- 人との交流や多様さ、旅行を求めます。
- もっと学びたい、読みたい、質問したい、コミュニケートしたいとつねに思っています。
- 理論やコンセプト、抽象的なもの、公式や方法、パターンに興味があり、分析して演繹し、論理的に決断しようと努力します。
- 物事の全体像をとらえるために情報を集め、合理的な観察を行ったうえで熟考し、公平な判断が下せて初めて満足します。

- 礼儀正しく我慢強く、人間に対して不変の興味を抱いています。
- 自分の考えは言葉で表現します——感情に直接対峙せず、合理的に感情をとらえ、感情について話すことで対処します。
- 頭のなかだけで生き、身体のニーズは見逃しがちです。
- 感情的な親密さや閉じ込められてしまう感覚がいやで、避けようとします。人生のあらゆる局面において広いスペースを求めます。
- 持ち前の機転で世のなかを上手に渡る、コミュニケーションの得意な営業マン、説得者、主唱者です。

水が強いタイプ
- 感情的なつながりを求めがちです。
- 人間の価値に重点を置きます——人を助けたり世話をしたりするのが好きで、人類の状況改善に少しでも役立とうと努めます。
- 言葉で表現されていないものは何かを突き止め、表現しがたいことを言語であらわそうと努めます。
- ほんの少しのニュアンスも逃さずとらえる心のアンテナを駆使して人に共感、同情します。
- 摩訶不思議な親近感により、人間の感情のすべてのエリアとかかわることで達成感を感じます。
- 感情や直感を大事にし、それを活用しておおむね正しい判断を下します。
- 調和と流れを重んじます。競争的な環境は避けたほうがよいでしょう。
- 過敏で神経質、強い反応を示す傾向があります。感情操作しがちで、自分の感情のままにふるまう場合があります。
- 自分の精神的危機に他人を巻き込むことがある一方、過度に愛着をもちすぎたり人に頼りすぎたり、人と共生しないと生きていけない傾向があります。
- ドラマティックな人生を好むため、「サイキックな吸血鬼」に狙われ、血を吸い取られ、乾いてしまうことも。ときには逃げ出して、デトックスする必要があります。
- 無抵抗主義者ならではの強みをもつ、逆境に強いサバイバーです。
- 直観力があり、人の世話をする仕事やカウンセラー、セラピストに向いています。

　占星家のエイミー・キーンは『Love and War Between the Signs（サインのあいだの愛と戦い）』(Three Rivers、1996年)」のなかで、地と風を感情性を避けて実用性を重視する「思想家」だと表現しています。手相占いでは、これらのタイプの人は手のひらが四角く、実用主義的で秩序ある規則的な生活を好みます。キーンは火と水のサインを、情緒的な交流（火のトリオの熱烈さや水のサインの共感性）のために生きる「感情家」と呼んでいます。手相占いでは、これらのタイプの人は手のひらが長方形で、直感的なアプローチを好みます。

不足するエレメント
　支配的なエレメントを見つけると、必ず私たちはどこかに足りない部分があるはずだと思います。この足りないエレメントが何かを探し出すことは、チャートを（またはその人の心理を）評価するうえで強いエレメントを見つけることと同じく、もしくはそれ以上に重要です。ある特定のエレメントがチャートに足りない場合、チャートの所有者にとって、その足りないエレメントは重要な意味合いを帯びています。彼らは往々にしてその足りないエレメント、自分に欠けている部分を外部に求めます。たとえば足りないエレメントに関連する分野で仕事をするとか、不足したエレメントを体現するような人物と結婚する、などです。

この不足したエレメントは当人の人生において、無意識に、または無粋な言動としてあらわれることがあります（例：地のエレメントが足りない人は、見栄を張ってこれみよがしに自分を金持ちに見せたがる等）。また、不足したエレメントを過度に補う欲求に駆られるかもしれません（例：風のエレメントが少ししかない、もしくはまったくない人は、積極的に「知識を吸収している」ように見せるために、数えきれないほど多くのコースを受講したり、たくさんの本を購入したり、受験可能なあらゆるテストを受けたりするかもしれません）。たとえば水のエレメントが少ししかない、もしくはまったくない人は、感情について人と意見を交わすことで感情を論理化しようとするかもしれませんが、実際に感情をもったり、感情とかかわることはできないでしょう。彼らのパートナーが自分の気持ちや感情に気づいてほしいと懇願したとしても、水のエレメントをもたない彼らから返ってくるのは無表情に相手を突き放すような返答だけかもしれません。それなのに少しでも彼らの心に触れるような歌をかけたり映画を見せたりするだけで、彼らの無表情な能面は一変し、泣き崩れたりするのです！　どのエレメントが欠けているにせよ、彼らは欠けたエレメントに「アクセス」しようと意欲をもちますが、その方法は野暮ったく、彼らの意欲に反してその足りないエレメントは、非常にあからさまな形であらわれるのです。

　また、足りないエレメントについて過度に神経質になる場合もあります。足りない資質を全面的に否定して却下したり、それらの資質が自分に欠けていることを人に知られる不安におびえたりするのです。かつてこんな学生がいました。君には水のエレメントが足りない、と私が告げると、彼女はものすごく感情的になり、なんとしてでも私にどれだけ自分が繊細な人間であるかを理解させようとするのです――水の天体が足りない人は、他人が自分を繊細だと思ってくれないと心配する、と私が言っているにもかかわらずです！

サイン：3つのモード

活動(カーディナル)	牡羊座、蟹座、天秤座、山羊座
不動(フィクスド)	牡牛座、獅子座、蠍座、水瓶座
柔軟(ミュータブル)	双子座、乙女座、射手座、魚座

　モードは私たちの行動パターン、独自のスタイルやアプローチの手法、交渉の仕方をあらわします。またモードは私たちがいかに状況に対応するか、どのように衝突を処理するかに影響を及ぼすのです。モードについて書かれた本を読むと、それぞれのグループのなかで最初に示されるサイン（牡羊座、牡牛座、双子座）がそのモードの象徴であるかのように思えますが、これら筆頭サインの示す性格は、同じグループに含まれる他のサインの性格と必ずしも同じではありません。活動に含まれるサインのすべてが物事に真っ正面からぶつかる性格ではなく、最初に示された牡羊座だけが純粋で力強い率直さをもっています。不動に属するどのサインに対しても、グループ中でいちばん強い不動性をもつ牡牛座（不動、地）のようなイメージを抱きますし、柔軟サインはすべて蝶のような双子座（柔軟、風）と同じく気まぐれだと描写されがちです。しかし、私の考えでは、それはモード自体ではなく、エレメントとモードの組合せに起因するものです。とはいえ同じモードに属するサインは、共通のスタイルをもっています。

活動が強いタイプ
- チャレンジや活動、迅速な行動を求めます。
- 変化を創造します。実際に物事を起こします。
- 何かを始め、推進し、統率し、最初の一歩を踏み出し、あえて危険を冒します。危険に身をさらし、人生の主要な衝突にいつでも取り組める用意があります。
- やる気に満ちて方向性のある、脈打つようなエネルギーがみなぎっています。

- ●「大きな課題」に関心があります。
- ● 押しが強く方向性を誤ったり、衝突をつくり出すことがあります。

不動が強いタイプ
- ● 何かを創設し、維持し、文字通り「所有」します。権力や地位を蓄積します。
- ● 耐久力があり、忠実で地に足がつき、信念を貫きます。濃縮したエネルギーを貯蔵しています。
- ● 頑固で意外性に欠け、凝り固まった意見や正義感をもっていることがあります。自分の立場や意見を問いただされると「私は私──好きになるか我慢するかはあなた次第」と答えるでしょう。
- ● 物事の停滞に注意が必要です。自分の都合に合わせて思いどおりでない変化には抵抗するからです。

柔軟が強いタイプ
- ● 柔軟に変化し、何事にも変幻自在に対応できます。
- ● 永遠に現在進行形です。
- ● つねに大量に質問し学びます。多様な情報源を参照したり、結びつけたり、新たな情報に出会うことに惹かれます。何度も繰り返し練習し、学ぶことにこだわります。
- ● 問題解決のための独創的なスキルの数々が自慢です。
 しばしばエネルギーを使い果たして消耗したり、数えきれないほどの可能性やプレッシャーに押しつぶされて、身動きがとれなくなることがあります。
- ● 衝突や責任、コミットメントや非難からいかに逃れるか悩み、衝突を避けるために謝罪することがよくあります。

不足するモード

モード不足は、エレメント不足を理解するより簡単です。不足分を過度に補填する必要がそれほどないからです。足りないモードは単に本人の「スタイル」がもつ特徴なのです。たとえば活動サインに天体が1つもない場合、多くはエネルギーや気力の欠如──衝突を避け、エネルギーがあまりにも停滞／一定（不動）しているか、または極端に分散／多様化（柔軟）している人をあらわします。

サインと天体のエッセンス

次に各サインのエッセンスについて短く述べたあと、10個の「現代天体」（太陽から冥王星）の基本原理をいくつか解説します。この章の目的は完全な概要説明ではなく、キーコンセプトの紹介です。

各ゾディアック・サインのプロフィールは、次の要素：人間の成長過程のサインのステージ、生まれてきた意味、サインのマイナスの作用、ホロスコープ上でサインが強い場合に想定されるシナリオ、から成り立っています。

牡羊座

　魚座を象徴する暗く冷たい冬眠状態が終わると、ゾディアックの始まりを告げる牡羊座が目覚めます。牡羊座と共に新しい日が目覚め、その扉が開かれるのです。牡羊座には無限のエネルギーとあふれんばかりの情熱、生まれたばかりの赤ちゃんのような純真さがあります。期待と希望に満ちあふれた牡羊座は、衝動的でおおらか、単純でダイナミックな冒険心に満ちているのです。

　牡羊座は自分の意志で生きようとする個性を伸ばすために生まれ、全速力でグループの先頭に立とうとします。牡羊座の人は勇気をもって新天地を開拓し、大義のために戦ったり、勝ち目のない戦いにも挑まねばなりません。他人に謝ることなく他人より自分を優先する必要があるのです。私たちは自分自身に集中する牡羊座を見ることで、他人を助ける前に自分の幸福を追求することが重要だと気づかされます。牡羊座の人は単に切望するだけで終わったり、追随者の立場に安住することなく、先導者や戦士として自力で行動し、人を率いる術を学ばねばなりません。

　しかし、ひとたび生来の特徴からはずれると、牡羊座は子どもじみた怠け癖を発揮し、すべて人任せにしてしまいます。誰かの影に隠れたり、永久にサポート役を演じてしまい、自ら道を切り開くことを拒絶するのです。一人で何かをしたり健全な対立に挑むのが怖くなると、反省するふりをした怠け者の羊のようになり、一生懸命人を喜ばせようとしたり、なだめすかしたりします。

＜牡羊座が強いホロスコープ＞
　牡羊座が強い人は、本能的に周囲にインパクトを与え、戦い、制圧し、勝者とみなされようとします。牡羊座のテーマは完璧主義です ── 乙女座の勤勉さ、正確さ、技能とは違い、なんでもいちばんになろうとし、自分本来の能力に少しでも劣る結果は、完全に拒絶するのが牡羊座です。牡羊座は人生のなかで、個性と意志を発揮しようとすると、人から見てもらえなかったり、否定される状況に出会います。衝突や暴力、不平等や孤立などに出会うことで、人に非難される恐れと直面し、自己の欲求を認識して、堂々と自分の意見を述べるようになるでしょう。しかし、牡羊座は人生はバランスが肝心なのだと学ぶ必要があります。勝利の瞬間は、それだけのために生きるには短すぎるからです。他者と冒険を分かち合う人生は、仕事漬けの人生とは比べ物にならないほど素晴らしいものでしょう。

牡牛座

　猛烈な牡羊座のあとにくる牡牛座は、もっとゆっくりした実際的なペースのほうが生産性が高いことを本能的に知っています ── たとえ歩みはのろくとも、レースの最後には確実にゴール近くに残っているのが牡牛座なのです。人間の成長のこの段階では、牡牛座は自分の身体適応能力や、食物・援助など日常的に必要な基本的ニーズに気づいています。牡牛座は至福の怠惰状態を欲します。生まれながらのコレクターである牡牛座は、自分が丹精こめて集めたシンプルで親しみやすい所有物を大切にするのです。

　「岩」のように堅固な牡牛座は、誰もが頼れる支柱のような存在です。牡牛座の仕事は築き上げ、守り、維持すること、誠実さを実証すること、そして長期戦にもちこたえることです。強い信念をもつ牡牛座は、断固たる決意をもって信念を貫き通す術を学ぶ必要があります。官能的で多様な分野に精通している牡牛座は、人生の喜びを楽しみ、堪能するでしょう。長持ちする基礎を築き、物質的価値のあるものを蓄積し、いかなる苦難も乗り越えられるよう備えるのです。

　最悪の場合、他人の物を貪欲に欲しがり、性的もしくは感情的な状況、とくに自分がコントロールできない人間に対して異常なまでに執着します。自分の先天的なパワーと自分に依存する人間の弱さを熟知している牡牛座は、そのパワーを逆手にとって、自分が愛する人たちを人質状態にするのです。貪欲な身勝手の権化であり、感覚にその身を任せる牡牛座は、怠惰をこの上なく楽しみ、抜け出す必要のある現状から脱することなく、有害な状態にとどまり続けることがあるでしょう。

＜牡牛座が強いホロスコープ＞
　物質世界や、具体的で十分に試行されたものに依存する傾向が顕著です。信頼する友人だけを集めたり、不動産に投資したりする一方、新しい経験を試したり、定番の安全な道から外れることを嫌う傾向が目立ちます。ときに牡牛座は自分に無理強いしたり、意志を押しつけようとする人々に出会うでしょう。彼らが、予期せぬ危機や変化を自分の環境にもたらします。愛する人々が自分にとって価値のあるものを奪おうと試みるのです。これらの出会いや経験は、牡牛座に歯を食いしばって一歩も譲らず踏ん張りとおす力を与え、自分のエリアを定義し自分自身に対して正直に、また自分の欲望に対して忠実になることを教えます。

双子座

　寡黙でストイックな堅固さと忍耐力をもつ牡牛座のあとに続くのは双子座です。双子座は活発に外に出て人と交流し、意見を交わすのが好きです。人間の成長のこの過程では、双子座は自分が興味をもって楽しいと感じる多様な分野の知識を広げてくれる語彙を学びます。知的だと人に思われたい双子座は、永遠に若さを保とうと努力するのです。

　パターンを見つけ、人とアイデアを結びつけるために生まれてきた双子座は、人とコミュニケートし、人を理解し、はっきりと意見を述べます。双子座は、機敏なウィットに富んだ説得力あるセールスマン、またはエージェントで、ディベートで相手を論破したり取引を成功させる秘訣を学ぶのです。物事を疑い、質問し、関連事項を結びつけ、検討可能な代替案を提示するでしょう。おしゃべりな双子座は人のアイデアを「拝借」し、数多くの原理や思想を取り入れて、多様なアイデアを折衷した自分自身の考え方を編み出します。飽きっぽく注意力散漫で、責任やお決まりの日常業務にとらわれない忙しい生活を好むでしょう。

　最悪の場合、双子座は「真実」を発見した原理主義者、人に改宗をすすめる布教家になります。客観的な情報収集家から一転して事実より迷信を好む人間、人を見下す態度で道徳的傲慢さをひけらかし、神さまや教育、自分にとっての正しい道をふりかざす知ったかぶり屋になるのです。衝突や責任から逃れるために人を騙すこともあります。しかし、あまりにも見え見えの騙し方をするために、さらにひどい目に遭うことになるのです。

＜双子座が強いホロスコープ＞
　双子座には変化や動きに富んだ人生が待っています。百科事典並みの知識や語学の才能にも恵まれるでしょう。多くのやりくり困難な仕事や短期間のプロジェクトも数々こなします。一箇所に落ち着くことに満足できない双子座は、つねに自分の興味をそそる人物との新しい出会いを求め、あらゆる選択肢を残しておくのです。自分とは違う語彙を使ったり、（文字通り）異言語をしゃべるコミュニケーションをとりにくい人々とも出会い、矛盾した内容のメッセージを受け取ったり、自分の意図を理解してもらえないこともあるでしょう。そんなときにはなおさら人と対話したい、理解されたいという双子座の欲求が高まるのです。生まれながらに備わった双子座の二面性は、選択を迫られたとき、外面的に顕著にあらわれ、決断を下そうともがく過程では内面的に顕在化します。

蟹座

　コミットメントが苦手な双子座に続いて登場するのは、帰属願望が強く自分のルーツといつもつながっていたい蟹座です。さまよう双子座と違って蟹座は感傷的に過去にしがみつき、親しみのある安全な環境に本能的に引きこもろうとします。人間の成長過程のこの段階では、蟹座は人類すべてがひとつの家族、血のつながりをもつ血族で、愛する人々と感情によって絆を結んでいると気づいています。私たちの歴史が人間の自然な感情を形作り、のちに家族を形成することを理解しているのです。

　蟹座はロマンティックで物思いに耽る詩的なサインです。他者が自分たちの受け継いだ遺産や伝統と再び結びつき、願わくば過去の奴隷になることなく歴史を慈しむことを助けるために生まれてきました。蟹座は粘り強く献身的な保護者で人の誕生を手助けする助産師です。他者の人生における感情的衝突や通過儀礼を滞りなくガイドするでしょう。蟹座は霊能的な共感力で世界の不幸に涙します。昔の神秘的で忘れられたメロディーにあこがれ、再び手に入れたいと思うのです。

　最悪の場合、蟹座は状況をそのままの状態で保つためにムードや人情、ときには自分にとって重要な大義に訴えます。冷酷な野心のためなら蟹座は、心を鬼にすることができるのです。社会的地位や階級を獲得するためなら、血のつながりは水より薄いと信じて、過去を塗り替えて決別するでしょう。そして、蟹座は毒性をもつことがあります。他人の成功を見ると、自分が成功しようとして遭遇した過去の困難や払った犠牲に思いを馳せることも。「社会システム」からはじき出されたと、自己妄想による疎外感を抱いて苦々しく思い、怨みと腹立たしさで全身が煮えくり返るのです。

＜蟹座が強いホロスコープ＞
　人生に対して鋭いアプローチを取り、大衆のムードを予測する直感的なコツを心得ています。周囲にいる人間の感情を予測する能力に長けているのです。自分の母親との関係を理解したいという抑えがたい必要性を感じることがしばしばあるでしょう。蟹座は捨てられたと感じたり、孤独感を感じる状況に遭遇することがあります。大人になると家族への依存心を振り切り、心の奥底に抱き続けた感情的遺産から長期間解放される必要があるかもしれません。ただし、蟹座は最終的にはそのような高い代償を払うことなく、自分と同じような心をもつ友人を選び、そのなかから家族を形成できることを発見します。

獅子座

祖先と深いかかわりをもち、親しみあるものを再現しようとする蟹座のあとには、別個の人格として独立した「アイデンティティ」をもつ獅子座が登場します。ゾディアックのこの段階では、獅子座は自分の潜在能力を発見し、自己表現力を身につけ、家族の影響から離れて自分は独立した一個の人間だと世間に向かって表明せずにはいられないティーンエイジャーです。

獅子座は持ち前の「賢明な利己主義」により強い個性を発揮し、親しみあるものや威圧的な家父長制度の影響から距離を置きます。獅子座は人生のなかで自分の創造的ビジョンを実現しようとし、自分のなかに存在する純粋な光り輝く子どもの部分を探し求めるのです（難しいのは自分が親になる前に、自分のなかの子どもの部分を探究し尽くせるかどうかです。それができずに親になると、子どもに自分の身代わり役を演じさせてしまいます）。「愛情」にあふれ温厚で勇気に富み、保護者のような愛をもって助言や忠告のできる獅子座は、他者が自己の偉大さを実現できるよう鼓舞したり手助けをするとき、最高に光り輝きます。威厳に満ちドラマティックな獅子座は、他者が自分の高潔で寛大な努力を認めてくれるのが大好きです。

最悪の場合、獅子座は自分が喉から手が出るほど欲しい賞賛を自分に与えてくれるよう観客に強く求めます。権利意識から功績を認めることなく他人を利用し、彼らが脚光を浴びると妬むのです。それは人に与えてしまうと自分が褒められる機会がなくなるかもしれないと秘かに心配しているから。獅子座はプライドが高く、尊敬されないかもしれない、エリート仲間から除外されるかもしれないという不安をもっているのです。その不安から、心の赴くままに芸術や情熱を追求するのではなく、鼻持ちならない学者気取りが集まる排他的グループに属して、証明済みで嘲られる可能性のない科学や理論、イデオロギー等に盲従してしまうこともあります。

＜獅子座が強いホロスコープ＞
獅子座が強いチャートの人は通常、自分はなぜ生まれ、どのようにすれば己を取り巻く世界のなかで自分が重要な役割を演じることができるのかを探し求める旅に出ます。旅のなかでしばしばいじめっ子と対決したり独裁者を引きずりおろす場面に直面するでしょう。父親が自分のヒーローである場合は、父親に追いつき追い越して、自分が権威ある地位につくまでに相当の努力が必要です。獅子座の人は、自分の子どもとのあいだに複雑な関係をもちます。仕事面では、人々が獅子座のカリスマ性や威厳に魅せられるために、しばしば注目を集めて騒がれることも。しかし、内心自分の能力を疑い、自分が騒がれるほどの人間ではないことを「見破られる」のを恐れているのです。

乙女座

自己のアイデンティティを探し求める獅子座のあとには、働き者で控え目な乙女座が登場します。乙女座は、私たちが通常抱く小うるさくて人のアラ探しばかりするイメージよりもっと複雑で、本来の姿を隠し、生来の重要な役割をごまかして軽く演じているのです。ゾディアックサイクルのなかで乙女座のステージは、大人になったばかりの若い成人段階にあり、機械を効率的に動かす車輪のなかの、小さいけれど不可欠な歯車となるために、スキルを完成させようと一生懸命見習いとして働きます。

乙女座は生まれながらの職人、スペシャリスト、几帳面な選択者。生まれつき刈り取った小麦ともみ殻とを分ける人です。物事の核心に迫ったり、社会全体の幸福や繁栄に寄与することに興味があるのです。どんなに小さな発見でも、役に立ち大事なことなら喜びます。乙女座は整然とした体系を構築し、より良い世界をつくるために分析するのです。サインのなかでもっとも支配的で独特な個性をもつ乙女座は、気取って格式ばった獅子座にならって、物事をあるべき順序に戻し、それらが経済的に機能するように念を入れます。ただし、それを目立たないよう大騒ぎせずにやってのけるでしょう。乙女座の正確さと復元能力は、この世には欠かせない才能なのです。

乙女座は非生産的になると、無秩序な混沌状態のなかで浪費に耽ります。平凡な日常業務から逃れて運命論者的世界観をもち、善悪の見境なく行動してあてどなくさまようのです。自分が犠牲になったのは誰かのせいだと非難して殉教者を装います。心の狭い非論理的な暴君となり、容赦なき批判を浴びせたり、秘かに非難することで他人の人生を左右しようとするでしょう。

＜乙女座が強いホロスコープ＞
乙女座の際立つ特徴は、その知性と識別能力の高さです。乙女座は質素なライフスタイルで勉強熱心、一人でいるのが大好きです。多くのゴタゴタや混乱に出くわしますが、それを一つひとつ丁寧に紐解き整然とした状態に戻します。仕事中心の生活を送り、コツコツと物事をやり遂げる性格ですが、人に認めてもらえないと異常に健康を害したり、アレルギー症状に悩まされたりすることも。乙女座の人生におけるチャレンジは、質問することからではなく「経験」をとおして答えを発見することにあります。——自分の身体を軽視したり、逆にエクササイズや健康増進のための大事な道具として大切にしすぎることなく、自分の身体が喜ぶ人間関係を構築することで、心と身体、精神の一体化を図っていくのです。

天秤座

　処理好きで完璧さを追求する乙女座のあとには、不気味なほど要領よく秩序を構築する天秤座が登場します。しかも天秤座がやると、まるで苦もなくやっているように見えるのです！　俗世間から隔絶した職人気質の乙女座のあとに登場する魅力的な天秤座は、他者とのミーティングや交渉、比較、人と関係をもつことに取りかかります。

　天秤座は戦略家で仲裁者、愛想のよい橋渡し役です。状況に対してバランスのとれた客観性をもたらすことを学び、おもに正義とハーモニーの回復に興味があります。人と人とを結ぶ架け橋を永遠につくり続ける天秤座ですが、人が思うほど感情移入はしません。外交的で公平に、礼儀正しく議論を解決。天秤座は理屈にかなった決定を下し、感情には左右されないのです。「礼儀正しい牡羊座」である天秤座は、魅力的な説得力を駆使して自己の欲求を満たし、同意をとりつけます。「あなたがハッピーなら私もハッピー」ではなく、「私の提案に賛成してくれることを期待します」なのです。

　最悪の場合、天秤座は冷静さを失い、衝突をつくり出します —— 衝突を解決したいがために、わざわざ衝突をつくり出すこともよくあるでしょう。不安で心配になると、天秤座は自分のボス犬としての地位を守ろうと人々を引き離し、自分のもとにとどめようとするのです。このようにして天秤座は、偏見に満ちて不寛容で破壊的な、対立をもたらすトラブルメーカーへと変身します。無礼を楽しみ、人を挑発するために生きる人間へと変貌するのです。ずる賢く人を巧みに操り、怠惰でうぬぼれの強い天秤座は、賞賛されるため、そして自分の好みを承認してもらうために生きていきます。

＜天秤座が強いホロスコープ＞
　天秤座は人生の早い時期に、非常に深刻な、ほとんど不可能と思える決断を下さなければならない状況、もしくは仲裁しなければならない不和に直面します。分裂の発生場所が家庭内か外かにかかわらず、天秤座は不正を正し、人が衝突を解決する手助けの方法を学ぶのです。人間関係は最重要課題ですが、パワーの「不均衡」（とくにパートナーシップにおいて）が天秤座の人生における重要なテーマになります。天秤座は他人の人生のエキスパートですが、自分の人生で最終的な決断を下したり、受け入れたりすることは苦手です。ただし、あふれんばかりの自尊心から、いずれは自分にふさわしく、自分に歩み寄ってくれる相手を選ぶことができるでしょう。

蠍座

　天秤座の表面的な礼儀正しさは、猛烈でいちかばちか素手で当たって砕ける蠍座の登場によって粉々に砕け散ります。蠍座の登場によって人間関係は親密になり、危険で感情的、不安定で壊れやすいエリアへと突入するのです。「足りない部分を互いに補い合う」関係から、「あなたは私の一部、絶対離さない」関係へと変化します。

　蠍座は生まれながらの錬金術師、よく効く治療師、人生の神秘をひるむことなく探る捜査官です。極端な性格をもつ蠍座は、存在のもっと深い意義や自然の弁証法、タブー、そして禁じられた物事を探究するために生きます。蠍座は親密さや信頼を見つけなければなりません。脱皮し、再生し、強く生まれ変われる能力が蠍座の強みです。生まれながらの探偵で謎解き名人の蠍座は、どんな感情の変化の兆しでもとらえられるように、第六感を研ぎ澄まして人の動機を探ります。蠍座のチャレンジは、自分の暗い部分に光を当てて、もっと高い意識レベルまで到達できるようにすることです。

　しかし、蠍座はじつは最大のミステリーは、自分自身であることがわかりません。蠍座は自己分析を避け、自分の隠れた動機を問うことを病的に拒みます。その代わり、自分の想像がおよぶ範囲の安全な場所に居続けるのです。そして、身体的でセクシャルなものに集中し、持ち物をためて富を蓄えます。蠍座は表面下にひそむ自分の共依存性や衝動を恐れ、吸血鬼のように人の弱みをあざ笑い、さりげなく人を脅してコントロールしようとするのです。

＜蠍座が強いホロスコープ＞
　蠍座は人に極端な反応を起こさせます。人生の早い時点で、浅ましい人生の側面を経験することがよくあり、そのことが蠍座から無邪気さを奪い、人生のパワーゲームを「よく知る」人間へと変化させていくのです。蠍座は通常、人生のなかでドラマティックに変貌します —— 大切な人の死や人生に対する個人的姿勢やライフスタイルの一新などです。蠍座は危機に際しての自制心や勇気を学びます。すべてをコントロールしたい、あらかじめ危機を予測したいという願望が蠍座の人生を支配し、皮肉にも最終的にその願望に支配されてしまうのです。

射手座

　私たちは私的で疑い深い蠍座の精神的深みから、すがすがしく広々としたアウトドア空間へと飛び出し、社交的な射手座の哲学的「おおらかさ」に遭遇します。この時期は、自分の性質に対する執着心や衝動が、人生の意義や自己の存在目的に対する探求へと進化するステージです。

　射手座は、高みを目指して意味を追い求め、大きな質問を投げかけ、事実を「超えた」可能性を探るために生まれてきました。生まれながらに知識を貪欲に求め、すべての理念を歓迎し、なんであろうと誰であろうと真っ先に歓迎する射手座は、人種や地位という障壁を打ち破ることができるのです。伝道者である射手座は、自分のビジョンや楽観主義、熱意、豊かで充実した人生を送りたいという意欲によって人の興味に火をつけます。射手座の人生の秘訣は、目的地に到達することより、むしろ旅そのものを楽しむことです。射手座は、人生が自分の思いどおりに運ぶと期待することで、幸運を呼び込みます。

　最悪の場合、射手座は、ゴシップや表面的なものに耽溺し、注意散漫になったり、過剰に論理的になります。証拠は報告しますが、その証拠に潜む重大さは見逃してしまうのです。道徳的に傲慢な偽善者になることで、努力によって勝ち取った誠実さや品格を失ってしまうでしょう。有名人の知り合いがいることをほのめかしたり、弁が立ち過大な約束をする信用詐欺師となることも。自分の才覚や評判ひとつで世の中を渡り、利用できるものはなんでも利用します。

＜射手座が強いホロスコープ＞
　射手座は見るからに「生きる喜び」にあふれ、その喜びは周囲の人にも伝染します。また、あくなき探求心をもち、いろいろな場所に行き、人と出会って人生について学びたいという欲求も顕著です。住む国を変えたり、異文化に触れることもあるでしょう。その一方で、人生のなかで深く落ち込む時期 ── 厭世感から生まれるメランコリーではなく、人生が思いどおりにいかなかったり、他人が自分ほどコミットしてくれないせいで、くじけたり失望したりするのです。人生の早い時期に不当な扱いを受けたり、不正に直面して自分の意見を述べますが、信じてもらえないことがよくあります ── もしばしば見られます。このことが射手座を、生涯をかけて「自分」の真実を語り、偽りをあばき、偽善を嫌い、腐敗を吹き飛ばす情熱へと駆り立てていくでしょう。

山羊座

　冒険好きで永遠の生徒、そしてあくなき探求者。そんな射手座のあとには、山羊座が登場します。山羊座は、なんとしてでも目標に「到達」し、目に見える実績を上げようとする教授であり達人です。山羊座は、人間の成長過程のこの時期には、価値のある遺産や誉れ高き評判をつくり出すために、自分の得た知識や経験を使うことに専念します。自分を取り巻く環境を支配するまでの道中、厳格なヒエラルキーのなかで働き、信念を守り、非の打ちどころのない道徳律を保ち続けようと奮闘するのです。

　賢くて真面目な山羊座は、外界から地位や賞賛、そして名声を得るために、初期の苦難を乗り越え、自分の欲求を否定して、長い見習い期間を耐え忍ぶように生まれついています。山羊座は自制心や長期に渡る野心、個人の業績を代表する典型的な存在です。手を差しのべて壁をぶち破るが、やり過ぎてしまう射手座とは異なり、世俗にたけた山羊座の義務は、不況や後退の時期には責任を背負い、のちに物事をスケジュールどおりに戻し、約束の時間までに結果を出すことにあります。

　潜在下に抑え込んでいた狂信性に突き動かされたとき、または「目的さえ良ければ手段は選ばない」主義をとったとき、山羊座は今まで自分が一生懸命努力してきたことに対して興味を失ってしまいます。「システム」のなかで働けないと失敗し、時代遅れのシステムや体制にしがみつくと目標を失い、成功を恐れて引きこもり、自己憐憫に浸るのです。

＜山羊座が強いホロスコープ＞
　人生の早い時期に、多くの逆境に見舞われます。それはハンディキャップだったり、専制的な人物の存在であったりすることも。または何かが「欠けている」せいで、山羊座の成長が遅れたり、他人にはひんぱんに与えられる機会への扉が閉ざされてしまう場合があります。この逆境は、山羊座が偉大なことを成し遂げる起爆剤となるだけでなく、山羊座に忍耐力を教え込み、専心とゆるぎなき献身、そして努力こそが最後には勝つという信念を植えつけるのです。若い頃に反抗的な場合がよくありますが、のちにコミュニティの尊敬される一員、またはエスタブリッシュメントの年配女性政治家になったりします。皮肉なことに山羊座は、結果的にかつて自分が反抗したものになってしまう場合がよくあるのです。

水瓶座

ルール重視で、何をするにも周囲と協議しなければ気がすまない山羊座の次には、独立心が強く、つねに我が道を行く水瓶座が登場します。水瓶座はルールブックをずたずたに引き裂き、前任者がつくり上げた厳格なヒエラルキーやステレオタイプ、伝統や価値観を打ち砕き、すべての人間が特別で、「なおかつ」公平な社会を築こうとします。

水瓶座は、正義や責任を問う社会問題に対して、明確でオリジナルな物の見方を提供するために生まれてきました（真に純粋な「自由・平等・博愛」の精神をもっています）（訳注4）。アウトサイダーである水瓶座は、当初（自分を受け入れ、仲間に入れてもらうために）すべての人を喜ばせようとしますが、のちに自分のユニークな世界観に価値を置くようになります。この旅路を経て水瓶座は自立し、妥協しないスタンスを確立し、自分の正しさに確信をもつのです。水瓶座は他者の触媒なので、自分が望まないかぎり、自分自身が変化することには抵抗するでしょう。

最悪の場合、水瓶座は、「あちらのほうが他よりもっと公平だ」というような、自己中心的で独裁的見地から物事を判断します。仲間のために戦いますが、秘かに自分のほうが彼らより上だと思い、彼らの「普通さ」を軽蔑するのです。しかし、人から愛され、特別扱いされたくて仕方がない水瓶座は、偏見やえこひいき、優遇措置も取り入れるでしょう。自分は時代の先を行き、知的に優れていると思っています。これらの性質から、水瓶座は人から何かを学ぶことを嫌います。水瓶座は人間の本質を「すべて」知っていますが、どうすれば人と親密な関係を結べるのかわかりません。仲間や人間性というコンセプトは大好きですが、人類に属する個別の人間には我慢できないのです。

＜水瓶座が強いホロスコープ＞
水瓶座は人生の早い時点で、自分がまわりの環境に溶けこめず、「人が行ったことのない道を行く」自分のアプローチが、家族や知人などの概念とは相容れないことを心のなかで自覚します。幼いころに他者から温かい情愛を受けなかったことが、水瓶座にありのままの自分に満足するよう努力させ、飼い馴らせない野蛮人の一面を吐き出させるでしょう。獅子座と同じく水瓶座も、父親が実際に、もしくは感情的に不在です。このため水瓶座にはリーダーシップのロールモデルが存在しません。そこで水瓶座はロールモデルとなる父親代わりを他者に求めますが、理想的には自分のことは自分で考え、自分自身でルールを決めるようになるほうがいいでしょう。

訳注4：Liberté, Égalité, Fraternité：自由・平等・博愛（フランス革命のスローガン）

魚座

社会に対する理想主義にあふれ、排他的で傲慢な水瓶座のあとには、愛や調和、一体感の必要性を自覚する魚座が登場し、ゾディアックサイクルの最後を飾ります。魚座は、人類の同胞意識を超えた、その先を見つめます──魚座には国境も壁もありません。すべての命や創造物は互いにつながり合い、依存し合い、そして償い合う必要があるのです。

善きサマリア人（訳注5）である魚座は、偏見や自分をどう見せたいかというエゴ、底意抜きで人にサービスし、共感や利他主義、思いやりを与えるために生まれてきました。アーティストで作曲家、預言者でもある魚座は、普遍的な喜びや苦しむ人類の状況を伝えるのです。魚座は高次元に達したより良き人類のダンスを振付けする振付師で、人々にニルヴァーナ（涅槃）を垣間見させます。魚座は、周囲の人々の移り気に気づきながらも、彼らの感情的欲求に応えようと自分を捧げるのです。物事にはすべて結果がついてまわることを承知していますが、結果はさして重要ではないと考えるでしょう。

魚座は、魂を追い求める旅から離れると、批判的で否定的になり、人の信仰心や信念を攻撃したり、他者が人生のミステリーを理解しようとするのを嘲ったりします。ピラニアのような魚座の自己犠牲的な心は、自己破壊へと変貌し、罪の意識から起こる殉教心によって、自分を取り巻くすべての人々を誘惑し、堕落させるのです。自分が過小評価されていると感じると、衛生面で大騒ぎしたり、儀式のとりこになったり、意味もなく「小さいことにくよくよする」ようになります。騒ぎを起こし、感傷的でみじめで自己憐憫にあふれた安全地帯に引きこもり、自分がそこに追い込まれたのは誰かのせいだと責めるでしょう。

＜魚座が強いホロスコープ＞
魚座が強調されると、運命論者的になり、何でも過剰に受け入れすぎてしまいます。また、人生のなかで、何事も超越する「高み」の状態と、絶望して何かに依存する「低い」状態が混ざり合う場合もしばしばあるでしょう。通常、魚座は世間的な道をたどれば、若い頃の名声への渇望を捨て、中毒やアレルギーを克服し、より精神的な道を歩みます。魚座の人生にはしばしば、スヴェンガーリ（25ページ参照）のような人を巧みに操る人物が登場します。しかし、魚座はのちに強いアイデンティティを確立し、人を受け入れて赦し、生き残ることができる自分の才能に気づくのです。

訳注5：善きサマリア人とは、「the Good Samaritan＝憐れみ深い人」。新訳聖書の福音書に書かれている「善きサマリア人のたとえ」から。ユダヤ人と対立していたサマリア人の善行を、イエスが引き合いに出して善い行いをすすめたもの。

太陽

- 自分のアイデンティティの核心、エッセンス、個性、そして内面の信条／信念。
- 自己発見の旅／道、自分にとっていちばん大切なこと、重要な人生の主題と目的 ── 何になるために生まれてきたのか。
- 父親、そして、その後の人生に登場する権威ある人々のイメージと経験。
- 太陽がたどる道に従い、そのメッセージを生きることで正しい評価がもたらされる、サインのまったく正反対の、最悪な側面にひたってはいけない。

太陽のオーバートーン：クリエイティブで、自己表現する人生と性格、太陽のサインを体現し、自分自身を発見する、個人的で自己陶酔的な探究、虚栄心に満ち、自分勝手で「賢明な利己心」によって、ナルシスティックに自己の権利を主張する、人気者でいつも人に注目され、スポットライトを浴びる、失敗や幼少期の期待を食いつぶす経験にみちた人生 ── 個々の運命を自分でコントロールする勇気が必要。

月

- 自分の感情的気質や習慣的な「直感」に基づく反応、本能、感覚、ムードと態度、自分の感情をどう表現するか、「閉じられた扉」の向こうにいる本当の自分は誰なのか、右脳の活発な働き。
- 自分は何に執着するのか、自分が安心、安全だと感じるもの、自分が根ざし、属していると感じるもの、食事／食物の習慣、不可欠なものにお金を使うときの態度。
- 自分の感じやすく傷つきやすい未熟な部分、不安定で脅かされたときどう反応するか、感じるままにつくり上げる自分の感情。
- 自分の母親とその後の人生に登場する母のような存在に対するイメージと経験、お返しとして癒しと援助を与えてもらうために、母親／他者をどのように労り思いやるか。
- 過去と故郷の記憶、自分が今暮らしている住まいや環境。

月のオーバートーン：直感的で反応が早く、影響されやすい気分屋で、本能的な性質、流れるような表現力、人生のリズムやサイクル、必要不可欠な物が何かを知っている、ファッションや大衆の好み、意見を正確に把握している、波に流され、浮き沈みの多い不安定な人生、自分の魂や心の核と共鳴する故郷／家庭探しの移動や旅が多い人生。

水星

- 人とコミュニケートしたい、名づけたい、つながりたい、リンクしたい、交渉したい、分析したいという衝動、左脳の活発な働き。
- 論証し、吸収する能力、自分の思考プロセスや意見、そして学術的な興味、学び、意見を形成し、自己表現する方法、自分の論理的な心や理性的な声、どのように語り、何が「小さな灰色の脳細胞」を刺激するか。
- 兄弟姉妹に対する考え方と経験。

水星のオーバートーン：ストーリーテラーでメッセンジャー、中立的立場の仲介者、両者の立場に立つ交渉役、好奇心旺盛、詮索好きで分析的、若さに執着する、直接経験するよりむしろ観察したりインタビューすることを好む詮索好きな人、巧妙でしなやかなペテン師、つねに質問し、意見を共有する人生、バラエティに富み、数多くの計画をやりくりし、表面的興味（双子座）を整理、ふるい分けする人生。または技術や専門分野を開拓、開発する人生（乙女座）。

金星

- 関係を築き、交換し、共に協力し、共通点を見出したいという衝動。
- 人にどんな風に魅力的だと思われたいか、自分自身を飾る「植木箱（フラワーボックス）」、人の注意を引き、好きになってもらい、求めてもらうために、どんな風に自分を着飾るか。
- 自分自身の価値と価値観 ── 人に自分の価値や価値観を認めてもらい、反映してほしい、他と比較したがる、女性が自分自身をどう見るか ── 女性の最初の評価基準。
- 個人のスタイルと好み、喜びの基準、どのように自分を喜ばせ楽しませるか、娯楽と喜びを追求するために、どのように／どこでお金を使うか。

金星のオーバートーン：愛想がよく人を楽しませ、チャーミングで魅力的、怠惰で虚栄心が強い、好きになってもらい、承認してほしい、互いに平等に交換し合える関係を追求する人生、交渉、説得、外交、橋渡しのエキスパート、衝突のある場所に調和を回復し、より良い物や人間の官能性を楽しむ人生。

Part 1 ツールの紹介｜ゾディアックと天体　37

火星

- 自分が欲するものを手に入れたいと望む衝動、自分のエネルギー、行動、原動力と精神のタイプ。
- どのように競争し、獲物を追い求め、戦うか、どのように衝突に対処し、怒りをあらわすか。
- 何に興奮するか、生まれもった性的嗜好 —— 追及、征服、挿入、どのように情熱や本能的欲望を表現するか、男性が自分自身をどう見るか —— 男性の最初の評価基準。
- 自分が信じることのために立ち上がり、自己主張する能力、生き残り、競争し、勝利し、攻撃し、防御し、自分のことをいちばんに考える本能、勇気のタイプ。

火星のオーバートーン：ダイナミックでパワフル、元気がよく自発的でケンカ好き、好戦的で競争心が強い、または勝つためだけにコンテストを探す野心あふれる新人、明確に定義された善と悪との戦いが多い人生。多様な潜在能力を発見しなければならない人生、人生のなかでエネルギーと度胸が試される衝突に直面し、それが自立した企業家精神をもつ引き金となる。

木星

- 意味を探し、探求し、学習して視野を広げたいと望む衝動、どこに信念や自分の信仰心、神の摂理に対する考え方をつぎ込むか。
- 未来や人生のパターン／計画全般に対する信念。
- 自信のあること、自由に教えたり与えることができる豊かな才能に恵まれている、洞察力と知恵、自分は無敵だと感じ、「殺人を犯しても逃げられる」と思ったり、それを利用したりすることができる、誠実さを求め、自分の倫理観や道徳観を問われないよう「まっすぐな道」を進むことが必要。
- 機会や成長、幸運をもたらす人生のエリア —— ただで何かを多く得ることが期待できる場所、強欲で慢心し、過剰に「やり過ぎて」茶番を招いてしまう自分の側面。

木星のオーバートーン：哲学者あるいは永遠の生徒／先生、偽善的で高慢 ——「プリマドンナ」気質、派手なプロモーター、博愛主義者、カリスマ伝道師、教祖、またはペテン師、スター養成者もしくはスヴェンガーリ（25ページ参照）、認めてもらい、有名になり、権威や影響力をもち、称賛されたいという欲望、ラッキーなヒットや幸運をもたらす知人に恵まれ、良い評判を得て（疑問視される場合もある）、ちょうどいいときにちょうどいい場所にいるような人生、陽気で希望や探求心にあふれ、常に未来に目を向ける性質、探し求め、学び、教える人生、ポジティブ思考力の権化。

土星

- 心理的に「すべて」の天体の反対。
- 制約や制限、限界を感じる場所やその感じ方。
- 疑いや恐れ、罪の意識や確信のなさを感じる場所、自分が不十分で不器用で、失敗を恐れる場所とその感じ方。それらによってどんな風に自分を無防備だと感じるか、心のなかで自分に語りかける非難の声。
- 現実に直面する場所と直面の仕方、遅れやフラストレーションを経験する場所。「払った分相応のものは手に入らないかもしれない、でも手に入る分相応の支払いはする」ところ。
- 人生最大の教訓と、一生を通じて取り組むタスク、自分の恐れが時間とともに最大の強みとなり、最終的に果実を実らせ、蒔いた種を刈り取れる場所や時期、その起こり方、最終的に権威となれる分野。
- 良心とモラルのコンパス、どこでルールを守るか、どこでどんな風に自制するか、または自制心を培わねばならないか。

土星のオーバートーン：最終的に周囲の環境や状態を支配するための長期にわたる見習い期間、自分に満足した、良心的な、抑制された、または責任感のある人物 ——「大人」で年不相応に分別がある、強みに変えるために、克服し、適応する必要のある重い障害／負担、仕事や犠牲、苦行に満ちた厳しい人生、皮肉屋で守銭奴、バルーン・ポッパー（場の雰囲気をしらけさせる空気の読めない人）、道徳的で正直な市民、しっかりとした拠り所で、他者のタイムキーパー。

天王星

- 人との違いを示し、革新的で過激になりたい場所とその方法、自分の意見を述べ、殻を破り、既存の考え方や調和を打ち砕き、規則集を破り捨てる、または現状を打破する場所。
- どこで変化を探し求めるか、どこでどんな風に突然の反転や混乱、別れや断絶、または突破口に人生が左右されるか。
- 自分が抱く完璧のイメージ、「ただひとつの真実」に対する固有の知的アイデア —— 感情から切り離されたアイデア —— どこで、どのように「枠をはみだして（井のなかから出て）考える」か。
- 同輩たちとは違う、自分は独立している、または突出していると感じる場所や方法、のけ者にされている、またはブラックリストに載っていると感じる場所、どこでどのように自分の同輩たちとは違うことを経験するか、社会から逸脱した、屈折した性質。

天王星のオーバートーン：急進的かつ無感情なスタンスで、人とは違うリズムで行進する、他を圧倒的に支配する強い政治的、社会的イデオロギー、他者を衝撃で目覚めさせる触媒的存在で、洞察力やインスピレーションが突然ひらめく人、アウトサイダーの人生 ——「生まれる時代を間違えた」人、制約や息苦しさに見舞われ、そこから逃げ出し自由になることを余儀なくされる人生、独特な個性をもつ変人、神経質な自由人で「人があまり通らない道」を行きたがる人、突然の変化や飛躍的進歩、断絶に驚かされ、影響を受ける人生。

海王星

- ニルヴァーナ（涅槃）やエクスタシーを経験しようと恋い焦がれ、神に触れ、神とつながり、五感のすべてを味わい尽くそうと探し求める場所とその方法、自分が抱く神と完璧のイメージを投影するために、誰を、そして何を探し求めるか、平凡で厳しい現世から、逃げたいと思う理由やその方法、宇宙となんらかの精神的つながりを得る、または創造的表現の高みに達する方法、自己回復に努める場所。
- 自分の人生や性格が不透明にぼやけ、感受性が強く、過敏で、骨組みや境い目がないエリア、現実との接点を失う場所、人に救われ、人を救いたいと思う場所。
- 混乱して幻滅し、自分をだます場所とその方法、やがて状況に目覚め、それが理想ではなかった、または状況はすでになくなっていると発見する場所、人生のなかで境い目がぼやけている部分、または得難いものを追い求めるエリア。
- どこで無秩序状態に出会い、どのように対処するか、混沌に身をゆだねる場所、他者の影響や操作、ゴシップ、スキャンダル、推測に依存することがある、「手放す」ことを学ぶ必要があるエリア。

海王星のオーバートーン：多岐にわたる、または漠然とした経験に富むマジカルな人生、詩人、アーティスト、カメレオン／変幻自在の人、ミュージシャン、音楽愛好家、イメージメーカー、預言者、夢想家、または教祖、悟りへの道、もしくは逃げ道を追い求める人生、永遠の犠牲者、中毒者、殉教者、または不運な経験をもち、世のなかでうまく生きていけず、その日暮らしで生計をやりくりする落伍者、世俗的な執着心をもたない自由な人生、無意識界とのつながり、人生のリズムと調和した状態、または高まった感情や超感覚的知覚、霊感の持ち主。

冥王星

- 隠れて埋もれた自分の性格の様相、封じ込めた深遠で重大な経験、自分や家族、先祖のタブー、クローゼットの奥にしまいこんだ秘密、コントロールしたい、秘かに自分を支配している恐怖心を悟られたくない、という衝動の源。
- 危機を経験し、トラウマやパラノイア、内面の悪魔に立ち向かう場所とその起こり方、どこで、なぜ、仮面をはぎ取られ、謙虚になるか。
- 侵害され（もしくは侵害を恐れ）、無力になり、犠牲者になり、迫害される、または虐待される場所とその起こり方、精神的破壊または支配のエリア、コントロールが足りない場所、自己を清め、過去を浄化する場所と方法。
- 人生で自分のパワーを取り戻す場所と方法、埋もれた宝物や貯蔵された潜在的パワーとエネルギー、「空気」を入れ替えて解き放ち、力ずくでコントロールを取り戻すまで自分を支配するエリア、グループや政治力学中の自分の居場所、力を発揮して、人に影響を与える場所と方法。

冥王星のオーバートーン：極端で激しい人生、生き残りをかけ、生死を争う問題、影響力がある、もしくは無力な人生。誰かの言いなりになったり、自分がコントロールできないタブーや状況によって陰りを見せる人生、自分の世代に影響を与えるパワープレーヤー、極端な全滅、浄化、全面的見直し、または個人的変貌が起こる人生、改革や変遷の人生 —— 灰の中から立ち上がり、奇跡の復活を遂げる。

4つのアングルと12のハウス
The Four Angles and Twelve Houses

　ホロスコープの4つのアングル、つまりアセンダント（ASC）、ミッドヘブン（MC）、ディセンダント（DSC）、イムム・コエリ（IC）は、出生図でもっとも「個人的」な場所で、実際生まれた時刻と場所によって決まります。天体はサインを毎日それほど大きく動きませんが（月だけは異なり一日に11〜15度動きます）、「すべてのサイン」（実際にすべてのサインのそれぞれの度数）は、24時間のあいだに（ASCから）昇り、（MCの）頂点に上がり、（DSCに）沈み、（ICの）底に下がります。別の言い方をすると、太陽は一日にサインを約1度動くため、その日に生まれた人はほぼ同じ度数をもつのです。しかし、その一日のあいだにASCは360度のうちのどれかの度数になるのです（他のアングルも同様です）。

　4つのアングルは、ホロスコープの天体が位置する場所のなかでもっとも強力な場所です。極めて個人的なコンパスの役割を果たします。環境に対する私たちの指向性を露わにし、私たちが周囲から何を受け取るのか、まわりの世界とどうかかわるかをあらわす「受信機」なのです。これらアングルは、私たちと世界を結ぶ双方向の窓で、私たちの個性や交際関係、家族や社会的レンズ（私、あなた、私たち、彼ら）をあらわしているのです。

　4つのアングルはラベルや名札のようなものです。ASCは個性をあらわす名札です。私たちが出会って挨拶をするときの個性。MCは「医者」とか「カウンセラー」というような、社会的なプロとしての名札です。私たちが自分の履歴書を短くまとめるとどう書くか、といったものです。DSCはパートナーの名札。私たちがどんな人を求めているか、また私たちが他人に投影する自分自身の部分をあらわします。そしてICは私たちの家紋。これまでに何があったかという歴史をまとめたものです。

　アングルは天体ではなく、占星術における感受点です。それらは十字を描く2つの軸をつくり出す、天空の天体のパターンを地球に映し出したものです（どのハウスシステムであっても、ハウスはこれらの感受点のすべて、または一部を手がかりにしています。ハウスはサイン内の天体の活動がどこで起きるかを示します）。4つのアングルは、私たちの内的、個人的見方や、プロとして、また社会的な役割、私たちの影響や印象や予測など、私たち自身の個人的な感受点なのです。

　私たちの太陽のアングルに対する関係は、生まれた日時に関する直接的なアイデアを与えてくれます。太陽は夜明けにはASCにあり、正午頃にMCにあり（サマータイムには13時）、日没時にDSCにあり、深夜頃にICにあります（サマータイムには午前1時）。私たちの一日はこの天体のタイマーによって形作られ、私たちはこれらの関係をそれぞれのアングルをよりよく理解するのに使うことができるのです。

- ASCは太陽が夜明けに東の空に昇ってくるところです。それは見逃すわけにはいかない壮大な上昇。新しい一日の始まりであり、私たちが「ここにやって来て」、姿をあらわし、「肉体に生まれ出る」ポイントになります。自己の「出現」を象徴しているのです。
- MCは天体と太陽（ヒーロー）がもっとも高く、もっとも美しく、すべての姿をあらわし、私たちの頭上で光り輝くところです。私たちが見上げる模範、私たちが「具体化」した姿なのです。
- DSCは太陽が沈み、地平線と一体化する／地平線に消えるところです。自己との「融合」をあらわしています。
- ICは太陽が低い場所に沈み、再び昇る前に、新しい日のために種まきをするところです。自己の「内面化」をあらわしています。

太陽（またはどの天体も）は、これら3つの場所（ASC、MC、DSC）にいるとき、もっとも「印象的」です。ASCで初めて姿をあらわした太陽が、滑るように昇りながらMCでもっとも高い地点に到達し、DSCで沈みます。4つの段階で、太陽が私たちに見えないのはICだけで、このこと自体が重要な意味をもっているのです。太陽がICで私たちに示してくれる印象は、けっしてわかりやすく見つけやすいものではありません。しかし、それは私たちが私たちであることを示す（そして私たちとずっと共にある）、深い内面の印象なのです。

　軸はオポジションです（ASCはDSCと正反対で、MCはICの正反対です）。オポジションは私たちの感受性をより高めてくれます。私たちに固く結びつき引き離せない両面/両端について、より多くのことを意識させてくれます。一方での強調が、もう片方にどのように影響するかに気づかせてくれるのです。私たちは他者（DSC）なしでは、自分（ASC）を定義することはできません。自分がどこから来たのか（IC）わからなければ、自分がどこへ行くのか（MC）わからないのです。このあとで、4つのアングル間のつながりを見つけていきます。たとえば、すべてのアングルのサインは不動なのか？　風と火の組合せかもしれない？

ASC－DSC軸

　ASC-DSC軸をシーソーに見立ててみましょう。難しいのは「私」と「あなた」のあいだでバランスをとることです。平衡を保つためには、相手と交渉したり妥協したりします。軸の一方が重すぎるとシーソーのバランスが崩れてしまうからです。この軸が私たちの場所、私たちの周囲、そして直接、私たちを取り巻く環境なのです。

　方向は、左と右／東と西です。まわりを見回して、私たちが自然と目にするもの、私たちの注意を引きつけるものです。それは「出会い」の軸、私たちが自分の人生に引き寄せるものといえます。この軸は、私たちがどのように他者を自分の世界に招き入れるかを見せてくれ、私たちが他者に与えるインパクトや、彼らが私たちに与えるインパクトを示してくれます。ここで、誰が、何を、誰にしているかがわかるのです！　ここで、私たちのパーソナリティ、私たちが考える自分（ASC）──私たちの核となるもの──が他者（DSC）によって試されることになります。

ASC
- 私たちの一対一のパーソナリティ。
- 私たちの交流の手段。私たちの個人的なインターフェイス。「肌」、ステレオタイプ、または他人に近づき、他人とつながるためにかぶる仮面。私たちの人生に対するアプローチ方法。
- 私たちの外見、そして玄関を出たとき、私たちの環境や人々が自分の目にどう「映って」ほしいか。私たちが人に与える／人から受ける、第一印象。
- 私たちの開始位置。私たちの現実の受け止め方。予期するルート。公のアジェンダ。個人的スタンス、生き残りや交流のためのモットー。
- 態度についての最初のメッセージ。幼いころの経験、誕生時の経験。

DSC
- 私たちが他人に求めるもの。私たちの生死をおびやかす「もう一方」の自分。
- 私たちの発見の旅にかかわる人々。私たちが探し出す、私たち自身の自己定義や自己研鑽に力を貸してくれる人々。

- 私たちが魅了し、計画し、売り込んでいくもの。
- 私たちが他者から受けとるもの。私たちに対する他人のリアクション、そして他人が認識する私たち。

MC–IC軸

MC–IC軸を、まっすぐに立つ柱や木だと連想してみましょう。私たちは育って枝を伸ばし、高くそびえ立って上昇します。しかし、下にあるもの——根っこや土台を忘れてはいけません。この軸の難しいところは、自分の過去をまったく陽の当たらない日陰に追いやらずに、成長して自分自身の建造物（自分の名前をつくり出す／評判）になれるようにバランスをとることです。

方向は上と下です。私たちが自分の限界を超えて見つけるべきもの、未来に向かって枝を伸ばし、天界や、地上と天界のあいだにあるものを見上げ、そこで見つかるものが示されています。また、私たちが下を見下ろし、自分の内面や過去に目をやったとき、私たちが自分自身の安定した土台について思いを馳せた

ときに見えるものもあらわされています。私たちが受け継いだり、私たちに生まれつき備わっているもの（IC）が呼び出され、この世で現実化するのです（MC）。この軸は、私たちが自分の親のような存在から受けとるメッセージをあらわします。それは個人的に深く根ざした行動規範（IC）や、この世での自分の場所（MC）に影響する仕事や社会に対する信条に関連しているのです。私たちが自分の親から（意識的または無意識的に）重要だと教えられたことがあらわされているでしょう。彼らの期待や深く根差した動機が、幼いころ、自分の親から受けとった、業績、野心や夢、社会的役割や「自分を待っている大きい世界」についてのシグナルを語っているのです。

MC
- 可能性を実現して「自分自身になる」（社会における自己実現）方法。私たちの評判、社会での役割、社会に見せる顔。
- 私たちが子どものころ、なりたかったもの。人々の記憶に、どのように残りたいか。
- 私たちが天職（太陽）を表現し、約束を果たす社会的、または公の舞台。社会的に認知してもらう最上の道。私たちが成功するために必要な行い。私たちの成功、称賛する人たち、見習いたいと思う人たちの定義。

IC
- 私たちの基礎部分、土台、ルーツ（根）。私たちは何になるために生まれてきたのか。
- 内面のメッセージと原動力。潜在意識下にひそむ、外界で成功するための動機。
- 根（IC）を張り、枝葉（MC）を伸ばす、私たちの「土」のようなもの。私たちの種、源、遺産。
- プライベートな私たち。私たちの地下貯蔵室。
- 危険がさし迫ったとき、人生のなかで私たちが無視すること。無意識に私たちの進む方向（MC）を決める、私たちの秘められた恐怖。

天体がひとつのアングルにある場合、その両軸に影響を与えますが、天体の影響がもっとも見られるのは、そのアングルとコンジャンクションを形成しているときです。天体はサポート役かマイルストーン、またはその両方の役割を演じることができるのです。

　4つのアングルについてさらに知りたい場合は、私の著書『The Midheven : Spotlight on Success（ミッドヘブン：成功のスポットライト）』（フレア、2016年）を参照してください。

12のハウスのクイック・ガイド

　私は、ハウスの心理的解釈をことさら強調するより、むしろハウスを「人生のなか」の平凡な日常的エリアだと考えています。なぜならハウスの心理的解釈は、サインの延長である場合が多いからです。各ハウスと、それぞれに照応するサイン（例：1ハウスと1番目のサインの牡羊座）は共通項をもっており、ハウスは「場所」——人生のエリアのうち、「どこで」、どのように（サインの位置によって）、天体のエネルギーやカギとなる信条が表現されるかを示しています。各ハウスは環境をあらわしているのです。また、私は4つのアングルは、そのアングルが始まるハウスとは違うものだと考えています（ほとんどのハウスシステムで。例：1ハウスとASC）。アングルは、私たち個人の心理的方向性を示すコンパスに影響を与えるポイントなのです。

　私は長年かけて、ほとんどのハウスシステムを使ってきましたが、最終的には明瞭で、より良い占い結果が出るイコール・ハウスに戻りました。多くの占星家は、このシステムがシンプルすぎ、またホロスコープ上で出発点／定義点を決めるときに上昇角度のみに頼ることから、このシステムをはねつけます（占星家のなかには、クアドラント・システム——4つのアングルがアンギュラーハウスから始まる——を使用したり、ASCの実際の角度にかかわらず、1ハウスがASCのサインの0度から始まるホールサイン・ハウスシステムを使う人もいます）。

　私はみなさんが占星術を学ぶときは、多様な分け方のいろんなハウスを使ってみることをおすすめしたいと思います。自分の天体に「もっと良い光が当たっている」ように見えるという理由だけでシステムを選ぶのはやめましょう！　実際には、カギとなるチャートのパターンから逃れることはできないのです。ホロスコープの主要なテーマは、どのハウス区分メソッドを選んでも、少なくとも3つの異なる方法で描かれています。私たちは、たとえば太陽を11ハウスに動かしたり、「恐ろしい」12ハウスに行かないように1ハウスに動かす努力はできますが、太陽はそれでも12ハウスを支配するかもしれませんし、12ハウスのルーラーとコンジャンクションするかもしれません。あなたは逃げることはできても、隠れることはできないのです——天体の配置を避けたり、見た目を「きれいに保つ」ためにチャートを再構築しても、逆にその配置の重要性を際立たせるだけなのです！

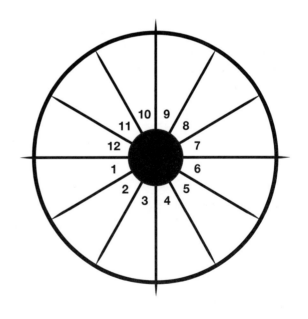

　選んだハウスシステムによってホロスコープの見方や構造が決まるとするなら、（それぞれのハウスが極めて重要な1ハウスの出発点に対して正確なアスペクトにある）イコール・ハウスを使えば、1ハウス以降のすべてのハウスを、1ハウスの個人的レンズの見解や態度、「現実」（「自分の容姿」「自分のアプローチ」「自分が期待するもの」）に直接つなげてくれます。1ハウス／ASCのカスプをチャートの出発点とすると、2ハウスは「自分のお金」、3ハウスは「自分の兄弟姉妹」または「自分の教育」等々となります。すべてのハウスはASCとそ

のサインに関連づけられるのです。イコールハウス（またはホールサイン）を使うと、MCとICは——10ハウスと4ハウスそれぞれの出発点になるのではなく——「その近くを漂って」、おそらく他のハウスに流れつきます。

ハウスは、私たちの人生の特定のエリアにおける「経験」を明らかにしてくれます。しかし、その経験は、私たちがそれらのエリアで「出会う」人々によって具現化されます（例：10ハウスの土星は、仕事上の権威ある人物に対する恐れかもしれません。しかし、仕事上でいろいろな土星タイプの上司に出くわすことは、私たちの人生にはよくあることかもしれないのです）。

1ハウス

　私たちに直接関係する、人生の個人的エリア、私たちの容姿、肌の色、他者に与えるイメージ、私たちが怖れるもの、私たちの身体的特徴。

2ハウス

　私たちのお金、収入、富、財産、所有物、価値観と貴重品、資源、キャッシュフロー、収益力、自分の身体との関係、私たちを維持する食べ物や快適な経験。

3ハウス

　私たちの幼少期の体験や友人、近所の人、兄弟姉妹とのふれあい、短期間の旅行や移動、教育、クラスルーム、短いコミュニケーション、手近な本や情報。

4ハウス

　私たちの家庭環境、安らぎの場所、プライバシーや充電が必要なときの避難場所、土地、動かせない所有物、財産や他の固定資産、私たちの先人、ルーツ、祖先。

5ハウス

　レクリエーション、芝居、劇場、クリエイティビティ、ロマンス、セックス、私たちの子どもとの接し方、投機、聴衆と「フォロワー」。

6ハウス

　私たちの日課、決まりきった日常行為やそのやり方、ダイエット、エクササイズ、健康療法、私たちの健康に影響するもの、職場、会社生活、職場の同僚、労働、不平等な関係、サービス業とサービス残業、ペットと小動物。

7ハウス

　私たちの人間関係、結婚、深いパートナーシップ、あからさまな敵、敵対者や私たちと衝突のある人々、対等な関係、自己「以外の」ものの投影。

8ハウス

　他者のお金や所有物と私たちとの出会い、共同資源、支払能力と資金力、危機、秘密、遺産、相続財産、遺書、再生と刷新、ミステリーやタブー、オカルト／隠れたものを深く掘り下げる経験。

9ハウス

　私たちの長距離旅行の経験、高等教育と倫理、旅行、外国や文化、宗教、信仰のシステムと私たちが抱く神のイメージ、出版、マーケティング、広告や宣伝。

10ハウス

私たちのキャリア（長期の仕事に対する見方や態度）、権威ある人々や私たちの上司の体験、私たちの社会的地位、ランク、立場、公の生活、私たちの称賛、優秀さ、名誉をはかる尺度。

11ハウス

私たちが所属するチーム、組合、消費者グループ、運動、協会や仲間関係──心を同じくし、共通の目的に向かって共に働く仲間（特定の聴衆）、私たちのコミュニティと社会サークル、社会的大義、私たちの理想化された大志、アドバイザー、ブローカー、カウンセラー（9ハウスよりもむしろ）。

12ハウス

私たちの隠遁や引きこもり、孤立や落ち込みの経験、秘かな不倫、恐怖症、隠れた弱み、無意識のパターンや自己の取り消し／やり直し（自分の利益にならない行動）、神秘主義的なエリアとの出会い、（このハウスの天体はどれも地平線から昇ったところです──光のなかにその姿をあらわしたばかりです。天体は「生まれて」すぐの状態で、おそらく私たちにはそのエネルギーが意識できません。天体のエネルギーは、むき出しの状態で表現されているのです。12ハウスの天体は他人にはいちばんわかりやすいのですが、私たち自身は、影響力は大きいけれど若すぎるこのポジションの芽生えの力に気づかないかもしれません）。

ルーラーとディスポジター
Rulers and Dispositor

次のリストは、天体とハウスがホロスコープ上で、どのようにリンクしているか／対話しているかを重要度順に示したクイックガイドです。

1. ハウスに入った天体──もっとも効果的で明らかに象意があらわれる状態です。

2. ハウスに入った天体が他の天体とアスペクトを形成する（例：2ハウスの火星が5ハウスの木星とスクエアのアスペクトで、天体とハウスをつないでいる）。

3. 天体がハウス・カスプのサインを支配している（または、イコールハウスでないハウスシステムのインターセプトされたサインの場合は、ハウス内にとどまっているサイン）（訳注6）。

4. ハウスのカスプ上にある天体（「玄関口」から両方のハウスにアクセスできる）。

5. ナチュラルハウスにある天体（例：9ハウスや12ハウスにある木星、1ハウスや8ハウスにある火星）。

ハウスが「からっぽ」の場合もあります（10「天体」──太陽から冥王星──を使えば、少なくとも必ず数個はからっぽのハウスが出てきます）。しかし、ハウスがからでもルーラーによるなんらかのリンクがつねに存在するので（上記リストのように）、ハウスはいつも活動しているのです。各ハウスのカスプにあるサインは、そのハウスで起こる出来事に影響を与えますが、そのサインを支配する天体は、より多くの情報を与えてくれます。ルーラーの位置やアスペクトが、ハウスのカスプのサインに関連する一般的特徴の影にひそむ、真の動機や表情を明らかにしてくれるのです。ルーラーは、1つのハウス（と天体）で起こる出来事を、他のハウスと

訳注6：イコールハウス・システムは、すべてのハウスが等分（イコール）なので、インターセプトするサインは存在しない。

関連づけてくれます。ハウスのカスプが「一般的な事柄をあらわす声明を出すと同時に、そのルーラーの位置がつねにより多くの事実情報を与え、物語が発展する方向性を示してくれるのです」（『The Contemporary Astrologer's Handbook（現代占星術ハンドブック）』）。たとえば、蟹座が2ハウスのカスプにある場合、お金や収入、資産、稼ぐ力に対する私たちの一般的な態度を示してくれます。しかし、2ハウスのルーラー（この場合は月）のサインとハウス（そしてアスペクト）の位置は、気質や出会う状況、人生で下した選択において、その可能性がどのように具体化してあらわれるかを教えてくれるのです。それはあなたが「どこで」お金を稼ぐのかを示しています。収入のような2ハウスの活動を生み出すのに最高の環境と状況を教えてくれるのです。あるとき、2ハウスのルーラーが4ハウスの乙女座にある生徒がいました。彼女はこのリンクが自分の生計の立て方——家を（4ハウス）掃除する（乙女座）——を語っていると気づいて、かなり落ち込んでいました（生まれつき工芸の才に恵まれていると気づくまで、平凡な乙女座にある天体は、私たちをがっかりさせることがよくあります）。

　ルーラーを見るとき、つねに下記の事項に注意しましょう。

カスプのサイン
　例：2ハウスのカスプにある蟹座——お金に対する鋭くて抜け目ない、考え抜いた態度。本能的に投資して資産を増やす。安定した暮らしと快適な家を保つため、貯蓄し、十分なお金をもつことの重要性。

カスプのサインのルーラー
　例：月——私たちの基本的欲求や保身本能に関連する不安定で流動的なエネルギー。賃金／資金は満ち欠けする。ムード次第の出費。お金は安心安全、家、過去の活動に関連する。

ルーラーの位置
　例：7ハウスの射手座にある月（2ハウスのルーラー）——外国人など他者（7ハウス）の世話をし、手助けし、支援する（月）ことによりお金を稼ぐ（2ハウス）。または教職についたり、広告業や法律業（射手座）で生計を立てる。お金の稼ぎ方（2ハウス）は、大衆（月）と共に働くことで拡大する（射手座）。お金のニーズ（月／2ハウス）と夢や壮大な計画（射手座）を分けて考えることを学ぶ。また、リスクをとったり、重要な知人のおかげで金銭的幸運に恵まれる。寛大な、もしくは手のかかるパートナー。他人に世話をしてもらいたいという過度な期待。私たちをいつもポジティブにし、生活を安定させてくれる射手座タイプの人を見つけるなど、パートナーによってもたらされるお金。もしくはギャンブルで自分のお金をすってしまうパートナー！

　ハウスに天体を関連づけると、実際的で役立つ情報がたくさん得られます。たとえば、7ハウスのルーラーが9ハウスにいる場合、私たちのパートナーは海外から来た人かもしれません。また、教育や法律、その他の9ハウスの活動に関連する人物かもしれません。7ハウスのカスプにあるサインは、私たちがどんな魅力で人を惹きつけるかを教えてくれます。しかし、7ハウスのルーラーは「他者」（7ハウス）と「なり」、私たちがどんな人を惹きつけ、私たちがどんな人とかかわるかについて数多く説明してくれます。

　（アングルがハウスの境界線にならない）イコールやホールサイン・ハウスシステムの恩恵のひとつは、すべてのチャートで一貫したASCを共有できるという便利さです。たとえば、獅子座がASCのチャートは、10ハウス（牡牛座）と3ハウス（天秤座）のカスプが、金星をルーラーとするサインになります。このチャートの持ち主は、キャリアや称賛の基準（10ハウス）が、教育や他者への情報提供などの3ハウスの活動とつながっているのです。彼らは安心して生活し、安定的収入（10ハウスの牡牛座）が得られるキャリアを求め、日々の生活のなかで、自分たちを外交的でロマンティック、また、魅力的に表現することに惹かれます（3ハウスの天秤座）。彼らは自分自身のキャリアやプロフェッショナルな発展（10ハウス）に価値を置き（金星）、それらを一

層高めるために、情報や教育コース、書物（3ハウス）の必要性を認識するのです。彼らは仕事上（10ハウス）、短期間の旅行に出かけることが多いかもしれません、等々。出生時の金星の位置は、これらハウスがもっともよく現象化するエリアや、その追求に必要な努力とエネルギーをあらわします。いつもどおり、天体が第一の立役者――原動力――で、サインはその原動力を表現するスタイルや態度、そして「色合い」なのです。

ハウスへの影響を考えるとき、私はおもに伝統的なルーラーを見ます。ですから、ハウス・カスプが蠍座の場合は、冥王星ではなく火星を見るのです。同様に水瓶座の場合は土星の位置を読み解き、魚座の場合は木星を見ます。アウター・プラネット（天王星・海王星・冥王星）に「支配」されているカスプは、特定のハウスが、私たちの人生やツァイトガイスト（時代精神）を左右するもっと大きな問題に、いかに結びついているかを明らかにしてくれます。

他の場合と同じように、ルーラーを見る際にも、繰り返し／強調を探しましょう。ルーラーの位置が、どこか他の場所で強調されたり、裏づけられたりしているかもしれません。4ハウスのルーラーが月かもしれませんし（それ自体が繰り返されている主張です）、4ハウスのなかにルーラーがあるかもしれません。ASCが牡羊座の人は、たくさんの天体が（全部でないとしても――とくにASCが牡羊座の若い度数の場合）ハウスとサインの位置で「二重苦」状態にあるでしょう。例：蠍座の金星が8ハウスにある（8ハウスは蠍座本来のハウス）。これは牡羊座がサインの出発点だからです。牡羊座の終わり部分にASCがある場合（逆の例として）、天体がASCより大きい度数にない限り、天体はこのような状態には陥りません。

ディスポジターとミューチュアル・レセプション

たとえば太陽と水星が牡牛座にあるとき、これら天体のディスポジターは牡牛座のルーラーである金星だといえます。別の言い方をすれば、牡牛座にあるすべての天体は金星的性格をもち、これら天体は、金星とそのネイタルの位置に絶対的に支配されるのです。この金星が牡羊座にあれば、火星が金星のディスポジターになり、そこで火星のサインの位置を見て、火星のディスポジターはどの天体なのかをさらに見ていくわけです。占星家は（とくに水星が強い人はね！）、これらの追跡や連鎖、チャートの「ファイナルディスポジター」探しが大好きなのです。個人的には、私はこれらの大部分が役立つとは確信していません。バーブラ・ストライサンド（74ページ参照）のチャートを見ると、彼女のホロスコープ上で重要な役割を演じているのが金星だということが、牡牛座にある4つの天体から確実に読みとれます。そして、金星は12ハウス（魚座本来のハウス）の魚座にあります。彼女の金星は魚座と強くリンクしていますが、私はこれ以上、魚座のルーラーである木星や海王星まで追跡しても、適切な情報が得られるとは思わないのです。

水星が牡牛座にあり、金星が双子座にある場合、「ミューチュアル・レセプション」が起こります。金星が水星のサインにある、またその逆。占星家によっては、とくにホラリー（時間占星術）を行う人は、ミューチュアル・レセプションは影響力が大きいと言います。出生占星術の場合は、ミューチュアル・レセプションは天体間のリンクを強調はしますが、私の経験ではその強調は、天体同士がアスペクトを形成している場合に比べると、それほど強くありません。

チャート（ASC）・ルーラー

チャート・ルーラーとは、ASCにあるサインを支配する天体のことです。たとえば、牡羊座がASCの場合、火星がチャート・ルーラーになります。火星は12サインのどこかにいます。追加の情報を考慮しなくても、ASCが牡羊座の人は12タイプいるということになります。12通りのうちどれもが、その人が自分の個性を表現し、自己イメージ（ASC）を強められる特定の道とエリアを示してくれます。占星家のスティーブン・フォレストは、チャート・ルーラーを「チャートの別ポジションに配属されてもなお、同じ目的のために働き続けるASC大使」と呼んでいます。彼は「個人の特徴やアイデンティティの確立に、極めて重要な役割を担っている」ともつけ加えています。

チャート・ルーラーは、ドラマのなかの重要な役柄です。チャートのコンサルテーションでは（占星術の読解のスタート部分になっています）、ASC がクライアントを取り巻く状況を描く一方、チャート・ルーラーはクライアント自身で、彼らの現在地はどこか、そして彼らはこれからどこへ行こうとしているのかを教えてくれるのです。ASC のルーラーは隠れた司令塔です。私たちの人生に対するアプローチや、私たちがどのように双方向で世界に対峙するか、その方法の「影にひそむ動機」になります。

　ASC は、私たちのパーソナル・スタイルをあらしています。牡羊座の ASC には刺激が必要です。征服するために出発する牡羊座は、勝者、開拓者、そしてパイオニアだと思われたいのです。牡羊座はこのようにして世界と出会います。競争や衝突は予想の範囲内、「何かを達成するには、自分でやるしかない」と覚悟しているのです。このとき、チャート・ルーラーの火星が 6 ハウスの乙女座にいるなら、牡羊座の率直さは健康や日課、仕事やサービス（6 ハウス）などのエリアに導かれ、正確に、鑑識眼と細かい気配りをもって（乙女座）実行されます。ハワード・サスポータスは『The Twelve Houses（12 ハウス）』（フレア、2007 年）のなかで、チャート・ルーラーのハウスの位置は、「自分の成長や自己発見（ASC）に直接影響を与える重要な経験をする人生のエリア」だと語っています。競争心が強く人とぶつかる性分で、パイオニア精神に富む牡羊座は、乙女座に火星があると、その分野でいちばんの職人になったり、開拓精神のある看護士になったり、組合の代表になるという方向に進むかもしれません。健康問題や職場の状況改善のために戦ったり、（内外の）機械が正常に動くようにオイルでつねに手入れすることにエネルギーを注ぐような人になることもあるでしょう。（通常チャート・ルーラーは他の天体とアスペクトを形成しており、あるときはオリジナルの主張を強め、あるときは解読内容にひねりを効かせます）。

　右のチャートでは、ASC が牡羊座で、チャート・ルーラーの火星は 6 ハウスの乙女座にあります。これは歴史ロマンスの著書で有名な作家、**バーバラ・カートランド**のチャートです（彼女の太陽——水星のコンジャンクションは 3 ハウスの蟹座にあります）。カートランドは長く活躍した著名人で、派手でお高くとまった、歯に衣着せぬ語り口で知られるメディア番組の司会者でした（山羊座の土星と木星が共に MC を飾ります）。彼女は幼い頃（ASC と月）、事業家精神旺盛な母親がロンドンでドレスショップを開業し、生計を立てるのを目の当たりにします（牡羊座の影響と、働き者の火星が乙女座にあることに注目してください）。1923 年にカートランドは初めての小説を出版しますが、下品でわいせつだと思われていました。しかし、その後、社会の変遷にともない、彼女が描く純潔な処女のヒロインは、追い求められる存在から貞淑なだけのつまらない存在へと変

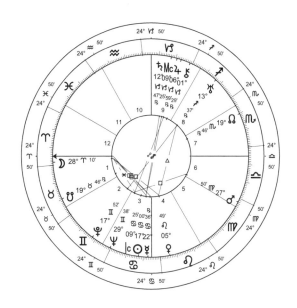

バーバラ・カートランド

化します。彼女が描く理想の純愛は、時代遅れで単調だと受け止められるようになったのです。しかし、彼女の多作ぶりには目を見張るものがあります。彼女は 90 代後半になるまで、うらやましい限りの労働意欲をもち続け（乙女座の火星）、生涯で 723 冊の本を執筆し、2000 年に亡くなったときには、160 もの未出版原稿が残っていました。ポジティブ・シンキングの力を体現したようなカートランドは、各種ビタミンの普及促進や学校での礼拝撤廃への反対表明など、健康志向の強いエネルギッシュなライフスタイルで有名でした（乙女座）。

　では、ASC が牡羊座で、ルーラーの火星が 9 ハウス射手座にある場合——大衆に手を差しのべ、自由を希

求し、自己の基本的権利や信念のために戦うことを提示する正しい配置です――はどうでしょう。そのホロスコープの持ち主は、影響力ある牧師で活動家、有名な伝道者でもあるビリー・グラハム（彼の火星は射手座にある彼の月とコンジャンクション）です。また、プロテストシンガーのジョーン・バエズのチャートにも、同じASCとチャート・ルーラーとの組合せが見られます。ジョーン・バエズは長期にわたり社会改革や正義、そして平和を訴え続けているシンガーです。

天体の逆行
Retrograde Planets

　逆行（R）はとても興味深い現象です。単に明らかな逆方向への動きが面白いだけでなく、この地球から見たときに起こる視覚上の錯覚を、占星家たちがどのようにとらえ、解釈するかが面白いのです。逆行サイクル（水星の逆行がもっとも有名です）や、ホラリー占星術やイレクショナル占星術における逆行の重要性については、すでに多くの本で書かれています。しかし、出生図上で、逆行がどのように機能するかについて書かれた本は比較的少ししかありません。私たち占星家の占星術活動の大部分が、私たち自身の視点から見る天空観察に始まることを考えると、これは驚きです。私たちの活動は、日々の周期の観察に始まり、果ては太陽や月、地球の永遠の舞いを見極めることにかかっているのですから。

　しかし、まずは大事なことから始めましょう。天体が逆行するように見えるとき、私たちには、一度行った場所をもう一度訪れ、来た道をもう一度たどり（逆行する天体のように）、物事を再び軌道に戻せる、天空の「セカンドチャンス」が訪れるのです。水星の逆行サイクルは（3～4カ月ごとに3週間、12カ月に3～4回）、人生の水星的なエリアが（そして私たち自身の水星の配置にかかわるエリアが）、遅れや脱線、遠回りに出会うことを私たちに教えてくれます。そして、しばしば私たちに、選択肢を再考するチャンスを与えてくれるのです。私たちは「再」という文字に価値を置き、それを練習することを学びます。再び探す（再探索）、再び考える（再考）、再び確認する（再確認）、再び編成する（再編成）、そして再び見る（再見）のです。見落としに気づき、間違いを正し、可能であれば「ベルト・コンベア」に乗って運ばれる状況から健康的な距離を置くチャンスなのです。しかし、未来にかかわる重要な決定を下したり、新しい行動はできるなら避けたほうがいいでしょう。あとで訂正したり再交渉したいなら話は別ですが。逆行時にすべてのコミュニケーションが間違った方向に進んでしまうというわけではありません。現状を新しい光で照らしてくれるさらなる情報が新たに手に入る、ということです。

　たとえば2009年5月の水星逆行時には、イギリスのメディアが議会大臣たちのあくどい職務手当の濫用と経費請求を暴露しました。このとき（右図参照）、水星が双子座に忍びこみ、1度で留となり（天体とサインが共に「もち逃げ」して喜んでいる）、牡牛座に逆戻りし（お金の問題について「責任をとるために呼び戻され」）、水瓶座（選挙で選ばれた国民の代表）でコンジャンクションしている木星と海王星（大規模なスキャンダル／ごまかし）とスクエアしています。ニュースでは、何人かの大臣たちの辞職や失職、そして突然の政界からの引退が報じられました。

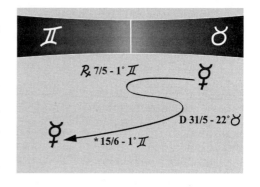

　以下のリストは、もっとも悪名高き目の錯覚の定番、水星逆行の取扱いクイック・ガイドです。

- 休み／じっくり考え／再充電し、精神の息抜きタイムを楽しみ／都会の生活から離れ、プロフェッショナルな仕事のベルト・コンベアから距離を置く、立ち止まってバラの香りをかぐ、水星タイプ商品の購買を避ける。
- 意見を訂正し、優先事項を再調整し、チェックし、再確認し、但し書きを読む（でも署名にサインするのはあとで！）。延び延びにしている決定を下す。
- チェックし、再編成し、再探索し、材料を再構成する。逆行は「セカンドチャンス」を意味する。
- リサーチし、調査し、情報収集し、再検討し、最近下した決定を再考し、過去に成功したアプローチに戻ってみる。長期間効力の及ぶ決定は避ける。レビューし／編集し／切れのある仕事をしてミスを見つける。
- 掃除をし、メンテナンス／修理し、溜まった書類のファイリングやEメール、書き物を片づける。友人たちと再び連絡を取り、古い交友関係を取り戻す。
- ひどく動揺したときには一歩下がり、問題を客観的に見つめ直し（水星の機能）対処するか、流れに身を任せる——「物事には必ず終わりが来る」

　水星がひとたびまっすぐ動き出すと、水星が最初に逆行したサインの度数に達するまで、物事はそれほど進展しません。進展が始まるのは通常、水星がまっすぐ動き出してから2〜3週間後です。出生図上での天体逆行についてよく書かれている内容は、占星術を学ぶ学生にとって、ときに有害なことがあります（ホラリー占星術やイレクショナル占星術では、しばしば歪めて書かれています）。たとえば水星の逆行中に生まれた人は、学ぶスピードが遅いとか、ときには「知的障害者」とまで言われることがあります。古い書物には「ごまかし」や「不誠実」といった言葉も出てきます。水星の逆行中に生まれた私の生徒たちが問題に取り組むとき、違う角度から問題を見つめ、視覚的、または側面的に情報にアクセスし、何度も取り組んだ場合に、もっともよく学べているように見えます。面白いことに、そうすることによって生徒たちは、彼らに適応し、違った方法で彼らに教えるよう、私を教育してくれたのです。

　占星家のロバート・ハンドは、逆行は天体の影響力を壊すのではなく、ある種の状況に対して「他の場合より適用しやすく」しているのだと主張しています。[1] 私は、水星逆行時に創業した企業や事業は、逆行のプロセスに関連する業務に「積極的に関与する」と繁栄することを発見しました。ここで、（今はつぶれてしまった）ソーシャル・ネットワーキング・ウェブサイト「**Friends Reunited（フレンズ・リユナイテッド）**」を思い出します。水星（社会的コネクションを司る11ハウスのルーラー）が魚座で逆行していますね。このサイトの目的は、失った友人たちと再び連絡をとり、情報交換し、そしてウェブサイトの宣伝どおり「絶対に過去と疎遠にならない」ことです。

　出生図をたくさん研究すればするほど、私たちは「後ろ向き」の言葉がクライアントの助けにならないことに気づきます。また、それらの言葉は逆行配置への公平な評価とはいえません。アップル社の故スティーブ・ジョブズのチャートは、（ほとんど）アスペクトのない逆行水星が、どれほど大きなことを成し遂げられるかを私たちに再認識させてくれます。水星は彼のチャート・ルーラーで、「凶星（マレフィック）」の土星（知性の

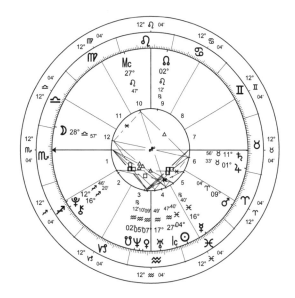

フレンズ・リユナイテッド

欠如ではなく彼の幼少期の貧しい教育を反映している）と非常に広いスクエアを示しています。ジョブズはアップルで彼独自の「言語」をつくり出し、自分の水星（と他の天体）を「彼特有のまわりくどくて気難しいやり方」で、最大限に用いました。

他の人たちは、出生図の逆行天体を、約束されたことが完全に現象化していない、または可能性が先延ばしされているととらえます。リンダ・リードは、逆行は「休止状態、または将来の始動に備えて成長中」なのだと書いています。[2]

私の経験では、出生図の逆行天体は（アウター・プラネットではあまり見られませんが）、人生の早い時期に——成熟や自己認識が存在する以前の、早すぎるかもしれない時期に——能力を十分に発揮していることがあります。しかし、この早い時期に約束された事柄は、私たちが他のレベルの事象に追いつくまでのあいだ「棚上げ」されるのです。のちに私たちは、天体の可能性がもたらす恩恵を探求できる「セカンド・チャンス」を与えられますが、そのチャンスはもっと安全で地に足のついたものになります。のちに私たちがその可能性を現象化し、自分たちにもっとも良い状況を生み出せるようになるまでのあいだ、天体は立ち止まり、時間をかけてじっくり成長し（人生に隷属すらして）可能性を温めるのです。実際天体は、私たちの想像以上に遅く満開の花を咲かせます。おそらく私たちが自分自身の本当の目的（太陽）を認識したときに初めて開花するのです。[3] そして確かに、天文学的に見ると、逆行は地球から見た天体と太陽との関係に依存しています。エリン・サリバンは、出生図における逆行について広範囲にわたり執筆した現代占星家の一人です。[4]

出生図における金星の逆行は、金星的な信条（例：早い結婚）を示唆していますが、のちの人生でこのテーマに立ち戻り、もっと体系的に成熟した方法で対処します（例：二度目の愛のチャンス）。土星はそのサイクルのなかで36.5％が逆行していますが、このようにチャート上で逆行し、存在がひときわ目立っている場合、人生の早い時期に重荷を背負う、もしくは親としての責任を早くに負い、個人的な野心の成就についてはもっと遅い時期まで待たなければならないことを暗示することがあります。占星家のノエル・ティルは、幼少期の権威をもった人物の不在、もしくは専制的な人物の存在から起こる劣等感の遺産について「苦い教訓を学ぶために成長期に組み込まれた一時停止状態」と書いています。[5]

逆行する天体がカギとなる主要な位置にある場合、その重要性はさらに増します。たとえばアングルにある場合や、シングルトンや「ハンドル」の場合です。これは子役スター、シャーリー・テンプル（144ページ参照）のホロスコープのケースです。このチャートでは、逆行土星がバケット・チャートのハンドルとなっていることがわかります。

私は、4つもしくはそれ以上の天体が逆行しているクライアントとたびたび仕事をしました。ニール・マイケルセンの『Tables of Planetary Phenomena（天体現象表）』（ACS、1993年）によれば、20世紀生まれの人のなかで、おおむね14％の人は逆行天体を4つ持ち、5％が5つ、そして1％が6つの逆行天体をもっているそうです。私のクライアントは、人生の多くの部分が「保留」されている気がする、または、当初の目標や才能は放棄して「実際の人生」を生きていると、よく私に言います。でも、これらの天体の配置により生まれながらに約束された早期の野心は、セカンド・チャンスとしてのちの人生で探し求め、成就できるのです。

このセカンド・チャンスがいつ訪れるのか、大体の時期を把握しておくと便利でしょう（例：特定のトランジット、もしくはプログレスによる天体の進行方向の変化によって）。しかし、何がきっかけでセカンド・チャンスが起こるのか、また起こる年はいつなのかを予測するはっきりとした手がかりは残念ながら見当たらないようです。

4つもしくはそれ以上の逆行天体をもつ多くの著名人たちは、人生の早い時期に、ときには並外れた成功期

を経験しますが、その後、長期の「一時停止」期間に入り、のちにもっと堅実なキャリア基盤と確固たる人生の軌道を築き上げます（ダイアナ妃やカレン・カーペンター、ジェームス・ディーンなど、驚くべき数の著名人が若くして亡くなっています——二度目の、より安定した時期を活かす前に、彼らの人生は短く断たれてしまったのです。でも、出生時に逆行が多いと早死にするんだ、なんて早合点はしないでください！）。

みごとカムバックを果たしたTV界の女王、シビル・シェパード（右下チャート）の人生のストーリーを見てみましょう。ファッションモデルとしてキャリアをスタートしたシビルは、21歳のとき、一夜にしてハリウッドの大スターとなったのです。その後、28歳で故郷のメンフィスに戻り、結婚して一児をもうけ、映画界から引退しました。シビルはその後、30代半ばにTVにカムバックし、大成功をおさめました。最初は『こちらブルームーン探偵社』への出演、のちに自分自身のコメディーショー『Cybill（シビル）』で主演兼エグゼクティブ・プロデューサーを務めました。シビルのチャートでは、6つの天体（金星、火星、土星、天王星、海王星、冥王星）が逆行しています（加えてムーンボイド）。一度目に続き二度目の一時停止期間があり、よりしっかりしたチャンスが彼女のシンガーとしてのキャリアに訪れたのです。シビルは数枚のアルバムをレコーディングしましたが、批評家に酷評されてマイクを置きました。しかし、のちにもっと上手で自信のあるジャズシンガーとしてカムバックを果たし、ミュージシャンとしてのキャリアを復活させたのです。

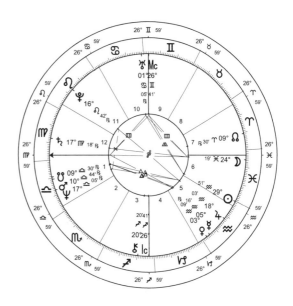

シビル・シェパード

アスペクト
The Aspects

アスペクトは、2つの天体、もしくは感受点間に形成される、極めて重要な角度のことです（言いかえれば、チャート上の2つの天体・感受点のあいだの特定の度数）。アスペクトは、それら2つの天体／ポイントをつなぎ、「対話」——双方向のエネルギーの流れ——を形成します。（たとえばスクエアのような）実際のアスペクトの種類にかかわらず、2つの天体が会話しているということがもっとも大事なことなのです。それはチャートを解釈する上で最も重要な天体のエネルギーの組合せなのです。

いくつかの考察

心にとめておくべき序列があります。アスペクトを形成する2つの天体のうち、より遠い天体が近くの天体に対してもっとも影響を与えるのです。たとえば、水星と土星のアスペクトでは、土星の影響を全面的に感じ、規律あるシリアスな（土星）心や声や他の表現方法（水星）を取り入れようとするのは水星なのです。しかし、土星も水星に、少なからずですが影響を受けます。科学や因果の法則から組織的な宗教にいたるまで、ありとあらゆる土星的なものすべてに知的好奇心を抱き議論するでしょう（水星）。

私が見る限り、出生占星術において、アプライング（接近）するアスペクト（正確なアスペクトがまだ完成して

いない）と、セパレーティング（分離）するアスペクト（動きが速いほうの天体が正確なアスペクトから移動したが、まだオーブの範囲内にいる）とのあいだに、さほどの違いはありません。

　占星家のなかにはこの方法を使わない人もいるでしょうが、ディソシエイト（すなわちアウト・オブ・サイン）アスペクトは完璧に働きます。ただし、そのアスペクトはサイン間の自然な関係と一致しない（例：双子座に入ったばかりの天体と牡牛座から出ようとしている天体のコンジャンクション）ので、サインの象徴的意味や解釈がより複雑になるかもしれません。

　ここで考えなければならない重要なことは、アスペクトを「形成しているサイン」です。サインの共通点は何か、そして違いはなんのかを分析することで、多くを探り出すことができます。また、サインはアスペクト自体に重要な手がかりを与えてくれます。たまたまディソシエイト（アウト・オブ・サイン）アスペクトでない限り、すべてのオポジションには両極性があります（牡羊座－天秤座、牡牛座－蠍座、など）。強くリンクしてはいますが、まったく違った優先事項をもっているのです。スクエアは同じモードのサインをリンクしますが、エレメントは別々です（例：人との感情的なつながりに関係する水のサインの活動の蟹座は、客観的で理性的な風のエレメントの天秤座、そして熱血漢な火のサインの牡羊座とスクエアを形成しています）。これらのサインは似たような戦術をもっていますが（モード）、他方のモチベーション（エレメント）を理解するのが難しく、角を突き合わせます。活動（カーディナル）サインは物事を新しいレベルへと進めたがりますが、誰がボスをめぐって衝突します。不動（フィクスト）サインは物事を維持継続し、安定したペースを保とうとしますが、意見の不一致が頑固なこう着状態を招きます。柔軟（ミュータブル）サインの人は他者とコミュニケーションし、教え、情報を広めるために生まれてきますが、説明責任から逃れたい一心で互いに「責任を押しつけ」合い、その結果エネルギーを消散し、衝突を招きます。

　チャートを分析するとき、天体からアングルへのアスペクトを考慮しなければなりませんが、これらは天体間の「エネルギー」のダイナミックなやりとりではありません。むしろこれらは、私たちが周囲の環境に対してどんな足跡を残すか、私たちの指向性や個人的なやりとりが、私たちを取り巻く世界にどんな影響を与えるかを教えてくれるのです。アングルとアスペクトを形成する天体は、私たちがその天体の特質を個人的、または社会的環境においてどのように現象化するかをあらわします（39〜42ページ参照）。

オーブ
　オーブは度単位（°）の距離のことで、アスペクトが正確な角度から外れていても影響がおよぶ範囲のことです。基本ルールとして、コンジャンクション、オポジション、スクエア、トラインは8度、セクスタイルは4度の許容範囲があります。私の場合、実際にはオーブが2〜3度を超えるトラインやセクスタイルは見ません。しかし、コンジャンクションを考える場合は10度まで許します。天体間のアスペクトが狭い場合（つまり、接近したオーブ）は、その強い影響がつねに私たちの人生のパターンやストーリーにおいて感じられるのです。しかし、広いオーブ間でアスペクトを形成している場合でも、同様に関連する人生の出来事やテーマ、性癖などに影響があらわれるたくさんの例が見られます。どんなに広いオーブの場合も、クライアントがどのようにアスペクトを表現するか（もしくはしないか）に「耳を傾け」ましょう。コンジャンクションに9度のオーブは広すぎるかもしれませんが、ソーラーアーク・ディレクションを使用する場合、9歳前後でアスペクトが正確な位置にきます。クライアントはその年齢に達するまでに、これら天体の融合をすでに経験していることでしょう。そして、アスペクトがクライアントの人生における決定的な時期を示し、その後の人生で繰り返し起こるテーマとなるかもしれません。私はアングルに対するコンジャンクションのオーブには寛大です。なぜならゴークラン夫妻（67ページ参照）の仕事からもわかるように、これらアングルのクロスオーバーは、ゆるやかに起こる現象とはいえ重要なプロセスだからです。

アスペクト（メジャー・アスペクトは太字表記）

0度	**コンジャンクション**	90度	**スクエア**
30度	セミ・セクスタイル	120度	**トライン**
45度	セミ・スクエア	135度	セスキコードレート（セスキスクエア）
60度	**セクスタイル**	150度	クインカンクス（インコンジャンクト）
72度	クィンタイル	180度	**オポジション**

　コンジャンクションは「ニュートラル」なアスペクトと呼ばれていますが、実際は2つの天体間の不均衡なコラボレーションです。「ソフト」アスペクト（セクスタイルとトライン）は、私たちが陥りがちな自己永続的行動パターンや「快適な」状況をつくり出し、「ハード」アスペクト（スクエア、オポジション、セミ・スクエア、セスキコードレート）は、摩擦が生じるステージを象徴します。それらを私たちに気づかせ、行動させ、緊張緩和を提供してくれるのがアスペクトなのです。

メジャー・アスペクト
コンジャンクション（0度）
　コンジャンクションはホロスコープのなかで強調されて効力の高い、もっとも注目すべきポイントです。天体／エネルギーの力が結びつき、表裏一体となり、けっして離れることなく共に行動します。コンジャンクションの天体に関係するエリアでは、客観性に欠ける部分が出てくるかもしれません（他の天体からオポジションの影響を受けない限り）。コンジャンクションは通常、人生の早い時期に形成される、自分にとって非常に馴染み深い私たち自身の性格をあらわします。私たちが慣れ親しんだ部分（「これが私よ」）や、他者から見て明らかにそれとわかる、私たちを代表する側面なのです。ヒント：コンジャンクションを解釈するときは、つねに天体の黄道帯（のサイン）の順番を考慮してください（55〜60ページ参照）。

　アウター・プラネットのコンジャンクションは、社会に新しい時代の到来を告げる前触れです。しかし、このコンジャンクションが個人的な天体やアングルに対してアスペクトを形成していない場合、私たち個人個人の事柄に関しては、あまり影響はありません。19世紀末に、海王星－冥王星が双子座で一緒になりました（正確なコンジャンクションは3回：1891年8月と11月に8度で、1892年4月に7度で）。このコンジャンクションは、20世紀の超高速情報化社会の到来を人類に告げてくれたのです。一方、乙女座に入った天王星－冥王星（正確なコンジャンクションは1965〜1966年）のコンジャンクションは、テクノロジーと性の革命を始動し、シリコンチップから避妊ピル（乙女座）におよぶ産業の変革をもたらしました。実際この開発は、今日の私たちの生活を動かすすべてのシステムに影響を及ぼしているのです（詳細はウェンディ・ステイシー著『Uranus Square Pluto（天王星と冥王星のスクエア）』（Mayo Press、2012年）参照。『Astro Mind Maps（宇宙のマインドマップ）』（フレア、2010年）のなかで、著者のキム・ファーリーはこう述べています。アウター・プラネットのサインは「私たちが生まれた時代の背景をあらわしているのよ……その時代の主要なニュースの見出しや……私たちがもっと広い世界に出て、世界にインパクトを与えるようになって初めて咲く、私たちのなかに蒔かれた花の種なの」だと。

オポジション（180度）
　コンジャンクションは2つの天体間のサイクルの始まりです。一方オポジションは頂点、クライマックス、その旅の果実が実るポイントなのです。満月を心に描いてみてください——太陽と月はオポジションです——月は太陽からもっとも離れた場所に到達し、太陽から「最大の」光を浴びます。オポジションの天体に関連するすべての物事が「明らか」になり、私たちが他者と交流することによって完全に実現するのです。

　私たちはオポジションのアスペクトを、他者との関係性から学びます。ホロスコープ上のオポジションは、私

たちが他人と接する場合に探し求める、自分自身の性格が抱える問題や欲求、エリアを明らかにしてくれるのです。私たちはオポジションが示すことを実際の交流のなかで行動せずにはいられません。まるでシーソーのように力関係が変わる天体間の対決のバランスを、自分でとらなければならない気持ちに駆られます。オポジションは往々にして、私たちがこうなったのは誰かのせいだと責めたい自分自身の一部、もしくは他人に対して見せる自分自身の一部なのです（通常、２天体のうち、より「難しい」天体が関係しています）。しかし、オポジションの役割は、私たちが自分のなかでもっとも統合するのが難しいと思うエリアを、私たち自身に「十分認識させる」ことなのです。私たちの関係性のパターンを描写してくれるオポジションは、私たちがセラピーを必要とするような、問題のあるエリアを明らかにしてくれます。オポジションの衝突は、つねに変革をもたらすのです。オポジションはホロスコープのなかで、ダイナミックな軸になります。この天体同志のにらみ合いは、私たちの人生を照らしてくれる、カギとなるスポットライト。そして定期的に注意、バランス、解決を要求するのです。ヒント：アウト・オブ・サインでないオポジションを解析する場合は、対極にあるサインの違いや似た部分を考慮しましょう。

スクエア（90度）

　スクエアは「エッジ（神経質な、とげとげした）」なアスペクトで、サイクルのなかで、危機や運命を左右するステージと関係しています。状況を好転させるための行動が要求されるような困難が起こるのです。しかし、ビクビクする必要はありません。むしろ研究によると、私たちのもっとも優れた業績（インパクトを与え、具体的に物事を現象化できる人生のエリア）が、このアスペクトにかかわる天体によって決定することがあります。これは私たちが、スクエアの天体が性質上もつ困難な状況や障害を繰り返し受けとることにより、最終的には対処方法を熟知し、困難を最大限に利用できるようになるからです。

　スクエアの性質が、私たちがこのアスペクトに「対処できる」ことを証明し、約束された富や豊かさを実現するよう迫ります。[6] ただし、ときにスクエアがチャートのなかでいちばん弱々しく見えること──泣き寝入りした不運なエピソードや、延々と続く自己破滅的な行動など──があります。現在進行中のこのような状況を、成長のためのレッスンだと悟らない限り、スクエアが弱々しく見えてしまうのです。スクエアがあるとき、何かを得るには痛みがともないます。スクエアは私たちに「勇気なくして栄光はない」という言葉を思い出させてくれるでしょう。これらのエリアにフォーカスし、それを活かし、努力して行動を起こすには勇気が必要です。レモンを投げつけられたら、お返しにレモネードをつくればいいのです！　ヒント：スクエアにはたっぷり「オイル」を塗って手入れしてあげましょう。私たちの行く手を阻む現在進行形のチャレンジを受け止め、私たちの人生のなかで、これらの天体を有意義に使う方法を探していくのです。

トライン（120度）

　トラインは「ソフト」アスペクトで、２つの天体間の自然なエネルギーの流れをあらわしています。何かを「している」のではなく、そこに「ある」のです。チャート上のトラインは、私たちがどんなタイプのことを素早く手軽に上手にできるかを示してくれます。それほど練習しなくてもうまくできて楽しめる私たちの才能は何かを教えてくれるのです。トラインがある場合、私たちは通常その状況をあるがままに、今まで続いてきた状態のまま受け止めます。スクエアやオポジションとリンクしていない限り、トラインはもっとも抵抗や停滞の少ないエリアなのです。トラインにリンクする天体は、幸運とチャンスに恵まれ、障害物は取り除かれ、物事が努力なしでスムーズに進む（例：ちょうど良いタイミングでちょうど良い場所にいる）人生のエリアをあらわしています。このエリアには限りない成長の可能性がありますが、私たちはこれらの自然に与えられた天分を磨く努力をする必要があります。

セクスタイル（60度）

　セクスタイルは、もうひとつの「ソフト」アスペクトで、トラインよりは少ないですが、直接的な幸運を私たちにもたらします。しかし、約束された事柄を現象化するにはトラインより努力が必要です。占星家のロイス・ロデンはセクスタイルについて「幸運の架け橋を提供してくれるが、私たちはその架け橋をちょくちょく壊してしま

い、あとで後悔する」と言いました。幸運のドアは定期的に開きますが、開いている時間が短いのです。トラインもセクスタイルも、ときにあまりにも簡単に手に入りすぎて、もしくはその価値を軽視してしまって、私たちはそれを大きな強みに変えるチャンスを逃してしまうのです。

いくつかの「マイナー」アスペクト

　私がこの本に掲載したチャートには、5つのメジャー・アスペクトしか含めませんでした。通常マイナー・アスペクトには2度のオーブがあります。私の経験では、これらは「特定の機能」をもっていて、現実に起こり、様々なタイミングで何度も繰り返される正確なストーリー展開のなかに見ることができます（人生の本流ではなく、傍流のストーリーと同じようなものです）。次に、3つのもっとも重要なマイナー・アスペクトに関するキーワードや考え方を列挙します。

セミ・スクエア（45度）
　優柔不断や摩擦、OJT（オン・ザ・ジョブ）トレーニングやトライアル＆エラーから学ぶ必要のある状況をあらわす、動揺の多いストレスフルなエリアです。

セスキコードレート／セキスクエア（135度）
　壊れてはつくり直す、予期しない破壊的な状況や、私たちを脱線させる飛躍的な「まわり道」をあらわします。冒険家や前人未到の地を旅する先駆者たちのチャートに目立ちます。

クインカンクス／インコンジャンクト（150度）
　調整や適応が必要な、不完全で不調な状態（不快感や苦痛、病気など）、もしくは人生のなかで無視したり隠してきたことに、緊急に対応しなければならない状況をあらわします。ヒント：クインカンクスを解釈するときは、つねに関係するサインやその違いと似た部分を考慮しましょう。それらは違うエレメントやモードをもっているので、自然なクインカンクスを形成するサインは、互いに動機（エレメント）やスタイル（モード）の面ではっきりとしたコントラストを示します。しかし、よくよく見ると、共通の天体をもっています。金星のサイン（牡牛座と天秤座）はクインカンクスを形成し、火星（牡羊座と蠍座）も同様です。もっと興味深いのは、「似通ったテーマをめぐって」、主要なアプローチやスタイルの違いが見られることです。たとえば、事実の発見者で好奇心旺盛なゴシップ好き、そして情報拡散が大好きな双子座は、秘密主義の蠍座と用心深い山羊座とでクインカンクスを形成します。尊敬されたがり、プライバシーを重視し、生まれながらに政治の力学や底流を理解している2つのサインとです。旅を経験するために生きる永遠のトラベラー、そして永遠の生徒でもある射手座は、牡牛座・蟹座とクインカンクスです。この2つのサインは家、暖炉、庭、自分の土地（や家庭菜園！）に対する満足感に関連しています。家にいるのが大好きで過去にとらわれる蟹座は、もっとも未来志向で外の世界に目を向けている2つのサイン、射手座と水瓶座とクインカンクスです。獅子座は何に対しても最高のクオリティを求め、獅子座とクインカンクスの山羊座も同様。しかし、獅子座は派手でキラキラしていますが、山羊座は品格があって地味です。占星術上の相性としては、極めて重要な太陽、月、そしてASCは、正確な度数かどうかにかかわらず、互いにクインカンクスを形成し合うサインにいることがよくあります。自分にないものに対して魅力を感じてしまうのです！　クインカンクスをもつ場合、同じテーマを共有しつつもメソッドや態度が、明らかに対照的なことが抑えがたい衝動を生み、互いに「引き寄せ合って」関係を築くのです。

天体の配列を解釈する
Interpreting the Sequence of Planets

　天体のコンジャンクションの解釈を学ぶとき、遊びながら学べる便利なツールがあります。それは関連する天体の配列です。天体グループが、黄道帯のサインや度数にどのような順で並ぶかを見るのです。私はクライアントから、人生のなかでどんな風に出来事が展開して繰り返すのかという話を聞いたあと、天体の配列を考慮するようになりました。土星（牡牛座27度）が天王星（牡牛座29度）と7ハウスでコンジャンクションしているクライアントは、妊娠し、堅実で生活力のある建築業者（土星と牡牛座が象徴する）と結婚の約束をしました。でも、彼女は長いあいだ、窮屈な結婚生活を送り、逃げ出したい、永久に婚姻関係を解消したいといつも考えていました（天王星）。実際、彼女はその後、自分から口ゲンカを仕掛け、その結果、彼女の夫は荷物をまとめて出て行くことになるのです。別のクライアントは、やはり7ハウスで同様のコンジャンクションをもっていましたが、天王星が土星より度数若い状態でした。彼女は誰かと出会い突然恋に落ちますが、かつてエキサイティングだった関係は、やがて窮屈で退屈に思えるようになります（土星は経験豊富で、錨や石臼のように重々しくなる場合があります）。二人の女性はともに7ハウスの土星－天王星のテーマを、違う順番で経験したのです。

　「天体の組合せ」は、つねに重要なカギとなります。アスペクトや配列にかかわらず、土星－天王星はつねに同じ性質をもっているのです。「変化が抵抗にあう」「革新的なアイデアが受け入れられる」そして、「年齢とともに反抗的になる」。これらが3つの性質です。しかし2つの天体が黄道帯に出現する順序によって、このパターンがどのようにあらわれ展開するかが決まるのです。これは他のアスペクトをもつ天体の組合せにもあてはまりますが、コンジャンクションではより一層鮮明になります。

　たとえば、キーワードや天体の基礎的な意味に基づいて火星－天王星を表現すると次のようになります。

- オリジナルで先駆的な行動、新秩序。
- 扇動的／ドラマティックなモーニングコールで目が覚める。
- 突然散発的に、発作的に起こる、あまりにショッキングで境界線をゆるがす、または限界を打ち破るような活動。
- 自由と人権のために勇気をもって戦い、既成秩序を打ち壊す（たびたび検閲され追放される）。
- 挑発的に憤慨し、慣習に逆らう。
- ドラマティックな事故や突然の攻撃。
- 性の革命、興奮、または危険、「男らしさ」の定義を変革する。

　以下に登場する著名人たちは、前記の表現を多く体現しています。彼らのなかには、その行動やセクシャリティ（火星）によって、ショッキングな結果や反抗、状況の変化（天王星）をもたらした人々がいます。しかし、彼らのチャートを見るとそれは当然の結果で、火星が天王星の手前に位置しているコンジャンクションがあるのです。ジェンダー・ベンダー（訳注7）のボーイ・ジョージがその一例です。また、神童と呼ばれ（火星）、人々を社会変革へと導いた少年伝道師のマージョー・ゴートナーは、のちに金儲けに溺れ、教会から離脱して（天王星）映画スターになる夢と野心を追いかけました。警察暴力の犠牲者、ロドニー・キングと、何をしでかすかわからない予測不能で自己破壊的な俳優のロバート・ダウニー・ジュニアは、コンジャンクションが冥王星

訳注7：Gender-bender＝ジェンダー・ベンダー（性別歪曲者）。1980年代、英国ミュージック業界で、女性のようなメイクやファッションをした男性ミュージシャンや、ショートヘアで男性のようなファッションの女性ミュージシャンが登場し、彼らは、性（gender）を曲げている人（bender）と呼ばれたことが語源になっている。

で終わっています。ダンサーでスパイのマタ・ハリや、クリスティン・キーラー（60年代に政治家たちと性的関係をもち、英国政府の権威を地におとしめた）も、他の天体を含め、同じ順序をもっています。

チャート上の火星は、物議をかもすスタンスで既成秩序を壊し、火星の信条を呼び覚ます、もしくは火星的な波紋を引き起こしますが、天王星はチャート上でその火星をリードします（例：衝突、セックス、「使命」を果たす）。その例が、同性愛者嫌いの活動家アニタ・ブライアント、SF作家で新興宗教の創始者L.ロン・ハバード、トークショーの司会者兼舞台監督のジェリー・スプリンガー、ジム・モリソン、そして神との会話を無意識に書きとめた『Conversations with God（神との対話）』を出版し、神のメッセンジャーとしての天職を得たニール・ドナルド・ウォルシュ（双子座／10ハウス）などです。

セックス・セラピストの**ルース・ウェスサイマー博士**のチャートは、天王星が火星の先を進むもう一つの例です。彼女は先駆的な性教育者で、1980年代に「セクシャル・リテラシー」分野の代表的存在となりました。彼女のドラマティックな人生の物語は、彼女の牡羊座の天王星－火星コンジャンクションと同様に驚くべきもので、彼女の射手座の土星－月の配列についても多くを物語っています（彼女が何度も国外脱出するはめになった窮屈なイデオロギーを暗示）。カローラ・ルース・シーゲルとして生まれた彼女は、ナチスから逃れるため、1939年1月5日にスイスへ送られます。彼女が家族の姿を見たのはそれが最後でした。家族はその後、ホロコーストによって虐殺されます。彼女は子ども時代と10代を奴隷状態の孤児院で過ごしました。のちにパレスチナで教師になるためのトレーニングを受けているとき、ゲリラ戦（火星）が勃発し（天王星）、彼

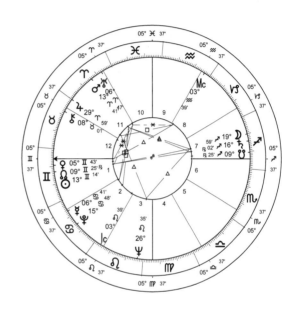

ルース・ウェスサイマー博士

女はユダヤ人地下武装組織に加わります。彼女曰く「血も涙もないスナイパー」（火星）とメッセンジャー（双子座）になるためのトレーニングを受けたのです。しかし、爆弾によって足がほとんどもぎとられるほどの重傷を負った彼女は、足に深刻なダメージを受けました。その後、ソルボンヌで心理学を学んでいたとき、ルースは西ドイツ政府から賠償金を受け取ります。彼女はそのお金で学業を中断し、1956年アメリカへと旅立ちました。そこで彼女は奨学金を得て本格的にアメリカへ移住し、学校を卒業して、教育者たちに対して生徒に性教育を行うトレーニングを開始します。彼女の歯に衣着せぬ率直なスタイルと、露骨な性的問題をフランクに常識的に、そして熱心に論じる姿勢は人気を呼び、1980年5月、彼女は自身がプロデュースした初ラジオトーク番組『セクシャリー・スピーキング』に出演。その後も彼女は多くのラジオ番組に出演しました。

スリーサム

3つ、もしくはそれ以上の天体がコンジャンクションでリンクしている場合（最初と最後の天体がオーブの許容範囲を超えていたとしても）、ライフパターンや成長のドミノ効果が見てとれます。

ビル・クリントンのチャートには、天秤座に入った火星－海王星－金星があり、これは個人的な魅力や貪欲さ、連続的な不倫を示唆しています。しかし、配列を見ると上昇する火星がパターンを引っぱっているのがわかります。そして海王星（スキャンダル）が続き、金星（人に好かれるファクター、色仕掛けの広報活動、ま

じめに受け止めてもらえない、テフロン・シンドローム——何もくっつかない）で終わります。

広告代理店で（双子座）記憶にのこる1行コピーを書いていた元コピーライターの作家、**サルマン・ラシュディ**のチャートでは、天王星－月－太陽が双子座でコンジャンクションを形成しています。ラシュディはボンベイの特権的上流中産階級に生まれました。彼は、昔気質の植民地上流階級のブリティッシュ・アクセントで喋るインド人の自分はアウトサイダーだと、疎外感を感じながら成長しました（双子座の太陽－月－天王星）。しかし、これも彼の4冊目の小説が引き起こした反応に比べると色あせて見えます。『悪魔の詩』は、彼の出生図の太陽と月とオポジションになる蠍座27度で土星と天王星がコンジャンクションを形成するちょうど3週間前の1988年9月28日に出版されたのです。ムスリムの世界の人々は『悪魔の詩』を神に対するとてつもない冒涜だととらえ、大憤激しました（トランジットの射手座・天王星が双子座の天体とオポジションになっていました）。そして1989年2月14日、彼はこの挑発的な著作により、突然（天王星）アヤトラ・ホメイニ（イランの最高指導者）により、ファトゥワに基づく死刑宣告を受けるのです（ラシュディのネイタル木星は7ハウスの蠍座にあり、1ハウスの火星とオポジションを形成しています）。ラシュディは身を隠し、警察の保護を受けました（月は隠遁や退場、安全と関係があります）。しかし、その後、著名人ゲストとして文学関係の各種イベントに再び姿をあらわすようになり、社交界に復帰したのです（双子座の太陽）！ 2007年6月、冥王星が射手座27度に達したとき、ラシュディはナイト爵の称号を授かり、さらなる抗議や脅迫を受けることとなりました。

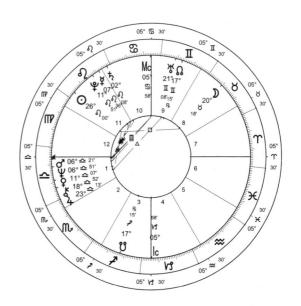

ビル・クリントン

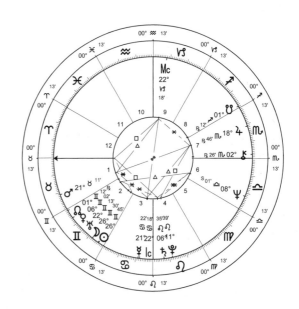

サルマン・ラシュディ

作家で前英国下院議員だった**ジェフリー・アーチャー**のチャートを見ると、水星－海王星のオポジションが、フタをするようにボウル型チャートを閉じ込めているのがわかります。アーチャーは素晴らしいストーリーテラーで、この言葉があらわす両方の意味（語り手／うそつき）で卓越していました。彼の著作には、ソープ・オペラスタイルの紆余曲折や陰謀、サスペンス、そして偽りが満載されています。一方、彼の私生活や政治家としての評判も嘘に満ち、身の毛もよだつ隠ぺいや偽証にあふれ、海王星に汚染された水星の汚い水を彷彿とさせるのです。

彼のチャートはほぼ、4つのアングル（しばしば世俗的な成功、または自分を取り巻く環境に対する強いインパクトをあらわすサイン）を結びつけるコンジャンクションででき上がっています。彼のチャート・ルーラーは月で、ASCで冥王星と結合しています。彼の著作売上は1億部を超え、アーチャーは文学史上もっとも広く読ま

れた作家となりました。MCのルーラーは双子座の火星で、金星と結合しています。アーチャーの作品のなかでいちばん人気のある代表作『カインとアベル』は、同時に生まれた牡羊座の双子（双子座）の男の子の物語です。二人は角を突き合わせて激しく争い、生涯にわたって苦々しく反目し合いながら、いずれも自分の帝国を築こうと奮闘するのです。彼のチャートの最上部では、木星が牡羊座にいる太陽とコンジャンクションを形成し、その後、太陽が牡牛座に入ったばかりの土星と広く（そして分離して）コンジャンクションを形成しています。この順番で見ていくと、このチャートからは、アーチャーの進取の気性に富んだ信条（牡羊座の木星）や、つねにいちばんになりたいと願う個人的野心（牡羊座の太陽）、そして、貧しさに対する恐れ（牡牛座の土星）から富を蓄えたいと欲する彼の欲求が読みとれるでしょう。

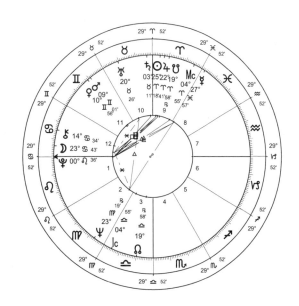

ジェフリー・アーチャー

　彼の人生のパターンにおける、木星－太陽－土星の流れを考えてみましょう。「思いのままに成功できる」という確信をもっていたアーチャーは学生時代、野心に燃える陸上競技のランナーでした（牡羊座の木星）。29歳になると国会へと突き進み、下院議員になります（彼の土星が回帰した1969年12月4日）。彼には将来、首相になるという計画があり、野心的な若き政治家としてのアイデンティティを確立し始めたのです（牡羊座の太陽）。しかし、その5年後の1974年8月23日、怪しげな投資話に乗って財産をだまし取られた結果、政界を退きます（ネイタル牡牛座の土星）。IC通過中のトランジット冥王星とトランジット天王星が太陽とオポジションになっていたアーチャーは生活スタイルを縮小し、債権者に借金を返済するために小説を書き始めます。彼の処女作はベストセラーとなり（牡羊座の木星）、新しい名声（太陽）を得た彼の生活は、経済的に安定します（牡牛座の土星）。アーチャーは著作『百万ドルをとり返せ！』（トランジット木星がネイタル土星を直撃した1976年4月出版）のなかで、破産を免れようと、騙し取られたお金を取り戻すために奮闘したいきさつを語っています。

　政界を退いたのちに一度木星回帰を迎えたアーチャーは、国際的な小説家（木星）、そして人気メディア・パーソナリティとして大成功を収め、トップに返り咲きました。その後、アーチャーは、マーガレット・サッチャー率いる保守党でポジション（太陽）を与えられました。サッチャーのゴールデン・ボーイとして持ち上げられ、誰にも手出しできない存在であるかに見えたアーチャーでしたが、女遊びのあげく売春婦に口止め料を払った嫌疑を受けるにいたります（彼の太陽－木星コンジャンクションに近い牡羊座24度で月食が起こったあとの1986年10月下旬）。土星の順番が巡ってきたのです。彼は再び政界を退きましたが、名誉棄損の訴えを起こし、1987年の裁判で巨額の賠償金を勝ち取りました（トランジット木星がネイタル太陽とコンジャンクション）。

　裁判に勝訴したことで彼は社会的評価を（一部）回復し、再び木星－太陽－土星のサイクルが始まりました。12年後、木星と太陽が再び活動を開始したのです。男爵に叙されたアーチャーは、初代ロンドン市長候補（牡羊座）（訳注8）と目されていました。しかし、1999年11月21日（トランジット木星が彼の太陽とコンジャ

訳注8：Mayor of London（ロンドン市長）は、大ロンドン行政区を統括する役職で、2000年に創設された。City of Londonの長であるロンドン市長（Lord Mayor of London）とは別職。

ンクション)、1987年の名誉棄損裁判に勝訴するため、アーチャーが友人に偽のアリバイ工作を頼み、裁判で偽証したことが発覚。保守党から追放されたアーチャーは、2001年7月に偽証罪で有罪となり、2年間服役します(土星)。

　各事件に際して、アーチャーの有名になりたい、自力で出世してサクセス・ストーリー(牡羊座の木星)を築き上げた男に見られたいという欲望は、彼がいち早く(狭いオーブに注目)社会的評価を獲得し、アイデンティティを確立する(太陽)原動力となりました。しかし、牡牛座の土星がこの流れを終わらせるので(8度離れているのでかなりあとに起こることですが)、「無理矢理」支払いを強要される前に勘定を精算する必要があったのです(熱心に活動する牡羊座は、財産と確固たる基盤をもって牡牛座に入らなければなりません)。

　牡羊座に太陽ー木星が入ったアーチャーは怖いもの知らずで図々しくなり、自分に手出しできる人間は誰もいない、と感じました。巡ってきたチャンスはすかさず手に入れてとことん利用する、むりやり近道をして自分の評判を最大限以上に活用する、好機に便乗してギャンブルする。これらはすべて太陽ー木星のバラエティに富んだ「信用詐欺」手法なのです。しかし、ここに土星が加わることで、現実を突きつけられます。彼の誠実さや品位は真価を問われ、「砂上の楼閣」に基づいた彼の評判は地に落ちます(ASCにある月と冥王星に対するこれら天体のスクエアは、経済的破綻や再生、裏切りの問題やまとわりつく過去の秘密を暗示しています)。アーチャーの非公式の伝記作家マイケル・クリックは、「(彼の)人生はリスクとはったり、むき出しの野心が一堂に集まったカーニバルだ。そして、そのカーニバルは、彼の妻メアリーの言葉によれば、『彼の不正確に要約してしまう天賦の才』によってねじまげられている」。[7] アーチャーの敵と評されるクリックの粘り強い調査は、アーチャーの最後の不名誉、裁判、そして刑務所への収監を招きました。クリックは1958年5月21日に生まれました。彼の天秤座22度の木星は、アーチャーのそれと正確なオポジションを形成しており、彼の牡牛座5度の水星は、アーチャーの土星とコンジャンクションの位置にあったのです。

　しかし、イギリス国民は、太陽ー木星(そして牡羊座MC)をもつアーチャーを、チャーミングないたずら小僧、立ち直りの早いスクールボーイのようなご都合主義者だと思っています。ただでは転ばないアーチャーは、服役期間(土星)を有効活用し、刑務所暮らしについて語った本のシリーズを出版しました(このようにして木星が循環を再開)。牡羊座の太陽ー木星は、ジョセフ・キャンベルやマヤ・アンジェロウのチャートにもあらわれているように(156～158ページ参照)、彼の著作タイトルのなかに多く「見る」ことができます(『めざせダウニング街10番地』、『A Matter of Honour(名誉の問題)』、『運命の息子』、『遥かなる未踏峰』)。

　アーチャーのもっとも優れた資質は、粘り強さ、失敗しても再び立ち上がる決意、敗北をあくまで拒絶する心です。

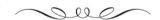

PART 2

最初に考慮すべき事柄

Initial Consideration

PART 2
最初に考慮すべき事柄
INITIAL CONSIDERATION

　この章では、ホロスコープの「探索方法」を探す前に、まず最初に注意すべきエリアについて簡潔に分析していきます。とくに占星術のアルファベット（サイン、天体、ハウス、アスペクト）のさまざまな部分の違いを知ることが、どれほど重要かについて考察します。サインと天体の違い、そして両者とハウスの違いを知るのです。

　たとえば、太陽が「あらゆる」出生図上でどんな意味をもつかを明確に知ることは（そして天体を描写するのに役立つ語彙をもつことが）、チャートを分析しやすいように細かく分解して理解するのに役立ちます。まずは主要なアルファベット（サイン、天体、ハウス、アスペクト）を理解し、次に天体、サイン、そしてハウスが、それぞれはっきりした個別の意味をもっていることを肝に銘じるのです。占星術というジグソーパズルの各パーツは、それぞれがユニークな個性をもっています。

　占星術の本には時々、サインとハウスをひとくくりにして解読する「料理本」的なタイトルのものがあります（たとえば、「牡牛座の太陽『または』2ハウスの太陽」）。タイトルを見ると、まるで牡牛座と2ハウスが置き換え可能であるかに見えます。2ハウスの太陽には、牡牛座の太陽とよく似たテーマがあるかもしれません（有用性、価値、お金）。しかし、ハウスが人生のエリアをあらわすのに対して、サインは天体が自分を表現する方法を示しているのです。

　また、この章では、何が天体に影響力をもたらすかについての私の考え方も説明します。ほとんどの占星家は、それぞれ独自の方法で、チャートにあらわされた情報に「重みづけ」をしますが、私は天体に影響力を与えるものは何かについて、独自の考え方を発表してきました。私は、（その天体の核となる性質に基づいて）効果的に機能する天体と、ホロスコープ上で影響力をおよぼし、ダイナミックな役割を演じる天体とのあいだには違いがあるということを明確にしたかったのです。

違いを知ろう
Know the Differences

　まず最初に、コンビネーションをもつ天体間にどんな違いがあるかについて考えてみましょう。たとえば、太陽－天王星のアスペクトは、月－天王星のアスペクトとはまるで違います。太陽もしくは月に接触する天王星（メジャー・アスペクトによって）は、いかなる場合でもチャート上で重要な役割を担いますが、私たちの仕事は、天王星が形成するアスペクトが、太陽の場合と月とで、なぜ、どのように違うかを発見することなのです。そして次のステップは、特定の占星術的アスペクト（コンジャンクション、スクエア、オポジションなど）と、それらが天体同士の対話に何をもたらすかについて考えることです。

太陽が天王星とアスペクトを形成する場合、私たちは生まれもった運命とは別の道を歩いている、もしくは人生が「共謀して」私たちにその道を歩ませていると感じます。これは他者に刺激を与える人、アウトサイダー、急進的な人の特徴です。私たちの人生の旅路や基本理念（太陽）は、他人の目を覚まし、私たちの真実を伝えることに関係しています。しかし、その旅路には、思わぬ運命のいたずらや予期せぬ脱線が待ち受けているのです。

これらの天体がコンジャンクションを形成すると、このテーマは私たちの人生の基礎部分となってしまい、私たちのなかに備わっている変化する（もしくは破壊する）力を客観的に認識することが難しくなるかもしれません。スクエアを形成するときは、変化を前面に押し出す力が生まれます。なんらかの障害が発生し、私たちの革新的な性質にエンジンをかけてくれるのです。天体がオポジションを形成すると、他人のために触媒の役割を果たすことが私たちの目的（太陽）となり、その見返りに人間関係のなかで自分自身を大きく変えることができます。タイトなトラインの場合、他人を挑発したいという衝動に駆られることなく、自分と他者との違いを自然に表現する方法を見つけることができます（関係するサインは、ルール違反に対する私たちの態度について多くを語ってくれます。地のサインや獅子座と天秤座は伝統を重んじ、不動サインは自分の好きなときに自分の思いどおりに変化することを好みます）。

アスペクトが月と天王星の場合、変化は家庭やビジネスライフにおけるドラマ、もしくは不安定さとしてあらわれます。精神的自立やワクワクする日常を送りたいという欲求、もしくは停滞した状況を揺り動かしたいと願う本能が目覚めるかもしれません。幼少期に受けるショックや感情的亀裂が、私たちを自己充足や自立心へと導きます。拒絶されることに過敏になったり、プレッシャーがかかりすぎるとブレーキが働き、他人や物事から距離をおいてみたり、自分を切り離したりするのです。天王星の完璧さを求める性質は、食習慣や身体と心の欲求に向かいます。

最後のポイント：人生の特定のエリア（例：子供、仕事、お金）を理解する手がかりを見つけようと思ったら、該当するハウスとルーラー間のつながりを探す前に、まずこれらのエリアに関連する天体から探し始めましょう。

天体の効果 vs. 影響
Planetary Effectiveness vs. Influence

天体の「状態」（仕事を「計画どおりに」効果的に達成する能力）と、ホロスコープ上の「重み」（ホロスコープ上で際立ち、気づく価値があり、そのためチャートで主要な役柄を演じる）には重要な違いがあります。

おそらく私たちは「天体の強み」という言葉を使うよりも、「効果的」と「影響力がある」という言葉の区別をつけることからスタートしたほうがいいでしょう。

効果的：	求める、意図どおりの／予期どおりの結果をうまく出すことができる
	深く、鮮明な印象や強い返答をつくり出す
	正しいことを成し遂げる
	生産的

影響力がある：	かなり重要である
	パワーをもつ、もしくは行使する
	「人の運命や人格に作用する星からの放射物」を意味する占星術用語
	「流入物」

天体はこの二つの分類のもとで、当然「強く」「パワフル」だと見なされますが、効果的かどうか、影響力があるかどうかで天体をとらえるほうがもっと役立ちます。（天体とサインが一致した場合）天体は、生まれつき定められた事柄を「効果的に」成し遂げることができるのです。また、天体がチャート上の「並はずれた」位置にきた場合、その天体は影響力を行使し、他の天体と一線を画して支配し、目ざましい評価を受けることができます。

影響力のある（重みのある）天体

　影響力のある天体とは、ホロスコープ上でカギとなるエリアの周囲に位置する天体で（例：4つのアングル）、目立つ位置にあります（バケット・チャートのハンドルなど）。また、チャートの他の部分とヘビーに対話しています（つまり、多くの他のポイントとアスペクトを形成している、もしくは他の天体とまったく対話せず孤立している——アスペクトをもたない）。全リストは66〜67ページをご参照ください。

　影響力のある天体は、強力な案内役で、チャートのリーダーであり、人生においても同様の役割を演じます。この天体はチャートの持ち主の人生や性質、経験において、支配力を発揮するでしょう。しかし、その天体がもつインパクトの正確な「クオリティ（質）」は、天体のサインの位置とアスペクトによって決まるのです。

効果的な天体：クオリティ（質）とアフィニティ（親和性）

　効果的な天体は、その天体と同じようなカギとなる信条やテーマをもつサインのなかに見つかります（牡羊座と蠍座にある火星、牡牛座と天秤座にある金星）。その人の人生や性格、出来事のなかで、天体のテーマが「教科書」どおりにはっきりと、確実に現象化されるのです。その天体の「状態」を妨げるものは何もなく、障害物も足を引っ張るものはなく、何の疑問や混乱にも毒されていません。天体は仕事を粛々とこなし、「宣伝文句どおりのことをやってくれるのです！」天体とサインは調和し、共通の言語で喋ります。それらには「親和性」があり、その力によって天体の仕事はより簡単に、よりシンプルに達成されるのです。これは天体が関連するハウスに入った場合も同じです（例：10ハウスの土星）。

　サインに入った天体で、互いにそれほど共通点のない（または共通点がまったくないように見える）ものは、異なったやり方でそれぞれの仕事を成し遂げます。しかし、怖がることはありません。それらの仕事はそれぞれ「違う」のです！　それらの仕事はいずれも重要です。天体にはそれぞれ特定の働き方と異なる計画があります。たとえば水星（双子座と乙女座のルーラー）は、水のサインのなかでは力を発揮できないかもしれません。なぜなら水星のナチュラルな機能は、合理的で広い視野をもつ風のサインの双子座と、秩序だてて物事を分析する地のサインの乙女座とのミックスだからです。そもそも不慣れなテリトリーである水のサインに入った水星にできるのは、せいぜい流れるような自己表現法を見つけることぐらいです。たとえば、人への共感（水）を表現する（水星）方法や、人と感情的（水）につながる（水星）方法を学び、自分の心の内（水）を語る言葉（水星）を習得できるかもしれません。

　私は、出生占星術で伝統的に使われる「イグザルテーション（高揚）」「デトリメント（損害）」「フォール（転落）」などの言葉は使わないようにしたいと思っています。デトリメントやフォールなどの言葉は、天体が特定のサインに馴染みが薄く、符合していないことを分類する方法ですが、これらの言葉だけで片づけてしまうと、「異質な」天体配置に生来備わっている能力や可能性を見逃してしまうかもしれないからです。たとえば伝統的に火星は、牡牛座と天秤座に入ると「デトリメント」になりますが、それは牡牛座と天秤座は、心理的に火星とは反対の性質をもつ金星に支配されているからです。ですから火星が金星的な天秤座のなかに入ると、交渉や議論、公平性の問題（天秤座）にエネルギー（火星）を吹き込む、効果的なゲームプレーヤーとなります。これは火星の本業ではありませんが、挑発的で、身勝手で、好戦的な、火星の重要な課外活動にエネルギーを注ぐのです（もちろんこれらの課外活動には、本業としての活動の場が別にあります！）。

　平和を獲得するには、交渉技術や事前計画、そして品位やエネルギーが必要です（ネルソン・マンデラや

ダライ・ラマ、そして反戦運動家でもあったジョン・レノンはすべて、天秤座に火星をもって生れてきました)。金星的なサインの天秤座にある火星は、衝突を越えた先にある道を見つけることにエネルギーを注ぎます。天秤座なら「議論」という言葉を選ぶでしょうが、この火星の場合は口ゲンカ(風の火星)が大好きです(金星)。火星タイプの大ゲンカが起こった場合、必要とされるのは戦略と天秤座の冷静な頭(牡羊座の火星の怒りっぽさや、興奮しやすく愛着心の強い蠍座に邪魔されない)です。天秤座の火星にはダイナミックなリーダーシップの実績があります。ウィンストン・チャーチルとマーガレット・サッチャーは、ともに(木星とアスペクトをもつ)火星が天秤座にあるネイタルチャートの持ち主です。チャーチルは(水星と冥王星のオポジション)「修辞的な力は生まれながらに備わるものでも、獲得するものでもない。育成するものなのだ」と言いました。彼は「平和の原動力」と「特別な関係」という、天秤座の火星を体現した二つのフレーズをつくり出したのです。

　この天体の配置、そしてこれに似たすべての配置は、機能不全でも無駄でもなく、弱いわけでもありません。これは火星が、伝統的に効果的にできることをせずに、自らのコンフォート・ゾーン(快適な空間)を出て、自分のカギとなる機能や欲求を外国語で喋らされているのです。

コンビネーション
　効果的で、なおかつ影響力のある天体は、その天体が「生来もつメッセージ」を力強く語り、行動します。影響力はもちつつも効果的でない天体は、支配はしますが、その天体がもつメッセージは教科書通りの解釈とは違ってくるのです。効果的でも影響力のない天体は、シンプルに自己表現しますが、その人の人生をリードするプレーヤーではありません。そして最後に、効果的でもなく影響力もない天体は、背景にかすんで消えるか、なんとか力不足を補おうとします(たとえば、その天体を体現する人々と関係をもつ等)。

　実例として、影響力の非常に強い水星をもつリチャード・ニクソン(80ページ参照)と、木星をもつジョン・デロリアン(135ページ参照)のチャートを考察してみましょう。その後、効果的だが影響力のない火星をもつポール・ニューマンのホロスコープを見てみてください(131ページ参照)。ポール・ニューマンのホロスコープでは火星が牡羊座にいますが、アングルからは遠く、他の天体といくつかのアスペクトを形成しています。彼はスピードレースに情熱をもっていました。これは彼の競争心の強さ(牡羊座の火星)のシンプルでダイレクトなあらわれです。しかし、この情熱は彼の人生の隅っこに追いやられています。そして、最後の実例として、ジム・ジョーンズの土星をホロスコープと彼の経歴から見てみましょう(137ページ)。彼の土星は効果的に配置されており(土星のサインである山羊座のなか)、とても強い影響力をもっています(チャート・ルーラーで、主要6天体が形成するカーディナルTスクエアの一部)。

とはいえ...
　チャートを読めば読むほど、私たちは「衰弱した」星の配置をもつ人でも偉業を成し遂げられる一方、「非の打ちどころのない」天体の配置をもっている人でも、誤った道を選び、やせ衰え、停滞し、または途中で挫折してしまうという事実に気づきます。いかなる天体の配列でも、たとえそれがもっとも「高揚」し「純粋」な場合でも、逆にもっとも「減退」し「損害」が多い場合でも、個人的な選択や外的要因によって、さまざまな結果がもたらされるのです。恩恵(金星と木星)が「ありすぎて困る」こともあれば、殺人を犯して逃げおおせることを意味する場合もあります(身近に詐欺師がいれば聞いてみましょう)。また、有害なことが(火星と土星)、成功への土台づくりに役立つ場合もあるのです。

　占星術の歴史には、感嘆すべきことがたくさんあります。偉大な占星家たちが遺してくれたテクニックやツール、そしてヒントは、現代の私たちにとっても大変役立ちます。しかし、私たちは、簡単にいえば、今となっては「精査に耐えない」古いテクニックや、狭義な推測に基づくテクニックにかたくなに執着することは避けなければなりません(ある会議で経験の浅い占星家が、自分のクライアントが大切な夢を追いかけるのを阻止した話をしていました。なぜならそのクライアントのチャートには、その夢の分野で成功する兆しが見られなかったか

らです。なんてことでしょう！ 阻止なんかせず、そのクライアントが楽しめる別の分野を追いかけるようすすめればいいのに）。

すべてのアスペクト、天体、そしてサインの表現と可能性には、「幅」があります（私はチャート上で問題があるエリアを指摘するのになんのためらいも感じません）。しかし、幅のあるこれら要素をシンプルな方程式に要約してしまうと（ソフトアスペクト＝良い、ハードアスペクト＝悪い）、その害は重要なポイントを見逃すだけにとどまらず、クライアントにもほんの少ししか情報を提供できません。とはいえ、延々と果てしなき（ときに非現実的な）可能性をクライアントに投げかけたり、すべての大惨事を楽観視して、何事も「成長に必要なレッスンだ」ととらえるべきでもありません（しかし、その「意味」を追求することで、クライアントの不運に対する考え方や対処法、プロセスの仕方に影響を与えることができます）。

『Astrology for the Light Side of the Brain（脳の明るい側のための占星術）』（ACS、2013年）のなかでキム・ロジャース・ギャラガーは、デビッド・ポンドの次の言葉を引用しています。「人が有効活用できなかった『悪い』アスペクトなんて、見たことがない」。成功した人々のチャート（成功度合いに幅あり）は、あらゆるタイプの構成要素を私たちに投げかけてきます。成功と成就はエネルギー、才能、練習、タイミング（チャンス）のコンビネーションにより達成され、外的要因にも左右されるのです。人間の精神は、シンプルな占星術のカテゴリーや推測を超えて、自ら人生の選択を行います。

影響力のある天体―いくつかの観察結果
Infuluential Planets – Some Observations

影響力のある天体とは、以下のいずれかにあてはまるものです。

1. **チャートのアクションの多くに関係している天体：**

   - 他の天体と非常に強いアスペクトを形成している（とくにコンジャンクションやスクエア、オポジションが多い）。
   - ステリウムのディスポジター、またはチャート・ルーラー。とくに1、2、3に従い他の形で影響力をもつ場合。
     （バーブラ・ストライサンドの金星参照）
   - 主要な複合アスペクトのなかで焦点となる天体。
     （ブリジット・バルドーの冥王星と、104～106ページ参照）

2. **重要なエリアに位置する天体：**

   - チャートの4つのアングルのいずれかと10度以内のコンジャンクションを形成している（とくにASC、またはMC）。
     （アングルについては39～42ページを参照）
   - ゴークラン・プラスゾーン内にある天体＊。
   - サインの0度または29度に位置する天体＊。

3. **他の天体から孤立している天体：**

   - バケット・チャートのハンドル。
     （アレクサンダー・グラハム・ベルの月と、75～76ページ参照）

- 半球中でシングルトンの天体（またはコンジャンクション）。
（エイミー・ワインハウスの月－天王星参照）
- アスペクトのない＊天体（どの天体ともコンジャンクション、オポジション、スクエア、トライン、セクスタイルを形成しない天体）。
- 留（S）の天体。
- 逆行する（R）個人的な天体（水星、金星や火星）。
（48～51ページ参照）

＊印のポイントについては、本書のどこにも書かれていないので、ここで少し説明します。

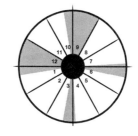

　フランスの統計学者、ミシェル＆フランソワ・ゴークラン夫妻が行った研究は、日周（一日の）サイクルのなかでカギとなる位置にいる天体の重要性を実証しています。大ざっぱなプラシーダス・タイプのハウス・ディビジョン・システムを採用したゴークラン夫妻は、多くのことはアングル次第で決まると示しました。しかし、多くの占星家にとって残念なことに、性格を決めるエリアだと証明されたのは、予想されていた1、4、7、10のアンギュラーハウスではなく、カデント・ハウス（3、6、9、12ハウス）だったのです。ゴークラン・セクター（またはGゾーン）のなかにある天体は、個人が生まれながらにもっている、もっとも基本的で抑えがたい欲求に強く関係しています。彼らはその研究によって、統計学的に重要だといえるのは、5つの天体（月、金星、火星、木星、そして土星）だけだと発見しました（おそらく太陽と水星は近接しているため、それぞれがもつパターンが目立たず、わかりにくくなっているのでしょう）。しかし、フランソワは人生の終盤期に、天王星が力強い結果を出すのを見るようになります。彼らの仕事はほとんどが、著名なプロの職業人と関連天体とのリンク研究でしたが（例：一流の科学者の土星は、予想以上にGゾーン内にある）、彼らが占星家たちに残したもっとも素晴らしい遺産は、そのキーワード研究でした。この研究は私たちに、天体タイプ（例：土星タイプは厳粛で堅苦しく、正確で几帳面、威厳があり注意深い）を説明するための広範な分類システムを提供してくれたのです。

　サインの0度に位置する天体は、そのサインに関連する、ひと目でわかる生々しいむきだしの性質を表現します。天体がサインの最終30番目の度数（29度）に来たとき、そのサインの性質の極端な側面は、その度数に来たあらゆる天体の背景となります（詳細は私の著書『Horoscope Snapshots〈ホロスコープのスナップショット〉』をご参照ください）。アスペクトをもたない天体は自律的に動き、いちかばちかの態度で物事に臨むといわれています。

　本書パート6のワークシートに、アスペクトを形成し合う社会的天体やアウター・プラネットをリストアップしています（土星－冥王星、天王星－海王星などの「世代間アスペクト」）。これらのアスペクトは特定グループ内の世代間に生涯を通じて起こる課題を暗示しています。加えて、天体もしくはアングルがアウター・プラネットが発見された度数に極めて近い場所に位置する場合もリストしています（例：天王星は双子座の24度、海王星は水瓶座の25度で発見された）。このとき天体やアングルは、そのアウター・プラネットの意味のエッセンスを運ぶのです。たとえば占星家のマイク・ハーディングは、月と土星が蟹座の18度に来たときに第一次世界大戦でもっとも大きな爆撃が起こり、のちに広島に原爆が投下されたときも月と土星が同様の位置にいた、と指摘しています。冥王星発見時の正確な位置は、蟹座の17度46分でした。

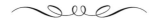

PART 3

主要なアセスメント

MAJOR ASSESSMENT

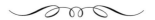

PART 3
主要なアセスメント
MAJOR ASSESSMENT

　ここまで私たちは、ホロスコープの主要な構成要素を見てきました（サイン、天体、ハウス、そしてアスペクト）。これら一つひとつの意味や重要性を知り、すぐれた占星術的語彙を培うことは絶対に不可欠です。でも、これからあとは、どこにどう進めばいいのでしょう？　初めてホロスコープを見て、途方に暮れてしまうのはいとも簡単です。そこで私はまず最初に考えるべきエリアについて、ガイドラインをつくることが有効だと発見しました。この章では系統的なホロスコープへの「入り方」をご紹介します。ここに書かれたポイントを熟考さえすれば、チャートの核心に確実に向かうことができます。下記がこの章の概要です。

1. 天体の分布
チャート上で天体のグループや天体のない空間を見つけ出し、強調点や不足点を明らかにする方法を学ぶ。

2. 4つのアングルの関係
4つのアングルのサインの組合せや類似点を認識し、私たちの物事に対する姿勢や方向性を明らかにする。同じルーラーを見つけることによって、ホロスコープのなかで重要な役割を果たす天体を確認することができる。

3. 太陽−月− ASC のトリオ
「ビッグ・スリー」間のつながりを探し、私たちの内なる欲望や日常的に起こる感情や欲求、そして、個人的交流に関する貴重な洞察を提供する。

4. エレメントとモードのバランス
潜在的に私たちを駆り立てる動機や個人的なスタイルを素早く判断する。

5. メジャー・アスペクト
主要な性格的衝動や人生のテーマ、課題を知るため、カギとなるアスペクトを見極める方法を学ぶ。

6. メジャーな複合アスペクト
断片を一つひとつつなぎ合わせ、人生のストーリーや脚本を明らかにする。

7. オーバートーンを見つける
繰り返し登場するパターンを探し、チャートのカギとなるテーマを取り出す。

1. 天体の分布
The Distribution of Planets

　ホロスコープを解剖し、主要な配置やアスペクト、ルーラーシップの軌跡を分析する前に、ホロスコープの「全体像」を見渡してみてください。いちばんに何が目に飛び込んでくるかを知り、概要を把握することは、多くの細かい情報に惑わされるのを防ぐのにとても役立ちます。

　黄道帯の天体配置に留意することで、特定の半球やクアドラント、サインやハウスに強調があるかどうかを確認することができます。また、ホロスコープのどこに不足があるか、どこに強調があって、それに対応する足りない部分はどこなのかを発見する最初の手がかりがつかめるでしょう。

　互いに関連し合う天体がどのように配置されているかを見ると、1つのエリアに天体が集中していたり、他の天体群とは孤立した天体があることに気づく場合があるでしょう（半球に唯一存在するシングルトンの天体や、単に他の天体から離れているなど）。また、天体が不規則に分散していたり、微妙に集まっているケースもあります。天体が散らばれば散らばるほど、その人のパーソナリティや人生の特定のエリアへのフォーカスは薄れます。これはチャートの分析上、この特定の天体の配置が主要な要素ではないことを意味しているのです。

　どこが強調されていようと、その強調部分は天体のエネルギーが集中していることを意味します。前章「最初に考慮すべき事柄」で見てきたように、それがどこであれ、目立っている場所は重要エリアで、私たちがホロスコープを判断するうえで基礎となる部分なのです。

チャートの形

　強調部分（例：サイン、ハウス、半球など）を見つけるには、いくつかのやり方がありますが、もっともよく知られている方法のひとつが、天体が黄道上でつくる連続パターン（または幾何学的な形）を探すことです。マーク・エドモンド・ジョーンズは、1941年に出版した彼の著書『The Guide to Horoscope Interpretation（ホロスコープ解釈のガイド）』のなかで、チャートの形を次の7つの基本タイプに分類しています。
　スプラッシュ型、ボウル型、バケット型、ロコモーティブ型、シーソー型、バンドル型、スプレー型です。のちに占星家のロバート・カール・ジャンスキーが、これらの型をいくつか改名し、8個目のタイプ、ファン型を追加しました。

　マリオン・マーチとジョアン・マクエバースは、彼らの共著『The Only Way to...Learn Astrology, vol. II（占星術を学ぶ唯一の道 vol. 2）』（ACS、1981年）のなかで、基本パターンは「チャート全体、もしくは個人のすべてを絶対的な方向へ引っぱるようだ」と述べています。彼らは8個の基本型に当てはまらないチャートがあることにも触れ、「当てはまらないからこそパターン読解が大切なのです。すべてのチャートに全体的動機があるわけではなく、本当に動機のあるチャートだけが決まったパターンをもっていると解釈されるべきなのです」と追記しています。

　私はジョーンズの7つの基本タイプが性格タイプをあらわしているとは考えていませんが、3つのパターン（バンドル型、ボウル型、バケット型）が、主要な行動がどこで起こり、重要点がどこにあるかを明示していることを発見しました。私の意見では、これ以外の型は特定の情報は与えてくれないと思います。

　バンドル型は、天体が天球の3分の1（120度）に固まって配置されているチャートの形で、一方ボウル型は天球の半分（180度）が天体で埋まっている形です。両方の型、とくにバンドル型は、強い執着心やフォーカスをあらわし、スペシャリストのチャートといえます（58ページに掲載されているアーチャーのボウル型ホロスコープをもう一度見てみましょう。すべての天体が半球型のボウル内に「おさまっている」のがわかるはず

です。ボウルの「縁」には互いにオポジションを形成している水星と海王星があり、重要な役割を担っているのがわかります)。バケット型(180度に加え、ホロスコープの反対側に1つの天体、もしくは他の天体とオポジションを形成している天体がある)は、「1つだけ孤立している」天体の重要性を強調しています(75〜76ページ参照)。

ズームイン

それではチャートを見て、どこに強調があるか見つけてみましょう。作家のディーパック・チョプラのホロスコープでは、すべての天体がオポジション(180度)におさまっています。これらの天体は双子座から射手座、4ハウスから9ハウスに入っています。7つの主要天体グループ(すべての個人的天体を含む)が7、8、9ハウスに入り、天秤座(2天体)と蠍座(3天体)が強調。このサインの強調は太陽と月(プラス他の2天体)が、天秤座と蠍座とそれぞれ自然な関係がある7と8ハウスに入ることにより、一層強調されています。サインとハウスの意味に互換性はありませんが、特定のハウスへのフォーカスが、サインのなかの天体群(例:2ハウスの牡牛座にある4つの天体)を「強調する」ことを観察するのは有効な方法です。また、関連性のないサインとハウスの組合せを観察するのも役立ちます(例:9ハウスが象徴するテーマ──教育や旅行など──が重要であることを提示しています)。

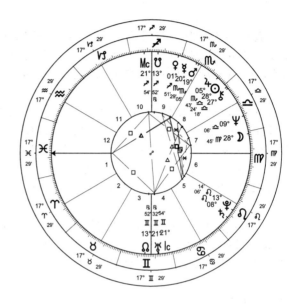

ディーパック・チョプラ

先に進む前に、チャート解釈本によく書かれている、チャート解釈における2つのエリア:クアドラントと半球、そしてリーダー天体──について触れたいと思います。

クアドラントと半球

チャートはしばしば、4つの半球に分割されています。まずアングルから始まり(第1クアドラントはASCから始まり、第2クアドラントはICから始まる……という風に、反時計回りにまわります)、それぞれが3つのハウスをもっています。ハウスの番号はASCに到達する順です。クアドラントがいちばんよくわかるのは、プラシダスのように、各アンギュラーハウスの出発点が4つのアングルと一致するクアドラントベースのハウス・ディビジョン・システム(ハウス分割法)です。クアドラントについて書く占星家は、よく4つのアングル(そして、ハウス)を人間の成長のカギとなるステージにリンクさせて語ります。私はこれらのステージについてもっともよくわかるのはハウスではなくサインだと考えていますが、ハウスを私たちの人生のステージだととらえるのも興味深い方法です。ハワード・サスポータスは『The Twelve Houses(12ハウス)』(フレア、2007年)のなかで、これらのクアドラントを次のように簡潔に表現しています。

- クアドラントI(ASCからIC:1、2、3ハウス)は、「個人が独特の存在として形作られ始める場所」──自己開発。
- クアドラントII(ICからDSC:4、5、6ハウス)は、「差別化された自己が、さらなる表現や洗練度を身につけながら成長する場所」──自己表現。

- クアドラントIII（DSC から MC：7、8、9 ハウス）は、「個人が他者との人間関係を通じて意識を高め広げる場所」——自己展開。
- クアドラントIV（MC から ASC：10、11、12 ハウス）は、「たった一人ではなく、多くの他者と交わるため、自己の境界を広げる、または超越することに集中する場所」——自己超越。

クアドラントとは別に、4つのアングルのいずれかから始まる4つの半球もあります。この4つの半球は、上（7〜12ハウス）、下（1〜6ハウス）、東（10〜12、1〜3ハウス）、西（4〜9ハウス）で構成されています。西半球（クアドラントシステムの4〜9ハウス）の強調は、その人物が利他的で包容力があり、他者の欲求を考えなければ気がすまないことをあらわしている、と考える占星家もいます（このアングルや7ハウスに他の天体がなかったとしても、この半球の中心は DSC——交際のアングル——なので当然です）。東半球（10〜12ハウスと1〜3ハウス——象徴的なミッドポイントが ASC になる）の強調は、より行動力に富み、自発的な人物をあらわすといわれています（同様に、自己中心の ASC の周辺に天体があるかないかにかかわらず）。上半球（7〜12ハウス）の強調は、外部の出来事にフォーカスする人、下半球（1〜6ハウス）にある多くの天体はプライバシー重視の主観的な人物をあらわすといわれているのです。しかし、私は適切なアングルの周囲に天体群がある場合を除き、これらの分析が全体的なチャートや性格描写に大きな影響をおよぼすケースを見たことはありません。

チョプラのチャートでは、ほとんどの天体が第3クアドラントと西半球（天王星は数分の差で東半球にあります）におさまっています。私はどこに強調があるか確認するために、チャートの読み始めにこれらをチェックはしますが、人生のテーマや個人の意欲を決定づけるファクターとなるような集中的現象を1つのクアドラントもしくは半球に発見したことはありません。これらはその人物について、ほとんど何も語ってはくれません。これらの強調は「どこで」主要な行動が起こるかを教えてくれるのですが、その詳細は、天体やサイン、ハウスやアスペクトが教えてくれるのです。

しかし、これらには——ある種の——二つの例外があり、その例外には天体の集中ではなく、むしろ不足が関係しています。まず第一の例外は、ASC – DSC（地平）軸の上部もしくは下部にたった1つ天体が存在する場合です（次ページのモーニング・スター＜明けの明星・金星＞参照）。この状態は何が見え（地平線の上に見える天体）、何が視界から隠れているか（下に見える天体）について語ってくれます。第二の例外は、ある天体（またはコンジャンクション）が——たとえ同じクアドラントや半球にあったとしても——他の天体群から少なくとも60度（理想的にはそれ以上）離れている場合です。このときその天体はその人の人生における「ハンドル」、そして活発な活動場所となり、猛烈でダイナミックな力となります。「孤立してひと際目立つ」その天体の位置は重要となり、その天体自身やその天体に関連するサイン、ハウスもまた重要となるのです。

リーディング天体
私自身はそれほど影響力があるとは思いませんが、占星家の一部が考慮するもう1つのファクターがリーディング天体です。空間の多いスペース（少なくとも天体間が120度のトラインに最初に昇ってくる星がリーディング天体です。生徒たちはときどき「リードする」天体を発見するのに混乱しますが、実はとてもシンプルなのです。すなわち天体の配列のなかで、ゾディアックの順番が早く度数がいちばん小さい天体です。リーディング天体はしばしばチャートのドライバー、またはエンジンと見なされます。

チョプラのチャートでは、最初に昇る天体は天王星です（ゾディアックの順番を見ると、双子座の天王星が獅子座の土星や冥王星、その他の天体の先に昇ります）。59ページのジェフリー・アーチャーのチャートでは、ゾディアック配列の最初の天体は魚座の水星（魚座は牡羊座の直前）で、その後、木星、太陽が続きます。

それよりもっと興味深いのは、コンジャンクションの天体の配列です。56〜60ページをご参照ください。

モーニング・スター（明けの明星・金星）

それでは右のチャートで、再び10天体のすべてが半円のなかにおさまっていることに注目してみましょう（実際は半円より10度大きい）。ここでもボウル型チャートが、スペシャリストの強い執着心を示唆していますが、着目すべき追加ポイントは、金星以外のすべての天体が地平線（1～6ハウス内）の下にあることです。このとき金星は、太陽に先駆けて12ハウスに昇ったところです（この位置は、モーニング・スター、明けの明星として知られています）。明けの明星は、ホロスコープ上で唯一「見える」天体なのです（例：地平線より上にあり、観察者がその時点で見ることができる）。また、この星は「リーディング」天体で（ゾディアック配列のなかでいちばん早い天体）、牡牛座にある4つの天体のディスポジターでもあります（例：金星は自分のサインである牡牛座――そして天秤座――にあるすべての天体を当然「統治」し／ディスポジットします）。

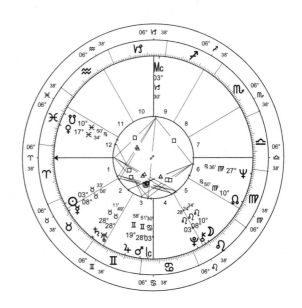

バーブラ・ストライサンド

このホロスコープは、ASCと12ハウスに昇った天体たちが、どれだけ「影響力」をもち（ASC）「他人にどのように見えるか」（地平線の上）を私たちに深く理解させてくれます。12ハウスは「隠れている」とは思わず、「光のなかに姿をあらわしたところ」、だと考えたほうがよいでしょう。フレッシュで未発達、粗削りな性格の一面があらわれたのです。

魚座の金星、そして、まったく違う性格をもつ牡羊座のASCを見ると、何が明確で（上昇したばかり）何が前面に押し出されているか（ASCにあるサインのエネルギー）がよくわかります。このように相矛盾した組合せは、女性シンガー、作曲家、女優、そして先見的な映画監督である**バーブラ・ストライサンド**の性格をよく反映しています。秘密主義でわがまま、人をいじめて厳しい要求を突きつけ、怖いもの知らずで自意識過剰、図々しく主導権を奪い、我が道をとおすことで悪名高いストライサンドは、自分にまつわる神話について重々承知のうえでこう語っています。「人は私を完璧主義者だとか気難しいとか偏執狂とか、いろんな風に呼ぶけど、すばらしいアーティストでいるためには物にこだわり、細部を突き詰める姿勢が必要なのよ」。彼女は自分を「単純で複雑、寛大で自分勝手、ブスで美人、怠け者でやる気満々」だと表現しています。

魚座にいる金星はソフトでメロディック、信仰心と思いやりにあふれています。一方、牡羊座ライジングは大胆不敵でしつこく、対立的で自己中心的。2つのサインはともに自己中心的で、痛々しいほどに感じやすい性質です。弱者や負け犬たちの大義に同情してしまいます（見落とされたり、迫害される恐怖を知りすぎるほど知っているから）。これらのサインはまた、こんちくしょう！ と感じる自立心や厚顔無恥（牡羊座）と、私を捨てないで！と愛を求める渇望心や弱さ（魚座）が入り交じって起こる、さまざまな個人的不安感を持ち合せているのです。2つのサインが1つになって、自分の夢に息を吹き込んで形にすることを、そして、その夢を実現する情熱を象徴しているといえます。このクリエイティブな牡羊座－魚座のコンビネーションは、もう一人の完璧主義者、マルチナ・ナブラチロワのホロスコープの特徴の1つでもあります（251ページから始まる彼女のプロフィールをご参照ください）。

ストライサンドの個人主義（牡羊座）はつねに、彼女のクリエイティビティ（魚座）を特徴づけてきました。

彼女の歌声からは、強いインパクトとパワー、徹底的であからさまな牡羊座の攻撃性と（牡羊座ライジングの強力な個性）、叙情的で繊細、女性的な感情（魚座）が聞こえてきます。彼女は垣根を越え、ジャンルを超越する魚座の能力を発揮してみせたのです。この火－水のセットから、茶番劇映画（牡羊座）を得意とするとっぴで奇矯なコメディアン、そして観客を異次元の世界（魚座）へといざなう華麗なトーチソング・シンガー（失恋や片思いの曲を歌う歌手）が生まれました。

　魚座の金星は、平凡な生活から抜け出し、ガラスの靴をはいて王子様と恋に落ちることに憧れるシンデレラのイメージを呼び起こさせます。しかし、そこに牡羊座が交じると、シンデレラはのろまな従僕に当り散らす神経質なお姫さまと化すことに。シンデレラは仕事はこうするのよ、と彼に指示し、繊細なガラスの靴で従僕の手を踏みつけながら馬車を降りるのです。

ハンドルを理解する
　バケット型チャートでは、ボウルに「ハンドル」がついています。ハンドル（1つの天体もしくはコンジャンクション）は、ホロスコープの反対側、理想的にはボウル内の天体群の「ミッドポイント」の反対に位置しています。少なくともハンドルは、ボウルの周縁から60度離れている必要があります。

　バケット型は二番目に一般的なパターンだと考えられていますが、バケットのハンドルは、ホロスコープを初めて見るときに注目すべき重要なポイントです。「ハンドル」天体は重要なプレイヤーです。サインとハウスによるその天体の位置は、ホロスコープのエッセンスをつかみ、チャートの持ち主のフォーカスやこだわりを読み解く主要なカギになります。

　下のチャートは、バケット型ホロスコープの一例です。これはアメリカの億万長者の起業家、H・ロス・ペローのチャートです。

　このチャートでは、蟹座にフォーカスがあります。

　しかし、DSCにハンドル──山羊座の土星──があるのがわかります。残りの天体、この配列の最初から最後の天体にいたるまで（天王星から海王星）、すべての天体はこのじょうご形をくぐっていかねばなりません。

　バケットのハンドルは、人生においてとてつもない重要性を担っています。ハンドル天体（およびそのサインとハウスの位置）は、私たちの全般的なレーゾンデートル（存在理由）について多くを語ってくれるのです。私たちはこのハンドルに「しがみつき」、その中心にある情熱や動機を実現しなければならないと感じます。望むと望まざるとにかかわらず、ハンドルは残りのホロスコープ（反対側の遠く）にあらわれているエネルギーや可能性のはけ口となるのです。

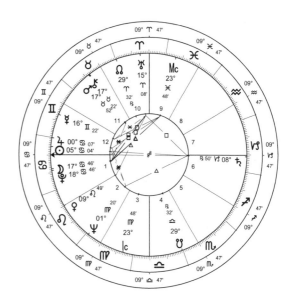

H・ロス・ペロー

　ときおり私たちは、ハンドルが示す内容にあまりにもフォーカスしたり、こだわりすぎることがあります。私たちがその天体の存在を認識するかどうかで、また、この極めて重要な天体が示す内容を表現する機会があるかど

うかで、この天体は私たちの「言い訳」になったり、私たちのこだわりや私たちをつなぎ止めるアンカーになったりするのです。ハンドルは、私たちが何か素晴らしいことを成し遂げるためのガイド役になってくれるかもしれません。または重しとなって、私たちがホロスコープの残りの部分に示された可能性を探索したり、発展させたりすることを阻むかもしれません。ハンドル天体がボウルエリアにある天体とオポジションを形成している場合、人間関係がハンドルの焦点であることは間違いなく、人生の大半は、関連天体に関する問題の解決やその経験を中心に進むでしょう。

残りの天体がもっと窮屈なバンドル型におさまっている（120度内）状態は、ファン型として知られています。これはロバート・ジャンスキーがつくった言葉です。彼は、バケット型の人物が残りのチャートの意味を損なうほど、あまりにもひんぱんにハンドルだけに集中した場合、ファン型のハンドル／シングルトンが勢いをつくり出して、ハンドルをより大きな達成へと導く、と考えていました。

右のチャートは、バケット・チャートの別例です。このチャートのハンドルは、3ハウスのカスプにある射手座の土星です。チャートのボウル部分は魚座の月から始まり、獅子座の海王星で終わります。これは、**コレッタ・スコット・キング**のホロスコープです。彼女は1968年4月4日に暗殺されたマーティン・ルーサー・キング牧師の妻で、夫の暗殺後、亡き夫に成り代わり、人々の期待（土星）と信頼（射手座）を一身に背負って、人種差別撤廃運動を率いました。

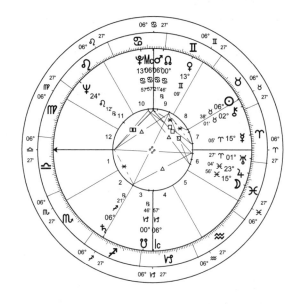

コレッタ・スコット・キング

チャートへのヒント

- 4つのアングルではなく天体だけを使用しましょう。私はカイロン、ケンタウロスや、他の小惑星は試していません。

- チャートをカテゴリーでくくることに執着してはいけません。例：ボウル型が180度よりちょっと広くてもいいんです！ ジョーンズ自身もパターンを正確に分類することに、それほど厳密ではありませんでした。もっとチャートの全体的な見た目に頼っていたのです。しかし、ジャンスキーは、天体のアスペクトを探してからチャートを正しいタイプだと分類しました（例：ボウル型には「縁の部分」に天体間のオポジションが必要です）。

- チャートはつねに1つの明らかなタイプに当てはまるとは限りません。なかには2つのカテゴリーに属する場合もあります。チャートの形が明らかでない場合、それは重要ではないのです！

多くのチャートには、ひと目でわかるような目立った天体群はありません。「明らかに目立つものは何かを見つけることのほうが、すべてをカテゴライズするよりよほど重要なのです」。天体の配置に何も目立つものがなければ、次の「チャートを読み解く」ステップに進み、チャートの核心に迫りましょう。

チャートの焦点

次のページのチャートは、すべての天体がトライン（120度）のなかにおさまっているホロスコープの例です。獅子座17度の月から山羊座0度の土星までです。また、このチャートには、コンジャンクションのポケットが3つあります。このホロスコープは『オーガニック・ダイエット──食べ物があなたをつくる』の著者でホリスティック臨床栄養士の**ジリアン・マッキース**のものです。親分肌（水星－火星）のテレビ司会者でもあるジリアンは、人々の砂糖づけの日々の食生活（乙女座の金星）から無駄（冥王星）を排除することに取りつか

れています。彼女の本やテレビ番組は、人々の日常習慣を変えました（月－天王星）。

　右下のチャートには、面白いパターンが見られます。1つを除くすべての天体が2箇所に固まっています：双子座－蟹座／12－1ハウス、そして山羊座－水瓶座／7－8ハウスです。海王星の位置さえなければ、これらの天体群はシーソー型だといえるでしょう（マーク・エドモンド・ジョーンズの分類どおり）。まるで繊細な宇宙の綱渡りですね！　月－水星オポジションのミッドポイント近くの海王星が、この風変わりなチャートを、海王星がハンドルの偽バケット（！）にしているのです。海王星が重要なのは、風のエレメントのなかで木星と冥王星と共にグランド・トラインを形成すると同時に、Tスクエアの天頂でもあるからです。グランド・トライン、とくにTスクエアについては、天頂がどのように焦点として、また、解決手段として機能するかを、のちほど見ていきます。

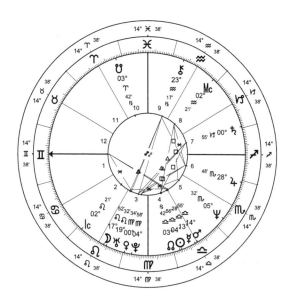

ジリアン・マッキース

　アウター・プラネット（天王星、海王星、冥王星）は、より幅広い世代像を反映し、個人的な天体とつながりをもつと、私たち個人のドラマに引き込まれます。そして、私たちの人生のストーリーや経験に、関連するその時代のエネルギーを吹き込むのです。

　このチャートの中軸となる、強いアスペクトをもつハンドルに注目すると、このチャートの持ち主がなんらかの形で天秤座世代の海王星とつながり、理想的な（海王星）人間関係（天秤座）を渇望していることが推測できます。海王星が彼の個人的天体と関係をもつことで、この人物はロマンチシズムや思いやりなど海王星的テーマに共鳴した、もしくはそれを体現したことがあるかもしれません。スキャンダルや著名人に関係し（海王星は名声や汚名、「マニア」とつながりがあります）、誰かを身代わりにする、もしくは身代わり

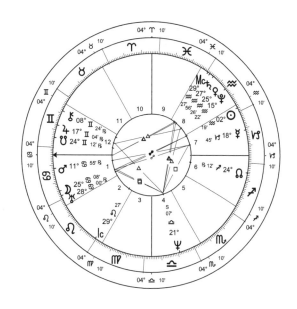

バイロン卿

になったことがあるかもしれません。また彼は、海王星を利用して自己表現し、インスピレーションに満ちた、卓越した芸術家、画家、詩人として活躍した可能性もあります。

　このホロスコープは、当時誰もが憧れた時代のカリスマ、**バイロン卿**のチャートです。時代を代表するロマン派詩人だったバイロンは、そのおそろしくスキャンダラスなセックス・ライフでも悪名を馳せました。彼は時代の寵児で、昨今、誰もが喉から手が出るほど欲しがる名声を手に入れたのです。彼の妻はこの名声を「バイロマニア」と呼びました。

彼の多くの作品に登場するバイロン的ヒーロー（彼の叙事詩「ドン・ファン」を含む）を見れば、彼が自ら喧伝したロマン主義時代精神という神話がよく理解できます。理想化された彼のヒーローは、階級や社会に対する敬意を欠き、秘密の過去をもつ欠点だらけの人物で、愛を阻まれ、自ら破滅の道を選ぶのです。

バイロンの月－天王星のコンジャンクションは、彼の有名な総合的評判（「狂気、悪人、危険人物」）や型破りなライフスタイル、自らを国外追放へと追い込んだ（彼の太陽が魚座に入った年）スキャンダルや男色の疑い、残酷な行為に明らかにあらわれています。英国社会が彼のふしだらな倫理観（MCの金星－土星）を糾弾したため、彼は国を去らざるを得なくなったのです。

パート5「チャートを語るもの」で、人物の言葉からチャートの主要な構成要素がどれほど明らかになるかを見ていきますが、ここではバイロンの言葉を見てみましょう。下記の引用文が、挑発的で倒錯した月とコンジャンクションした天王星が、彼の強い海王星とどれほど共鳴しているか、考察してみてください。

- 私は偉大なる心の持ち主だ。地獄に落ちるかもしれないと想像して喜ぶためだけにキリスト教を信じるのだから。
- 人生の偉大なる芸術は感覚だ。苦痛にうめきながらも存在していると感じることだ。
- 最高の人生とは、しょせん酩酊である。
- 意見は変わるために生まれる、変わらねばどうやって真実に到達できるのか？（訳注9）
- 不在——共通の恋の治療薬。

下記は、天体の配列がチャート解析の重要な第一歩となることを示す最後の2つの例です。

右の**エイミー・ワインハウス**のチャートは、すべての天体がほぼトライン（120度）内におさまっていて、おおむねバンドル型として分類できます。サインは獅子座から山羊座で、ハウスは3から7です。リーディング天体は獅子座の火星で、最後の天体である月が山羊座の0度台というもっとも若く力強い度数に位置しています。さて、このチャートのどこがユニークなのでしょうか？コンジャンクションが5つあることに気づきましたか？ それぞれの天体が別の天体とペアになっているのです。こんなチャートを私は今まで見たことがないと思います。しかし、これらは、1つでは機能しない強力で激しい天体ペアを示しているのです。多くのコンジャンクションは、そのチャートの持ち主が客観性や視野を欠いていることを暗示しています。

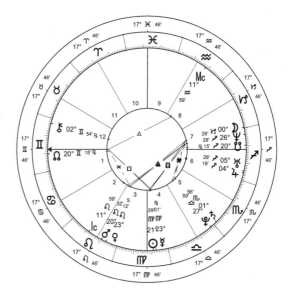

エイミー・ワインハウス

もう1つの注目点は、月－海王星のコンジャンクションが地平線上にある唯一のペアだということです。これは私たちに「見えて」いたこと：彼女の元夫とのソープオペラのような共生関係の物語と、彼らを結びつけた（7ハウス）麻薬中毒です。

訳注9：人の意見はころころ変わり、真実も人の意見次第で変わる、の意

私たちに目で見える天体の最後の例はマーガレット妃（エリザベス女王の妹）のチャートです（87ページ参照）。土星と金星が地平線上に見える唯一の天体になります。それは、一般大衆が見た愛と義務のあいだで苦悩する彼女の姿です。

　右のチャートは、**ジミ・ヘンドリックス**のボウル型チャートです。ボウルの「縁」に強力なアスペクトがあります。水星－太陽－金星（この順に）が、天王星－土星とオポジションになっているのです。リーディング天体は双子座の天王星ですが、自分のサイン内にあり（自己目的の明確な表現を示す）、事実上なんのアスペクトももたない火星が重要な役割を担っています。いちばん「混雑」しているのは12と8ハウスで、このチャートでは、射手座が支配的なサインです。

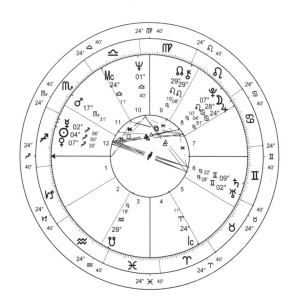

ジミ・ヘンドリックス

2. 4つのアングルのサインの関係
The Set of Signs on the Four Angles

　2つ目に評価する項目は、4つのアングルのサインの関係です。これらに特定のモードはあるのでしょうか？ 4つすべてのエレメントがアングルに見つかるのでしょうか？ アングルのうち2つが、共通のルーラーをもっているのでしょうか？ これらを評価することは、私たちが直に接する幅広い環境との関係を考えるとき、とても重要です。また、この評価を行うことで、のちのチャート解釈のステージで明かされるカギとなるテーマへの糸口がつかめるかもしれません。
　アングルは、私たちがもつ「方向性」や、私たちが周囲の世界とどのように「交流する」か、そのタイプを明らかにしてくれます。私たちのスタンスは、岩のように固く不変で、私たちにはりついて不動（アングルの不動サイン）なのでしょうか？ 物事を始動させ、人生の衝突（活動）を起こすことに集中しているのでしょうか？ それとも私たちは自由や多様性を追求し、自分の環境にはそれほど執着せず、簡単に新しい環境で新しい姿へと変身できるのでしょうか（柔軟）？
　いったんアングルの4つのサイン間のつながりを見つけたら、次にルーラーはどうなっているでしょうか？ 何かつながりがあるのでしょうか？ もしかしたらルーラー同士でアスペクトをつくり、そのアスペクトがホロスコープ上で中心的役割を担っているかもしれません。加えて1つ以上のアングルを支配する天体も探してみてください。例：乙女座がASCにあり双子座がMCにある場合、水星の重要性が自動的に倍増します（DSCを共に支配し、ICを支配する木星もそうです）。だとすれば、ここで注目すべきことは、水星と木星がメジャー・アスペクトをつくっている場合、4つすべてのアングルが対話／橋でつながっている、ということです。

　そして最後に、私たちの特定のコンパス（4つのアングル）は、私たちのインナー・プラネット（とくに太陽と月）のエレメントやモードと、どのように調和しているのでしょうか？ たとえば、コンパス／方向性は不動なのに、太陽と月が柔軟だと困惑しますよね。でも、賢く使えば不動のアングルは、私たちを安定させ（安全確実で、地に足のついた人物だと人に思ってもらえる）、私たちが外に飛び出し、自由に柔軟に個人的興味を追求（柔軟天体のエネルギー）して楽しめるように、必要なサポートや安定性（不動サイン）を与えてくれるかもしれません。

リチャード・ニクソンのチャートには、4つの柔軟アングルがあります。これらのアングルは山羊座でコンジャンクションをつくっている水星と木星に支配されています。（長年にわたりニクソンのホロスコープと心理を研究している）占星家のリチャード・スワットンは、この中軸となる山羊座の水星－木星コンジャンクションが、いかにニクソンの性格の中心的特徴を体現しているかを、私に話してくれました。クエーカー教徒の家庭に生まれ育ったニクソンは、子どものころ、ディベート大会で何度も優勝し、14歳になる前に神の存在をテーマに神学論文まで執筆しました。読書と自分の想像力だけが、彼をおぞましい家庭環境から解き放ってくれたのです。彼は重要な人物になることを夢見ました。「偉大な人物」になり、父が成し得なかった野望を自分が達成しようと思ったのかもしれません。彼の誇大な目的意識（木星）[8]同様、ニクソン自身の野望はとてつもなく壮大なものだったのです。

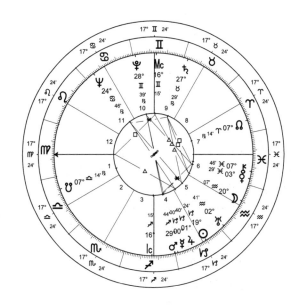

リチャード・ニクソン

水星－木星のコンジャンクションは、火星ともコンジャンクションしており、キャリアを司る10ハウスの双子座の冥王星とはオポジションの関係にあります。これらのアスペクトは次の引用文にあらわれているでしょう。

　一人の人間のなかで複数の人格がいがみ合い、主導権を奪おうと争っている。
　一人は理想的で思慮深く寛大だ。もう一人は復讐心が強く狭量で感情的だ。
　彼の決断は勇敢だ……しばしばそれは、すべての専門家の助言に反し、孤独のなかで下したものだ。

ニクソンの思慮深く分析的な側面は、危機の最中に顕著にあらわれましたが、逆に平穏時には彼の性格の暗い情熱的部分を解き放ったのでした。まるで緊張状態のときだけ精神のバランスを保てるかのように、彼は平穏時に精神のバランスを崩したのです。

ニクソンの評判は、水星－冥王星と密接なつながりがありました。すなわち、支配的で狡猾、疑い深くて視野の狭い、権力と情報に取りつかれた「いんちきディッキー」。永遠の二番手で、長年にわたり精神療法を受け続けたニクソンは、ついに野心を成就して大統領（土星が5天体のディスポジター）となります。しかし、汚いトリックを使って極秘に遂行されたウォーターゲート事件の裏工作が明るみに出て、彼の名誉は失墜し、辞任を余儀なくされました。この事件によりニクソンのパラノイア（妄想症）は悪化します。

取引の名人

ドナルド・トランプのチャートには、アングルに不動サインのセットがあり、2つのアングルがそれぞれ獅子座と牡牛座で、チャートの持ち主の社会的性格（ASCとMC）をあらわしています。獅子座－牡牛座のコンビネーションは、トランプの自信に満ちあふれた性格や、ぎらぎらと光り輝く富や贅沢の、これみよがしな見せびらかせ方によくあらわれているでしょう。この組合わせは、お飾りとしてのトランプ自身、そして不動産帝国（獅子座にライジングする火星）を築き上げたエネルギー、大統領になるという野望に如実にあらわれているのです。彼はアメリカで一二を争う著名な（獅子座）実業家（牡牛座）です。

獅子座ライジングは、自己不信には悩まされていないように「見受けられます」。子どものころ、自分の見た目におそろしく自信をもっていたドナルド少年は、「偉大な僕」として知られていました。士官学校で5年間の兵役を始めるまで、彼は学校でどれほど偉い人にも尊敬の念を抱いたことはありませんでした。獅子座－牡牛座のコンビネーションは「確信」を体現しています──人はトランプを信じて（獅子座／火）ついて行き、彼を確実な投資（牡牛座／地）だと思うのです。彼の知名度は（獅子座）、価値（牡牛座）をもたらします。

4つのアングルのルーラーは：
- 太陽（ASCルーラー）
- 土星と天王星（DSCルーラー）
- 金星（MCルーラー）
- 火星と冥王星（ICルーラー）

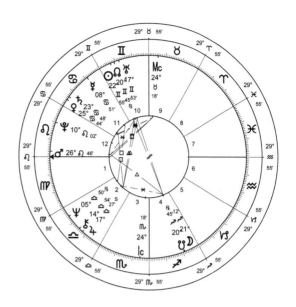

ドナルド・トランプ

　出生図でこれらルーラーのいずれか同士がアスペクトでつながっている場合、つながったルーラーはすぐに1つのアングルの事柄を他のアングルの事柄へとリンクさせ、結びつけます。彼のチャートでは、太陽が天王星とコンジャンクションしています（例：ASCルーラーとDSCルーラーのコンジャンクションですから、これはとくに重要なアスペクトで、彼の人間関係を左右する重大な指標となります）。2つ目のリンクはMCルーラーと伝統的なDSCルーラー（蟹座11ハウスの金星と土星）とのコンジャンクションです。MCルーラーがDSCルーラーとアスペクトをもつとき、パートナーシップがチャートの持ち主の評判、成功、出世のカギとなります。トランプの恋愛関係（DSC）は世間の注目を浴び、彼の妻たちは彼の成功やパブリック・イメージ（MC）の良き道具でしたが、同時に妻たちは彼にとって金融資産でもあり、彼は離婚時に多大な損失をこうむりました（金星－土星）。この教訓を身をもって学んだトランプは、二番目の妻には婚前契約書（金星－土星）にサインさせました。

　彼のもう1つの重要な関係──彼の資金提供者たち──や、彼の不動産業への興味や専門知識（父の遺産──MC－IC軸に両親からのメッセージが見られる）、そして、個人破産寸前にまで追い詰められたのっぴきならない状況もチャートにあらわれています。

　トランプの不動産の多くは、彼の名義です（獅子座ライジングは、その人物「そのものが」商品、自分のビジネスのスター、となります）。これらの建物はアメリカ全土に永久に（不動アングル）固定された財産です。しかし、彼は本来、柔軟で、過剰に物質的な性質はもっていません。彼は射手座の月と双子座の太陽がオポジションを形成する柔軟の満月の日に生まれました。彼にとってすべては「取引を成立」させ（双子座－射手座）、「勝者として見られる」（獅子座での火星ライジング）ことなのです。彼が言うように「交渉は芸術だ、そして私には天賦の才がある」のです。トランプはPRの巨人で、生まれながらに駆け引き上手なセールスマンです。彼は、彼自身が「真実の誇大広告」と簡潔に呼ぶ説得力ある魅力を駆使して、自分の壮大なビジョン（射手座）を売ること（双子座）を楽しんでいるのでしょう。彼の名字には2つの語源があります。1つは双子座で、もう1つは獅子座／射手座です。ねつ造する、欺く、騙す（いかさまトランプのように）、「勝利（トライアンフ triumph）」、勝る、または打ちまかす、他より有利なカードでプレイする（切り札を使う）。

　彼の父親──たたき上げの不動産開発業者──は、柔軟にふさわしいアドバイスをトランプに与えました。「自分がやっていることのすべてをできる限り知れ」。トランプの父親は、タフな交渉で有名なビジネスマンで

した。そんな父の姿を建築現場で見ながらトランプは育ったのです。トランプ・シニアは 1945 ～ 1946 年のベビー・ブームと、その後に起こった住宅需要で富を築きました（トランプの MC ルーラーは金星で、蟹座の土星とコンジャンクションしています——「家の不足」）。彼は父親から実務的スキル（牡牛座の MC）とコントロールを維持する（蠍座の IC）必要性を学びました。成功の秘密や主要な動機になる事柄は IC でよく見つかります。不動産王のトランプは、個人所有により帝国を「コントロール」していたからこそ富を築き上げる（牡牛座）ことができました。だからこそ彼は自分の財務状況を秘匿し、株主の要求（蠍座の IC）から自由でいることができたのです。

5 番街（フィフス・アベニュー）の空中権を取得し、豪奢な 68 階建て高層ビル（1983 年築のトランプ・タワー）を建築したあと、トランプはギャンブル・ビジネス（射手座）に進出、1985 年にトランプ・キャッスル（獅子座）を買収してオープンしました。天王星が柔軟の太陽と月とアスペクトしているので、彼には電撃的なカリスマ性があるものの、もっとも不安定なモードがますます予測不可能になります。彼の財産は長年にわたり激しく増減しますが、トランプは「カムバック・キッド（へこたれずに返り咲く子ども）」であることを証明してみせたのです。

親愛なるインターン

悪名高きインターン、モニカ・ルインスキーのチャートでは、4 つすべてのアングルが活動サインにあり、加えて T スクエアも活動です。これは彼女の「方向性」が衝突と対立にあり、自分の環境のなかで自己主張する必要に駆られることを示唆しています。彼女が 14 歳のときに起こった両親の険悪な離婚は、活動宮の試練が試される初期のサインでした。

4 つのアングルのルーラーは：
- 金星（ASC ルーラー）
- 火星（DSC ルーラー）
- 月（MC ルーラー）
- 土星（IC ルーラー）

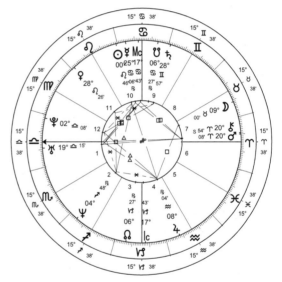

モニカ・ルインスキー

さて、これらは互いに何かつながりがあるのでしょうか？　金星は土星とタイトなセクスタイルで、4 つのうち 2 つのルーラーは金星とリンクしているハウス——7 ハウス——にあります。しかし、どちらの観測もホロスコープの重要なポイントを明らかにはしていません。でも、1 つだけ強調があります。DSC ルーラー（火星）が自分のサイン（牡羊座）のなかで DSC とコンジャンクションしているのです。これは、このアングルにこそ注意する必要があることを示唆しています。牡羊座の火星が DSC にあることは、多量のエネルギーが情熱的な恋愛関係、もしくは衝突関係（激しく衝動的な性の追求から全面戦争にいたるまで）に注がれていることを意味します。これはパーソナル・トレーナーやモーティベーター、人生のコーチ（「あなたならできるわ、ビル！」）などの職業にも適した配置です。また、この配置は、彼女の闘争精神（火星）を「投げ出す」（DSC）ことや、他人に投げ出す行為を代わりにやらせる（彼女を支配する、または攻撃する）ことも暗示しています。

天秤座ライジングで獅子座の太陽をもつ彼女の人を喜ばせたいという願望は、二人の既婚男性との恋愛関係という形であらわれます。一人は大学時代、もう一人はホワイトハウスで（彼女の「知名度」が、カリスマ性ある有名な獅子座のリーダー——10 ハウスの獅子座 0 度の太陽——との関係から築かれたことに注目してください）。

彼女のチャートを支配しているのは、4つのうち3つのアングルとコンジャンクションを形成している活動のTスクエアです（Tスクエアについてはのちほど詳しく見ていきます）。この配置は、彼女を有名にした、現役大統領との恋愛関係という偉業をよく説明しています。天秤座ライジングで、牡羊座の火星とオポジションになっている天王星は爆発的な恋愛関係を示唆し、二期目に入ったクリントン政権を大きく揺さぶりました。2つの天体は共にMC上の蟹座・水星とスクエア関係にあり、この「不適切な」関係は1年以上もアメリカ全土で「話題」となったのです。（モニカの中軸である水星は、アメリカの独立記念日7月4日のチャートの水星と1度離れているだけです）。Tスクエアは彼女の性的関係のショッキングな真実（天王星）のニュース（水星）と、モニカと好色な大統領との相性の良さを物語っています（このカップルは同じ太陽ー月ーASCのコンビネーションを共有しています）。彼女は長いあいだ、アメリカの一般家庭（MC蟹座の水星）で放送されるジョーク番組のネタに使われました。

活動のサインの中間の度数が、このスキャンダルの主役たちのホロスコープをつなげています。クリントンの天秤座11度にある金星は、18度のカイロンとコンジャンクションしています。ケネス・スター特別検察官のために、ルインスキーが大統領との関係を語るのを秘かに録音したリンダ・トリップのチャートでは、山羊座19度の金星が天秤座19度の海王星とスクエアしています。みだらな魔女狩りを率いたケネス・スターのチャートには、天秤座16度にカイロン、天秤座19度に木星、そして山羊座13度にASCがあります。ルインスキーのトランジット土星が牡羊座の14度にあり、DSCに勢いよく近づいていた1998年1月16日、FBIは彼女を恫喝し、その5日後にスキャンダルは全米に広がりました。

ここに、38のアングル・コンビネーションのガイドを掲載します。ASCのサイン順で、MC／ICの牡羊座ライジングの可能性から始めます。いくつかは非常にまれなケース —— 極端な緯度で、または短い期間に起こります。北60度以上、もしくは南40度以下で起こるコンビネーションは省略しました。

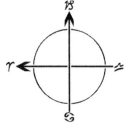

すべて活動
4つすべてのエレメントが
「ナチュラル・ゾディアック」

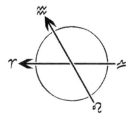

活動&不動
火と風

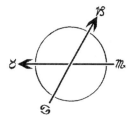

活動&不動
地と水

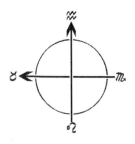

すべて不動
4つすべてのエレメント

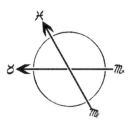

不動&柔軟
地と水

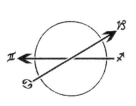

活動 & 柔軟
4つすべてのエレメント

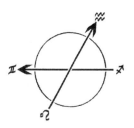

不動&柔軟
火と風

すべて柔軟
4つすべてのエレメント
ルーラー：水星、木星

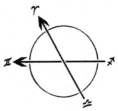

活動 & 柔軟
火と風

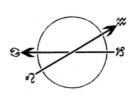

活動 & 不動
4つすべてのエレメント

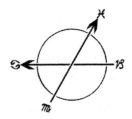

活動 & 柔軟
地と水

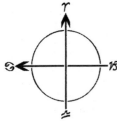

すべて活動
4つすべてのエレメント

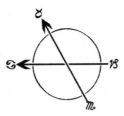

活動 & 不動
地と水

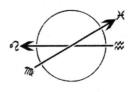

不動 & 柔軟
4つすべてのエレメント

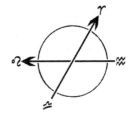

活動 & 不動
火と風

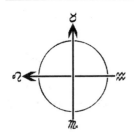

すべて不動
4つすべてのエレメント

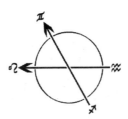

不動 & 柔軟
火と風

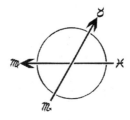

不動 & 柔軟
地と水

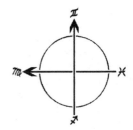

すべて柔軟
4つすべてのエレメント
ルーラー：水星、木星

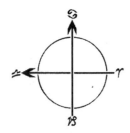

すべて活動
4つすべてのエレメント

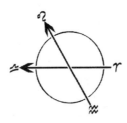

活動 & 不動
火と風

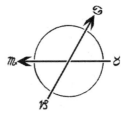

活動 & 不動
地と水

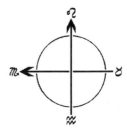

すべて不動
4つすべてのエレメント

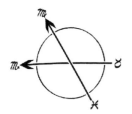
不動 & 柔軟
地と水

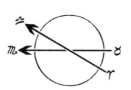
活動 & 不動
4つすべてのエレメント

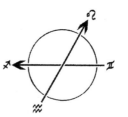
不動 & 柔軟
火と風

すべて柔軟
4つすべてのエレメント
ルーラー：水星、木星

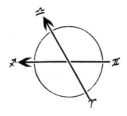
活動 & 柔軟
火と風

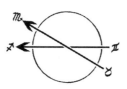
不動 & 柔軟
4つすべてのエレメント

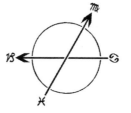
活動 & 柔軟
地と水

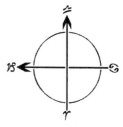
すべて活動
4つすべてのエレメント

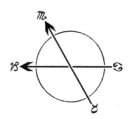
活動 & 不動
地と水

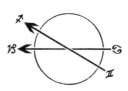
活動 & 柔軟
4つすべてのエレメント

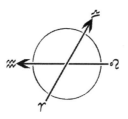
活動 & 不動
火と風

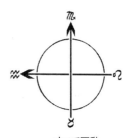
すべて不動
4つすべてのエレメント

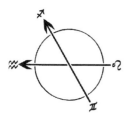
不動 & 柔軟
火と風

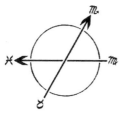
不動 & 柔軟
地と水

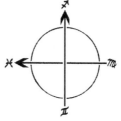
すべて柔軟
4つすべてのエレメント
ルーラー：水星、木星

アングルや数々のASC－MCコンビネーション、MC－IC軸上のサインや天体についての徹底分析をご覧になりたい方は、私のミニ・ブック『The Midheaven:Spotlight on Success（フレア、2016年刊）』をご参照ください。この内容は電子書籍『The Astrology Quartet』でもご覧いただけます。

3. 太陽-月-ASCのトリオ

> 能力とは、単にあなたができること。
> モティベーション（動機）があなたの行動を決定し、
> 態度が、行動の成否を決定するのです。

　私たちは、単に太陽と月、そしてASCのサインを語るだけで、適切で有益で洞察力に富んだホロスコープ解釈を提供することができます。このような解釈は、すばやい分析や太陽のサインの先に進む前の簡単な占星術の紹介としては完璧です。しかし、太陽、月、ASCには、もっと深い意味があります。ホロスコープのビッグ・スリーはこんなことを語ってくれるのです。

- 私たちの内なるアイデンティティ、人生の目的、エッセンス。私たちに内在する、私たちがそれを追求し、体現し、現実化するために生まれてきた絶対的ミッション ── 太陽。
- 私たちの欲求、習慣的行動、気性、先天的反応、直感的反応。私たちの基本的な人間関係に対する欲求、衝動、そして期待（個人的／仕事上） ── 月。
- 私たちが人と会い、挨拶し、人づき合いするときの日常的パーソナリティ。私たちの人生や期待へのアプローチの仕方 ── ASC。

　上記に加え、私はクライアントにチャートを紹介するとき、MCも含めています。実をいえば、チャート紹介をMCから始めているのです。なぜならMCは、他人が私たちに対してもっているイメージ（ASC）、私たちに会う前に、私たちの気性や感情の欲求（月）、私たちの本質は何なのか（太陽）を理解する前に、すでに抱いているイメージについて多くを語ってくれるからです。

　ビッグ・スリーを個別に取り上げるのは、トリオの一つひとつが何を意味するのか、それらがどのように混ざり合い、互いに作用し合うかを指摘するためです。たとえば、私の男性クライアントは、山羊座に太陽、蠍座に月、射手座にASCをもっています。私たちに最初に見えるのは、楽天的で近づきやすい、フレンドリーな表向きの顔で、彼は熱意をもって（射手座・ASC）世の中に出て行きます。また、この表向きの顔は、他人に失望させられたくないと必死に願っています。しかし、この顔の裏には、プライベートな激しい彼の内面が隠れているのです。情緒的安定は深い信頼や親密な関係によって育まれます。また、精神的危機や裏切りが予想されたり、もしくは自分でそれを招いてしまうことも（蠍座の月）。この男性は、自分の明るい性質の陰にひそむ複雑さや感情の深みまで見通して理解してくれる人を探しているでしょう。最後に、彼のエッセンス（太陽）は、彼の使命が世界のなかで「ひとかどの人物」となり、なんらかの組織やエスタブリッシュメント（山羊座の太陽）のなかで何かを築いて達成し、地位や権威、尊敬を勝ちとることだと示しています。

　ビッグ・スリーのうち2つ、もしくは3つ全部が共通の天体とのつながりをもっている場合、例：射手座・ASCの月が木星とコンジャンクショ

男性クライアント

ンしている場合、それらを区別し、それぞれが人生や性格にどのような影響を与えるかを見分けるのはときとして難しくなります。しかし、そんな場合でも、チャートには天体のメッセージを強めるオーバートーンがあることを私たちは知っています。オーバートーンについてはのちほど見ていきましょう。

次のステップは、ビッグ・スリー同士のつながりを探すことです。それらはすべて柔軟サインなのでしょうか？ 火のサインが大多数なのでしょうか？ たとえば、双子座の月と乙女座のASCの場合、水星のオーバートーンが始まります。この人物は家でも職場（月）でも、考え方／交流の仕方（ASC）も、水星ベースだといえるでしょう。月もASCも、私たちの人間関係の指標です。月は、私たちが手塩にかけて育てなければならない深い欲求や、何が私たちを安心させてくれるかを示し、ASCは（軸の一部として）交流や期待、魅力を通じて誰が私たちの人生にかかわってくるかを多く語ってくれます。右の**マーガレット妃**のチャートは、ほとんど「自然のままのチャート」です。初期の牡羊座ライジングで、自分自身のサインにある天体たちは、適切で自然なハウスに入っています（例：4 ハウスの蟹座の月、4 ハウスは蟹座のハウスです）。

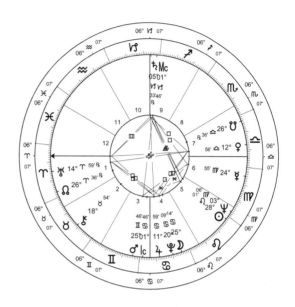

マーガレット妃

行動、人格、パーソナリティ

太陽はチャートの中心で、私たちが誰であるかを示しています——私たちが何を目指して生きているか、その中核をなす部分なのです。しかし、人のパーソナリティや行動特性を理解するには、彼らのASCと月のサイン（そして、それらとコンジャンクションの関係にある天体、またはそれより重要度は低いがオポジションやスクエアを形成している天体）を見なければなりません。人が人生のなかでどのように行動し、反応し、交流するかを考えるうえで、これら2つは太陽より重要なのです。

月：行動

占星術的に定義すると、行動とは、複雑なパターンをつくり出すために形になった本能の集合体だといえます。この集合体は、とくに自己の安全を確保し、世話をしてもらうために行う習慣的な反応が互いにつながり合って、クモの巣のように張りめぐらされた本能のつながった網です。行動とは、いろいろな反応をつくり出すために、私たち自身がどのように「振る舞う」（「まとめる」）か、なのです。これをもっとも鮮明にあらわしてくれるのが月（例：月が乙女座にある人は、人に必要とされる、もしくは人から必要とされていると感じるために礼儀正しくし、人の役に立つことを学びます）。月をあらわすもう1つの占星術的言葉は「気質」です。これはしばしば4つのエレメントと関係しています（私たちの性質をつくる4つの「気質」）。しかし、月は感情領域——私たちの情緒的「性質」——の各要素がミックスしたものなのです。

太陽：人格

私たちはよく、「人格の形成」という言葉を耳にするでしょう。人格とはおそらく性質や反応、行動パターンの集積で、これが私たちの人生の中心的方向や焦点、信念の数々となります。人格は私たちの人生や行動に浸透しているのです。ある意味、人格は、私たちが生まれた本当の意味を探し求める旅を象徴しています。そして、このコンセプトは太陽からのメッセージに生来備わっているのです。そのメッセージは、形容詞や性質で

はなく、エッセンス。ホロスコープ上の太陽は、メッセージと原型を体現し、私たちはその信条を前面に押し出すことで人生に参画し、私たちの可能性のいくらかを成就することができます。おそらく自分の人格を受け入れて利用することで、私たちは健全な自尊心をもち、誠実で完全な人間となる道を歩むことができるのです。他者の人格を突き止めるのは、ときにつかみどころのない太陽のコンセプトをとらえるよりもっと困難でしょう。それらをチャート上で突き止めるのも、それらが人生で顕在化するのも、共に時間がかかります。

太陽は、私たちが人生のドラマのなかで個々の役割をどのように思い描くか、それをどのように追求するか、そして私たちがどのように人生を意味づけるかを物語ってくれます。例：射手座の太陽、または太陽－木星：「人生は探求の旅」。私たちの人格は、私たちが時間をかけて集めた基本的で絶対不可欠な信条の集積です。太陽の位置は、個人的な性質ではなく、私たちの人生における主要目的や「イノベーター」「急進主義者」「翻訳家」などの職業をあらわします（頑固、柔軟、傲慢等の私たちの性質は、ASCの天体やサインにあらわれ、私たちの人生に対する取り組み方はモードにあらわれます。私たちの行動や人生に起こる出来事のパターンを突き動かすドライバーは、コンジャンクションやスクエア、オポジションが示してくれます）。

ASC：パーソナリティ

「パーソナリティ」（ASC複合体──とくにASCのサインとASCとアスペクトをもつ主要な天体──から見たときの）を変化させることで、私たちは自分の欲求（月）を他人に対して要求したり、自分の人格（太陽）を形作ったりします。ここにはエネルギー──態度、ユーモア、関与、交流──があり、これらは初期（月）行動や人格（太陽）の形成とは異なります。パーソナリティに気づくのは簡単で、通常誰かに会った際（ASC）にすぐに読みとることができるのです。パーソナリティはよく個人のモットーにあらわれます（例：牡羊座・ASCの人は「完成させたいなら自分でやるしかない」と言い、蠍座・ASCの人は「虎穴に入らずんば虎児を得ず（痛みなくして得られるものなし）」と言います）。パーソナリティの特徴は、私たちの真の人格とはそれほど関連性がないかもしれません。しかし、私たちはその特徴（外見やその他の特質）を他者に見せながら人生を生き抜くのです。占星術上しばしばASCは、太陽の目的地／私たちの人生のゴールに到達するための乗り物と見なされます。また、それはよく私たちの人間関係上の欲求を満たす道でもあります。（ゴークラン夫妻は、カギとなるゴークラン・ゾーン内にある天体は人格をつくるものだと考えましたが、これらの天体は、他者が気づく自分の「パーソナリティ」の特徴を引き出す「動機」の強力な表現のように見えます）。

トリオを結びつける

ビッグ・スリーそれぞれの特性をつかんだところで、次はビッグ・スリーが一緒になると何を意味するか、その感触を探ってみましょう。天体をペアとして、次にトリオとしてとらえ、それら天体にどんな共通点があるか、また何が違うのかを考えることは非常に有益なことです。たとえば、あるクライアントのチャートでは、太陽が山羊座、月が牡牛座にあり、獅子座ライジングです。

獅子座と山羊座に多くの共通点は見られず、エレメントやモードで直接つながってもいません（それらのルーラー、太陽と土星は象徴的に正反対です）。しかし、これらは共に地位や権威を重んじるサイン。2つのサインは現状維持を好みます（通常自分が実権を握る状況で）。獅子座は自分が支配する帝国で革命が起こることを好

クライアント

みません。山羊座は独裁者を失脚させ自らが実権を握り、混乱前の社会秩序を取り戻そうとします。両者はまた、品質や高い価値観とも関連するサイン。獅子座－山羊座の組合せは、彼らの地位や階級、「テイスト」が見ただけですぐ人にわかるようなデザイナーブランドや高級品を身に着けることを好むでしょう（2つのサインのテイストは異なります——獅子座は派手な光り物が好きで、山羊座は伝統的で品があり上質な年代物を好みます）。両者はともにギリシャ悲劇の登場人物のように尊大で（現代的な意味で）、その尊大さから痛手をこうむることがあります。獅子座はティーンエイジャーのようにうぬぼれが強く傲慢で、山羊座は帝国を築く過程で謙虚さを忘れたり、名を成したのちにその名声に溺れ、当初の目標を見失ったりするのです。

この組合せに牡牛座が加わるとどうなるでしょうか？ 牡牛座は獅子座（共に不動サインで、執着や信条に関心のあるモード）と山羊座（共に地のサインで、安定性や利便性、物質世界に価値をおくエレメント）にリンクしています。3つすべてのサインは伝統的で安定感があり、ある種の保護者です。

ビッグ・スリーのどれがどのサインとリンクしているかを考慮すると、このホロスコープの持ち主は、もっと大きくて全体的なヒエラルキーやシステム（山羊座）に貢献するために生まれてきた人（太陽）だということもできます。どれほど早く成功したとしても、彼はこの悲願を「意義ある方法で」、戦略的に長く、ときには孤独な修行のあとに達成するでしょう（山羊座と6ハウスの太陽がこれを示唆しています）。彼は尊敬され、権威を勝ち取り、何事かを達成し、その功績により認められることを心のなかで求めているのです。ただし、因果の法則は、近道をしたり厳しい道徳律を破る行為のいずれかにより、山羊座の熟達／栄達への道が妨害されることを警告しています（135ページのジョン・デロリアンのチャート参照）。

牡牛座の月は、変化を嫌い、安定して安心できる静かな仕事環境を探し求め、静謐な人生、官能的で豊かな家庭生活を欲する情緒的性質をもっています。このチャートの持ち主は、今このときが快適だと感じ、チャンスが訪れるのをじっと待ちすぎて、訪れたときには素早くつかめないかもしれません——そのためチャンスを素早くつかむ人に遅れをとってしまうでしょう。しかし、周囲の人々には忠実さを示し、頼りになる存在で鈍感な「不変物」です。

獅子座ライジングにより開花を促されると、この持ち主は自信満々で人より優れ、威厳があるように見えます——バカにされたり拒まれることを恐れる心を隠す完璧な仮面を手に入れるのです。このときも、忠誠心に価値を置き、それを外にあらわします。彼には人の注目を集めたり、アドバイスを与えたり、創造力を誇示する独特の才能があり、ある種の天賦の才や気力までをも外見にあらわすことができるのです。

つまり、太陽－月－ASCのトリオは、その人物の重要な性質——人格、行動、そしてパーソナリティ——を理解する素早い方法を提供してくれるのです。つねにリンクが見つかり、ときには共通の特徴を見出すことができます。本書のこの段階では、トリオのそれぞれの一般的意味を知り、それらが何を示すかを徹底的に掘り下げて理解する、そしてリンクを認識してあとを追い、それらがどのようにお互いに、またホロスコープの他の部分と関連するかを探索することが重要です。

土星と火星：仕事とプライベート

フランシス・フォード・コッポラのチャートは、ホロスコープに繰り返し登場するポイントの魅力的な一例です。牡羊座に太陽、蠍座に月をもつこのチャートは、火星のオーバートーンを形作っています。このセクションのあとのほうでオーバートーンについて見ていきますが、本質的にオーバートーンは、サインや天体、ハウス間に「繰り返し起こるポイント」なのです。コッポラのチャートでは、火星が1ハウスのASCとコンジャンクションし、牡羊座の太陽とスクエアの関係で、さらにMCの蠍座を支配していることにより、オーバートーンが強くなっています。火星、火星、火星だけです！

トリオの足跡を追うと、チャートが別のオーバートーンを帯びていることがわかります。それは土星です。

ASCが山羊座にあるのです（太陽と月のディスポジター——火星——も山羊座にあります）。チャート・ルーラーは牡羊座の土星で、太陽とコンジャンクションしていることにより、カギとなるポジションにいます。

このチャートには、火星と土星のオーバートーンが数々の形で描き込まれています。コッポラは幼い頃ポリオにかかり、病床に伏して少年時代を過ごしました（土星）。しかし、あらゆる困難や予想を覆して、他者から何の支持も支援も受けることなく（土星）世界的な映画監督となって、輝かしい勝利をおさめました。彼は若い野心的な成り上がり者（火星）から世界が認める権威（土星）にまでのぼり詰め、その時代の映画監督たちに門戸を開いたのです。他の少年たちと徒党を組むことはありませんでしたが（火星はつねに一匹狼）、若きコッポラはつねにやる気満々のギャンブラーで、ハリウッドのエスタブリッシュメント（土星）と一戦交える（火星）ことに専心していました。

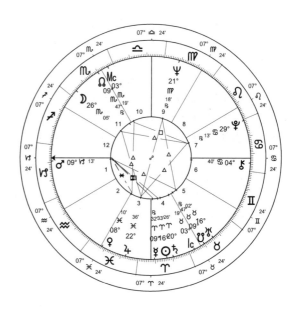

フランシス・フォード・コッポラ

彼のもっとも有名な映画シリーズ『ゴッドファーザー』三部作は、ほとんどの批評家たちから傑作（土星）と評価されています。この三部作は、彼の火星をルーラーとする蠍座の月とMCにはっきりと映し出されているだけでなく、彼のホロスコープの火星－土星のテーマにも関連しているのです。映画は、「ビジネスマン」、マフィア一族の忠誠心や裏切り、暴力的な現実を観察しています。マフィアの世界において、尊敬や恐怖、残忍さ、名誉、腐敗、忠誠、犯罪性、ヒエラルキー、復讐、そして便宜の応酬等の問題は主要課題です。しかし、最終的には土星が火星に勝利します。「これはビジネスだ、個人とは関係ない」。シリーズ第一作目は、1972年の3月中旬に大歓声のなか、華々しく封切られました。このとき彼のトランジット木星はASCに近く、トランジット天王星は牡羊座の太陽とオポジションで、トランジット海王星はソーラーアークMCとコンジャンクションしていました。

注目の母

シルベスター・スタローンのタフで恐ろしい母親、**ジャクリーン・スタローン**のチャートを見てみましょう。彼女のチャートでは、太陽－月－ASCのトリオが強力につながっています。新月の翌日に生まれた彼女の太陽と月は射手座にあり、ASCは天秤座にあります。彼女のチャート・ルーラーは蠍座の金星です（水星とコンジャンクション）。彼女のチャートの焦点は三連続のサインにあります（なかに7天体とASCが含まれています）。これに加え、天秤座のASCで火星と木星（それぞれ蠍座と射手座のルーラー）がコンジャンクションを形成。彼女の天体の大半

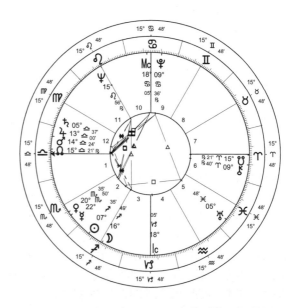

ジャクリーン・スタローン

は蠍座－射手座にありますが、これらサインの天体ルーラーが共に天秤座 ASC にありますので、ホロスコープのこの部分には火星－蠍座と木星－射手座の力が反映されています。

このようにホロスコープ上で繰り返されることは、そうなるために生まれてきたとしか考えられない、ある種の人格をつくり出すのです！ 成功者たち（自分たちがこのために生まれてきたと感じることを本当にやっている人々）は往々にして、ホロスコープ上のカギとなるテーマを実現する方法を見つけ、活発に取り組んでいます。これは通常、太陽－月－ ASC のトリオがお互いに強く結びついているときに起こります（自分の分野や社会において認められるためには、ときに MC とのつながりが必要です）。

ジャッキー・スタローンの人生には、火星－木星のテーマが明らかに見られます。彼女はタフで騒々しく派手なビジネス・ウーマン、そして占星家です。天秤座・ASC と火星がコンジャンクションしていることで、有名な天秤座の上っ面の外交術は少ししか見られません――うわべを取り繕う相手が多すぎてやっていられないのです。他人のふんどしで相撲をとる自己宣伝屋として有名なジャッキーは、注目を集めることにかけては誰にも負けません。彼女の知名度がもっとも高かった 1980 年代、有名な息子シルベスター・スタローンの恋愛に関するジャッキーの意見はヘッドラインを飾り、彼女はその持ち前の辛口で単刀直入なトークで、インタビュー・ショーの花形ゲストとして人気を集めました。機転や慎重さは、彼女のチャートより、もっとダイナミックさに欠ける天秤座ライジングの組合せに見られる特徴です。

初めから火星－木星を追いかけるかのように、彼女は 10 代で家を飛び出しサーカスに入団しました。のちにジャッキーは女性向けのウェイト・リフティング・ジムをオープンし、モデル出身者を集めてレスラーチームを結成。彼女はこれら自分自身のビジネスをすべて奇抜でワイルドな方法で宣伝したのです。木星はスペクタクルや誇大宣伝について「熟知しています」。多くの木星人たちが、バカなやつだと思われ、笑いものにされても何の不思議もありません。木星の大げさで誇大な悪ふざけなしでも、ビジネス・ウーマンとして真面目に受け取ってもらうのは難しいことなのですから（228 ページのタミー・フェイ・ベッカーのプロフィールをご参照ください）。

余談：ローレル（月桂冠）について

どうしてこれほど多くの射手座の人（太陽または ASC）が、人を小バカにするような、あざ笑うような表情をするのかと、私はよく不思議に思っていました。ジャッキー・スタローンも人を小バカにしたような表情をします。私が思うに、これは射手座特有の優越感、人をバカにしてあざ笑い、下々の者を見下して楽しむ高貴なサインのあらわれなのです。そしてもう 1 つが、ジャッキーのヘアバンドに対する愛着です。どうして射手座の人は、こんなにヘアバンドが好きなのでしょう？（これは海王星――ファッショントレンドの天体――が射手座を通った 1970 年代から 80 年代初頭にかけてだけではありません！）他の人が単に映画を見て楽しんでいるとき、占星家はこんなことを不思議に思っているのです。ともあれ、ヘアバンドが好きなのは、頭を支配する牡羊座であるべきではないでしょうか？

スタローンはヘアバンドを着けることで有名でした。ブリジット・バルドー（射手座ライジング）やジミ・ヘンドリックスもそうです――彼の場合はじつはバンダナでした（射手座の太陽と ASC）。カントリー・シンガーのジャニー・フリッキーもヘアバンド好きで（太陽が射手座にあり、木星が射手座ライジング）、流行が変わってヘアバンドをクローゼットにしまいこんだ日は、本当に悲しかったわ、と言ったほどです！

なぜ射手座なのでしょう？ かつてギリシャ人やローマ人は功績や地位、ステータスや教育（月桂冠の上に胡坐をかいてはいけない＝現状に満足してはいけない、と教わりますよね？）の証しとして月桂冠（全知全能の神ゼウス／ジュピターの息子アポロを讃えた）をかぶりました。月桂冠は蹄鉄（射手座）の形をしています。シーザーは、月桂冠を「絶対君主のシンボルだ」と宣言しました。その後、月桂冠はオリンピックで、勝者に与

えられる冠として使用されました。私は、スポーツの美徳や競争精神を讃え、ランナーが聖火を持って走るこのオリンピックという国際イベントを、射手座と結びつけて考えています。

セレブ弁護士

被告側弁護士のロバート・シャピロのバンドル・チャートでは、水星のサインへの集中が見られます。太陽とASCが乙女座にある一方、月は双子座にあります。実際このチャートでは、12ポイント（10天体と2つのアングル）のうち8ポイントが、乙女座もしくは双子座に位置しているのです。いずれも情報収集に関係する柔軟サインですが、面白いことにシャピロのチャートでは、これら2つのサインのルーラーである水星が天秤座にあるのです。双子座は収集したデータと自分（風）を分離するのに長けていますが、乙女座はリサーチにどっぷりつかってしまいます。乙女座は最終的に発見したものを自身の信条に根付かせ（地）、行動指針やアジェンダづくりに活かします。乙女座はプランナーで戦略家でもありますが、ポリシーに圧倒されてしまうことがあります。もともと「戦略（ストラテジー）」という言葉は「軍隊の配備」に関係があり、シャピロのチャートの乙女座の火星がシャピロを卓越した戦略家——アクション（火星）・プラン（乙女座）をもつ人物——にしているのです。同じく天秤座内の水星によって、彼は相手側のアプローチや「泣きどころ」を事前にうまく察知できます。

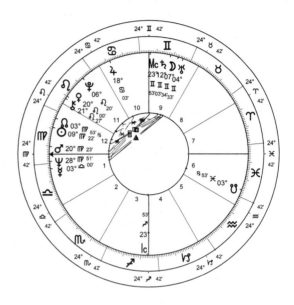

ロバート・シャピロ

シャピロは、周到できめ細やかな法律業務へのアプローチ、そして有名なクライアントと個人的に親しい関係を築くことで知られています。いちばん有名な彼の仕事は、O.J.シンプソンを無罪にするための「ドリーム・チーム」の一員として活躍したことです。シンプソンの魚座の月は双子座の天王星とスクエアで、これらはそれぞれシャピロのDSCとMCとの間にコンジャンクションを形成しています。シンプソンの火星はシャピロの双子座の月とコンジャンクションしており（擁護者／弁護士が手袋をつけた犯罪者を二重殺人の容疑から守る？）、勝ち組パートナーシップにふさわしく、シンプソンの太陽はシャピロの木星とコンジャンクションしています。面白いことにシャピロと、有罪判決を受けた彼のクライアント、クリスチャン・ブランドーとのシナストリー（占星術上の相性）は、難しいオポジションを抱えています。すなわちブランドーの土星はシャピロのMCとオポジションであり、月−火星のコンジャンクションがシャピロの太陽とオポジションになっているのです。

星跡をたどる

客観性をなんとか保つために、普段私は自分のチャートを何かの「証拠」として使うことは泣く泣く控えています。しかし「はじめに」でも述べたように、この本では私の個人的なチャート解釈メソッドを紹介するわけですから、私の課題に対するアプローチ方法が、私自身のホロスコープにどのように反映されているかをお見せすることは、とても重要なのです。次にご紹介する観察結果をご覧ください。このことに気づくのに、実はかなりの時間がかかりました——あまりにもシンプルすぎて、何年も気づかなかったのです！

私のチャートでは、太陽が牡羊座にあり、月は乙女座、ASCは双子座にあります。火星は牡羊座のルーラーで、太陽のディスポジター。水星（乙女座と双子座のネイタルルーラー）がトリオの残り2つ（月とASC）のディ

スポジター／ルーラーです。

事実上、私のトリオは水星－火星のテーマをもっており、これは私の職業や心（太陽）、欲求や気性（月）、人生に対するアプローチ法や日常の性格（ASC）を理解する、絶好のスタート地点となります。加えて水星と火星が互いにセミ・スクエアのアスペクトを形成しています（情報に対するイライラや焦燥感を示唆する）。しかし、もう少し深く掘り下げてみると、私個人に特有のチャートを貫く水星－火星がどんなタイプなのかを示す、より多くのつながりが見つかるのです。

私のチャートで火星と関連している天体は、水瓶座または天王星のテーマをもっています。

フランク・クリフォード

- 私の太陽は牡羊座にあり、天王星とオポジションの関係です。
- 金星もまた牡羊座にあり、天王星とオポジションの関係です。
- ほとんどのハウスシステムで、太陽－金星が 11 ハウスにあります（水瓶座・天王星と関連しています）。
- 火星が水瓶座にあり、天王星と土星とで幅広のトラインを形成しています（共に水瓶座と関係のある天体です）。

水瓶座／天王星フレーバーの火星は何を意味するのでしょうか？ 高速で、スイッチがひんぱんに入／切を繰り返すタイプのエネルギー、またはグループを解放して自由にする（天王星／水瓶座）ために戦ったり（火星）、人々の目を覚まし（天王星）、独立して（天王星／水瓶座）行動するよう（火星）後押しする、などの性質をあらわしているのかもしれません。親密な個人関係では、相手と距離を置き、自由を求めるような人物を示唆している可能性もあります。

また、月と ASC が共にそれぞれの天体のオーバートーンをもっていることがわかります。

- 乙女座の月にはメジャー・アスペクトが 1 つあります：海王星とのスクエアです（6 ハウスにあり、乙女座の月からのメッセージを強調しているので、どうか私に毎日の仕事のパターンを尋ねたり、どうして 9 時〜 5 時勤務の普通の仕事に就きたくないか聞いたりしないでください）。
- ASC のルーラー（チャート・ルーラー）が水星で、魚座のなかにあります：水星は自らが支配する ASC と緊密なスクエア関係にあります。

魚座／海王星カラーでコーティングされている水星は直観力や知覚力を示唆します。豊かな想像力をもつストーリーテラー（語り手／うそつきの両方の意味で）や、共感力があり過敏すぎる人、またはコミュニケーションに対して流動的アプローチをとる人物をあらわしているのかもしれません。

要約すると、私のビッグ・スリーの星跡からは、まず火星と水星が重要であることがわかります。さらに追跡すると、私の火星は水瓶座／天王星フレーバーをもっていて、一方、水星は魚座／海王星の雰囲気をもってい

ウルトラ超絶！

アスペクトのない木星と、ジプシー的でヒッピーのような射手座に火星とMCをもつジャニス・ジョプリンの哲学（「70歳でくそみたいな椅子に座ってテレビを観るより絶頂期の10年を過ごすほうがよっぽどいいわ」）は、「Get It While You Can（愛は生きているうちに）」「Me and Bobby McGee（ミー・アンド・ボビー・マギー）」などの彼女の歌に要約されています。この2つの曲は、射手座で木星が海王星とコンジャンクションした1971年2月1日に発売されたアルバム『Pearl』におさめられています。ジャニスはこのアルバム発売日の数カ月前に、「ドラッグの過剰摂取」（木星－海王星）により他界しました。

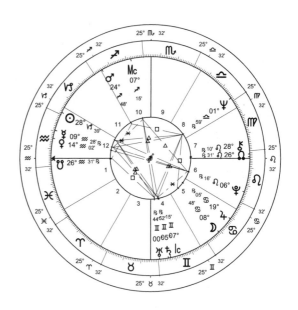

ジャニス・ジョプリン

しかし、ジョプリンのチャートを、とくに彼女の太陽－月－ASC・トリオをよく見ると、2つの相反するテーマが浮かび上がってきます。彼女は山羊座の太陽と蟹座の月、水瓶座のASCをもって生まれました。正反対でありながら慣れ親しんだものや現状の維持（職場または家庭で）に関心がある蟹座と山羊座は互いを「理解」し合うでしょう。一方、トリオのなかで1つだけ風変わりな水瓶座は超然としています――一人孤立しているのです。水瓶座は蟹座の依存心や、蟹座がどうして精神安定用の毛布を欲しがるのか、ほとんど理解できません。また、地位に固執する山羊座が嬉しそうにかけている政治家の手錠を自分もかけられるなんて真っ平ごめんです。

ジョプリンは、一方では人目を意識し、周囲に溶けこもうと必死でした（彼女の内なる性質――蟹座と山羊座）。しかし、その外見や内気さから高校時代にアウトサイダーとみなされた彼女は、反抗して集団のなかで目立つ存在になることを選びます（彼女のペルソナ――水瓶座－射手座のアングル）。後年、ジョプリンは自由を愛し、何ものにも束縛されない快楽主義的なヒッピー世代の象徴となったのです。

ICにある彼女の太陽とASCのルーラー――土星と天王星――によって、彼女の性質や人生の内なる衝突はさらに重要性を増します。このように相反するコンジャンクションがホロスコープで具現化すると（アングルや個人的な天体にアスペクトをもつことにより）、自由になる、もしくは既定路線から外れるために、既存の体制や障壁を粉々に打ち砕く可能性があります（天王星から土星）。または、真の自由を恐れたり、殻を破って全体調和の社会ルールに反抗したことに対する代償を払う可能性があるのです（土星から天王星）。

ジョプリンは矛盾の人生を生きました。彼女は完璧に時間管理するワーカホリックでした（土星）が、ドラッグにどっぷり浸る状態に陥りました（天王星はドラッグの興奮のざわめき――「スピード・フリーク（覚せい剤常用者）」――と関係しています。一方、月と海王星のスクエアは日常的依存をつくり出すことがあります――彼女の好きなドリンクはその名もサザン・「コンフォート〈癒し、なぐさめ〉」でした）。ジョプリンは男性が多数を占めるロックン・ロールの世界で、初めて頭角をあらわした女性ロッカーの一人。しかも彼女はミドル・クラスの白人女性でありながら、ステージ上で自分の心の叫びをソウルフルに、ブルース感たっぷりに思う存分歌い上げたのです。彼女は観客を感動させることと、観客とのあいだに深い溝を感じることとのギャップを次の

ように要約しました「ステージで私は25,000人のファンとセックスするの――でも終わったら一人淋しく家に帰るのよ」

最終的には土星が勝利します（とくに土星が天王星を追って移動する場合）。たとえるなら、天王星は大企業に合流して最先端でなくなる、または土星が天王星をダウンサイズ（リストラ）したり、天王星の反抗的態度が時間と共に風変わりでエキセントリックなものに変化していくのです。しかし、土星と天王星のペアが効果的に作用した場合、彼らは自身の限界や消耗性を見失わずに社会を変える力を私たちに与えてくれます。

4. エレメントとモードのバランス

この短い章では、エレメントとモードのバランスを短時間で評価し、リストを作成する方法を見ていきます。私はかつてこの「方法」を、いくらなんでも「時代遅れ」だと感じ否定してきました。しかし、のちにその効用を再発見し、今では分析に不可欠な初期段階だと考えています。

エレメントとモードの「重さを測る」方法はいろいろあります。LSA（ロンドン・スクール・オブ・アストロロジー）のキム・ファーリーのように経験豊富な教師はポイントを割り当てています。太陽と月には高ポイント、個人的な天体には低ポイント、アウター・プラネットにはそれより低いポイントを与えるのです。このシステムを使うと、シグニチャーとアンチ・シグニチャーが作成されます。たとえば、柔軟性と火のポイントがもっとも高い場合、柔軟の火のサインである射手座がチャートのシグニチャーとなります。不動性と地がそれぞれもっとも低い点数の場合、不動の地のサインである牡牛座がアンチ・シグニチャーとなります。（キムはアンチ・シグニチャーは通常、シグニチャーとなるサインの隣に位置する、もしくはシグニチャーサインとクインカンクスのアスペクトをもつサインであることを発見しました）。私はリストづくりやランキングづけが大好きな乙女座の月をもっているにもかかわらず、自分自身はポイント・システムを使用しません。私は天体やアングル（太陽から土星、そしてASCとMC――合計9つの位置）をシンプルなグリッド上に並べて強調や不足を探すほうが好きなのです。この方法だと、列を縦横にスキャンし、各エレメントやモードを見るだけで、素早く「不足」やシングルトンを見つけることができます。基本的に、エレ

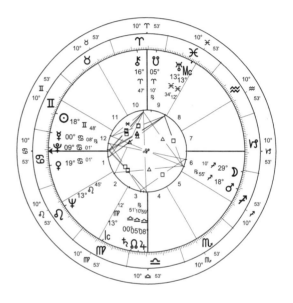

ジュディ・ガーランド

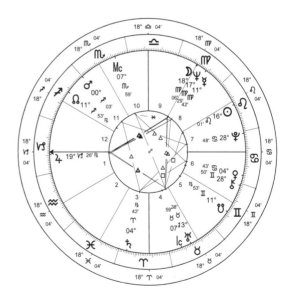

ダスティン・ホフマン

メントとモードを分析する際の私たちの仕事は、平均的なものを無視することなのです。次の項目をしっかり覚えてください。

- 9つの天体・感受点を使用し、各エレメント、各モードに2、3個ずつ配置されることを期待する。
- ホロスコープ上の過剰な強調（4つ以上）または不足（0または1）のみを考慮する。
- ビッグ・スリー（太陽、月、ASC）のうち2つ、または3つすべてをもつエレメントやモードに、より多くウェイトを置く。

エレメント／モードは、相互依存関係にあります——目立っていたり欠けた部分があると、互いに影響を与え合うのです。すべてが良いバランスを保っているときもあれば、1つだけバランスが悪いこともあります。また、とくにエレメントの場合は、強い支配力をもつエレメントが2つ、弱いものも2つあることがあるでしょう。

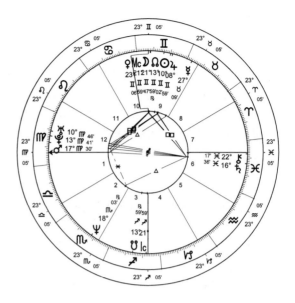

ブルック・シールズ

最後の注意点：私たちはポイントシステムや分析上、土星を「不足」や「マイナス」部分だと感じがちです。土星が特定のエレメントやモードで唯一存在する天体であるとき、そのエレメントやモードには注意を払う必要があります。これを無視することは不当な過小評価なのです。他の不足同様、土星のエレメントやモードの位置は、より重要な意味を帯びています。土星のなかなか果たされない約束を成就するために何年もかけて償ったり、働いたりしなければならないことが多いのです。

ジュディ・ガーランド

	活動	不動	柔軟
火			☽ ♂
地			
風	♃ ♄		☉
水	☿ ♇ ASC		MC

次に三人の俳優のチャートを例に見てみましょう。1番目のジュディ・ガーランドのチャート（95ページ参照）では、水に4つの天体・感受点があり、風（3つ）、火（2つ）と続き、地には何もありません。モード列では柔軟と活動が強く、不動は不足しています。地と不動に何もないこのチャートは「基礎部分（地に足のついた部分）」と固定具、拠り所が不足していることになります。このチャートの持ち主の課題は、資金管理と権力の保持かもしれません。

ダスティン・ホフマン

	活動	不動	柔軟
火	♄	☉	♂
地	♃ ASC		☽ ☿
風			
水	♀		MC

ダスティン・ホフマンのチャート（95ページ参照）では、地の支配力が強く、火、水と続き、風には天体・感受点がありません。モードはほどよくバランスが取れており、不動サインに若干弱さが見られます。

ブルック・シールズ	活動	不動	柔軟
火			
地		☿	♂ASC
風			☉☽♀♃MC
水			♄

ブルック・シールズのチャート（96ページ参照）では、風の支配力が優勢で、次に地が続き、水は不足がちで火には何もありません。モードを見ると、柔軟に9つのうち8つの天体・感受点が集中し、不動は不足状態で、活動には何もありません（主要なディスポジターの水星が地にあると同時に不動の唯一の天体（シングルトン）で、他の天体と一切アスペクトをもっていないことに注目してください）。

5. メジャー・アスペクト

　アスペクトは天体間の対話とエネルギーの流れをあらわします。もっとも重要でダイナミックな交流は、天体同士がコンジャンクション（ニュートラルなアスペクト）やスクエア、オポジション（ハード・アスペクト中の2つ）を形成するときに起こります。一般的ルールとして、これらには8度のオーブを使用しましょう。最優先すべきはこれら3つのアスペクトなので、この段階では他のアスペクト（3度以内のトラインを除く）は無視することをおすすめします。この3つのアスペクトは、私たちの性格の特徴や、それに基づく人間関係のパターン、人生の出来事や経験を左右する要因としてはっきりとあらわれます。ここにはアウター・プラネットとのアスペクトは含めませんが、アウター・プラネットもアングルや個人の天体との接触によって個人化した場合は重要となるでしょう。チャートを強調し、考慮し、解釈するために、3つのメジャー・アスペクトを以下に要約します。

- コンジャンクション ── チャートや人生における主観的でパワフルな焦点エリア。
- オポジション ── 解決とバランスを要求するエリア、人間関係のパターン、テーマと行動計画、錨、または重荷。
- スクエア ── 行動、努力、奮闘、限界への挑戦が求められるエリア、人生／性格の課題、成果や褒章を促進する出来事や状況、または「人格を築き上げる」ような「失敗」が具体的にあらわれる。

牡羊座の機微

　右のチャートは、不遜で独立心の強いのカルト映画監督、ラス・メイヤーのチャートです。彼のチャートで目立つのはスクエアとオポジションのみ（チャートの中心にはコンジャンクションのアスペクトは示されていません）。これらのアスペクトは、彼のどんな部分をあらわしているのでしょうか？

　メイヤーは、低予算のポルノ映画で名を成しました。14歳のときからアマチュア映画を撮っていた彼は、米陸軍の従軍カメラマンとなったのち、1950年代半ばには「プレイボーイ誌」のセクシーなモデルたちを撮影しました。プレイボーイ誌を卒業後、1959年に監督したコメディー映画『インモラル・ミスター・ティーズ』では、「ポルノの王様」の異名を取ることに。彼はワイルドな若手巨乳女優を起用した（牡羊座の金星が木星とオポ

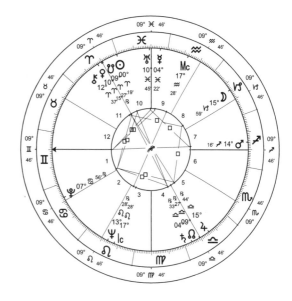

ラス・メイヤー

ジション、火星が射手座 DSC とコンジャンクション) 風刺に富むシュールで風変わりな映画シリーズの脚本を書き、監督、編集、配給までこなしたのです (双子座 ASC に注目)。彼の『ファスター、プシィキャット！キル！キル！(1965 年)』や『女豹ヴィクセン (1968 年)』などの「カルトクラシック映画」からは、彼のバイオレンスに対する個人的執着 (牡羊座) や、重力に抗う巨乳への恥知らずなこだわり (月と木星のスクエア) が見てとれます。これらが証明するのは、牡羊座に太陽をもつ男性には、控え目さや洗練された部分はほとんどない、ということです (とくに初期のステージでは)。

彼を不注意なフェミニスト映画監督と呼ぶ人もいましたが (彼の作品に登場する女性はパワフルで自然の支配力そのものでした)、天秤座の土星とオポジションの牡羊座の太陽をもつラス・メイヤーは、ステレオタイプの道徳観をあざけり、保守的な価値観を風刺し、(蟹座の冥王星を T スクエアの頂点にもつ牡羊座の金星から豊富な援助を十二分に得て) セックスを用いてアメリカ社会を皮肉ることで評判を得ました。彼の自叙伝のタイトルは『A Clean Breast (きれいな胸)』です。素早い機転で知られていた彼は、ある日女性に「ただのオッパイ男」だと罵倒されたとき、「オレが本気になれば、もっとすごいんだぜ」と答えました。

完全な錯覚：「それはいいことよ」

億万長者の大物実業家、**マーサ・スチュワート**のホロスコープには (アスペクトが 1 つ描かれている)、メジャー・アスペクトは 8 つしかありません：

- 太陽と冥王星のコンジャンクション
- 太陽と ASC のスクエア
- 太陽と MC のコンジャンクション
- 月と海王星のスクエア
- 金星と木星のスクエア
- (火星と MC のトライン)
- 土星と天王星のコンジャンクション
- 冥王星と ASC のスクエア

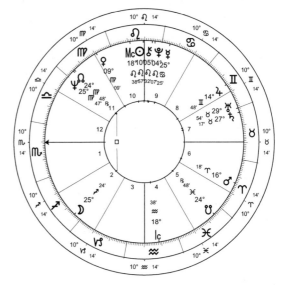

マーサ・スチュワート
月スクエア土星

ほとんどのアスペクトはかなり広いオーブのものですが、1 つだけ目立つのが月と海王星のスクエア——1 度以下のオーブという極端にタイトなアスペクトです。月が重要なのは、スチュワートのバケット・チャートのハンドルだから。そして、この月は 2 ハウスの射手座に位置しています。

この衝動的で誰にも止められない、悪名高き仕切屋の大成功者にとって、獅子座ー蠍座と太陽ー冥王星のコンビネーションはカギとなる要素です (人を楽しませること〈獅子座〉へのほとばしる情熱〈蠍座〉が自然にみなぎっている)。そして、月と海王星のスクエアは、彼女の野心的な完璧主義者ぶりや、彼女が個人的に何年にもわたって人に与えてきた「完璧な専業主婦」のイメージをよくあらわしています (しかし、悲しいことに結婚中に土星回帰を迎えたのち、夫が彼女の元を去ったことで、このイメージは錯覚だったことがわかりました)。また、このスクエアは、彼女のケータリング・ビジネス (フードをアートとして提供する) も示しています。このビジネスはのちに、彼女の「パーフェクトホーム」哲学から生まれた「ライフスタイル」ビジネスへと発展しました (射手座の月と海王星のスクエア)。

スチュワートのお家芸は、失われた家事芸術を復活させ (月ー海王星にふさわしい表現)、優雅な暮らしと

魅力的なライフスタイルを誰もが送れるように売り出すことです。スチュワートは、彼女の熱心なフォロワーたちが再現できる（月－海王星）理想的な生活を提案し、彼女の商品はアメリカ市場の隅々にまで浸透しました。そして、この成功により彼女は巨万の富を築いたのです。

マルチメディアを最大限に利用して得た彼女の広大な家屋敷や莫大な収入は（書籍、テレビ番組、マーサ・スチュワート・リビングで販売されたホーム・プロダクツ）、8ハウスの双子座にある月のディスポジターの木星（太陽-MCに対しては、オーブの広いセクスタイル、太陽-MCのミッドポイントにはタイトなセクスタイル）により示唆されています。獅子座に太陽－冥王星をもつ彼女はビジネスをよくコントロールし、獅子座のビジネスパーソンの多くに見られるように、彼女自身の名前やイメージそのものがブランドとなっていったのです。

この本に掲載されている多くの太陽－冥王星の女性同様（三人の蟹座女性──ナンシー・レーガン、イメルダ・マルコス、レオナ・ヘルムズリーが思い浮かびます）、ほぼ間違いなく彼女も、裕福で権力と影響力ある立場の女性であるがゆえに弾劾されたのです（興味深いことに、スチュワートはこれら四人の女性のなかで唯一、権力ある男性と結婚することなく自力で富と名声を手にしました）。

2ハウスの月と11ハウスの海王星のスクエアが現象化した好例が1つあります。マーサ・スチュワート旋風の一時的な陰りです。彼女が疑わしい株取引に関与したというスキャンダルが（持ち株が暴落する前に売却した）、2002年の初頭に勃発しました（トランジット海王星が彼女の太陽とオポジションになったとき）。スチュワートは詐欺と司法妨害の罪に問われ、5カ月の懲役刑を言い渡されました（2004年10月〜2005年3月）。面白いことに、スチュワートの副株式仲買人で、裁判で彼女に不利な証言をした重要証人のダグラス・ファニエルの出生図は、金星が乙女座の26度にあり、月が牡牛座の14度にあります（スチュワートのDSC近く）。

ピアノマン

右のチャートはエンターテイナー、**リベラーチェ**のホロスコープです。彼のコンジャンクション、スクエア、オポジションのリストは次のようになります。

- 太陽が火星とコンジャンクション
- 太陽が土星とスクエア
- 太陽が天王星とスクエア
- 水星が海王星とスクエア
- 水星がICとコンジャンクション
- 金星が冥王星とコンジャンクション
- 金星がDSCとコンジャンクション
- 火星が土星とスクエア
- 木星がDSC*とコンジャンクション
- （天王星がMCとトライン）
- 海王星がMCとスクエア
- 冥王星がDSCとコンジャンクション

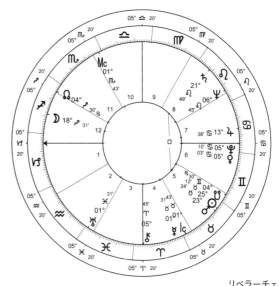

リベラーチェ
太陽－火星スクエア土星

*4つのアングルに対するコンジャンクションには、広いオーブの適用を認めています。木星と金星・冥王星とのコンジャンクションを含めても構いません。

火星はMCを支配し、土星はASCを支配しますので、火星と土星のスクエアのアスペクトは重要です。また、金星－冥王星のコンジャンクションも強力です。なぜならこのコンジャンクションはDSCと太陽のディスポジターである金星近くに位置し、冥王星がMCを共同で支配しているからです。私見では、これら2つのアスペクトは、リベラーチェのホロスコープの主要なダイナミクスで、彼の人生のストーリーや人格のカギとなっています。

彼の父親は厳格な教育パパで（太陽が獅子座の土星とスクエア）、まだ4歳だったリベラーチェにピアノを習わせたのです（ソーラーアークにより太陽－土星のアスペクトが完成したとき）。スポーツに見向きもせず料理とピアノのレッスンに打ち込むリベラーチェは、クラスメートからいじめられました。そんな彼はやがて、ファッションに興味をもつようになります（牡牛座の水星が獅子座の海王星とスクエア）。

ほぼ間違いなく、太陽－火星が土星とスクエア関係にあるリベラーチェは、自分のソフトな部分（そして後年「フルーツ味」と新聞各紙に呼ばれた気取った小股歩き。彼は新聞各紙を訴えることに成功しました）に対するいじめから我が身を守るため、自分のまわりに防御壁を張りめぐらせました。彼は男らしさの追求を拒絶し、宝石と毛皮に身を包んだショーマンのペルソナ（獅子座）をつくり出すことで男性らしさの欠如を過度に補いました（土星）。このペルソナは、派手できらびやかなショーマンという評判と何百万人もの女性ファン、そして豪勢で贅沢なライフスタイルを彼にもたらしたのです（牡牛座が獅子座とスクエアを形成）。長年にわたりリベラーチェは、世界でもっとも高額のギャラを受け取るエンターテイナーとして君臨しました（金星－冥王星）。彼が酷評をものともせず一笑に付して「泣きながら銀行までしゃなりしゃなりと歩いて行った」話は有名です（コンジャンクションは蟹座で起こっています！）。極端に私生活を秘匿した彼は、自分のホモセクシャリティーに関する憶測に対して訴訟を起こし、死の当日までその事実を猛烈に否定しました。

「アイ・プット・ア・スペル・オン・ユー（魔法をかけて）」

ニーナ・シモンのホロスコープには、コンジャンクションやオポジションを含む以下のメジャー・アスペクトがあります。

- 太陽と海王星がオポジション
- 太陽とMCがスクエア
- （月と木星がトライン）
- 月と天王星がスクエア
- 月と冥王星がオポジション
- 水星と火星がオポジション
- 水星と木星がオポジション
- 水星と海王星がオポジション
- 金星と土星がコンジャンクション
- 金星とASCがコンジャンクション
- 火星と木星がコンジャンクション
- 火星と海王星がコンジャンクション
- 土星とASCがコンジャンクション

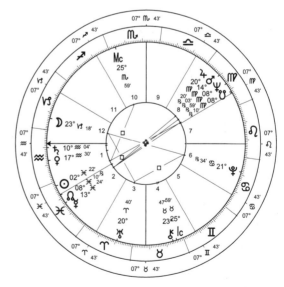

ニーナ・シモン
ハード・アスペクト

また、アウター・プラネットの天王星と冥王星がタイトなスクエアになっています。この2つの天体は共に月とのTスクエアに関係し、2つがそれぞれASCとMCの現代における「ルーラー」だという理由だけでも、

このスクエアは個人化されます。これによってニーナ・シモンは、個人的にこのアスペクトから、また今後、この2つの天体間を通過する他のアスペクトから、影響を受けることになります。

考慮すべきアスペクトがたくさんある場合、つねにある種のパターンがあらわれます。オーバートーンの見つけ方はのちに学んでいきますが、前ページのメジャー・アスペクト・リストで目立つのは、ホロスコープに対する水星－海王星のテーマです。

水星と海王星のミューチュアル・レセプション以外に（水星は海王星のサインのなかにあり、海王星は水星のサインのなかにあります）、水星は海王星が支配する乙女座のなかの3つの天体とオポジションを形成しています。そして、海王星は自らが支配する魚座内に位置する太陽と水星とオポジションに。また、月が山羊座にあり、土星がルーラーサインの水瓶座でライジングしていることからも、土星的なオーバートーンが見られます。

透明人間

右のチャートにおけるメジャー・アスペクトは、以下のようになります。

- 太陽と火星がコンジャンクション
- （太陽と木星がトライン）
- 太陽とASCがコンジャンクション
- 月と水星がスクエア
- 月と海王星がスクエア
- 月とMCがコンジャンクション
- 水星と海王星がコンジャンクション
- 水星とMCがスクエア
- 金星と木星がスクエア
- 金星と冥王星がスクエア
- 火星と天王星がオポジション
- 火星とASCがコンジャンクション
- 木星と冥王星がオポジション

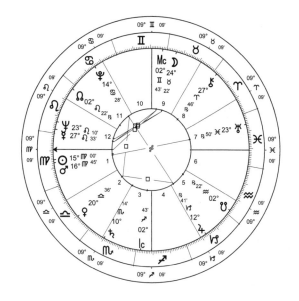

ピーター・セラーズ
ハード・アスペクト

私は、このホロスコープのカギとなるアスペクトは、12ハウスの水星－海王星のコンジャンクションだと主張します。なぜなら水星と海王星が4つのうち3つのアングルを支配し（そして、水星は太陽のサインのルーラー／ディスポジターです）、また、それらがとくに重要な月とスクエアを形成しているからです。これはスクリーン外で奮闘努力して確固たるセルフイメージを確立し、映画やテレビにカムバックして、再び人生を取り戻そうと我慢強く待った自称カメレオン、**ピーター・セラーズ**にふさわしいアスペクトです。彼はかつてこう言いました、「自分自身を演じろって言われても、どうしていいかわからないね……昔は仮面の裏に自分ってものがいたんだが、手術して取っ払っちまったのさ」

面白いことに、水星－海王星が月とスクエア関係にあるピーターは、母親の死後も儀式や降霊術を通じて母親とコンタクトを取っていたそうです。彼の完璧主義や、すぐに激怒する癇癪持ちの気質（とくに人間関係において）は、1ハウスの太陽－火星のコンジャンクションにあらわれています。また、彼が起こした8回の心臓

発作もそのせいかもしれません。

1962年10月、雑誌『プレイボーイ』のインタビューで、水星人のピーターは、役柄の準備について次のように語りました。

> 俺はまず声から始めるんだ。その男がどんな声をしているか突き止める。男がどんな風に喋るかで、その男の他の部分がわかるんだ。このやり方はたぶん、俺が長いあいだラジオの仕事をしてきたからだと思うよ。声の次はルックスだ。その次は、男がどんな風に歩くかを考え出す。歩き方はとても重要なんだよ。すると突然、何か変なことが起こるんだ。男が俺を乗っ取るんだ。自分が演じる男が実際に存在し始めるんだよ。俺はどんな役を演じても、その役柄にどっぷりつかってしまう。だって、そいつが自分のなかで生き始めるんだから。その男がどんな人生を送ってきて、ある状況下でどんな風に反応するか、突然わかるようになるんだよ。

あなたなしで、どうやって生きるの？

ダイアン・ウォーレンのバケット・チャートには、次のようなメジャー・アスペクトがあります。

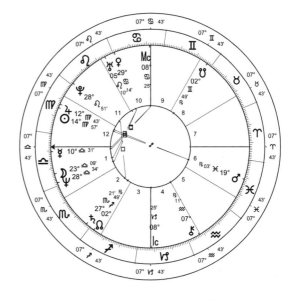

ダイアン・ウォーレン

- 太陽と火星がオポジション
- 太陽と木星がコンジャンクション
- 月と金星がスクエア
- 月と海王星がコンジャンクション
- 水星とASCがコンジャンクション
- 水星とMCがスクエア
- （金星と土星がトライン）
- 金星と天王星がコンジャンクション
- 金星と海王星がスクエア
- 火星と木星がオポジション
- 土星と冥王星がスクエア

焦って先を読まなくても、3つの特徴が際立っていることがわかります。

1. 太陽が乙女座にあり、水星がASCとコンジャンクションしています。

2. 月－海王星のコンジャンクションが見られ、12ハウスの太陽－木星のコンジャンクションが、魚座の火星（チャートのハンドル）とオポジション関係にあります。

3. 金星－天秤座が際立っています。金星がアウター・プラネットとメジャー・アスペクトを2つ形成し、ASCを支配しています。また3つの天体が天秤座にあります。

これら3つの特徴は、彼女の何を物語っているのでしょうか？　ウォーレンは『ハウ・ドゥ・アイ・リブ』『アンブレイク・マイ・ハート』等に代表される現代ポップミュージックのスタンダード曲を作曲し、数多くの賞を受賞した著名な作曲家です。他の星々から隔絶した月－海王星コンジャンクションをもつ彼女は、私生活を公

開せず神聖さを保ちました。彼女は自分の歌を歌うシンガーにスポットライトが当たるほうが好きでした。彼女の書いた曲は、USチャートに100曲以上もランクインしました。ジャンルもポップス、カントリー、アダルト・コンテンポラリー、R&Bなど、多岐にわたります。そして、今や彼女は1年間に2千万ドルもの印税収入を稼ぎ出しているのです（「いい年はね」と彼女ははぐらかしますが）。

ウォーレン自身の言葉によると、彼女は曲づくりに「普遍的メッセージ」を投げ込み、「ジャンルを超越した」ポップ・バラードをつくり出したそうです。これは彼女のホロスコープを支配する海王星の機能。海王星は彼女の月（MCルーラー）とコンジャンクションし、チャート・ルーラーの金星とはスクエアを形成しています。これらはまた、彼女のヒット曲の多くが映画用だということも暗示しているのです。

レコード・プロデューサーのデビッド・フォスターは、（乙女座の太陽が火星とオポジションしている）ウォーレンについてこう語ります。「彼女は私が知るなかで、疑いなくいちばん働き者の作曲家だよ。彼女は来る日も来る日も、毎日そこに座っているんだ。本当に孤島みたいなんだ、彼女は。それなのにどういうわけか、大衆の心がつかめるんだ。自分一人でそれができるって、本当にすごいことだよ。彼女は誰の助けもいらないみたいなんだ」。ウォーレンはサンセット・ブルバードにある自分のオフィスを「洞窟」と呼んでいます。「とても汚いのよ。だから私はすべての病気に免疫があるかもしれないわね。不潔な環境（乙女座）でよく育つのよ、私」。太陽－木星のコンジャンクションをもつ人は「重要人物」、たとえば彼女の新曲にすかさず飛びつくポップ界の歌姫などとつき合うことで利益を得ます。一方、魚座の火星とのオポジションは、ドラマティックでコンテンポラリーなバラード曲を次々に生み出すクリエイティブなコンベア・ベルト式の彼女の仕事を指し示しています。しかし、猫とオウムだけが友だちで、自称エキセントリック（乙女座）で、傷だらけのロマンティスト（天秤座－魚座）のウォーレンは、英国のザ・ガーディアン誌に「私は恋をしたことがないの」と打ち明けました。「私は想像力が豊かなのよ。だから失恋したらどんな気持ちになるのかわかるわけ……ただ、私って変わり者すぎて、誰かと恋愛なんかできないのよ」。

パーソナル・パワー

自己啓発の教祖、**アンソニー・ロビンズ**は、過去30年間、自身のブランドであるNLP（神経言語プログラミング）を広く普及させ、大衆に絶大なる影響を与えてきました。彼のチャートのカギは、7ハウスの牡羊座にあるMCルーラーの月（記録的猛スピードで観衆を変化へと導く「ピーク・パフォーマンス」の熱血コーチ）、戦略的に配置され、冥王星とオポジションになっている魚座の太陽を含む、海王星の強いオーバートーン（彼の書籍には『アンソニー・ロビンズの運命を動かす』『Unleash the Power Within（内なるパワーを解き放て）』『Unlimited Power（無限のパワー）』があります）、そして、それぞれのディスポジターとコンタクトしている魚座の水星（3ハウスの射手座にある木星とのスクエア――ポジティブで人に感動を与える思想――と、海王星とのセスキスクエア）です。彼の商品やセミナーは、牡羊座的な自己決定――行動を起こし決断する――にフォーカスしており、彼はよく牡羊座／海王星のテーマを語ります。

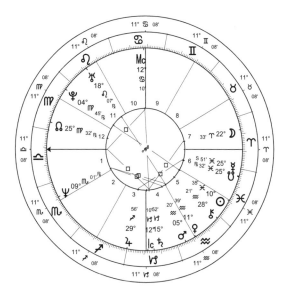

アンソニー・ロビンズ
ハード・アスペクト

本当の決断とは、新しい行動を起こしたかどうかで評価される。行動がなければ、本当に決断したとはいえないのだ。

人生に必要なのは、インスピレーションか絶望だ。

決断力を使えば、人生のあらゆるすべての部分を瞬時に変えてしまう、どんな言い訳をも乗り越える能力が得られる。

大男のロビンズは（身長198cm）、地のハウスのカスプに太陽－海王星－MCのグランド・トラインをもっています。これは、テレビ通販やオーディオ番組、啓発セミナーを通じてアメリカ国民の意識に深く浸透した、彼のおそろしく儲かるビジネスをよく物語っているでしょう。そして、この成功は、自身をブランドとして売り出した彼に名声をもたらしました。

彼のホロスコープのメジャー・アスペクトは下記のとおりです。

- （太陽と海王星がトライン）
- 太陽と冥王星がオポジション
- （太陽とMCがトライン）
- 月と土星がスクエア
- 水星と木星がスクエア
- 金星と火星がコンジャンクション
- 金星と天王星がオポジション
- 金星と海王星がスクエア
- （金星とASCがトライン）
- 火星と海王星がスクエア
- 土星とASCがスクエア
- 土星とICがコンジャンクション

6. メジャーな複合アスペクト

複合アスペクトは、人生のストーリーやカギとなる人格のエネルギーをあらわします。少なくとも3つの天体が在住、または支配関係により、複数のハウスと結びつくことで、ホロスコープ上で重要なポイント（その影響は重大に受けとめられるでしょう）になるのです。加えて、関連するアスペクト（とくに主要3アスペクト：コンジャンクション、スクエア、オポジション）は「連結システム」として、非常に強力なパターンをつくり出し、通常ホロスコープを支配します。

ここでは3つのアスペクト、Tスクエア、グランド・クロス、そしてグランド・トラインを手短に見てみます。他にはステリウム（4つ、もしくはそれ以上の天体がコンジャンクションをもつ状態で、ホロスコープの中心核を示します）、ヨッド（セクスタイルの2つの天体が共に3つ目の天体とクインカンクスのアスペクトをもつ状態で、

多くの占星家は霊感もしくは病気の意味だと捉えています）、カイト（グランド・トラインの2つの天体点とセクスタイルを形成するオポジションがある状態で、ダイナミックなタレント性を示唆します）、グランド・セクスタイル（6つの天体が互いに60度ずつの間隔でチャートに広がるように分布している状態で、機会や才能を示唆しています）などがあります。また他にも占星家のブルーノ＆ルイーズ・フーバー夫妻が紹介した魅力的な配置もあります。

複合アスペクトを解釈する際、いちばんに考慮すべきは天体です。次に、複合アスペクトに含まれる特定のアスペクト（スクエアやトラインなど）が、その天体間の「対話」に光を当てます。たとえばグランド・トラインは、流れるように調和する3つのトライン・アスペクトをもっています。一方、グランド・クロスは互いに対立するスクエア（90度）となる2つのオポジションから形成されるのです。

サインのエレメントやモードが異なる複合アスペクト（例：Tスクエアの2点は1つのモードのなかにありますが、3点目は他のモードに属している場合）も大事ですが、天体が規定通りのサインやエレメント、モード（例：3天体すべてが風のサインにあるグランド・トライン）に入る標準的な配置ほどには、そのメッセージは強調されていません。

チャートの全体像をつかむもっとも簡単な方法は、Tスクエアや他の構成の各パートを分析することです。まずは天体を一つずつ見ていきましょう。次に記すのは、アスペクトのパターンを説明するのに覚えておくと役に立つポイントです。

- 天体、サイン、エレメント、モード、ハウスに共通するつながりを探しましょう。たとえば、不動サインのTスクエアなら、この配置周辺に起こる人生の課題は、より固く、強情で、断固として、身動きできない状態かもしれません。柔軟のTスクエアなら、情報の処理や配信に関心をもち、状況や課題に対して柔軟に対応できる（順応しすぎる）かもしれません。また、1つの天体が、Tスクエアを構成する3天体のうち2つのサインを支配し、アスペクトに対して支配的なテーマをつくり出すかもしれません（例：水星が双子座の木星とオポジションで、両天体とも乙女座の火星とスクエアをもつ場合）。このような「ダブルパンチ」（繰り返し起こるポイント）は、しばしばチャートのオーバートーンのベースとなります。
- 「リリース（解放）」アスペクトを探しましょう。これは天体の配置に無関係なアスペクトのことです（例：グランド・トラインを構成する天体のうち、1つの天体とスクエアやオポジションをもつ天体、もしくはTスクエアの頂点とトラインを形成する天体）。リリース・アスペクトは私たちに建設的な「逃げ道」、精神的な余裕を与えてくれます。私たちが、狭い視野で「定められた」配置に捉えられすぎることなく、その配置のポジティブな側面を探究できるよう激励し、手助けしてくれるのです。

Tスクエア

Tスクエアは、オポジションを形成する2つ（もしくはそれ以上）の天体が、共に正しい位置にある3つ目の天体（頂点）とスクエアになる状態のことです。3つの「足」すべてが、許容範囲のオーブ内（通常8度）におさまっている必要があります。

書籍『The Contemporary Astrologer's Handbook（現代占星術家ハンドブック）』（フレア、2006年）のなかで、スー・トンプキンズはこう書いています。「このエネルギーに満ちた配置は、人生とチャートを支配します。Tスクエアは通常、人生のなかでもっとも差し迫った問題について語ってくれます。これらの問題と取り組むことにより、私たちは自分自身の限界を広げ、世界に対して注目に値する貢献をします。ですから、障害や学ぶべき教訓は多いですが、Tスクエアは私たち個人が成長する大きな可能性を提供してくれるのです」

Tスクエアは、いわば圧力鍋です。底のほうでは、ものすごい圧力が外へ逃げ出そうと溜まっています。私

たちの内面の各部分が、互いに反目し合っているように、Tスクエアは通常、大きなエネルギーやイライラの元で、解決、行動、排出を要求します。人生において私たちは、これらの問題の重要性を認識し、その影響力を恐れるがあまり、ときに麻痺状態に陥るかもしれません。もっとも抜きん出て印象に残る私たちの性格や人生のストーリーの側面は、ここで見つかるのです。しかし、この大きな可能性と変革の天体の配置を理解しなければ（または強調しすぎると）、私たちは「障壁」にぶつかり自滅的になって、フラストレーションを溜めこむことになります。

Tスクエアでもっとも圧倒的な部分（チャートと人物の両方に見られる）は、オポジションの両端とスクエアになる頂点自身です。ここがリリース（解放）ポイントなのです。Tスクエアの頂点（焦点）——関連する天体やそのサイン、ハウスの位置や他のアスペクト——を理解することがカギになります。つまり、頂点を理解することが、オポジションに生来備わる闘争本能をコントロールする解決策になるのです。占星家のなかには、（頂点の反対側に）足がなく、何もない空間が広がっていることに注意を払う人もいます。しかし、私はむしろTスクエアの配置に直接関係するチャートのエリアにフォーカスしたいと思うのです。

この本に掲載した事例のなかには、オポジションの天体とスクエアになっている2つのポイントとなる天体があります。これらはつねにコンジャンクションをもっているわけではありませんが、他のチャートとの相性を考えるとき、またトランジットやディレクション、プログレッションに対して非常に敏感であるという意味で、ポイントとなる天体の度数は非常に重要です（139ページのマーガレット・サッチャーのチャート参照）。

また、私はTスクエアにアングルも取り入れたいと思います。しかし、あくまで代理の足として1つだけで、2つ取り入れることはありません。アングルが頂点に来る場合、オポジションのリリース・ポイントとして作用しますが、天体が頂点に来る場合のエネルギーに比べると、その効果は弱まります。

感情の深みにはまる

最初にご紹介する事例は、映画監督の**ロマン・ポランスキー**のチャートです。ポランスキーのTスクエアは、危機や衝突、困難（活動サイン）を乗り越えて勝ち取ったダイナミックな業績を示唆しています。1ハウスの天秤座の火星と7ハウスの牡羊座の天王星とのオポジションは、強固な独立心、不和、相手と距離を置くことを求める心と、自由や権利、正義を求める戦いとの対立を物語っているのです。さらなる現象化として、突発的な暴力行為や物議を醸す（天王星）、セックス（火星）の2つが挙げられます。

このオポジションは、蟹座・MCの近くで冥王星とコンジャンクションしている月とスクエア。この頂点／ポイントとなる天体は、外界において評価（MC）を勝ち取り、激しくパワフルな感情的インパクトをつくり出すことによる解決を要求しています。また、奥深く埋もれた感情やトラウマ、執着心（蟹座の月−冥王星）を外界で（MC）探し求め、返答（蟹座の月−冥王星）してほしいのです。さらに、このアスペクトは、強力で交渉の余地のない（冥王星）彼の母親や妻に関する経験も示唆しています。スー・トンプキンズは書籍『Aspects in Astrology（占星術のアスペクト）』のなかで、アスペクトは「原始的感情」や「感情

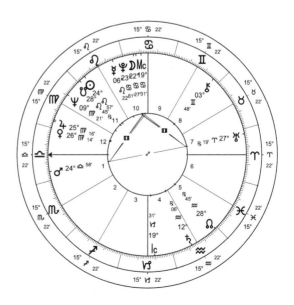

ロマン・ポランスキー
Tスクエア

や人間関係に……深くどっぷりつかる」ことに大いに関係していると述べています。

　映画監督であるロマン・ポランスキーは、映画のプロットと自分の人生の出来事とのあいだに奇妙な相互作用があることを実証しました。そして、占星家の私たちがこの作用をもっとも鮮やかに見てとれるのが、彼のTスクエアなのです。彼の映画はしばしば暗く暴力的でセクシャルな衝突を描いていますが、彼の人生もまた、ホラーや殺人、セックス・スキャンダルに彩られているのです。ホラー映画や鋭い刃、シャープな剃刀（火星）に異様な執着心を抱く彼の最初の数作品は、閉所恐怖症的な舞台セット（天王星と月－冥王星とのスクエア）で撮影され、「アパートメント三部作」と呼ばれています。愛の三角関係を描いた『水の中のナイフ』、殺人に駆り立てられ狂気に走る女を描いた『反撥』、そして『ローズマリーの赤ちゃん』では、女が裏切られ、操られた挙句、悪魔の子を身ごもり出産するのです（蟹座の月－冥王星）。ポランスキーはその後、撮影した『マクベス』でも、月－冥王星のテーマを繰り返します（マクベス夫人は文学史上もっとも古い月－冥王星の体現者の一人に違いありません）。そして『チャイナタウン』では、詐欺や殺人、近親相姦や腐敗が複雑に交錯した市の水道事業に関する事件に、個人の目が潜入します。

　蟹座の月－冥王星と火星と天王星のオポジションのテーマは、共に彼個人の人生にもっともドラマティックにあらわれています。母親がアウシュビッツで灰と化したあと、ロマン・ポランスキーはポーランドに渡り新生活を開始。何年ものち、妻シャロン・テイトが妊娠8カ月のときに、マンソン支持者に残忍な手口で殺されます。支持者の一人が彼女の腹を16回も刺して死に至らしめたのです（テイトのASCは蟹座の21度にあり、木星は18度の近距離にありました。これはポランスキーのTスクエアの頂点と結びついています）。その後の1977年3月10日（トランジット冥王星が彼のASCに近づいたとき）、彼は13歳の少女と性的淫行事件を引き起こし（サマンサ・ゲイリー、のちにゲイマー。1963年3月31日生まれ）、未成年者に対する6つの昏睡レイプ容疑で起訴されたのです。有罪を認めた彼は1978年2月1日（判決が言い渡される前日）にアメリカからヨーロッパに脱出し、2009年9月26日にアメリカ司法当局の要請によりスイスで逮捕されるまで逃亡生活を送りました。のちに彼は釈放され、2010年7月12日にスイス当局によって「自由の身」であることを宣言されたのです。これは蟹座の19度で起こった日食が、彼のMCとぴったりコンジャンクションした1日後のことでした。

発明への要請

　右のチャートを見てどう思いますか？　私はASCを取り巻くように集まる緊密な天体グループ（60度以内に7つの天体が集まり、そのほとんどが魚座）に引きつけられますが、チャートのハンドルも気になります。7ハウスの乙女座の月です。これは、12と1ハウスに位置する天体のエネルギーが注ぎ込まれるじょうごの役割を果たす月が重要であることを示唆しています。魚座に集まる天体と乙女座のハンドルが、乙女座－魚座の献身的なサービスやケアを強調しているのです。とくに、感覚的な月と耳の冴えた水星（そして、それらが共に射手座のMCに対してスクエアを形成していること）との正確なオポジションは、このチャートのなかで極めて重要な役割を担っています。これが次に取り上げるTスクエアです。これは電話の発明により人類の新しい未来を形作った（頂点が射手座のMC）アレクサ

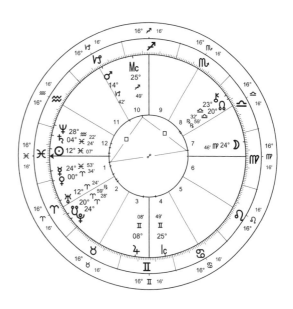

アレクサンダー・グラハム・ベル
Tスクエア

ンダー・グラハム・ベルのチャートになります。人間同士を互いに結びつける彼の実用的な発明とビジョンは、何百万人もの人々に、発言する自由を与えたのです（魚座の水星）。

　ベルは教育者として、X線や人工肺、空気力学の分野で道を開きました。しかし、彼がもっとも情熱を注いだのは、耳の聞こえない人々や子どもたちを学校や社会に平等に受け入れることでした（射手座のMCとそのルーラーの双子座の木星）。彼は手話が、耳の聞こえない人々を社会の除け者にし、孤立させるだけだと感じていました。彼の和声学と音声伝送学の先駆的仕事は、柔軟のTスクエアとそれに関連する天体の真の表現です。そして水星－木星サイン（柔軟）の働きの1つは、人々をリンクし、結びつけ、理解をもたらすことです。ベルの生徒の一人であるヘレン・ケラーは、ベルが「人々を引き離し、疎遠にする非人間的な静寂」に風穴を開けることに人生を捧げた、とのちに語っています。

　知識や教育、そして、人々に手を差しのべることへの興味はすべて、彼の射手座MCが示していて、また、彼の家庭環境もそこに示唆されています（射手座のMCと双子座のIC）。ベルは威圧的な父親に育てられました。話し言葉に強い情熱を抱いていた彼の父親は、「視話法」によって聴覚障害者に話し方を教え、吃音の撲滅教育者として知られていたのです。一方、母親は音楽家で、ほとんど耳が聞こえないにもかかわらずピアノを弾き、自宅でベルに教育をほどこしました。好奇心旺盛で賢く頑固だったベルですが、一方では孤独で、静かな魚座の隠れ家に引きこもることで、専制的な父親から逃れ、安らぎを得ていたのです。

　常々コミュニケーション術とスピーチの構造に魅せられていた若きベルは、生まれながらに問題解決能力に長け、9歳のときに最初の装置を発明しました。1870年の夏（トランジット土星が彼のMCを横切ったとき）、兄が亡くなり、ベルは両親の説得にしぶしぶ応じて、1870年7月21日、両親と共にカナダに渡り新生活を始めたのです。聴覚障害の子どもの家庭教師（彼の生涯を貫く信念）となったベルが、最初に取り組んだのは「ハーモニック・テレグラフ」の開発で、それが1874年7月2日（乙女座24度でトランジット木星が彼の月の上にやって来たとき）に発表された電話の発明に結びつきました。彼が発明した電話は1875年6月2日に初めて使用され、初電信は1876年3月10日に行われましたが、これはベルの土星回帰の前後です。

　電話の発明により有名になったベルですが、彼自身は自分の第一の職業は聴覚障害者の教師だと考えていました。乙女座－魚座は、混沌／乱雑さ（魚座）のなかに秩序／正確さ（乙女座）をつくり出さなければなりません。また、手作業（乙女座）から芸術（魚座）を生み出さなければならないのです。ベルの子どもの教育に対する情熱に内在していたのは、若者は素直でまっすぐな心をもっているから（おそらく乙女座の月から魚座の水星に対する返答）、教育によって彼らがどんなハンディキャップをも乗り越えられるよう手助けできるという信念でした。面白いことに、乙女座－魚座の両極性を反映するように（生産的になるために孤独を必要とする）、ベルは自分の書斎に電話を置くことを拒絶しました。電話を彼の科学の仕事には不必要な邪魔者だとみなしたのです。

　7ハウスの極めて重要なハンドルに乙女座の月をもつベルは、彼を取り巻く周囲の人々の日常的困難（7ハウスの乙女座の月）を解消するという実用的な必要性からインスピレーションを得て、デバイス（魚座の水星）をつくり出したのです。ベルは徐々に病状が悪化した母の聴覚障害について気を揉み、このことが彼の和声学への興味を確固たるものにしました。彼の母親の聴覚障害は、彼が12歳のときに始まりました（この年にソーラーアークの太陽が彼の魚座24度の水星と結合し、月とオポジションを形成。極めて重要なオポジションが、さらに脚光を浴びたのです）。このことは、彼の発明への欲求、そして音に関して人々を教育したいという情熱に一役買ったに違いありません。この7ハウスの配置に関連して、再びあることが起こったのです。ベルはのちに、メイベルという女性と恋に落ち、結婚するに至ったのですが、彼女は5歳のときに猩紅熱にかかり、耳が聞こえなくなりました。メイベルは読唇術と発声を初めて学んだ子どもたちの一人です。彼女の耳に音を届けようとしたベルの献身的努力が、彼の有名な発明のインスピレーションになったといわれています。

ベルの伝記映画製作に際して、ハリウッドのスタジオはベル役にドン・アメチーを起用しました。彼は乙女座 25 度の MC（ベルの月の上にのる）と双子座 10 度の太陽（ベルの木星近く）の下に生まれています。映画『科学者ベル』を観た当時の人々は、「電話」を「アメチー」と呼びました（「アメチー」が呼んでるよ――君に電話だよ、の意味――）。

ベルの T スクエアのさらなる表現として、多くの人が彼の特許デザインに異議申し立てをしたことがあげられます。この裁判はアメリカ史上最長の特許訴訟となりました。ベルは何度も証人として呼ばれ、自身の評判を弁護しなければなりませんでした（射手座は頻繁に他者によって高位に持ち上げられますが、多芸だがつまみ食い好きな双子座に MC ルーラーをもつベルは、倫理面やオリジナリティに問題があったのかもしれません）。

グランド・トライン

　トライン・アスペクトと同じようにグランド・トライン――3 つもしくはそれ以上の天体が 120°ずつ離れてつくる円周――も、良くも悪くもなり得るアスペクトです。一方では、努力せずにたまたま運よく「良いとき、良い場所に」居合わせるチャンスに恵まれるような人生の幸運なエリアを代表します。または人に讃えられ、自然と高みに押し上げてもらえるような天性の能力が、チャンスの扉を次々に開いてくれるのです。ホイットニー・ヒューストンのホロスコープ上のグランド・トラインが、その良い例です（143 ページ参照）。有名なポップスやソウル、ゴスペル女性シンガーたちを親戚にもち（月－木星、太陽－金星、射手座の MC のグランド・トライン）、彼らのなかで成長したことが、彼女の才能を育みました。MC に対するトラインは（または MC が含まれるグランド・トラインは）、しばしば特定の努力に対して受ける幼い頃の称賛を意味します。しかし、私たちにとって本当に意味のある、努力の末に勝ち取る成功は、チャート上の T スクエアや困難を伴うアスペクトによってあらわされるのです。

　その天体の配列や含意によって、グランド・トラインは人生のなかで特定の現状を維持する「閉じたシステム」と呼ばれることもあります。ノエル・ティルはこのパターンを防衛メカニズムととらえ、私たちが逃げ込む自給自足の閉回路、「完璧な自己完結型」だと見ています。風のグランド・トラインをもつ場合、私たちは自分だけが友だちで、自分自身の考えのなかに逃げ込みます。それは人が評価してくれないことに対するディフェンスなのです。一方、水のグランド・トラインは、人間関係からの感情的孤立を促進します。ティルは、地のグランド・トラインを実用的な自給自足――他者の助けを必要とせず、一人で何でも「解決できる」人――のアスペクトだと見ています。そして、火のグランド・トラインは、無視されることへの対抗策という動機に基づいた自給自足なのです（「私が知らないことなんて何もないわ」）。

　先に述べたように、グランド・トラインを形成する天体の 1 つとハードアスペクトをもつ天体は「逃げ道」の役割を果たします――繰り返される停滞パターンから脱却する出口戦略なのです。ヒューストンのチャートに見られるように（太陽－金星に土星がオポジションし、海王星がスクエア）、その「逃げ道」はまた、自然に与えられた才能や運命を妨害したり、奪おうと脅かすような険しい人生の道とも成り得るのです。

グランド・クロス

　グランド・クロスは、2 つのオポジションのセットが互いに直角に並ぶめずらしい構成のことです。重い「十字架」を背負わされた気がするかもしれませんね。各方面からオポジションを受けて終わりなき戦いに挑む、障害だらけのコースかもしれません。T スクエア同様、何かとてつもなく素晴らしいことを起こしてくれる可能性がある一方、曲芸のように難しい壮大な宇宙のチャレンジなのです。この配列を説明する場合も、サインやルーラーシップ、モードなど、共通のリンクを探しましょう。

　グランド・クロスの陰惨な例として、美少女クイーンの**ジョンベネ・ラムジー**のチャートをご紹介します。彼

彼女は1996年のクリスマスに、まだ6歳という若さで自宅で惨殺されました。彼女のチャートを例にあげるのは、グランド・クロスが凄惨な殺人を意味するアスペクトだと伝えるためではなく、各オポジションがどのように彼女の人生に関連しているかを読みとる機会を提供するためです。

まず最初に、IC 獅子座の太陽と MC 水瓶座の月とのオポジションは、ジョンベネが人生のなかで、同輩たち（水瓶座）と競い合う数々のコンテストに出場し（ここには火星も関係しています）、クイーンになることを意味しています（獅子座の太陽）。しかし、彼女の場合、同輩たちといってもバービー人形で遊ぶティアラをかぶったよちよち歩きの子どもたち（獅子座）、早熟なプレティーン（13歳未満の子ども）のグループでした。これら美少女コンテストの出場者たちは、しばしば教育熱心で野心に燃えた両親たち（太

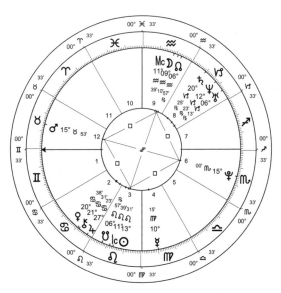

ジョンベネ・ラムジー
グランド・クロス

陽／月－MC／IC）に積極的に宣伝されます（満月）。彼らは自分の子どもたちに、スポットライトを浴びる特別な存在になってほしいと願い、奇妙な美少女コンテストという見せ物が、子どもたちの自尊心や自信（獅子座の太陽と水瓶座の月のオポジション）を養う手助けをすると主張するのです。有名人（満月）だったジョンベネの殺人事件は、美少女コンテスト全体に暗い影を落とし、一連のミニ・プリンセス・コンテストの倫理や実施状況に関する多くの調査が行われました。

彼女のグランド・クロスのもう1つの部分では、牡牛座の火星が、蠍座の冥王星と正確なオポジションを形成し、それが太陽－月のオポジションに対してスクエア関係にあります。まず、若年者向けの美少女コンテストは「児童ポルノ」以外の何ものでもないと批判されていますが、出場者をセクシーで蠱惑的に見せ、性的欲望の対象物に仕立て上げる過程は、牡牛座の火星と蠍座の冥王星を共によくあらわしているでしょう。次に、暴力や威嚇、性的虐待による被害や残虐性のなかに、火星－冥王星の組合せの現象化がいくつか見られます。ジョンベネの頭蓋骨（火星）は鈍器で砕かれ、首には紐が巻かれていました（牡牛座）。

また、彼女の両親が（太陽と月）共に容疑者として疑われ、長年にわたり大衆の監視の目にさらされたことも興味深い一例です。警察によって彼らの容疑がやっと晴れたのは2008年7月で、悲劇的なことに、ジョンベネの母親がガンで亡くなった2年後のことでした。この事件は未解決のままです。

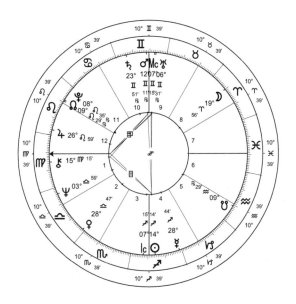

ジョン・ベネット・ラムジー

前ページにあるのは、ジョンベネの父親、**ジョン・ベネット・ラムジー**のチャートです。娘が亡くなるまで、ラムジー家はアメリカン・ドリームを体現していました。裕福で、コンピューター・サービス会社の優秀な社長だったジョンは、コロラド州ボールダー商工会議所の年間最優秀起業家にも選ばれました（双子座 MC の双翼に並ぶ火星と天王星）。このコンジャンクションと彼の太陽に対するオポジションは、娘の殺人事件をきっかけに起こる突然の運命の逆転にあらわれています。この事件は彼の人生と評判を壊滅させたのです。オポジションの焦点は乙女座 ASC にあるカイロンで、犠牲者になることや、それに伴う悲しみを示唆。チャート・ルーラーの射手座の水星は海王星とスクエアで、土星とオポジションを形成しています。警察のミスで調査が難航し、ラムジー家の人々は迫害され、全国メディアによる魔女狩りの犠牲者となったのです。根も葉もない「情報リーク」や嘘、テレビ番組における疑似裁判が何年も続きました。のちにラムジーは、いくつかの団体を名誉棄損で訴えました。

音楽とギャング

右のチャートには、海王星－MC を頂点とする「トールハンマー」（スクエア1つとセスキスクエア2つ）があります。その複合アスペクトには、射手座の太陽と水星、そして、魚座の木星も含まれています――木星、海王星、そのサインたちが繰り返し強調されているのです。

これは、伝説的クルーナー（囁き声の唱法）のスイング・シンガー、**フランク・シナトラ**のチャートです。木星と海王星（そして 2、5、10 ハウス）は、時代を特徴づけるエンターテイナーとしての彼の類まれなる成功や映画での活躍、法外な名声と富、そして彼のいかがわしい評判（組織犯罪にかかわった疑いによる）と一致しています。木星の強いオーバートーンは、大衆によって象徴的地位にまで持ち上げられた彼の成功ストーリーだけでなく、発作的に起こる鬱病や、どんな手を使っても孤独から逃れようと、刺激を求めた彼の欲求をもあらわしているのです。（シナトラと彼の町ラスベガスについては 264 ～ 269 ページをご参照ください）。

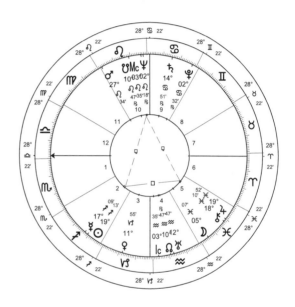

フランク・シナトラ
トールハンマー

7. オーバートーンを見つける

最後に検討すべき課題は、これまで蓄積した情報から一歩距離をおいて、チャートのカギを握る「オーバートーン」――共通のテーマ、つながり、繰り返し――を考察することです。私たちは前章までにいくつかこれらを考察してきました。そして、チャートのポイントが強い場合、それらは少なくとも 3 回は記され／表現されることを学びました。たとえばあるチャートに山羊座 ASC があり、コンジャンクションしている太陽と土星が共に 10 ハウスの月とオポジションを形成しているとします（土星／山羊座／10 ハウスのシグネチャー）。チャートにはいくつかのオーバートーンが見てとれますが、そのなかで 1 つの支配的テーマが浮び上る例がたびたびあります。

これらのオーバートーンは「ダブルパンチ」といってもよいでしょう。たとえば、魚座の月－水星のコンジャンクションが 12 ハウスの海王星とオポジションになっているとしたなら魚座／海王星／ 12 ハウスに留意すること。あるいは、あなたは金星のオーバートーンを見つけたとします。でも、それは金星－牡牛座－ 2 ハウスでしょうか？　それとも金星－天秤座－ 7 ハウスなのでしょうか？　またはもしかすると 2 つの金星のサインが共にオーバートーンの一部なのかもしれません（例：天秤座がライジングし、7 ハウスの牡牛座の金星と太陽がコンジャンクションしている）。

　ビッグ・スリー（太陽、月、ASC）には絶えず特別な注意を払いましょう。牡羊座の ASC と蠍座の月は火星のテーマをつくり出します。しかし、このテーマが、火星の位置と強さ（または牡羊座か蠍座にある他の天体）によって強調されているかどうかを見てください。もしかしたら火星は、自身のサインやハウスのなかにいて、強いアスペクトを受けているかもしれません。または、いくつかのアスペクトを受けているだけで、火星の信条からはほど遠いサインのなかにいるかもしれないのです。

　実は、オーバートーンを見つけるためのシンプルでシステマティックな方法があります。まず太陽を見て、獅子座、そして 5 ハウスに天体（または ASC と MC）があるかどうかを見ます。それから月／蟹座／ 4 ハウスと続け、最後に冥王星を見て終わります。少し大変な作業ですが、何度かやるうちに、一つずつやらなくても素早くテーマを見つけられるようになるでしょう。

　右下のチャートを見ながら試してみましょう。私たちが探すのは「強調」です。この主要なアセスメントの章で検証してきた最初の 6 点すべてを使ってやってみましょう。

- ハウスのなかの天体をグループ化する（少なくとも 2 つ、または 3 〜 4 つのアウター・プラネットを含む個人的天体）、またはサインのなかの天体をグループ化する（少なくとも 2 つ、とくに個人的天体、MC もしくは ASC）。
- 太陽、月、ASC を最優先する。
- 強い位置にある天体（例：アングル上にある）または、強いアスペクトを受ける、または、アスペクトがない。

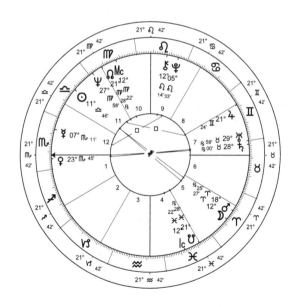

女性クライアント

強い配置／ 強いアスペクト	多数の／ カギとなる天体があるサイン	多数の／ カギとなる天体があるハウス
太陽＊ オポジション：月、火星	獅子座 冥王星	5ハウス＊ 月、火星
月＊ コンジャンクション：火星 オポジション：太陽	蟹座	4ハウス
水星 スクエア：冥王星	双子座 木星 乙女座 海王星、MC	3ハウス 6ハウス
金星＊ コンジャンクション：ASC オポジション：土星、天王星	牡牛座 土星、天王星 天秤座 太陽	2ハウス 7ハウス＊ 木星、土星、天王星
火星＊ コンジャンクション：月 オポジション：太陽	牡羊座＊ 月、火星 蠍座＊ 水星、金星、ASC	1ハウス 金星 8ハウス
木星 スクエア：海王星	射手座 魚座	9ハウス 冥王星 12ハウス 水星
土星＊ コンジャンクション：天王星、DSC オポジション：金星	山羊座 水瓶座	10ハウス 11ハウス 太陽、海王星
天王星＊ コンジャンクション：土星、DSC オポジション：金星	水瓶座	11ハウス 太陽、海王星
海王星 スクエア：木星	魚座	12ハウス 水星
冥王星 スクエア：水星	蠍座＊ 水星、金星、ASC	8ハウス

　強い配置をもつ天体、サイン、ハウスには、＊印を付けました。また下記のコンジャンクション、ハード・アスペクト、アングルに対するアスペクトも考慮したいと思います。

- 太陽と月のオポジション
- 太陽と火星のオポジション
- 月と火星のコンジャンクション
- 水星と冥王星のスクエア
- 金星と土星のオポジション

- 金星と天王星のオポジション
- 金星とASCのコンジャンクション
- 木星と海王星のスクエア
- 土星とDSCのコンジャンクション
- 天王星とDSCのコンジャンクション

表と＊印を見ると、次のことに気づきます。

- 5と7ハウスが過密している。
- 金星が強い配置とアスペクトをもっている。
- DSCでの土星－天王星のコンジャンクションと、オポジションの金星の強調。
- 太陽と月が2つのメジャー・アスペクトをもっているものの、金星や土星、天王星と違い、いずれもアングルの近くではない。
- 火星が強力なアスペクトをもっており、しかもオウンサインである牡羊座のなかにある。
- 牡羊座と蠍座が強調されている。

　天体やサイン、ハウスのつながりを探すと、金星と7ハウス、そして火星とその2つのサイン（牡羊座と蠍座）が強く浮かび上がってくるのに気づきます（しかし、1ハウスと8ハウスは強調されていません）。冥王星が水星とスクエアを形成していますが（冥王星はASCのコールーラーで、水星はMCのルーラーなので、これは重要）、火星（月とコンジャンクション、太陽とオポジション）のようには行動（チャートの主要なエネルギー）には関係していません。これらのことから、私はこのチャートには2つの主要なオーバートーンがあると推察します。

強い配置／ 強いアスペクト	多数の／ カギとなる天体があるサイン	多数の／ カギとなる天体があるハウス
金星 火星	天秤座 牡羊座、蠍座	7ハウス

　基本的にこのホロスコープは、金星と火星のコンビネーションから成り立っています（お金や価値観に関係する）。金星－2ハウスというよりはむしろ、金星－7ハウスのオーバートーン（1対1の対話や交渉に関係する）をもっているのです。そして、このチャートの火星には牡羊座（信念のために戦うエネルギーや動機）と蠍座（心理的な探究）的な性質があります。このチャートは、コミュニティ・センター（11ハウスの天秤座の太陽）を運営し、毎年恒例の花火大会を開催したり、数々の地域キャンペーンを主導している（5ハウスの牡羊座の月－火星）セラピストのものです。

　下記が、さらに考察すべき項目です。

- このあとは、浮かび上がってきた特定のオーバートーンの確認作業を行います。天秤座の太陽が、天秤座－7ハウスの雰囲気をもつ満月（太陽と月のオポジション）と共に、金星と7ハウスのオーバートーンを強め

ています。天秤座にある太陽が、牡羊座の月とオポジションをつくっているというシンプルな事実だけで、金星－火星のテーマが強調されるのです。そして、金星ライジングと、月と火星のコンジャンクションもまた、テーマを強調しています。

- その後、ハウスのルーラーシップのつながり／繰り返しを探してみましょう（例：10 ハウスのルーラーが 10 ハウス内にある）。ここが人生のエリアがつながっている場所です。今ここで、アウター・プラネットを特定ハウスのルーラーに使用するのはためらわれますが、チャートの主要なテーマの雰囲気をつかむには、アウター・プラネットの関連づけが役立つと思いますので、表にリストアップしました。

- オーバートーンがいくつかある場合、アスペクトをもつ天体の組合せに「ちょっと似ている」と思ってみてください（例：太陽－土星）。ホロスコープ上のこれら 2 つの天体に、対話／アスペクトはないかもしれません。しかし、「この 2 つの天体の性質」が、出生図の目的と主要なテーマなのです。これら 2 つの天体が互いにアスペクトを形成するとき、テーマは強まります。

- コンビネーションをあらわす際、通常、中心にもっとも近い天体を最初に書きますが（例：土星－金星ではなく、金星－土星）、これら、そして、あとにあげるオーバートーンのコンビネーション例では、重要な順に記しています。

　天体のオーバートーンを見つけることで、人生のストーリー／人格のカギとなる部分を認識することができます。その後、該当する天体の状態を分析することにより、テーマや人生の課題、そして欲求を特定することができるのです。「はじめに」でも述べたように、これはチャートの複雑な部分を避け、単純化するためのものではありません。チャートが何を意味し、チャートの持ち主がどんな人物なのか（彼らを駆り立てるもの、動力源、人生のカギとなる経験）。それらの核心に迫る手助けをするテクニックなのです。「5 つのチャートのテーマ」では、さらに実例を見ていきましょう。

オーバートーンを見つける ── 追加実例

　右のチャートは、アメリカ・マサチューセッツの家庭で家事手伝いをしながらホームステイしていたイギリス人女子学生、ルイーズ・ウッドワードのホロスコープです。彼女はホームステイ先で世話をしていた子どもを過失致死させたとして有罪判決を受けました。

場違いな世界

　ウッドワードのチャートでは、魚座に個人的天体が 3 つあり、月は乙女座、ASC が射手座にあります。そしてビッグ・スリーのそれぞれは、柔軟サインに入っています。魚座と射手座が強いこのチャートで私たちは、両サインに共通する天体に注意を払うべきですが、実は木星の配置が弱いのです。木星は 7 ハウスの双子座にあり、DSC から遠く離れ、いくつかのオーブが広いアスペクトを形成しています。チャート・ルーラーで、魚座のディスポジターであるにもかかわらず、チャートの主要なポイントと「会話」していないのです（このことは、彼女が重要な天体を利用することができず、他人の言葉や信念〈有罪判決〉、判断〈審判〉に翻弄されている状態をよくあらわしています──7 ハウスの双子座の木

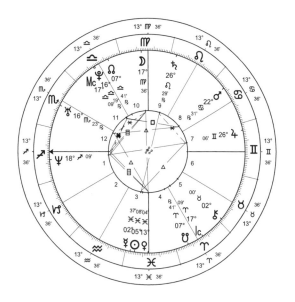

ルイーズ・ウッドワード

星）。彼女の魚座のもう1つのディスポジターである海王星を見ると、はるかに支配的な位置にいるのがわかります。海王星は射手座ASCとコンジャンクションしており、太陽、月、水星、金星を巻き込んだウッドワードの柔軟のTスクエアの頂点に位置しているのです。このチャートは非常に強力な海王星－魚座、そして柔軟のメッセージを携えていることがわかります。

　裁判中、法廷で静かに座っている彼女の姿を見れば、あなたはきっとこう想像したでしょう。これ以上ないほど魚座的に見えるこの19歳の少女は、ひとりぼっちで怯え、混乱し、メディアのドラマに翻弄されて、この災厄がつくり出した混沌の渦のなか（海王星）にのみ込まれているに違いないと。彼女は、9ハウスの土星と射手座の海王星ライジングによってあらわされた、恐ろしい境遇に自分自身を見出します。監獄のなかで、自分が犯した覚えのない罪を晴らし、自由を勝ちとるために外国の司法制度と戦うのです。陪審団により第2級殺人の有罪判決（1997年10月30日午後9時39分：東部標準時、マサチューセッツ州ケンブリッジにて判決が下された。これはトランジット海王星が評決のDSCとコンジャンクションしたとき）が下されたあと、判事はこの判決を過失致死に減刑し、こう言いました：「犯行時の被告は、混乱し、経験も浅く、イライラして、未熟で、怒りを抱えていたものの、法的に第2級殺人の判決を裏づける悪意は抱いていませんでした。……これらの証拠により被告を第2級殺人の罪で有罪にすることは誤審であると、道義的観点から確信します」

　彼女のホロスコープ上のほとんどの活動は、柔軟のTスクエアにつながっていますが、他にも際立ったカギとなるアスペクトがいくつかあります。

- 冥王星が、天秤座MCとコンジャンクション、8ハウスの蟹座の火星とスクエアを形成しています。冥王星－MCは時々、個人の評判に影を投げかける「交渉の余地なき」事件として現象化することがあるでしょう。8ハウスの蟹座の火星とのスクエアは、彼女が「人殺し子守り」とレッテルをはられたことを示唆しているのです。面白いことに彼女の火星は（ウッドワードの5ハウス — 子ども — 、そして12ハウスのルーラー）、彼女がケガをさせて死に至らしめた子ども、有罪判決の被害者マシュー・イーペンのASCとコンジャンクションしています（彼女の火星とマシューのASCは、エルウェルのサディズム軸上にあります。184ページ参照）。原告は、マシューの死因は激しく頭部を揺さぶられた結果だと述べています —— 火星 —— が固い表面を打撃したのです。
- 太陽－水星が9ハウスの土星とオーブの広いオポジションを形成。おそらくこれは厳粛な法制度と外国での投獄にあらわれています。

　ウッドワードは法律の勉強を続けますが、のちに中止し、海王星－魚座的キャリアである、社交ダンスとラテンダンスの教師を目指しました。

魅惑的な愛人

　海王星のダブルパンチが見られるチャートがあります。フォード自動車の元CEOヘンリー・フォード2世の未亡人、旧姓キャサリーン・デュロス、のちの**キャシー・フォード**のチャートです。彼女のチャートでは、月が魚座の金星とコンジャンクションしており、この2つの天体が共に海王星とオポジションを形成しています。他のカギとなる3つのアスペクトが、重要で繰り返されるメッセージとして独自に際立っています。

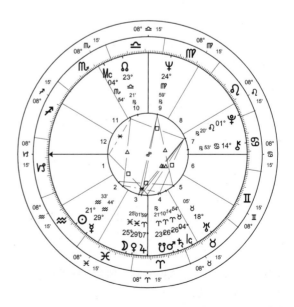

キャシー・フォード

- 水瓶座の太陽が、現代占星術でのディスポジターの天王星（彼女の人生の道程や男性との関係における突然の変化、別れ、破綻）とスクエアを形成しています。
- 7ハウスの冥王星が蠍座のMCとスクエアを形成しています（パワフルで変革的なパートナーたち）。
- MCルーラーの火星が自身のサインである牡羊座のなかにあり、ASCルーラーの土星とコンジャンクションを形成しています（気骨のある働き者で勤勉な、火星タイプの男性）。

これらのアスペクトはチャートのダイナミクスの中核を成し、彼女の人生のストーリーのなかに見ることができます（概要はペニー・ソーントンの著書『Romancing the Stars, aka Suns and Lovers（スターとロマンス〈別名〉太陽と恋人たち）』をご参照ください）。キャシーは14歳のときに最初の夫に出会い、17歳までに2人の子どもを出産しました。その2年後（1959年12月12日）、彼女は夫を自動車事故で亡くします。この事件の後遺症で、キャシーはノイローゼに苦しみます（天王星）が、その後、彼女はモデルの道に進み、リッチな有名人が集うきらびやかな世界（海王星）に足を踏み入れるのです。

30歳になった彼女は、権力ある実業家のヘンリー・フォード2世と知り合い、彼の愛人として「地下で（隠れて）」（冥王星）5年間を過ごします。しかし、1975年2月、ヘンリーとの不倫関係をメディア（海王星）にすっぱ抜かれるのです。誕生時の牡羊座の火星が土星とコンジャンクションしているキャシーの恋人は（加えて恋愛関係において天才と豪華さを求める彼女のニーズ――太陽－天王星と月－金星－海王星）、たんなる自動車工ではなく、キャシーを上流の暮らしへと誘う、自動車王国の帝王でした！　彼らは1980年の10月に結婚。1987年9月にフォードが亡くなったとき、キャシーは鬱病寸前に陥りました。そして、夫を亡くし悲嘆に暮れる彼女を待っていたのは、フォードが最初の妻とのあいだにもうけた子どもたちとの法廷での激しい争いでした。キャシーは、のちにプロの写真家となります。

絶対権力の腐敗……

イタリアの前首相シルヴィオ・ベルルスコーニの出生時刻についてはさまざまな議論がありますが、どの出生時刻で割り出しても、彼のホロスコープ（右チャート）におけるタイトなTスクエアの存在に変わりはありません。シナトラのチャートのように彼のチャートも、木星と海王星、そしてこれら2天体のサインに関連するメッセージが繰り返される配列です。魚座の月（土星とコンジャンクションで、おそらくMCを支配している）が、12ハウスの海王星とオポジションを形成し、2つの天体が共に3ハウスの木星とスクエアになっています。メディアから見たベルルスコーニは腐敗の帝王です。スキャンダルは海王星の人物につきもので、木星の強調（Tスクエアの頂点としての）は、一大スキャンダルや世間からの注目、彼自身の社会的地位（木星）を「利用した」腐敗や汚職（土星－海王星）に対する批判を示唆しています。

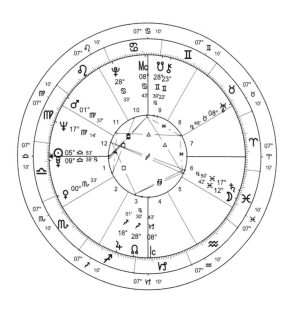

シルヴィオ・ベルルスコーニ

また、彼のチャートには強い天秤座のオーバートーンがあり（とくに天秤座が彼のASCの場合）、ディスポジターの金星が、蠍座1度で冥王星とスクエアを形成するという強力な場所に配置されています。他の多く

の国家リーダーとは異なり、ベルルスコーニはパワフルな実業家で（冥王星）、建設業と放送業界の大物です（資産80億ドル）。自身のテレビ局や出版社を所有する（木星）彼の姿を、イタリアで目にしない日はありません（海王星）。生まれながらのセールスマンで甘い歌声のシンガーでもあった彼は、その虚栄心や巨大なエゴ（天秤座にライジングする太陽）、そして、側近やスタッフに強い個人的忠誠心を求めることでも知られています。

真の天王星的精神

支配的天体のテーマが見られるもう1つの例としては、作家ジャーメイン・グリアのホロスコープがあげられます。彼女が1970年12月に『去勢された女』（月－天王星）を出版したとき、多くの人々にとってグリアは、フェミニズム運動の第二波を体現する存在となりました（出版は、冥王星が乙女座29度にあり、天秤座での仕事を始める10カ月前でした）。

知的で生意気なグリアのチャートは、天王星－水瓶座のテーマが繰り返される魅力的な一例です。太陽とASCが水瓶座にあり、月とコンジャンクションしている天王星とスクエアになっています。端的にいうと、天王星がホロスコープ上の3つの主要な天体とコンタクトしており、これはダブルの水瓶座の重要な要素です。グリアは土星ではなく、確実に天王星的な水瓶座なのです。

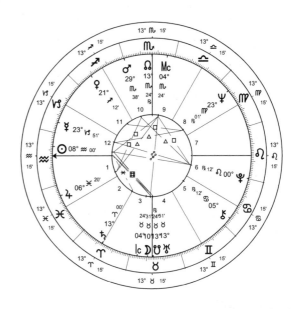

ジャーメイン・グリア

『去勢された女』のなかでグリアは、自分自身のネガティブな身体イメージを拒絶し、家庭的な役割（月－天王星）の制約から自由になることを女性に対して呼びかけています。水瓶座は家父長制（獅子座）を攻撃するサインなのです。グリアは女性に関してこう書いています。「女性は自分の意志や目標を取り戻し、その意志を使うエネルギーを奪還しなければなりません。これを達成するには、極めて無理な提案や要求が必要かもしれません」。グリアの際立った天王星を考えると、『去勢された女』は、時代の常識を打ち破る革命的な書でした。また、冥王星と蠍座がオーバートーンの役割を演じていることも驚くに値しません。火星が蠍座29度にあり、冥王星は火星とトライン、蠍座・MCとスクエア、そして太陽と水星にワイドなオポジションを形成しています（同時に冥王星は太陽と水星のミッドポイントにあります）。

女性たちは何世代にも渡り、自分たちの不満を代弁してくれる人物の登場を待ち望んでいましたが、今振り返ってみると、フェミニストの代弁者（海王星とスクエアである11ハウスの金星）としてのグリアの仕事に幻滅を覚える人もいたのでしょう。彼女はいつしか孤立した革新主義者（天王星）とみなされるようになりました。現在ではトークショーで高い知性と常識を兼ね備えながら、ウィット混じりに喋る姿をよく目にします。

最後の例は、アースデイ（地球の日）の初開催日のチャートです。アースデイは地球の自然環境（牡牛座、地球）に対する意識（満月）を高め、感謝する日として毎年開催されるイベント。初開催日には、2千万人以上の人々がイベントに参加しました。提唱者のゲイロード・ネルソンは、分権的な草の根運動を提案し、大学キャンパスの「ティーチイン（討論会）」に各コミュニティーが集い、それぞれの地域問題を解決するために行動計画を立てることを推進しました。5つの天体が地のサインにあります。「地球にやさしい」牡牛座が支配し、3天体のオポジション（認識）が牡牛座－蠍座の両極性（身体的、精神的能力、再生力と治癒力）を強調し

ているのです。（MC 上の）牡牛座の太陽と（IC 上の）蠍座の木星がオポジションで、蠍座の月が牡牛座の土星と水星とオポジション。他の２つのオポジションも目立っています。双子座の火星が射手座０度の海王星（共通の目標に向かって活発にリンクを結んでいる）とオポジションを形成し、天秤座の天王星が牡羊座のカイロンとオポジションになっています（集合的な傷を癒すための個人の役割に対するグループ全体の意識の覚醒）。1995 年、活動 25 周年を記念して行ったネルソンの演説のなかで、チャートの主要テーマが語られています。

　地球の環境破壊の歴史に、少しずつ、しかし、完全に終止符を打つチャンスが目前に迫っています。私たちの世代には、持続可能な社会を築くという大事業に取りかかる意志と先見の明があると、私は楽観しています。[9]

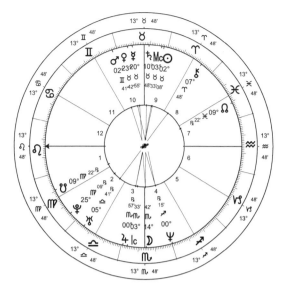

アースデイ
オポジション

PART 4

5つのチャートのテーマ

THE FIVE CHART THEME

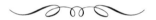

PART 4
5つのチャートのテーマ
THE FIVE CHART THEME

前章では、ホロスコープを見るときに、最初に検証すべきカギとなるエリアについてお話しました。

- 天体の分布
- 4つのアングルの関係
- ビッグ・スリー（太陽－月－ASC）、ビッグ・スリー間のつながりと軌跡
- エレメントとモードのバランス
- メジャー・アスペクト
- 複合アスペクトの構成
- 主要なチャートのテーマとオーバートーン

　私が好きな執筆活動の1つは、イギリス占星術協会出版の「占星術ジャーナル」への寄稿です。このジャーナルは私の牡羊座の同僚ジョン・グリーンが最初に編纂し、現在は双子座のビクター・オリバーが受け継いでいます。ジョンが2008年にこの仕事を始めたとき、定期的にコラムを書いてくれるよう頼まれたのですが、1つのチャートや話題だけを取り上げて大げさに書くのはいやだったので、毎回別の領域を取り上げて、それについての私の考えや分析結果を掲載しようと提案しました。私はこのコラムを「ホロスコープ・スナップショット」と名付けました。

　この章では、有名人の略歴──スナップショット──を使用して、私たちの研究をさらに深めていこうと思います。対象人物の詳細な経歴をこの段階で提供するのは、私の意図するところではありません。むしろ次に掲げる5つのチャートのテーマ（または「シグニチャー」）の好例を少なくとも1つずつ挙げ、人物の略歴の中で1つ（もしくはそれ以上）のテーマがどのようにあらわれるのかをお見せしたいと思います。

ホロスコープ・スナップショット

どんなチャートを研究しても、そのチャートには次の5つのうちの少なくとも1つのテーマが含まれています。

1. 支配的、もしくは欠けているエレメント、またはモード（例：地の天体がなく、柔軟に多くの天体がある）。
    パティ・ハースト

2. サインもしくはハウスの強調。
    ライザ・ミネリとローナ・ラフト
    ミーナ＆アニタ・ブライアント

3a. 天体のオーバートーン（繰り返し、例：10ハウスの月とオポジションになっている土星をもつ山羊座ASC。もしくは天体のテーマ、例：乙女座ASC、太陽－水星が6ハウスでコンジャンクションし、月が双子座にある）……。

3b. もしくは天体のオーバートーンのセット（相反するエネルギーを示す補完的、または対照的なテーマ）。
    エリザベス・テイラー
    テッド・ケネディ
    リンダ・グッドマン
    セーラ・ファーガソン
    ポール・ニューマン
    ジョニー・カーソン
    アン・ペリー（ジュリエット・ヒューム）
    ジャスティン・ビーバー
    ジョン・デロリアン
    エベル・ナイベル

4. チャートのサイン、天体、ハウス（「ポケット」）を結びつけるメジャーな複合アスペクト
    ジム・ジョーンズ
    ブリジッド・バルドー
    マーガレット・サッチャー
    エリザベス2世（女王）

5. チャートの動きの中心となる極めて重要なアスペクト、もしくは特徴
    ホイットニー・ヒューストン
    シャーリー・テンプル・ブラック

支配的、もしくは欠けているエレメントとモード：パティ・ハースト

パティ・ハーストのチャートは、木星－魚座と、（それよりは少ない）水星のオーバートーンによる柔軟性（変わりやすさ）に支配されています。9天体中の7つが柔軟サインに位置しているのです。4つのアングルのルーラー（水星と木星）が柔軟サインにあり、互いに正確なスクエアを形成することにより、共に影響を受け合っています。風と水の強さは、アイデアやイデオロギーに左右されて感情的に反応することを示唆しているでしょう。

新聞王の女相続人（10ハウスの双子座・木星）だった19歳のハーストは、1974年2月4日、「政治犯」の釈放を支援する過激派組織、シンバイオニーズ解放軍（SLA）に誘拐されました。誘拐事件でメディアの注目を集め、世間からの批判や汚名に酔いしれていたSLAは、自分たちを反体制的な反逆者ではなく、ロビン・フッドのような愛国心に燃える革命分子だと考えていたのです。この都会の武装組織は自らの政治イデオロギーを暴走させ、2年間に渡って数々の犯罪行為を繰り広げました。ハーストを選ぶことによって彼らは、教祖的存在を探し求め（魚座／7ハウス）、救済されることを望むチャートの所有者をピックアップしたわけですが、結果的に彼女は誘惑され、コントロールされ、精神的・身体的に利用され、虐待されることになるのです（魚座）。

ハーストは録音テープで自分の両親を公然と非難し、誘拐から2カ月経たないうちにSLAが指揮する銀行強盗事件に加担している姿が公になりました。彼女が単に命令に従っていただけなのか、それとも洗脳の犠牲者なのか、はたまた金持ちのお嬢さんが銃を振りかざす逃亡犯になってしまったのかどうかはわかりません。しかし、彼女の柔軟性（変わりやすさ）は（とくに魚座／7ハウス）、彼女のカメレオンのように変わりやすい性格が、いかに破壊力や改造力に影響されやすいかを示唆しています。逮捕されたとき、ハーストは自分がトラウマと性暴力の犠牲者で、自由意思を失っていたのだと訴えました（魚座の太陽と火星のスクエア）。彼女の裁判は、監禁中に犠牲者がとった行動の責任（柔軟のチャレンジ）は、その犠牲者（魚座）が負うべきか否かという重要な倫理的疑問を私たちに問いかけました。そして、彼女がSLAのメンバーに対する証言を拒否したことで、世間はストックホルム・シンドローム（自分を誘拐した犯人に対する共感／忠誠心 ── 魚座／7ハウス）に注目するようになったのです。

魚座にある留の水星と双子座の木星とのスクエアは、チャートのもっとも緊密で重要なアスペクトで、彼女の人生のなかでさまざまな形であらわれています。ハーストは社会から、空虚で可愛いだけのお金持ちのお嬢さん（初期の双子座と魚座はまさに彼女のような女の子 ── タブロイド紙をセンセーショナルに飾る女の子 ── と関係しています）と見られていましたが、のちにセレブな犠牲者となったのです。彼女の誘拐事件は過大なセンセーションを巻き起こし、行き過ぎたジャーナリズムの最悪のパターン、熱狂的なメディアの狂騒を誘発しました（魚座の水星と双子座の木星のスクエア）。彼女の名前においても、このアスペクトは強調されています。パトリシア（「高貴な」の意味 ── 木星）、そして、武装組織SLAでの名前タニア（殉教した聖人 ── 魚座 ── タチアナにちなんだ名前。聖人タチアナは学生の庇護者でもある ── 水星／双子座）。シンバイオニーズはシンバイオシス ── 共益関係（双子座の木星）や融合／依存する（水星／魚座／7ハウス）ことを意味する言葉です。その上、彼女の弁護を担当した法廷弁護人（水星－木星）ですら、このスクエアを実践しました。裁判中、緊張して酔っぱらっているように見えたこの弁護人は、まさに最終弁論を始めようとしたそのとき、ガラスコップに入った水をズボンにこぼし、まるでおしっこをもらしたかのように見えてしまったのです！

ハーストはのちに自分のボディガード（魚座とDSCの強調）と結婚し、ビル・クリントン大統領によって2001年1月20日に恩赦を受けました（トランジットの木星が双子座1度に達し、彼女のMCを通過して、魚座の太陽とスクエアを結んだとき）。

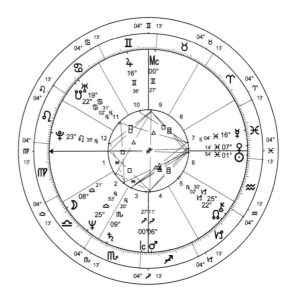

パティ・ハースト

サイン、もしくはハウスの強調：ライザ・ミネリとローナ・ラフト

ライザ・ミネリと**ローナ・ラフト**は伝説的エンターテイナー、ジュディ・ガーランド（95ページ参照）の娘で、共に月－火星のコンジャンクションが3ハウス（とIC）と、9ハウス（とMC）を強調するチャートをもっています。この2つのコンジャンクションは共に、強い土星的味わいをもっています。

ライザは11歳になるころにはすでに、家事全般のすべてを実質的に取り仕切り、母親の世話までしていました。ライザのチャートでは、蟹座の火星－土星－月が蟹座19度のIC（母親の金星の度数と同じで、義妹の天王星の隣の位置）とコンジャンクションになっています。彼女の太陽と月の配置に符合するように、ライザはこう語っています。「私は母からやる気をもらい、父には夢をもらったのよ」

ローナのチャートでは、山羊座の月が、山羊座のMC近くにある水瓶座の火星とコンジャンクションし、この3点すべてのディスポジターが土星（海王星とコンジャンクション）となっています。

二人の娘は共に、ノンストップの仕事中毒で、競争心が強いことで有名な母親（月－火星）のツアーに同行し、何があってもあきらめない、不屈の精神を受け継ぎました。二人ともドラマティックで暴力に満ちた生活のなかで成長し、母親の跡を継いでショービジネスの世界に入り、母親同様（一定期間）麻薬中毒の生活にも浸ったのです。

月－火星－土星とMC–ICのつながりは、親から同じような影響を受けることをあらわしていますが、ローナの場合、認めてもらうために戦い（火星－MC）、伝説的な母親の亡霊から逃れ（土星－海王星とMCのスクエア）、自分より成功している義姉（射手座の水星）とつねに比較されながら生きねばなりませんでした。このようなチャートを見ると、他の本でもっともらしく紹介されているように、成功者が必ず10ハウスに天体をたくさんもっていたり、MCとコンジャンクションしているわけではないことがわかります。動機や熱意、成功は、ICや他のエリアから起こることもあり得るのです。

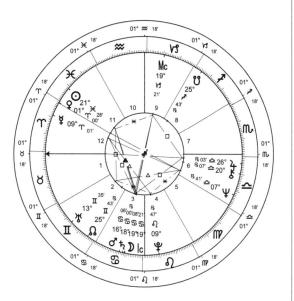

ライザ・ミネリ

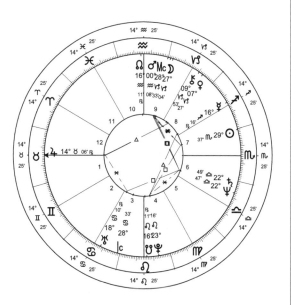

ローナ・ラフト

サイン、もしくはハウスの強調：ミーナ & アニタ・ブライアント

彼女たちのように、同日同時刻に生まれた人々、とくに双子でない他人同士のケースに、私はいつも惹かれます。なぜならこれらは、ホロスコープが示してくれるものが、機会や教育、社会、また他の多くの外的要因によってさまざまな形で結実する（しばしば似通った時期に）可能性を秘めた数々のエネルギー・パターンなのだ、ということを私に思い出させてくれるからです。この「アストロ・ツインズ（占星術上の双子）」は、7時間強の時間差で生まれましたが、生まれたタイムゾーンの違いから、非常に似通ったアングルをもっています。芯が強く官能的な牡牛座や、極めて重要なMC上の金星－天王星のコンジャンクション、そして魚座の水星と海王星のオポジションにおける強調に注目してください。月はサインを変えますが、それでも土星と冥王星とのあいだに強力なTスクエアを形成しています。

右上は、謎めいたイタリア人シンガー、**ミーナ**のチャートです。彼女は、その多岐にわたるキャリア（芸歴60年）やファッション、官能性、ゲイ・ファンからの絶大な支持、そして自らのイメージを次々と塗り替えていくことで有名です。

1963年4月、彼女は未婚で出産し、イタリア国民に衝撃を与えました（金星－天王星）。このスキャンダルによりミーナは、1年間テレビ出演を禁止されました（トランジット海王星とICのコンジャンクション）。1978年8月、彼女はスポットライトの当たる場所から逃れ、以来、スイスの隠れ家からレコーディングしたアルバムを発表するようになったのです。

右下はシンガーの**アニタ・ブライアント**のホロスコープです。元美人コンテストの優勝者だった彼女は、のちに再生派キリスト教徒となり、1977年1月以降、同性愛者の権利をあからさまに批判する同性愛反対活動家となりました（金星－天王星）。子どもたちが同性愛者に勧誘され引きこまれると恐れた彼女は、「Save Our Children（子どもたちを救え）」という団体を結成。ゲイのコミュニティから非難されながらも、ブライアントは断固として主張を変えず（牡牛座）、ボイコットやブラックリストへの掲載、嫌がらせや脅迫メール（火星／天王星）に対抗しました。しかし1997年、彼女はついに自己破産します。子どもができないと告げられた彼女は1963年9月に養子を迎えますが、のちに3人の子どもを出産しました。

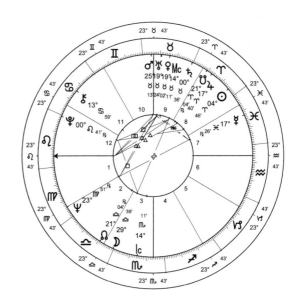

ミーナ

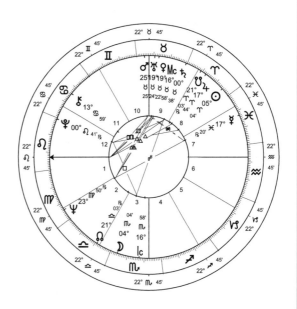

アニタ・ブライアント

テーマのセット：エリザベス・テイラー

　燦然と光り輝く伝説の大女優、**エリザベス・テイラー**のチャートに、海王星－木星のオーバートーンがあっても、なんの不思議もありません。魚座にあるテイラーの3つの天体は、これら天体のディスポジターである海王星とオポジションになっています。彼女の人生はまさにハリウッドスターの人生の典型です。そしてまた、ハリウッドスターの苦悩をも象徴しています（誰もが知る彼女を襲った悲劇、麻薬中毒、病気）。海王星と魚座にあふれたチャートから見えるのは、チャートの持ち主が究極の意味や相互関連性を探し求めて流れに逆らって泳ぐ姿、または非現実の領域や麻薬中毒の世界の排水口にするりと滑り落ちる姿です。しかし、魚座は12星座のサバイバー（生存者）です。木星もまたカギを握っています（彼女のモットーは「多ければ多いほど良い」でした）。チャートルーラーである9ハウスの木星は、魚座の天体を支配し、月とスクエアになっています。

　海王星－木星は、大きな夢とファンタジーを売り込むセールスマンです。しかしまた、過剰さや中毒、魅惑的な生活や暴食癖、豪華さや贅沢というイメージも想起させます。これらの言葉は一般人が抱くエリザベス・テイラーのイメージ、8回の結婚、体重との戦い、薬物乱用、巨大なダイヤモンド、映画『クレオパトラ』の百万ドルの出演料、と符合しているでしょう。彼女のチャートには地が欠けていますが、代わりにある種のアンカーがあります。月が謎めいた、不動の蠍座にあるのです。ただし、この強烈で、情緒的に動揺した月は木星とスクエアになっていて、12ハウスにあり、蠍座のデカンは魚座になります（すなわち、第2旬）。

　なんでも見通せる蠍座の月のまなざしをもち、大人びた美少女だった幼少時のエリザベスは、映画神話に魅せられて育ちました。1939年4月下旬（トランジットの天王星が月とオポジションを形成した直後）にロサンジェルスに向けて旅立った彼女は、1943年初頭、大きなチャンスをつかみます。映画『名犬ラッシー／家路』への出演が決まったのです。1944年12月の『緑園の天使』の封切り時、彼女は主役として発表されました。映画会社MGMのスタジオで成長したエリザベスは、のちにこう語っています。「すべてがおとぎの国の世界だったわ」。彼女のあらゆる「自然な」子ども時代の瞬間はスタジオの広報担当者に撮影され、スクリーンのなかで彼女は、現実には生きることが許されない人生を演じてみせたのです。

　エリザベスは、神経が極度に張りつめ、うつ状態に陥ったり、ひんぱんに病気になったりしました。強情で落ち着きのない彼女の唯一の慰めは乗馬（射手座）でした。馬に乗っているときはスタジオや猛烈に野心的な母親の呪縛から逃れ、何もかも投げ出して自由になれたのです。後年、彼女の現実逃避は海王星的になり、アルコール中毒患者やギャンブラー、シンガー、プレイボーイたちとデートを重ね、結婚することに。1958年3月22日（トランジット冥王星と火星のオポジション）、夫のマイク・トッドが悲劇的な死を迎えたのち、彼女は既婚のエンターテイナー、エディ・フィッシャーと浮名を流します。このスキャンダル以降、彼女が死に至るまで、エリザベスの激動の私生活は、タブロイド紙や一般大衆を魅了し続けることになったのです。1961年9月（トランジット冥王星と太陽－水星のオポジション）、エリザベスはリチャード・バートンと出会います。一般大衆は彼らの強烈な相性と、くっついたり離れたりを繰り返す有害な「バートン家の闘い」のとりこになりました（牡羊座の金星－天王星は衝突や争いを楽しむようです）。二人は1964年3月、トランジット天王星が乙女座7度のときに結婚しました。

　海王星－木星は、テイラーの大義を一般に広めるための博愛的「救済」事業や、彼女の不可解な「相性の悪い相手」に惹きつけられる性質、そして、彼女が選ぶ香水にまで見てとることができます。また、彼女の他人の苦悩に対する大きな理解と優しさのなかに、そして、大衆が抱く彼女のイメージ（自分自身の苦悩やそれに打ち勝つ闘いを芸術に昇華させる女優）のなかに、海王星－木星が見てとれるのです。

エリザベス・テイラー

テーマのセット：テッド・ケネディ

　エリザベス・テイラーが誕生する 5 日前に生まれた**エドワード・ケネディ**ですが、彼のチャートは彼女ほど柔軟ではなく、そこにはいくつかの注目すべき違いが見られます。乙女座に月があり、ASC-MC ペアは、より困難で「もっと重い」政治的な組み合わせの山羊座－蠍座にあります。水星と火星は社会的に覚醒した水瓶座のなかにあり、天王星と土星の双方に結びつけているのです。土星は 1 ハウスの山羊座にあり、彼のチャート・ルーラーでもあります。彼のチャートには主要な海王星－魚座のオーバートーンがありますが（魚座の太陽が月と海王星とオポジションになっている満月のチャート）、土星の影響によりチャートはもっと地に足がつき、体制や現実、「エスタブリッシュメント（支配者集団）」に属するすべてのものにつながっているのです（ケネディは敬虔なカソリック信者でもありました）。

　ケネディは、彼の兄ジョン・F・ケネディが暗殺される 1 年前の 1962 年 11 月に上院議員に選出されました。二番目の兄・ロバートが暗殺されると、テッドが彼らの跡を継いでホワイト・ハウスに入ると期待されたのです。しかし 1969 年 7 月 19 日、人類を月に送るという JFK の夢が実現する 3 日前、テッドは物議をかもす事件に関わってしまいます（彼が運転する車の同乗者が死亡したのです）。この事件により彼が将来、大統領になるという野心は、露と消えたと言われています。

　このチャパキディック事件（16 ページ参照）を見ると、強力な海王星－魚座のテーマに遭遇します。その夜、ケネディは不注意により自分が運転する車ごと橋の上から転落。彼はなんとか自力で助かりましたが、同乗者のマリー・ジョー・コペクニは窒息死しました。ケネディは脱出して現場から逃げ、当局に対してすぐに事故の報告をしませんでした。1 週間後、同乗者にケガをさせ事故現場から逃亡した罪で、彼は執行猶予付き 2 カ月の刑を受けました。飛び交う噂にもかかわらず、彼は飲酒運転や死亡者との恋愛関係を否定。事件当時、トランジット土星は彼の IC 近くにあり、トランジット海王星は火星とスクエアを形成し、トランジット水星は 7 ハウスにある彼の冥王星とコンジャンクションしていました。ソーラーアークにより、冥王星はネイタルの火星とオポジションとなり、金星は 5 ハウスのカイロンとコンジャンクション。そして、土星は月－海王星とオポジションになっていました。

　ケネディと彼の妻は、ともに慢性アルコール中毒患者でした（月－海王星）。テッドはジョセフ・ケネディが築いた政治王朝で最後に残った（魚座）息子であり、野心的な父親の金と権力に対する揺るぎなき追及に対して、唯一究極の対価の支払いを免れた息子だったのです。そして、彼は「贖罪を探し求める」（海王星）なかで、自分の個人的運命を公的に達成することができました。

　晩年、より土星方向に近づいたケネディは、尊敬され、両党と効果的に協力できる上院議員としてのキャリアを送りました（雑誌『タイム』曰く「並外れた変節ディーラー」）。上院議員として、世界的医療の実現運動（乙女座の月－海王星）に生涯を捧げた彼は、この運動を「私の人生の信念だ」と呼びました。彼の死後出版された自叙伝『True Compass（真実のコンパス）』のテーマは、『ニューヨーク・タイムズ』のレビュー（2009 年 9 月 3 日号）に集約されていますが、そのレビューには海王星と土星のテーマが次のように描写されています。「大義の追究や、己の失敗に対する償いの探究に、粘り強く、不屈の努力で、忍耐強くあたれば、大義を達成でき、さらには贖罪の可能性も見えてくるだろう」

テッド・ケネディ

相反するテーマ：リンダ・グッドマン

　牡羊座の太陽－金星が、ASC － DSC をはさんで天秤座の（満）月とオポジションになっている**リンダ・グッドマン**のチャートは、牡羊座－天秤座の両極性に支配されています。向かい合ったサインは、1枚のコインの裏表のようなものです。共通点が多くあり、互いに学び合うこともたくさんあります。牡羊座－天秤座は、衝突 VS. 協力、自己第一主義 VS. 他者第一主義、宣戦布告 VS. 愛の交わり、不作法 VS. 機転の対称軸なのです。両極性は、欠けているもう半分の自分を他者が補ってくれ、完全な人間にしてくれるという期待を抱くのをやめても、他者と人間関係をもっているときにだけ、完全な自分を発見できることに気づく、ということに両極性がかかわっているのです。

　著書『相性大全』のなかでグッドマンは、すべての人間は「現世における自分の太陽サインに対して、つねにポジティブな正直さを保つという霊的使命があり、また他者の同様の権利を尊重しなければならない」と書いています。この言葉は、牡羊座－天秤座の綱渡りのような曲芸の主要なテーマを要約しています。

　「占星術の女神」であるグッドマンは、太陽サイン（「自己」中心）がもつ潜在能力と人間関係占星術を、何百万人もの人々に知らしめ、認識させました（満月）。彼女の初著作『Linda Coodman's Sun Signs（リンダ・グッドマンの太陽星座占い）』はベストセラーとなり、12星座占いのなかでもっとも影響力のある書籍です。彼女は太陽星座占いを、大衆向けに新考案したのです（彼女の顕著な功績と成功は、逆行してアスペクトのない水星が、チャートの持ち主の足を必ずしも引っ張らないことを実証しています）。彼女には、まるで友人に語りかけるようなパーソナルなライティングスタイルで書く才能があり、読者は魔法にかかったように、彼女が自分を理解し、受け入れ、心の奥深くにひそむ自己や自分の夢、欲望を励ましてくれると感じたのです。これは、海王星とトラインになっている太陽と ASC の、ダブルの牡羊座がもたらす奇跡で、時間の幻惑的性質や不死、奇跡を信じる彼女にふさわしい現象といえるでしょう。

　牡羊座－天秤座は、彼女の初ラジオ番組『Love Letter from Linda（リンダからのラブレター）』の内容にも見てとれます。彼女は番組のなかで、兵士と彼の愛する人々とのあいだに交わされた手紙のやりとりを読み上げたのです。ファンは彼女の 1,000 ページに及ぶ恋愛詩『Gooberz』をこよなく愛しました。彼女は詩のなかの一部で、自分を捨てた海洋生物学者（海王星）の恋人ロバート・ブリューワーに、戻って来てと嘆願するのです。彼女は捨てられたあとも、ロバートを愛し続けました（金星と冥王星のスクエアに注目）。

　海王星のアスペクトと5ハウスのカスプ上の配置は、彼女の人生の神話 —— 彼女の誕生日に関する不明瞭な発言に始まり、1973年12月に起きた彼女の娘サリーのいわゆる薬物過剰摂取に関する不透明な報告にいたるまで —— のなかで強く特徴づけられています。リンダは何年にも渡り私財をつぎ込んでサリーの死因隠ぺいの証拠を探し続け、息を引き取る間際までずっとサリーの生還を待ち続けました。娘と恋人を同じ年に失うという悲劇に見舞われた彼女ですが、リンダの信念は「悲しみを喜びに」変える、というものでした。

　オポジションを形成する牡羊座－天秤座とスクエアになっていたのは、山羊座にエレベートする木星でした（多くの観衆を相手にする太陽星座占いの占星家のチャートには、共通して木星－ MC がよく見られます）。これは、太陽－海王星のタイトなトラインと同様に、次の彼女の言葉に要約されています。「人間がこの地球上で学べる2つの重要なことは、弱い望みと固い信念の違いを見分けること。どれだけ強く信じるかにもよりますが、固い信念は山をも動かせるのです。そしてもう1つは……愛する方法です。私は奇跡を期待しています。なぜならそれが奇跡を起こす、本当に確実な唯一の方法だからです」

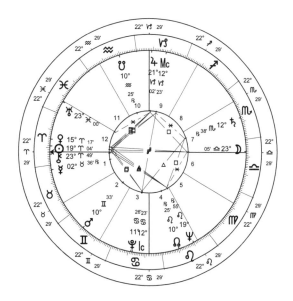

リンダ・グッドマン

相反するテーマ：セーラ・ファーガソン

　かつて英国王室の一員だった**セーラ・ファーガソン**のチャートは、冥王星－蠍座と火星－牡羊座のオーバートーンに支配されています。蠍座ライジングで、冥王星がカルミネートし、火星が太陽とコンジャンクションし、月（チャートのハンドル）が気まぐれな牡羊座にあります。金星的テーマも見られますが、これも冥王星と火星に支配されています。天秤座に2天体がありますが、1つは火星で、金星はMC上でエレベートしているものの、冥王星ともコンジャンクションしています（彼女のモットーは「困難のあとには幸せが待っている」です）。ドラマとスキャンダルをさらに盛り上げるのが、イコールの12ハウスに4天体があるという、海王星－12ハウスのフォーカス。これには水星（MCルーラー）と海王星のコンジャンクションも含まれます。

　ヨーク公爵アンドルー王子との婚約で、彼女の人生はカーニバルのようなお祭り騒ぎとなりました。大衆は当初、陽気でひょうきんな彼女に惹かれましたが、やがて活力みなぎる彼女の強情な態度は下品で、ロイヤル・ファミリーの一員としてふさわしくないと見なすようになっていったのです。失礼にも彼女に「ポーク（豚）公爵夫人」とあだ名をつけたメディアは厳戒態勢に入り、彼女の失言やひどいファッションをすぐさま記事にできるよう待ち構えました（金星－冥王星のコンジャンクションと1ハウスの射手座・木星がスクエア）。

　1992年8月1日、タブロイド紙がついに世紀のロイヤル・スクープをすっぱ抜きます。デイリー・ミラー紙が、バケーション中の彼女の写真を掲載 ── 公爵の妻でありながら、アメリカ人のボーイ・フレンドに足を舐められている写真です。ソーラーアークでは海王星（安っぽいタブロイド紙のネタ）が、MC上にある彼女の最重要な天体である金星とスクエアになっていました。このスクープは彼女の地位を根幹から揺さぶることになったのです。そして彼女は、一夜にしてロイヤル・ファミリーのペルソナ・ノン・グラータ（好ましからざる人物）（訳注10）へと転落しました（パレスの上級職員による「短剣が一斉にファーギー〈セーラの愛称〉に向けられた」というコメントが、当時のムードを物語っています）。月が（浮かれ騒ぐ5ハウスの気まぐれな牡羊座というネイタルの位置から）蠍座の水星（ネイタル海王星とコンジャンクション）とオポジションになる方角へと向かったのです。

　タブロイド紙を飾る義姉ダイアナ妃のとっぴな行動が衆目を集め、夫を公の恥辱にさらす計算ずくの行いだったとすれば、サラの行動は慎重さに欠けるはなはだしい判断ミス（木星）だったといえるでしょう。どんなわがままも意のままに叶えられるお姫さまの身分が、彼女を強欲（1ハウス射手座の木星）にしたのでしょうか？　ピラミッドのふもとで霊能者からアドバイスを受けたり、占星術師に相談した内容を後日売られたり、大失敗したチャリティー・イベント「ロイヤル・ノックアウト」に恥ずかしい格好で出演したり、2010年4月（ソーラーアーク水星が射手座の出口直前に到達した時期）に元夫の情報を「お金を出せば」提供すると覆面ジャーナリストにもちかけたりと、サラの判断と行動は、長年に渡り、彼女自身の評判に悪影響を与えたのでした。

　エレベートした金星－冥王星は、彼女の結婚や社会的ステータスの公的破滅をあらわしています。彼女は、自分の失墜したイメージを再構築して人生に秩序を取り戻そうとエネルギーを注ぎ込み、莫大な借金を返済するために勇気を振りしぼって努力しただけに（木星と金星－冥王星のスクエア）、なおさら彼女の転落と判断ミスは（彼女は「レンタル・ロイヤル（お金で気軽にレンタルできる〈ロイヤルファミリーの一員〉」と呼ばれました）、はたから見て痛々しいものでした。

　英国の人々は、王室の人々やリーダーたちに、土星の体現者であってほしいと願っているようです。しかし、火星、冥王星、金星が支配的なサラのチャートでは、2ハウスにある土星は二次的な役割を担っているだけでなく、彼女が犯すすべての過ちに対して大きな代償を支払わねばならないことを示しています。

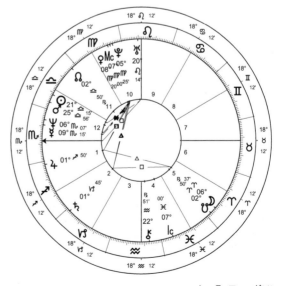

セーラ・ファーガソン

訳注10：国外退去処分時の外国用語。

テーマのペア：ポール・ニューマン

　このホロスコープでは、何が目立ちますか？　私は、山羊座の3天体がASCにまたがるように分布していることに惹きつけられます。山羊座の影響を強調しているのが、蠍座のMC上に位置する山羊座のルーラー、土星です。そして、山羊座のディスポジター（土星）は蠍座にあり、山羊座にあるすべての天体はDSC上のパワフルな冥王星とオポジションになっています。この2つの要素から、土星ー冥王星のオーバートーンが生まれるのです。土星と冥王星、そして、この2天体のサインのキーワードは尊敬、プライバシー、コントロールで、このオーバートーンの持ち主は、政治や行動主義に惹かれたり、生来の市民の義務を果たす道を見つけることが多くあります。

　水瓶座の人を見る場合、その人物が土星的か天王星的かを見極めると役立ちます。**ポール・ニューマン**のホロスコープでは、天王星には目立った特徴がありませんが、土星はアングルとコンジャンクションで、土星のサインである蠍座とともに、彼のチャートと経歴を支配しています。ニューマンは、飾り気のない人となりで知られていました。真面目な働き者、丁重な物腰とニヒルな微笑、そして彼は、悪ふざけも大好きでした（山羊座の暇つぶし）。しばしば超一流と形容されたニューマンは、独立心が強く、威厳と良識漂うプロフェッショナルな俳優だったのです。山羊座が強いチャートの人物によく見られることですが、彼も30歳以降に真価を認められ、その後も豊かに年を重ねました。演技の方法（土星）を学んだニューマンは、必要最低限の控え目な演技スタイルを踏襲し、長いキャリアを通じてずっと、ルックスではなく中身で評価されたいと考えていたのです。

　山羊座は幼少期に権威と戦いますが、後年、何事も思いどおりにできる影響力ある役割を自分自身が担います。一方、水瓶座は幼少期の権威との対立経験は少ないものの、人を喜ばせようと努力する状態から、人との違いを快適に思える状態へと移行しなければなりません。2つのサインには、共に保守的で従順な側面がありますが、山羊座が成功するためには、階級制度のなかで努力し、階段を一歩ずつ上っていく必要があります。山羊座が反抗するとすれば、それは倫理や道徳問題に関してでしょう。水瓶座のジェームス・ディーンの反抗は「理由なき反抗」でしたが、水瓶座・土星のニューマンは、クールでシニカルな、新しいタイプのアンチ・ヒーローだったのです。しかし、ニューマンは、自分はアンチ・エスタブリッシュメント（反支配階級）ではない、と述べています。「おれはまっすぐな正直者なんだ。バカと嘘つきが嫌いなだけさ」。スクリーン上で彼が演じた役柄は、彼自身の感受性をよく反映しています。すなわち道徳上の信念からアウトローになり、体制に逆らって生きてゆく一匹狼です。

　ニューマンは特権的中流家庭に生まれました。父親はニューマン・スターン（訳注11）（土星－MC）というスポーツ用品店の共同オーナー経営者でした。父親が健康を害してからは、息子のポールが演劇への野心を一時中断して家族ビジネスを切り盛りしましたが、後年、彼は、徐々に演技での評価を積み上げ、演技力を高めていったのです。やがて、彼の土星回帰に続いて、彼に成功が訪れました。この成功は、彼が今後、魅力的な人生をエンジョイできることを意味していたのです（彼がボクサー役で出演し、スターとなった映画『傷だらけの栄光』の原題は、木星－ASCにふさわしい『Somebody Up There Likes Me』（天国の神さまが私を愛している）です。

　裕福になったニューマンは、博愛主義的興味を追求するようになり、フードビジネスを始めました（1982年9月の開業 ── トランジット木星が彼のMCを交差したとき ── 以来、ニューマンはチャリティーに3億ドルを寄付しました）。彼の名前とイメージは、クオリティと誠実さの同義語です（木星にとっては課題だが土星には自然な長所）[10]。

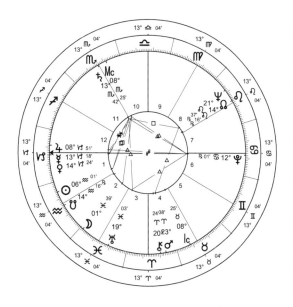

ポール・ニューマン

訳注11：スターンは、厳格なという意味。

テーマのペア：ジョニー・カーソン

　ポール・ニューマン同様、アメリカテレビ界のレジェンド、**ジョニー・カーソン**のチャートにも、強力な土星－冥王星（とそのサイン）のオーバートーンがあります。土星が1ハウスの水星とコンジャンクションで、ASCともワイドなコンジャンクションを形成。一方、山羊座に位置する月は強力なTスクエアを形成しています。冥王星は月と共にTスクエアを形成し、ASC、水星、土星は蠍座に位置しています。ニューマンのようにカーソンも、土星と冥王星が密接につながっているのです（そして、実際二人とも、悲劇的な息子の死に打ちのめされ苦しみました）。カーソンの場合、土星は蠍座にあり、蠍座ルーラーである冥王星（月がディスポジター）と火星は、山羊座にある月とTスクエアを形成しています。

　私たちはカーソンのなかに、土星の控え目さ、コントロール、権威、慎重さ、そして威厳を見出しますが、冥王星がここに加わると、彼の人格のこういった側面が度を越して偏執狂的にあらわれることがあります。冥王星はまた、大衆を揺さぶり同時代の人々に影響を与えたいという欲望や可能性をつけ加えるのです（多くの著名人、とくにコメディアンは、自分たちの成功はカーソンのおかげだと感謝の意を述べています）。

　土星タイプの人は、頼りになる堅固な「支柱」。テレビのトークショー司会者としてのカーソンの絶大なる人気は、テレビ局全体の成功を支えた屋台骨でした。土星と冥王星（蠍座とともに）は、移りゆくファッションやテレビのトレンドにかかわらずつねに主導権を握り、「権力を維持」し、持続することを物語っています。1962年10月1日から1992年5月22日まで続いたカーソンの『Tonight Show（トゥナイト・ショー）』は、ほぼ30年間の長きに渡り（土星回帰）、文化の中心的存在であり続けたのです。

　カーソンは視聴者が学びたいのではなく、楽しむために番組を観ていることを理解していました。どんな出演ゲストでも安心させる「普通の」男だったカーソンは、無表情で簡潔な皮肉を言うもっともストレートなコメディアンの一人だったのです（蠍座に水星－土星をもつカーソンは「下品な言葉ひとつで足りるときに難しい言葉を使うな」と言いました）。

　かつてカーソンは「おれは拍手や……（テレビの）観客操作……パワーを握ってるのはおれだ、という感覚や、注目の的になるのが大好きなのさ」と語りました。ASCに太陽、獅子座にMCをもつ「深夜の帝王」カーソンと彼の一人語り（獅子座）は、何年ものあいだテレビ界で燦然と光り輝き続けたのです。しかし、ひとたびカメラがオフになると、よそよそしく無愛想で恥ずかしがり屋の彼は、人と世間話などできませんでした（土星と冥王星の影響があらわれています）。彼は自分の私生活は神聖だと考え、公私をはっきり分けたいという狂おしいほどの願望を抱いていました。

　天秤座に太陽と火星をもつ彼には、観客が熱愛する魔法のような話術を創造するのに「他者」（ゲストや共演者）と交わる必要があったはずですが、彼は「つねに周囲に壁をつくり」、その壁が他者と親密さを構築する妨げとなっていました。彼自身も人から見た自分のイメージがよくわかっていたようです。「おれを形容するのにぴったりの言葉はいつも『お高くとまってる』か『プライベート』かさ」

　土星、冥王星、そして、それらのサインから予想されるのは、忠誠心が主要なテーマだということです。エド・マクマホンは34年間カーソンと共に働きました（マクマホンの月は蠍座6度）。カーソンにはお気に入りの仕事仲間がいましたが（お気に入りの一人ベット・ミドラーの月は蠍座の9度、太陽は射手座9度にあります）、彼のショーでゲスト司会者として共演し大ブレイクしたジョーン・リバーズが、新しい深夜トークショーを始めることになったとき、カーソンはそれを裏切りだと考え、彼女とは二度と口をききませんでした。

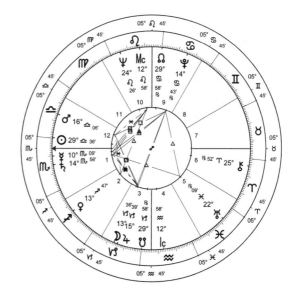

ジョニー・カーソン

テーマのペア：アン・ペリー

　作家**アン・ペリー**のホロスコープは、土星と冥王星が支配しています。冥王星がASCとコンジャンクションで、蠍座の太陽とスクエア。MC上にある土星は、山羊座の月とスクエアになっています。これらの事実から、このチャートにはほぼ間違いなく土星と冥王星のオーバートーンがあるといえます。この２つの天体には共に邪悪な側面と、暗くて重々しい評判があります。おそらくそれが理由で、私はみなさんに土星－冥王星のテーマをあらわす例として、まっ先にポール・ニューマンとジョニー・カーソンのチャートを紹介したのかもしれません。これからご紹介するこの悪名高き女性の物語を始める前に！

　アン・ペリーは、物理学者（土星－MC）の娘、ジュリエット・ヒュームとして人生を始めました。ジュリエットは幼いころ結核にかかり、8歳のときから病気療養のため暖かい土地へたびたび送られました。13歳のとき、彼女はニュージーランドに移住した家族と再会し、再び一緒に暮らし始めるのです。1942年5月（トランジット木星が太陽とオポジション）、友人たちから公爵夫人と呼ばれていたジュリエットは（獅子座のASC）、クラスメートの一人、ポーリーン・パーカー（1938年5月26日生まれ）と、狂熱的で親密な関係を結びます。離れがたく深く結びついた10代の二人は、将来ハリウッドで売り出そうと、ファンタジー小説を共作したのです。ジュリエットの両親が離婚するため、1954年7月3日に彼女を南アフリカへ送ろうとしたとき（ひとつには、親密すぎる二人の娘を引き離すために）、ポーリーンの母親は、自分の娘がジュリエットを追いかけて引っ越すことに反対しました。これを受けて二人は共謀してポーリーンの母親を始末しようとしたのです。残虐な攻撃 ── 頭部を45回強打 ── は、6月22日に起こりました（ジュリエットの月－カイロン－火星のTスクエアに注目）。

　彼女たちは裁判にかけられ、1954年8月29日（トランジット土星がジュリエットの太陽と重なったときに有罪判決を受けました。少女たちは5年間の刑期を務めたのち、今後一切連絡を取らないという条件の元に釈放。ジュリエットは1959年に改名し、過去を抹殺して人生を立て直し、何十年ものあいだ世間に気づかれずに過ごしました。やがて彼女は、犯罪小説家アン・ペリーとしてファンから支持されるようになったのです。彼女の処女作『The Cater Street Hangman（ケイター・ストリートの死刑執行人）』（1979年）は、チャタヌーガ・タイムズに「ヴィクトリア時代の慣習や階級制度を描いた……独創的ミステリーだ」と評されました（土星－MC）。ペリーが探偵小説を書いたのは、「仮面をもぎ取られ、重圧の下で恐怖にさらされた人間が一体何をするのか（冥王星）」見てみたいという興味からでした。

　1994年7月29日、彼女は自分の秘密が暴かれ、少女時代のポーリーンとの関係と殺人事件を描いた映画『乙女の祈り』が製作されることになったというショッキングなニュースに衝撃を受けます（その日、トランジット太陽と木星がスクエアになっていました。彼女のネイタル太陽と4ハウスのカスプ上にあるトランジット木星は、彼女のネイタルASC上にあるトランジット太陽とスクエアを形成していました）。

　ペリーのチャートをご紹介したのは、土星と冥王星が身の毛もよだつペアになり得ると「証明」するためではありません。この例は、殺人犯という重い烙印を背負った人物（土星－MC）が、いかにして変容を遂げ、新しいアイデンティティで（冥王星－ASC）再登場したかを、このつながりによって示せることを実証しているのです。彼女の人生のストーリーはサバイバルと自己再改造の物語。少女時代の軽はずみでおぞましい暴力事件が、自分の一連の仕事に影を落とさないように、断固として過去と決別した物語なのです。彼女はその大事業にほぼ成功しました。

アン・ペリー

テーマのペア：ジャスティン・ビーバー

アウター・プラネット・ピープル（OPPs）とは、インナー・プラネットがアウター・プラネットから主要なハード・アスペクト（またはタイトなトライン）を受けているチャートの持ち主のことです。これらの人々は、しばしば時代精神（ツァイトガイスト）と協調したり、あるいは強い影響を受けたり、または仕事やライフスタイルを通じて時代精神を大衆に広くチャネリングしたりします。彼らはこのようにして自分自身のトレードマークをつくり出します。それは大衆に影響を与えたいという内部衝動の外的表現なのです。

ジャスティン・ビーバーは、私や私より上の世代の人々にとっては、変なヘアスタイルをした単なる少年ですが、何百万人ものティーンエイジャーにとっては、過去10年のポップミュージック界でもっとも素晴らしいシンガーです。彼は2016年、ビデオ視聴回数100億ビューを突破した初めてのアーティストとなりました。そんな彼のホロスコープが冥王星と海王星ペアのオーバートーンをもっていても、まったく驚くにあたりません。ビーバーのチャートでは、蠍座の冥王星ライジングが、水星－火星とスクエアになっています。また、3天体が魚座にあり、海王星は彼の月とスクエア。彼のホロスコープでは、水－風の影響力が強く出ていることがわかります。

自分のビジネスをコントロールしている成功者や同世代の人々に影響を与える人物のチャートは往々にして冥王星が支配的です（とくに、月や水星に対するコンジャンクションやハードアスペクトをもっている）。加えて、公的に成功をおさめている人々は、ASCとMCが絡んでいたり（例：MCルーラーがASCやそのルーラーとコンジャンクションになっている）、繰り返し起こるメッセージがあったりします（例：MCルーラーがMCに対してメジャー・アスペクトを形成している）。ビーバーの蠍座のASCは、ルーラーの冥王星とタイトなコンジャンクションを形成しており、また、それらは水星（MCルーラー）とスクエアASCになっていますが、その水星は3ハウスの水瓶座の火星（ASCルーラー）とコンジャンクションしています。

強力な冥王星と3ハウスに水星－火星をもつビーバーのような人物には、ケンカを売らないほうがいいでしょう。ハッカーが「彼の私生活にちょっかいを出し」プライバシーを侵害したとき、ビーバーはツイッター上でこの少年ハッカーの携帯電話番号を（ビーバー自身の番号だと偽り）450万人のフォロワーに公開し、この少年は26,000通のテキスト・メッセージを受けとる羽目に陥りました。

ビーバーは真のインターネットの申し子です。彼は2007年後半（トランジット天王星が彼のMCとオポジションになったとき）に音楽マネージャーのスクーター・ブラウン（R&Bシンガー、アッシャーのマネージャー）によって発掘されました。スクーターは、ビーバーの母親が2007年1月（トランジット天王星が太陽とコンジャンクションを形成したあと）からYouTubeにポストし始めた14歳のビーバーの自主製作ビデオをたまたま目にしたのです。ビーバーは2008年10月（トランジット土星とMCのコンジャンクション ── 土星は時間がかかるって誰が言った?! ── そしてトランジット天王星と金星のコンジャンクション）にアイランド・レコードと契約。ブラウン（1981年6月18日生まれ）はデビュー以来のビーバーのマネージャーです。

強力な海王星のオーバートーンは、パフォーマーが世代やジャンルを超えてメッセージを売り（しばしば口コミで）、市場を席巻するのに役立つのです。海王星的な著名人は、永遠にゴシップのネタにされます。左利きのビーバーのチャート底部には、魚座に3つの天体があり、月が海王星とスクエア。彼の初シングルがリリースされた2009年7月とアルバムが発売された2009年秋（トランジット海王星がMCルーラーの水星と最後のコンジャンクションを形成したとき）に「ビーバー熱」は流行り始めました。彼の人気と名声はいまだとどまるところを知りません。

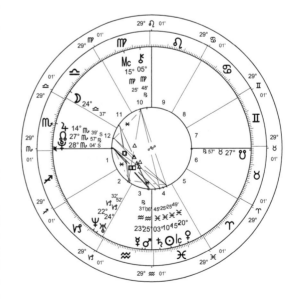

ジャスティン・ビーバー

数多くのテーマ：ジョン・デロリアン

　ジョン・デロリアンのチャートには３つのテーマがあります：火星－牡羊座、木星－９ハウスの射手座、そして山羊座です。牡羊座の火星ライジングは、太陽－木星と冥王星が織りなす強力なカーディナルのＴスクエアの頂点で、競争心が非常に高く、どう猛な仕切り屋的性格、不屈の精神、そして、とくに自分の無敵さへの信念を示唆しています。

　一匹狼のパイオニア？　それとも詐欺師、ならず者、（ある判事によれば）「恥知らずで言語道断な巨額の詐欺事件」を起こした企業家の顔の大泥棒なのか？　多くの人にとってデロリアンは、これらすべてを体現した人物。彼のチャートは、大きな夢をもち、それより大きな約束を掲げて帝国を築く野心的な自信家のチャートです。牡羊座－山羊座のスクエアは、早く成功したい、自分の思いどおりに事を運びたい、個人的に称賛されたいという彼のニーズと、仕事中毒の性質をあらわしています。しかしまた、デロリアンのチャートでは、牡羊座－火星は山羊座の経験と知恵に道を譲らなくてはなりません（２つのシンボル── 太陽とＭＣ── が、職業的達成と運命／目的地がこのサインに位置することを示しています）。ここに示されたメッセージは、既存の会社組織にインパクトを与え、内側から変革を起こすことです。

　デロリアンは、パッカード自動車会社のエンジニアからゼネラルモーターズ（GM）のエグゼクティブ（過去もっとも若い副社長）へと、迅速に出世街道を駆け上りました。新市場の開拓に長けていた彼は、スピード（火星）や品格、スタイル（山羊座）を求める若者にアピールする（牡羊座）「マッスル」カーを開発、販売したのです。1973年の春、彼はGMを辞職することを余儀なくされます。企業倫理に従えず、自分の倫理観をしつこく追及されることに嫌気がさしたからです。しかし、羨ましいかぎりの木星的自信に満ちあふれた彼は、独立して自家用ジェットを乗り回すセレブなライフスタイルを始め、彼独自の壮大な理想と夢を掲げ、大胆な事業計画を打ち出して投資家を募りました。英国政府から9700万ポンドをせしめたデロリアンは、北アイルランドに生産工場を建設したのです。

　自身のＴスクエアにふさわしく、デロリアンはカリスマ社長兼自動車業界のリーダーとして（山羊座の太陽－木星）、テロで荒廃した北アイルランド── 宗教（木星）、戦争（火星）、政治、テロリズム（冥王星）で分断した国── で、彼自身の壮大な野望を実現しました。自叙伝のなかでデロリアンは、「彼らにとっておれたちの会社は希望なんだ……未来があり意味のある仕事を通じて自尊心を新たに回復するチャンスなんだよ」と述べています。

　もし彼が軽はずみで自分勝手な火星－木星ではなく、山羊座の側面に耳を傾けていたなら（または因果関係の法則に気づかせてくれる強い土星をもっていたら）、自分自身あれほど嫌っていたGMのエグゼクティブたちのパロディーと化さずに、後世に残る遺産を創造できたかもしれません。1982年2月になるころには、彼の夢はずたずたに引き裂かれ、ベル・ファーストを拠点とする彼の工場は破産管財人の管理下に置かれました。その８カ月後、彼はコカイン密輸容疑で逮捕されることに。この逮捕を受けてメディアや一般大衆は、有名人である彼を弾劾し血祭りに上げましたが（木星－ＭＣ）、すべて無駄に終わりました。彼は罠にかけられたと主張し、有罪判決を免れたのです。

　木星－ＭＣをもつデロリアンは、自分が企てた陰謀の責任からうまく逃れ、ほぼ無傷で生還しました。彼が受けた唯一の痛手は、名誉の失墜（木星）。何年も債権者から逃げ続けたのちの1999年9月、この大胆不敵なビジネスマン、そして独創的詐欺師のデロリアンはついに自己破産しました。

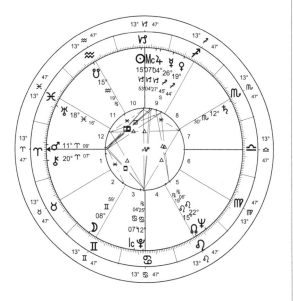

ジョン・デロリアン

支配的なテーマのないチャート：エベル・ナイベル

チャートに支配的なテーマが1つもない場合、そのチャートの持ち主は、数々の可能性にチャレンジし、自身の性格のいろんな側面を経験できるような、広範囲なライフスタイルを探し続けることがあります。命知らずのパフォーマー、**エベル・ナイベル**がその好例です。下記は、彼のチャートの観測結果です（111～115ページ記載のメソッド使用）。

- 金星／天秤座／7ハウス：太陽が天秤座の水星とコンジャンクション、金星がMCとコンジャンクション、月は7ハウスに位置。
- 木星／射手座／9ハウス：1ハウスにあるMCルーラーの木星が、9ハウスの太陽（と水星）とタイトなトラインを形成し、金星が射手座MCとコンジャンクション。
- 天王星／水瓶座：水瓶座ライジングで、そのルーラーの天王星は、7ハウスの月と1ハウスの木星（水瓶座）とスクエアのアスペクトになっている。

次のメジャー・アスペクトも重要です。太陽－水星と冥王星のスクエア、火星と海王星のコンジャンクション、冥王星とDSCのコンジャンクションと、冥王星と金星－MCのトライン。さてそれでは、どんな人間像や業績が明らかになるのか、徹底的に捜査してみましょう。

一匹狼の個人主義者として成長したナイベルは、何年もの放浪生活の末、ついに自分の得意分野を見つけました。才能あるセールスマンであるにもかかわらず、どんな職業に就いても興味が長続きしなかった彼が、リスクと度胸試し（天王星、木星）、エンターテイメント性を兼ね備え、自分の才能を発揮できるキャリア（金星）をやっと見つけたのです。

「命知らずのバイク野郎」の異名を持つエベル・ナイベルは、その想像を絶する命がけのモーターバイク・スタントにより、1970年代スポーツショー界に君臨する花型スターとなりました。スポーツをエンターテイメントと捉えると、ホロスコープ上では金星が火星の上位に位置します。射手座にあってMCとコンジャンクションになる金星はキー・プレイヤーで、太陽を支配。DSC上の冥王星とタイトなトラインを形成する金星は、危険と隣り合わせのスリル ―― 危険なバイク・ジャンプで観客を虜にしたときの、ナイベルが感じた興奮と歓喜 ―― を示唆しています。彼のスタント演技の一つひとつが、華々しい勝利（射手座の金星－MC）、もしくは観客が見守るなかでの死（DSC上の獅子座の冥王星）を意味したのです。彼の7ハウスの獅子座の月は、彼が大勢のギャラリーの前で演技するのが大好きだったこと、そして、月と天王星とのスクエアは、彼の興奮を求める本能（月－天王星）や、他者にショックを与え（天王星）、注目を集めて称賛されたい（獅子座の月）という彼のニーズをあらわしています。また、獅子座の月と太陽－木星のトラインは、彼の自己宣伝の才能を表現。彼は半分エルビス、半分リベラーチェのような、愛国心を喚起する星条旗模様の白革のバイクスーツを着用していたのです。

1ハウスの木星が太陽とトラインになっているナイベルは、頑丈な身体に恵まれました。彼は度肝を抜くようなジャンプ演技を繰り返し、数えきれない重傷を負いながら、そのたびに回復。彼の火星－海王星からは、彼が感覚を麻痺させ、痛みを無視できたことがうかがえます。このコンジャンクションはまた、彼の職人気質の入念な準備（乙女座）、スタント時には邪魔になる当時は珍しかったヘルメットの着用（彼は不死身だという幻想をつくり出した）、そして彼が、中部アメリカの多くの若者たちに体現して見せた、ドラッグに反対する、クリーンで垢抜けた魅惑的男性のイメージを示唆しています（彼はちょうど海王星が回帰したアメリカの独立記念日、7月4日に生まれました）。このバイクスタント界のカリスマはまた、自分のイメージ商品を売り出すことにより、何百万ドルも稼ぎ出したのです（2ハウスのルーラーが1、8ハウスにあることに注目してください）。

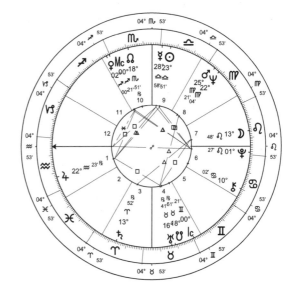

エベル・ナイベル

メジャーな複合アスペクト：ジム・ジョーンズ

　極端な行動様式をもつ人物のチャートを見る場合、私たち占星家は、通常ほとんどのチャートでは探さないような、天体のより邪悪な側面を考慮することを強いられるのです。**ジム・ジョーンズ**の略歴には、マニアックな宗教家のポートレートが描かれています。信者に対して地上での天国を約束しながら、代わりに生き地獄を味わわせる偏執狂的な救世主 —— 南米ガイアナ国「ジョーンズタウン」における913人の信者集団自殺・殺人によって、その狂気は頂点に達しました。彼のホロスコープには、1ハウスで逆行する山羊座の土星が7ハウスの木星－冥王星とオポジションになっている、パワフルな活動のTスクエアがあります。その双方が4ハウス牡羊座の金星－天王星とスクエアになっているのです（また月がその頂点とコンジャンクションしています）。彼の不穏な人生のなかで、Tスクエアがどのように現象化したかを以下に述べています。

- 年老いた病弱な父親のもとに生まれたジョーンズは、孤独な子どもでした（土星）。代理母（月－天王星）に教会に連れて行かれたジョーンズは聖書に慰めを見出し、クラスメートに説法をし始めます（木星）。

- 社会主義思想に傾倒したジョーンズは、神の存在を否定し始めます。社会正義は神の崇高なる力を信じるより重要だと思ったのです（天王星と木星－冥王星のスクエア）。彼はのちに「虹色のファミリー」と称して、アジア人の子どもたちを次々に養子に迎えます。

- キリスト教の説教師となったジョーンズは、そのカリスマ性と力強いレトリック、人を惹きつける力により、信者たちの心を揺さぶりました（木星－冥王星）。市民権運動に熱心だった彼は、インディアナポリス（KKK＝クー・クラックス・クランの拠点）で自分の信徒たちを人種差別せず平等に扱い、アフリカ系アメリカ人信徒たちから熱狂的な支持を得ました（7ハウス蟹座の木星－冥王星）。

- ジョーンズは政治的影響力を築き上げ、1976年12月にはサン・フランシスコ住宅局の会長に任命されました（蟹座の木星－冥王星と土星のオポジション）。

- 核戦争による破滅を被害妄想的に恐れた彼は、安全と思われるブラジルへ転居し、次にカリフォルニアに移転しました。1974年になると、彼は信者もろとも南米ガイアナへと移転しました（ガイアナが独立国となった日のチャートでは、牡羊座の23度に金星が、蟹座4度に木星が位置しています）。ジョーンズはガイアナで農業コミューン（生活共同体）を創設し、自身が立ち上げたカルト宗教団体「人民寺院（ピープルズ・テンプル）」の「約束の地」としました（4ハウス牡羊座の月－天王星）。彼のユートピアでは過酷な労働が強いられ、多くの人から奴隷労働と呼ばれました（土星－冥王星）。

- ジョーンズ「神父」は財力と軍事力を蓄積しました（彼の不動の太陽は牡牛座にあり、火星とスクエアになっていました —— ジョーンズタウンでは、両方ともアンギュラーハウスです）。ジョーンズは暴君として信者たちを支配し（彼らは殴られ脅えました）、「自由な愛」（男女の信者たちに相手かまわず性行為）を強制し、乱交させたのです（金星－天王－冥王星）。

- 1978年になるころには、信者の忠誠心を試す極端なテストがひんぱんに行われるようになりました。また、彼はアメリカ政府が自分の殺害を画策していると被害妄想を抱いていました。1978年11月18日（天秤座18度のトランジット冥王星が、ネイタル天王星と木星－冥王星のスクエアのアスペクトを形成）ジョーンズは信者たちを「革命的行動」と称して集団自殺させました（天王星－冥王星）。それは天王星－冥王星が7ハウスで正確なコンジャンクションを形成している国で起こった天変地異的大事件でした。3つのアウター・プラネットすべてがそれぞれのサインの17〜18度の位置に到達し、ジョーンズのネイタル天体のうち4つと接触していたのです。

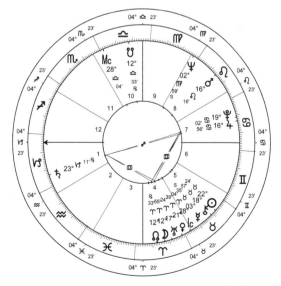

ジム・ジョーンズ

メジャーな複合アスペクト：ブリジット・バルドー

　天秤座に4つの天体と感受点をもち、射手座ライジングの女優、**ブリジット・バルドー**は「自由の代名詞でありながら、自由にいつも手が届かない女性」でした。天秤座・MCと太陽がワイドにコンジャンクションしている彼女は、愛の女神アフロディーテのイメージそのもので、スヴェンガーリ（25ページ参照）のように人を自在に操る彼女の夫であり映画監督のロジャー・ヴァディム（彼の射手座16度の土星は、バルドーのASCを支配）が創造した伝説の美人女優です。彼女は映画のなかで清純な乙女（乙女座）、もしくは妖婦（天秤座）を演じ、セクシーな小悪魔としての評価を確立しました（獅子座の火星！）。パパラッチに執拗に追いかけ回されたバルドーは、やがて世捨て人のように引きこもり、多くの人にとって皺くちゃで苦々しい、色褪せた美の象徴となってしまったのです。

　女優業から引退し、動物愛護運動者となった彼女はこう言いました。「若さと美貌は男たちにくれてやったわ。今の私は知恵と経験、私の最高の部分を動物にあげてるのよ」。彼女の11ハウス天秤座の水星－木星は、平等な社会を実現するための哲学的、人道的、もしくは宗教的アイデアや、不平等や不正が起こったときに公に発言する能力を示唆しています。しかし、神が創造したバルドーは、どんな外交努力をも粉々に打ち砕く、扇情的Tスクエア──水星－木星と、妥協を許さない天王星－冥王星とのTスクエア──をもって生まれたのです。彼女がはっきりと意見を述べたり、率直に発言したり、ちょっと余計なことを言っただけで（水星－木星）物議をかもし、人々は大きく反対して（天王星）、過激思想だと彼女を責めました（冥王星）。バルドーは自らの発言によって、かつてのイメージをずたずたにし、大きく曲解され、非難されたのです。彼女は移民政策に関する意見、馬肉食への反対（木星／射手座！）、イスラム教への攻撃発言により、フランスで訴追され、人種的憎悪を煽動した罪により有罪判決を受けました。天王星は土星の「平和をかき乱し」、しばしばその「真実」は検閲され、禁止され、また追放の憂き目に遭います。木星の存在は広報と事実の誇張（水星）を保証するのです。3ハウスの水瓶座の土星が火星とオポジションになっているバルドーは、その政治的に不適切な意見により社会から制裁を受けます。チャートの頂点（ターゲット）に位置する8ハウス蟹座の冥王星は、人種間の交わりや自国内（蟹座）に在住するイスラム教徒（冥王星）への明らかな憎しみを強調しているのです。著作『ブリジット・バルドー　怒りと絶望』（2003年）のなかで彼女はこう書いています。

　過去20年のあいだに私たちは、秘かに進行する、危険で野放しの潜入を受け入れてきた。彼らは我々の法や習慣に従うのを止めるだけでなく、年を経るにつれ、やがては自分たちの法や習慣を我々に押しつけようとするだろう。

　「とんでもない」、またはショッキングな天王星のアイデアによく起こることですが、社会がその考え方にやがて同調し、そのアイデアを認知したり取り入れたりすることがあります。2011年4月11日、天王星が牡羊座に本格的に入宮した数週間後、バルドーの母国フランスは、ヨーロッパの国で初めて、ニカブ（イスラム教女性が被るベール）とブルカ（イスラム教女性が着る服）の着用を禁止しました。それは顔（牡羊座）に被るベールの禁止（天王星）です。

　5ハウスに天王星をもつ（そして、月があいまいな海王星とスクエアになっている）バルドーは、かつて自分が子どもに愛着がないことを明かし（多くの人が愕然としました）、のちにその子ども（ニコラス・ジャック・シャリエ）を捨てました（バルドーの水星－木星と天王星のオポジションは、息子のASC－DSC軸にまたがっています。また、このアスペクトは、彼女の野良犬（冥王星とのスクエア）の集団去勢（5ハウスの天王星）というアイデアもよく物語っています。

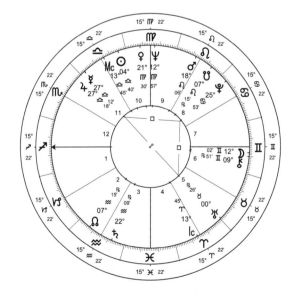

ブリジット・バルドー

メジャーな複合アスペクト：マーガレット・サッチャー

　マーガレット・サッチャーのホロスコープについては、すでに多くのことが書かれています。彼女のチャートでは、蠍座での土星ライジングで（「Uターンしない」鉄の女）、チャーチルの月の1度以内にある、エレベートしている獅子座の月は海王星とコンジャンクションしています（その専制的支配力でめん鶏の大親分アッティラとあだ名されたサッチャーは、まるでハンドバッグに入れて持ち歩くように有無を言わせず大臣たちを従わせ、イギリスに「偉大なヴィクトリア朝時代の栄光」を取り戻すという強いビジョンをもっていました）。そして、人々は彼女の1ハウスの金星が放つ魅力についてコメントすらしています（「彼女は男性らしさを賛美しつつ、女性らしさを身にまとっている」）。蠍座ライジングと後者の配置（月と海王星のコンジャンクション）については、おそらくフランソワ・ミッドランドの要約に任せるのがベストでしょう。彼はこう言っています。彼女は「マリリン・モンローのように甘く語り、カリギュラのような目で残忍に睨みつける」と。

　しかしサッチャーのチャートには、パワフルなTスクエアがあります。正確な木星－冥王星のオポジションが、共に天秤座の火星と太陽とスクエアになっているのです。頂点の正確なミッドポイントは牡羊座と天秤座の14度で、これはサッチャーの太陽と火星のミッドポイントでもあります。私は太陽と火星がコンジャンクションになっているとは考えませんが（10度は広すぎます）、それぞれの天体が彼女のキャリアを通じて、強力な木星－冥王星のコンタクトを表現するのに極めて重要な役割を担っているとはいえます。とくにトランジットがそれぞれ天秤座にある火星（9度）、頂点／ミッドポイント（14度）、天秤座の太陽（19度）に当たったときがそうです。このTスクエアをもっていたことで、彼女は高位につき、その偉大さを讃えられました（太陽、木星）。そして中傷され、通常、専制君主にしか向けられないような毒々しい悪意をもって憎まれ、恨まれたのです（火星、冥王星）。この配列は膨大なエネルギーと不屈の精神を兼ね備えた無敵の女性をあらわしています（「強烈で激しく傲慢で、自分は正しいという確固たる自信」をもった女性）。けっして革命的なチャートではありませんが、サッチャーのチャートは強力な変革をもたらすチャートです。

　木星と冥王星のオポジションは、彼女の断固たる意見や強硬な政策のなかに数多く見ることができます。自由市場のグローバル化に始まり、ヤッピー消費社会の民営化と創設、「悪の帝国」ソビエトに対抗するためのレーガン政権との連携、国の管理下から個人事業家を解放する決意に至るまで、多くの人々は彼女を、使命感に燃える「信念の政治家」と見ていました。リーダーのチャートでは、彼らの任期中に拡大や展開（もしくは過度の膨張）があるかどうかを、木星が語ってくれます。2ハウスの山羊座、冥王星とのオポジションということから、経済の活性化、新進起業家から株式を購入し、彼らに公営住宅（石張り住宅 ── 山羊座 ── 当時大人気だった工法！）を買い与えることによる新規事業立ち上げの推進、クレジットと（過剰）借金ブーム、社会保障制度の廃止（機会均等と富の均等配分という山羊座の信条に端を発する）、英国営企業の民営化に注力したことがみてとれます。

　また、このオポジションは、彼女が直面した数々の試練も物語っています。炭鉱夫（木星－冥王星は「深部の探索」を意味します）、労働組合、フォークランド紛争、IRAによる暗殺計画（木星と蟹座の冥王星は宗教的・愛国的過激思想を示唆しています）。彼女の影の政府（野党による模擬内閣）が行った仕事もまた当てはまります。年金と国民保険、国家財政委員会、燃料と電気、交通、教育。彼女が議会に提出した白書「教育：拡大へのフレームワーク」は、彼女の木星が山羊座に回帰（リターン）した1972年12月6日の2週間前に発行されました。

　その後、木星が一巡して再び戻ってきたとき、彼女が率いる政府はブリティッシュ・テレコムを民営化しました。これが初めての主要な国営企業の民間への売却でした。

　サッチャーの政治人生においてカギとなる時期に、天秤座の重要な角度へのトランジット（9度、14度、19度）が有益だったことは、次のページにあるように証明されるでしょう。

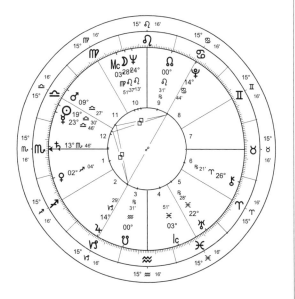

マーガレット・サッチャー

- ● 9度 ── ダートフォード選挙区戦での二連続落選（1951年10月25日）ののち、土星がネイタル火星とコンジャンクション。
- ● 14度 ── 土星が天秤座14度に位置した1952年初頭、彼女はダートフォード選挙区議員候補を辞任。その後、土星が一巡して戻ってきたとき、アルゼンチンが降伏し、フォークランド紛争が終結する。
- ● 9度 ── 天王星が天秤座9度に達した1971年6月中旬、彼女の学校への無料ミルク配給停止策が反対を受ける（彼女は「ミルク・スナッチャー〈ミルク泥棒〉のサッチャー」と呼ばれた）。
- ● 14度 ── 天王星が天秤座14度に達し、彼女の太陽へ向かったとき、のちの彼女の政治人生に影響を及ぼす、数々の出来事が起こる。1971年10月、国会がEEC加盟を可決。これに続いて炭鉱夫のストライキ、そして「血の日曜日事件」が起こる。この事件により、IRAに対する敵意がエスカレート。失業者数が100万人を突破した（彼女の「冷酷な統治」期間に起こった。その後、失業者数は1930年代以降初めて300万人を超えた）。
- ● 9度 ── 冥王星が天秤座9度に達したとき、彼女は保守党党首の座をかけてエドワード・ヒース（金星7度、太陽17度、蟹座19度土星の出生図をもつ）と戦い勝利する。レーガンも選挙に勝利し、1980年12月の木星－土星の天秤座9度でのコンジャンクションが（レーガンの修正MCは天秤座12度）、今後10年間の富裕層に対する拡大政策 ──「レーガノミクス」と「サッチャリズム」── の到来を告げる。
- ● 14度 ── 天王星が山羊座14度に達した1990年、サッチャーは自分のリーダーシップに対する数々の困難に直面する。彼女のユーロに対するスタンスや保守党が掲げた「人頭税」は、数多くの批判にさらされ、彼女は1991年11月辞任を余儀なくされた（彼女の後継首相ジョン・メイジャーは、蟹座15度、おそらくはDSC上に木星がある）。新労働党でサッチャリズムを継続したトニー・ブレアは、牡羊座15度の金星が蟹座15度の天王星とスクエアになっている（現保守党の父であるベンジャミン・ディズレーリは、天秤座15度に土星をもって生まれた。デビッド・キャメロンは天秤座15度に太陽をもつ）。

　彼女はその政治人生のなかで、数々の主要な戦いを繰り広げましたが ── そのいくつかは巨大な権力闘争（木星－冥王星と天秤座の太陽と火星のスクエア）── それぞれの闘いにおける彼女の使命は、バランスとデモクラシー（天秤座）を取り戻すこと、「私たちの人生の根幹をなす価値観と自由」を守ること、そして英国に再び「偉大さ」をもたらすことでした。労働組合の弱体化（11ハウスにある天秤座頂点の火星）、社会主義の排斥、そして、英国経済の回復が彼女のカギとなる闘いだったのです。彼女は自身をこの改革の名目上の旗頭とみなしていましたが、彼女の政策や決断の多くが、広く異なる不平等な遺産を残す結果を招きました。

　彼女が生まれたとき、太陽と火星はフォークランド諸島でライジングしていました。そして、英国がフォークランド紛争に勝利した1982年6月14日（土星が天秤座15度で留）、このフォークランドの地が、彼女のリーダーとしての評価と鉄の意志、強さと支配力（太陽、火星）を確固たるものにしたのです（この戦争は火星が9度、土星が天秤座19度に位置した4月2日に宣戦布告されました）。

　木星と冥王星のオポジションは、彼女の夫が最初は防腐剤会社で、のちにその会社を石油会社に売却したことで（石油は冥王星と関係することがよくあります）、巨万の富を築いたこともあらわしています。また、このオポジションは、彼のビジネスの国際的なつながりや、アパルトヘイト下の南アフリカへの援助も示しています。彼の経済的支援があったからこそ、彼女は法廷弁護士としてのトレーニングを受けられ、デニス（牡羊座15度の金星をもって生まれる）は、サッチャーが国会で出世街道を登る際の要石となったのでした。二人は、サッチャーがダートフォード選挙区の保守党候補に選ばれた数週間後の1949年2月 ── トランジット土星が彼女のMC上にあり、トランジット海王星が天秤座14度にあったとき ── に出会いました。そして、彼らは1951年12月13日、トランジット土星が天秤座13度のときに結婚したのです。

　天秤座に火星をもつサッチャーは、ディベート（討論）には興味をもたず、論争に生き甲斐を感じていました。天秤座の火星が最高の状態にあるとき、自分が理想とするデモクラシーや機会均等、自由社会や自由経済を愛するのです。自分のサインのなかにある火星は、よく特徴的な無分別さをあらわしますが、天秤座に位置する場合、ロジカルな論争や賢い戦闘姿勢、巧みな説得力、決定事項に関する力強い論拠（風）への確固たる決心が見られます。

「彼女が下すあらゆる決断の根底には、善悪の規範が横たわっている……だから彼女は柔軟になれず……想像力に乏しく、討論に心底興味をもてないのだ」[11]。

メジャーな複合アスペクト：エリザベス2世女王

エリザベス2世女王がもつ蠍座の土星－MCは、彼女の「終生」続く君主としての務めを多く物語っています。そして、これは彼女のチャートを支配する不動のTスクエアの一部です。それではこれから、この複合アスペクトを解剖し、エリザベスの人生を形作った伝記的な出来事がチャートにどのように反映されているか見てみましょう：

水瓶座の火星－木星が
社会変革と現代的理念のための闘い。戦時中の団結。個人の自由への切望

獅子座の海王星とオポジションで
華美、君主制の弱体化、帝国の過ぎ去りし栄光への憧れ、王室スキャンダル

その両方が蠍座の土星－MC（頂点）とスクエアになっている
「固い物」を共につかむことで、強い意志を堅持する。断固たる決意。確固たる道徳律。頑強な防御と一般大衆向けの感情を隠したストイックで気難しい顔。一身に期待を背負う。自分の運命から逃れられないという思い — 終身の義務／死ぬまで

- エリザベスが生まれたとき、英国では階級闘争の嵐が吹き荒れ、支配層の立場をおびやかしていました。英国は革命前夜の様相を呈しており、軍が出動し、国内の治安維持を図っていたのです。彼女が誕生した数日後、大規模なゼネストの開催が発表されました（水瓶座の木星－火星と土星のスクエア）。

- エリザベスは世界でもっとも有名な子どもで、特別なプリンセスでした（獅子座の月）。多くの希望が彼女の行く末に託されていました（木星－海王星－MC）。彼女はすぐに自分の務めが、賢く慎重で信頼のおける大人のようにふるまうことだと悟ったのです（土星－MC）。

- エリザベスは「男系男子の不安定さ」から、自分が王位継承者であることに気づきました（火星と海王星のオポジション）。彼女が10歳のとき、伯父が王位とその責任を投げ出し（オポジションになっている木星と海王星が共に土星とスクエア）、自分の父親が王位に就いたのです。バッキンガム宮殿のなかに閉じ込められ、孤独な隔離生活を送っていた彼女には（10歳のとき、ソーラーアークの月が海王星とコンジャンクション）、自分の聖なる宗教的役割への準備がすでにできていました。

- 父によりヴィクトリア朝時代の古風な教育を受けていた彼女は、変化は危険だと教えられていました（不動、土星）。1952年2月6日、彼女の人生は激変しました。彼女がケニアのニエリ（彼女の天王星－ASCラインの近く）で休暇を楽しんでいたとき、父が死去したのです。

- 政府は彼女の戴冠式を、国家を挙げての史上最大級のお祝い（水瓶座の火星－木星）にするため、国民にも戴冠式の祝賀行事に参加してほしいと願いましたが、伝統には勝てず、結果的に荘厳で伝統的な式典が執り行われました（土星－MC）。1953年6月の戴冠式テレビ中継が、宮殿が唯一与えた大きな譲歩でした（テレビは民主主義的メディアだと思われていました — 水瓶座の木星）。王室はのちに王族の素顔を紹介するため、ロイヤル・ファミリーの舞台裏の撮影許可を出しますが、これが裏目に出て、王室への前代未聞のプレス介入を招き、英国王室は、ロイヤル・ファミリーのちょっとした裏話やスキャンダルに飢えたメディアの餌食となったのです。このテレビ・ドキュメンタリー（1969年6月21日放送）は、なんとか最後まで残っていた王室の神秘性を跡形もなく消し去りました（トランジット海王星がエリザベスのMCとコンジャンクションになっていた）。

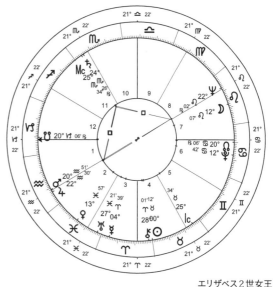

エリザベス2世女王
Queen Elizabeth II

- エリザベス女王の新治世は、社会変革の時代（水瓶座の火星－木星）だと宣伝されましたが、これは幻想でした（海王星）。エリザベスの治世は初めから、君主制の維持と、時代の変化や世論の訴えに対する呼応とのあいだに、デリケートなバランスを保とうとするものでした（水瓶座の火星 – 木星）。しかし、エリザベス治世下の王室は、君主制の保持にフォーカスする受動的機関で（牡牛座 0 度の太陽）、彼女は伝統的で近代化を拒む、大衆から遠い存在の君主であり続けています（土星）。

- 英連邦の長（英連邦＝コモンウェルス ―― 共通の富 ―― 水瓶座の木星）である彼女は、世界でもっとも権力のある女性としての地位を獲得しました。しかし、1950 年代になると、彼女が支配するのは大英帝国の残りかすでした。衰退する大英帝国の遺産（獅子座の海王星）。けれど、彼女はこの残りかすを 60 年間も守り抜きました（頂点としての土星－MC）。彼女は自分の運命から逃れることはできませんでした。また、彼女が 21 歳のときに立てた、全人生をかけて国のために尽くすという誓いの決意が揺らぐことはなかったのです。文字どおりに務めを果たすことは犠牲を伴います（土星と海王星のスクエア）。その務めを果たすために、彼女はどれほど自分の自由を犠牲にしたことでしょうか？（水瓶座の火星－木星）

- 彼女の夫であるギリシャ王子フィリップの人生には、T スクエアの効果があらわれています。彼はエリザベスとの婚姻にあたり、好きだった海軍将校の職を辞しました。彼とエリザベスの父、そして祖父は、全員が海軍の将校 ―― 火星と海王星のオポジション ―― でした。そして、彼女が愛した王室ヨット「ブリタニア」（戦時に病院船として使用することを念頭につくられ、一度も使われなかった巨大プレジャー・ボート）までが、火星－木星－海王星によって示されています。

- 彼女の治世において、王室の威信と影響力は低下しました。王室への尊敬の念は薄れ、その在り方が問われ、弱体化した王室は不必要だとされました（土星と海王星のスクエア）。時代の流れとともに、君主制度と伝統はゆっくりと死んでいったのです（蠍座の土星－MC）。1950 年代のロイヤル・ファミリーは、プレスからの（海王星）完全な敬意（土星）を期待しましたが、彼らの敬意は腐食し始めていました（土星と海王星のスクエア）。1950 年代、君主制を批判することは、英国を非難することと同じでした。1957 年 8 月、アルトリンチャム卿がエリザベス女王を批判して「無階級」社会を実現するべきだと主張したとき、大衆は激怒し、彼は女王に反対意見を述べたとして街頭で暴行を受けたのです。当時トランジットの海王星が蠍座の 0 度にあり、女王の太陽とオポジションになっていました。この 1 年前にも同じ位置にありましたが、そのときはスエズ危機（第二次中東戦争）のさなかで、この戦争により英国の政治力低下と威信の失墜が露わになりました。次に海王星がソーラーアークにより同位置に達したのは 1997 年で、この年にはダイアナ妃が逝去しました。悲嘆に暮れるイギリス国民は、ダイアナ妃と音信不通だったエリザベス女王を批判したのです。

- エリザベスは王室の離婚時代の君主でした（土星と海王星のスクエア）。批評家たちは、この離婚問題が彼女の即位前から続く、彼女の治世中最大の脅威であると評しています。彼女は当初、王族の離婚には反対意見 ―― 彼女にとって離婚は、忌むべきものだったのです ―― でした。しかし、家族は彼女に反旗を翻します。とくに 1990 年代、トランジット冥王星が彼女の MC に近づいたとき、強く反抗しました。王族による不倫関係やタブロイド紙のスキャンダル報道により、彼女の地位はある程度揺らぎました（火星－木星と海王星のオポジション）。おそらく王族が「平民」（水瓶座）と結婚したからでしょう。彼女の世継ぎは自分の将来の役割について曖昧な態度を取り、即位することを重荷に感じているようでした。そして、チャールズ皇太子の華やかな「スーパースター」（ダイアナ）との最初の結婚は、彼のステータスをほとんど破壊しました（彼の母エリザベスの T スクエアに見てとれます）。

ウィンザー家は理想的な家庭生活の模範（土星）として創設されましたが、スキャンダルや不倫問題、判断力の欠如から（火星－木星と海王星のオポジション）、世界でもっとも有名な機能不全に陥った家庭となりました。最初の機能不全は、エリザベスのわがままな妹マーガレット妃（87 ページの彼女のチャート参照）の行動から起こりました。エリザベスの戴冠式前後、彼女は離婚歴のある男性と恋に落ち、エリザベスの治世に最初のトラブルの兆しをもたらしたのです（マーガレットと戴冠式のチャートには共に油断ならない水星－火星のアスペクトがあります）。女王は問題を避けて見て見ぬふりを決め込み、マーガレット妃の難しい選択を憲法の取り決めに委ねました。メディアは女王の態度を見て、国民の声が反映されるべきだと感じ、王室の家庭問題をあれこれ詮索するようになったのです。

しかしながら王室は、多くの英国民が君主に求める義務を引き続き遂行しました。華麗な衣装で観光客の目を喜ばせ、大英帝国のいにしえの栄華を偲ばせる豪華な装飾品としての役割です。ここでエリザベスのチャート分析を総仕上げすると、仕事第一主義の土星－MC の頂点が勝利をおさめていますが、危うい綱渡りのような T スクエアが、その義務の遂行を難しくしています。牡牛座の 0 度に太陽、獅子座に月をもつ彼女は、つねに正統派のモデルで、頑強に変化を拒む力強い国家のシンボルであり続けているのです。

2つの極めて重要な特徴：ホイットニー・ヒューストン

　彼女は欲しいものはほとんどすべてもっていたと思いませんか？　今は亡き才能あふれるシンガー、**ホイットニー・ヒューストン**のホロスコープは、教科書が定義する成功者の要素で満ちあふれています。金星（太陽とコンジャンクション）と木星（月とコンジャンクション）がMCとグランド・トラインを形成しているのです（木星がASCとMCの支配星）。このグランド・トラインは、彼女のチャートの極めて重要な特徴です ── それは光と恩恵をMCに結びつけているのです（評価、ステータス）。MCに対するトラインは、チャートの持ち主の才能や意図を外界に宣伝してくれます。早期の成功や他者からの評価のあらわれなのです ── 。MCは「周波数を合わせ」、天体からのメッセージを正確に受けとってくれます。ヒューストンのケースでは、才能と機会（トライン、金星、木星）が手を取り合い、外界での彼女の達成感（MC）をさらに高めているのです。

　有名なR&Bやゴスペルシンガーたち（月－木星、射手座MC）に囲まれて成長したヒューストンは、いわば音楽一家の血統書つきで、生まれたときから人とは違い、特別な機会に恵まれていたのです。彼女を発見したレコード業界の大物クライヴ・デイヴィスはヒューストンを売り出し、彼女のキャリアを導きました。彼のチャートは、ヒューストンのグランド・トラインと結びついています。彼の太陽－天王星（彼女の月－木星上に位置）は、獅子座の木星（彼女の太陽－金星上に位置）とトラインになっているのです。ヒューストンは、その自信あふれる物腰や洗練されたモデルのようなルックスで、他とは一線を画していました（獅子座の太陽－金星と木星とMCのトライン）。ヒューストンは商業的に他の追随を許さない、前代未聞の大成功をおさめたのです（彼女はトランジット天王星が自分のMCに近づいてきた1985～1986年という絶妙のタイミングでデビューしました）。

　では、どうしてこれほどの才能に恵まれ、自信に満ちあふれて光り輝いていた彼女が、ほとんどすべてを投げ捨ててしまったのでしょう？　グランド・トラインに結びついている彼女の太陽は、土星とオポジション（「人間関係」のアスペクト）になっているのです。簡単に言えば、長期に渡る結婚生活が彼女の健康（6ハウス）をむしばみ、彼女の破滅（12ハウス）の一端となったのです。これは彼女のチャートにおける2つの極めて重要な特徴で、おそらく彼女のホロスコープのなかでもっとも厳しい試練といえるでしょう（土星－海王星のワイドなスクエアを含めると、Tスクエアが形成されます）。彼女が生涯、父親（太陽）に対して自分を証明しようとした（土星）ことが、このオポジションとどのような関係があるのか、私たちは推測することしかできません。彼女の父親は2003年3月に亡くなりました（トランジット冥王星が彼女のMCを横切ったとき）。ヒューストンは自分の人生を紐解く手助けをしてもらうため、水瓶座の16度に太陽をもつ夫を見つけますが、この結婚により彼女の私生活とキャリアは、メルトダウンしてクライマックスを迎えます（彼女はエレガントな歌姫から「ジェリー・スプリンガー・ショー」で人を指差しながら口汚くののしる下品な女へと変貌してしまいました）。彼らは互いの性的魅力に強く惹かれ合い、そろって薬物を乱用しただけでなく、この共生関係にある激しい嵐のようなカップルは、それぞれが依存し合う、相手にとってのドラッグのような存在になってしまったのです（彼女の太陽と海王星のスクエア、彼女のDSC上の天王星－水星－冥王星に注目）。

　「バッド・ボーイ」のボビー・ブラウンは（火星が蠍座12度のMCとコンジャンクション。これはヒューストンの海王星と同じ位置）、1989年4月12日に歌姫ヒューストンに出会い、自分にハード・ドラッグをすすめたのはヒューストンだったと、のちに主張しました。ことの真偽はともあれ、1993年3月に彼らの娘が誕生するころには（ヒューストンの土星回帰の1カ月後）、二人は固い壁にぶち当たり始めていました。なぜなら彼の仕事は開店休業状態だったにもかかわらず、ヒューストンは映画『ボディガード』の大ヒットにより、人生最大の成功に酔いしれていたからです。ヒューストンは最終的にブラウンを見限り、2006年9月中旬（トランジット土星がネイタル土星とオポジションになり、彼女の太陽を通過した直後）、離婚の意志を発表しました。残念なことに彼女は48歳で亡くなるのですが、このとき、トランジット冥王星が8ハウスの火星とスクエアになっていました。

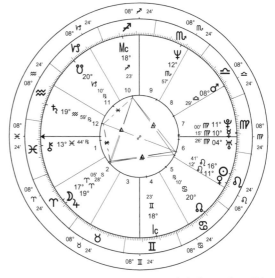

ホイットニー・ヒューストン

2つの極めて重要な特徴：シャーリー・テンプル・ブラック

　2つの特徴が際立っています。土星がバケット・ホロスコープのハンドルであること、そしてもう1つは、5ハウスの天体にフォーカスがあることです（おもに牡羊座内）。後者のカギとなるのは水星－木星のコンジャンクション。これはなぜか？　それは、リチャード・ニクソンのチャート（80ページ参照）同様、**シャーリー・テンプル**のホロスコープでも、4つのアングルが柔軟サインにあり、伝統的な各ルーラー（水星と木星）が極めて重要な役割を担うからです。

　シャーリー・テンプルはその生涯を通じて、1ハウス射手座で逆行する土星の体現者でした。1929年、ウォール街で株価が大暴落した18カ月前に生まれた彼女は、3歳のときに映画デビューしました。彼女の銀幕への登場は、大恐慌にあえぐアメリカ国民が、その絶望から逃れるためにエンターテインメントを欲していたまさにその時期に、偶然ぴったり一致していたのです。えくぼが愛らしい小さな少女シャーリー・テンプルは、国民がパンの行列に並び、スープ・キッチンで配給を待ち、少女アップル・アニーがりんごを売り歩く時代の輝けるダイヤモンドでした。彼女は希望と楽観主義を象徴し、アメリカ国民に自信を取り戻させたのです（射手座）。彼女は映画のなかで演じた登場人物に、抑えがたいほとばしるエネルギーと輝きを与えました（5ハウス牡羊座の水星－木星が、彼女の早熟な才能を多く物語っています）。

　年不相応に早熟で、物わかりがよく大人顔負けの職業理念をもつ子どもだったテンプルは、ゴルディロックス相場の金鉱でした。テンプルは4年連続で、世界でもっとも稼ぐ映画スターの地位を獲得したのです（トランジット海王星が彼女のMC上をうろついていたとき）。彼女はたった一人でFOXスタジオの業績を回復させ、富を築いたのです（彼女の2ハウスを土星が支配）。

　彼女の人生のストーリーのなかでは、土星がひときわ鮮明に目立っています。彼女の初仕事は、『Baby Burlesks（ベビー・バーレスク）』シリーズ ―― 誰もが知る有名映画の大人の役（土星）を子どもが演じるという風刺映画の子役でした。のちにシャーリーは、哀れな小さいみなし子の役をたびたび演じるようになります。この役柄は観客のハートをとかし、彼女を抱きしめて自分の子のように世話をしたいと思わせました。それに応じるように、彼女の誕生記録は実年齢より1歳若く書き換えられたのです。しかし、そんな映画スタジオにも、彼女が思春期に入る自然現象を食い止めることは当然できませんでした。1940年5月、トランジット木星と土星が彼女の太陽を横切るころには、映画界の大物ダリル・ザナックが、彼女の20世紀フォックスからの引退を発表。彼女はその後、数年間演技を続けたあと、4年間の結婚生活に入ります（1949年12月5日、土星が彼女のMCを横切り、ネイタル土星とスクエアを形成したとき、離婚します）。そして、その1年後、チャールズ・ブラックとの結婚により、正式に映画界から引退したのです。

　結婚したシャーリー・テンプル・ブラックは、子ども時代の名声にしがみつくような素振りはほとんど見せませんでした。彼女はアメリカの国宝的存在から、貴重な企業の資産へと変化したのです。しかし、ネイタルに逆行する一際目立つ土星をもつ彼女は（48～51ページ参照）いったん立ち止まり、再び二度目のピークを迎えました。シャーリーは保守党員となり、市民の義務を大義に掲げ、ポルノに反対する活動家となったのです。のちに彼女は、女性初の米国儀典長に任命され、ガーナとチェコスロヴァキアで外交官のポストに就きました（射手座の土星に注目）。彼女はまた、乳がんにかかったことを公表した（1972年秋、ソーラーアークのMCが射手座に移動したとき）初の女性著名人でした。彼女の極めて重要な土星の配列にふさわしく、シャーリーは乳がん治療によるセットバックや身体的損失（乳房切除）について赤裸々に、威厳をもって語ったのです。

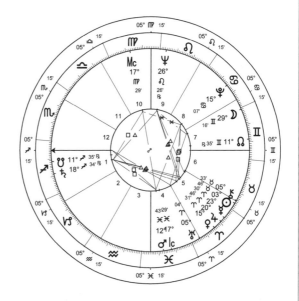

シャーリー・テンプル・ブラック

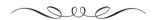

PART 5

チャートを語るもの

SPEAKING YOUR CHART

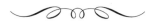

PART 5
チャートを語るもの
Speaking Your Chart

　占星術はクライアントと対話することで生きたものになります。クライアント自身が「自分のチャートを語る」とき、つまり、チャートのテーマを浮き彫りにするような形で自分の人生や性格について語るとき、私たち占星家は、クライアントとともにそれぞれの人生と宇宙とのあいだの重要なつながりを見つけるチャンスを手にします。それは、占星家としてもっともやりがいのある、学びの多い経験であり、コンサルタントとして最大の成果をもたらし得る瞬間でもあります。クライアント自身の言葉から、私たちは占星術の主要原理が実際にどう働くかを確かめることができるし、占星術の知識を広げ、洗練させ、自分のものにすることができるのです。

　コンサルテーションでクライアントがなんらかの新たな事実を明かすのは、それがその時点でクライアントにとってとくに重要な意味をもつ事柄だからです。つまり、クライアント自身が、「チャートのもっとも重要な領域はここです」と指し示しているようなものなのです。もちろん、クライアントが何を重要と感じるかは、時とともに変化するでしょう。しかし、セッションのなかでクライアントが語る事柄は、つねに私たち占星家にとって貴重な意味をもつのです。

　著名人の詳しいプロフィールを使ったチャート解析は、パート6で行いますが、その前にここでは次のテーマに沿って話を進めていきます。

- 人物の経歴から天体プロフィールをつくる
- 特定のアスペクトがどのような形で現象化するかを探る
- チャートと現実の符号を見つけて楽しむ
- 人生の特定の領域（たとえば犯罪）とさまざまなシグニフィケーターをつなげてみる
- 作品（楽曲、小説、演説など）が、その作者にとってチャートを表現する手段になっていることに注目する

エッセンスをつかむ
The Essence of Placement

　占星術はパターンを言語化することであり、研究することです。実証的な研究によって、私たち占星家は、意味のある現象とチャートとの一致を見つけようとします。似たようなトランジット天体の配置やネイタル天体の配置に共通のテーマが隠されていないかを見つけたり、重要な天体の運行期間や周期に、人々の人生にどんな変化が起きたかを観察したりするのです。クライアントや著名人が「自分のチャートを語る」とき、私たちは占星術の実践を豊かなものにしてくれる宝石を集めているようなものです。クライアントと対話しながら、あるいは興味深い著名人の経歴を題材にしながら、研究を重ねていくと、推測に基づく視野の狭い解析モデルから

脱却することができるでしょう。

　私は格言めいた短いフレーズを好んで使いますが、それは往々にして格言のほうが、長々とした文章では伝えきれない占星術的な本質を端的に表現してくれるからです。私の出版社フレア・パブリケーションズが1999年に手がけたデイヴィッド・ヘイワードの著書『Shorthand of the Soul:The Quotable Horoscope（魂を簡潔に語る言葉——占星術箴言集）』には単純明快で的を射た表現が満載されています。この本のおかげで私は、生徒やクライアントに特定の概念を伝えたいとき、簡潔なフレーズがもっとも効果的であることを学びました。今では、自分の心に響いた言葉や占星術の原理をうまくとらえている言葉を、（なんとまあ！）ツイッターでも共有しているくらいです。その一部をここでご紹介しましょう。

牡羊座への助言：
いちばんでフィニッシュしたければ、フィニッシュすることをいちばんにせよ。

蠍座の知恵：
沈黙は最善の防御にならないかもしれない。だが最大の騒音であることは確かだ。

水瓶座にまつわる真実：
人類は好きだが、人間には我慢できない。

ハード・アスペクト：
神はすべての鳥にエサを与えるが、巣に投げ入れてくれるわけではない。

乙女座－魚座の両極性をもつ人への教訓：
「非難する権利がある人とは、救いの手を差しのべるやさしさをもつ人である」（エイブラハム・リンカーン）

山羊座に水星をもつ人に出会ったら：
時間を尋ねてみよ。その人は時計の構造を教えてくれるだろう。

火星と水星と海王星：
何かを起こす人、何かが起きるのを見守る人、何が起きても気づかない人。

木星と土星の調停アスペクトをもつ人：
「知恵とは授かるものではない。ほかのだれも代わってくれない、逃れることのできない旅の果てに、自ら発見しなければならないものだ」（マルセル・プルースト、木星と山羊座にある土星MCがオポジション）

土星とスクエア：
チャンスに気づく人が少ない理由のひとつは、チャンスが重労働という仮面をかぶっているからだ。

地のサインが火のサインから学ぶこと：
口を開いてあらゆる疑問を解決するより、口をつぐんで馬鹿者と思われるほうがましだ。

火のサインから地のサインへのメッセージ：
道の真ん中にとどまっているとどうなるか。車にひかれるだけだぞ。

双子座について：
双子座はおしゃべりなサイン。ものを書くにあたっては盗用を多用。創作スタイルは2つ。コピーとペースト。

獅子座のご機嫌を損ねないための私からのアドバイス：
獅子座の話をずっと続けよ。そういう家来にはやさしく接してくださるだろう。

人物の経歴を探る

　チャート研究の際の知識を強化する手段として、参考図書や伝記が有効です。また、その人の恋人や家族、クライアント、同僚などの証言からも、人物史を探ることができるでしょう。そうした手段がなければ、その人が実際にチャートをどのように「生きているか」、占星術的所見と現実がどう関連しているか、チャートの主要テーマが人間関係や出来事にどう現象化されているかは、けっしてわからないのです。

　つまり、チャートの持ち主自身に、あるいはその人の経歴に「チャートを語ってもらう」のです。チャートとその人を無理やり一致させようとしないでください。天体やサインを的確にとらえるボキャブラリーがあれば、人生の物語に耳を傾けたとき、チャートのどこにそれがあらわれているかはすぐにわかります。私の経験からすると、クライアントがどんな心理的欲求をもち、感情的にどんな反応をしやすいか、それらが形成された幼少期に何を経験したか、自分の直感や全般的な気質をどうとらえているかについて語るときほど、月のサインや月のメジャー・アスペクトがはっきり「聞こえてくる」ことはありません。

　また、クライアントが自分の人格特性――1対1で世界と向き合うときの特性――について語るときには、ASCのサインやASCとコンジャンクションを形成する天体が浮かび上がってきます。太陽は、クライアント自身が自分のアイデンティティや天職をどうとらえているかにあらわれやすく、MCは、他人の目に映るその人の「簡潔なイメージ」や、本人が自分の社会的な顔（ASCとは反対の顔）に対して抱くイメージとしてあらわれます。個々の天体にはそれなりの役割がありますが、人生という物語の各章にタイトルをつけるのは、「Tスクエア、メジャー・アスペクト（コンジャンクション、スクエア、オポジション）、軸付近天体」なのです。

　ゴークラン夫妻（66～67ページ）はキーワードを使って天体プロフィールをつくり上げました。また、天体の性質の再定義（と洗練化）にも貢献したのです。彼らの研究のおかげで、たとえば、占星家たちが太陽的な気質をあらわすために使っていたキーワードが、じつは木星的なチャートの持ち主の経歴とより強く関連していることが明らかになりました。とはいえ、キーワードだけでは十分ではありません。キーワードもまた、誤った解釈を生む余地があるからです。人物の経歴に関する表現は、ときとして私たちを間違った方向へ導くことがあります。したがって、私たちは、その言葉や文章が何を意味しているのかを正確に把握しなければなりません。たとえば「音楽的」という言葉は、「美しい旋律のような」「調和のとれた」「耳に心地よい」といった（金星的な気質を思わせる）意味で使われる場合もあれば、文脈によっては、音楽の才能やリズム感をあらわす場合もあります。とかく音楽家と結びつけられやすい海王星は、本当に音楽家のチャートのなかで強調されているのでしょうか。私が知るかぎり、海王星が強調されているミュージシャンは、薬物やアルコールの中毒に苦しんだ人、ペルソナをつくり上げた人（海王星はカメレオンのように変幻自在です）、日常生活を超越しようとした人、自分の作品でスピリチュアルなメッセージを伝えようとした人がほとんどです。さらに、「音楽」という言葉には、タイミング、練習、規模といった、土星的な意味合いも含まれます。私の研究では、楽曲を歌いこなすためにアスリートのように肉体を鍛錬したオペラ歌手たちのチャートには、土星の強調が見られます（おもしろいことに、「オペラ」は「仕事」や「労働」を意味するラテン語です）。そこにはサインもかかわってきます。オペラのもつ劇的な性質、情熱、悲劇は、獅子座や蠍座と関連するのです。

ショック！ ホラー！

「ショッキング」という言葉からは、常識を外れたもの（天王星）、スキャンダラスなもの（海王星）、私たちを揺さぶり、唖然とさせ、驚かす出来事（天王星）などがすぐに浮かんできます。ところが、社会に「もの申す」ような、きわめてショッキングなことをする人のチャートを見ると、他の天体やアングルとの位置関係で、必ずしも天王星が際立っているわけではありません。なぜそうなのでしょうか。まず、私たちは、その人のショッキングな行動の裏に、どのような動機があるのかを考えなければなりません。その人の行動のショッキングさもさることながら、本人が世間の反応をどうとらえるかということにも目を向ける必要があります。

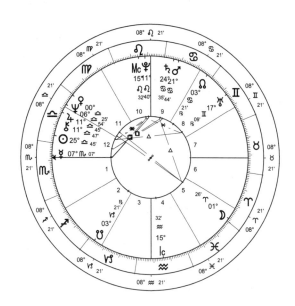

ディヴァイン

「ショッキングな」ドラァグクイーン（訳注12）として知られた俳優ディヴァインの場合、天王星は弱い位置にあります。天王星はいくつかのトラインを形成しているものの、オーブが広く、またMCとはセクスタイルの関係です。「恥も妥協も許さない」ことでゲイコミュニティからディーヴァ（歌姫）とあがめられたディヴァインにしては、この天王星は弱すぎます。さらに見ていくと、チャートのいちばん重要な部分は、天秤座への天体集中と軸付近天体同士のアスペクト（蠍座の水星ライジングがMC冥王星とスクエア）であることがわかります。（カルト映画『ピンクフラミンゴ』で犬の糞を実際に食べたことで有名な）ディヴァインのショッキングさは、「世界でいちばん下劣な人間」と呼ばれるに至った彼の口の悪さと下品さにあります（冥王星は犬、糞、ブラックコメディ、カルトを、火星とそのサインは下品さをあらわします）。時代的に、衝撃性（ショック、不快感、嫌悪感）は天王星と結びつけられていたかもしれません（今もそうです）が、ディヴァインのチャートは天王星的な人のチャートでもなければ、当時はディヴァインにとって天王星の影響が強く出る時期でもありませんでした。『ピンクフラミンゴ』が封切られた1972年3月、ソーラーアーク木星はネイタルASCに達し、トランジット冥王星はネイタル金星（太陽のディスポジター）と天秤座でコンジャンクションでした。カルトとアンダーグラウンドのスター（天王星）となったディヴァインは、伝説的なペルソナとして大いに名をはせることになります（ソーラーアーク木星がASCを通過）。

天秤座に位置する天体群（その1つは「ディヴァイン／神」を意味する木星）を見ると、常軌を逸した、退廃的で、気ままな、けばけばしい彼のペルソナや、悪趣味の縮図のような人物像（天秤座は上品から下品まで極端に走りやすい）の説明がつきそうです。ディヴァインはエリザベス・テイラーを崇拝していました（テイラーもまた極端を地で行った人です）が、そのディヴァインの金星－海王星はテイラーの天秤座MCをまたいでいます。ちなみに、体重100キロを超える巨漢だったディヴァインは、評論家に「3カ月間キャンディショップに閉じ込められたエリザベス・テイラーだ」（そのくらい似ている）と評されたこともあります。素顔のディヴァイン（本名ハリス・ミルステッド）は、人に受け入れられたいという強い欲求をもっていました。口調は穏やか、物腰は極端なまでに礼儀正しく鷹揚ではあるものの、心は不安定で、「愛されているという確証をつねに求めているような」金星的な人だったのです。

訳注12：派手な女装をするパフォーマーのこと。もともとはゲイやバイセクシュアルのカルチャーだったが、現在は、異性愛者や女性も演じる。

ショッキングなホラー映画は、理論的には天王星的なものかもしれません。では、ホラー映画のつくり手たちのチャートはどうなっているでしょうか？　研究によると、サスペンスを構築し、そのハラハラドキドキ感を巧みに操り、悪魔的なおぞましい恐怖感（ホラー）を与えて、観客（そして、ときには作品の登場人物）に、何か得体の知れないものがそこにある（隠れている）と感じさせることには、おもに冥王星と蠍座が関連しています。たとえば、映画監督アルフレッド・ヒッチコックは、月と木星が蠍座でコンジャンクションを形成しています（彼がプラチナブロンドの女優を好んで起用したことも注目に値します）。『エルム街の悪夢』や『スクリーム』を監督したウェス・クレイヴンは、8ハウスで太陽－金星－冥王星がコンジャンクション。『ドラキュラ』を演じた俳優クリストファー・リーは、金星－冥王星がMCとコンジャンクション。『ローズマリーの赤ちゃん』の監督ロマン・ポランスキー（106～107ページ参照）は、いみじくも月－冥王星が蟹座MCとコンジャンクション（天王星とはスクエア）。ともに「ショックの使い手」として知られる作家スティーヴン・キングと映画監督スティーヴン・スピルバーグ（『ジョーズ』）は、太陽－天王星のメジャーなハード・アスペクトをもちます。ホラー映画の主役を演じて観客を震え上がらせた三人の俳優の場合、天王星が特徴的な位置にあります。『ミザリー』で流行作家を追い詰める狂気の女性ファンを演じたキャシー・ベイツ（163～164ページ参照）と、『キャリー』ですさまじい念力を使う少女を演じたシシー・スペイセク（163ページ参照）は、ともに天王星が双子座MCとコンジャンクション、『エルム街の悪夢』で手に鉄のかぎ爪をつけた連続殺人鬼フレディ・クルーガーを演じたロバート・イングランドは、太陽－天王星が双子座（手）でコンジャンクションです。

プロフィールを構築する

ここでは土星を例にとって考えてみましょう。土星的なオーバートーンが濃いチャートをもつ人（山羊座生まれを含む）の発言や経歴は、私たちの理解をどのように広げ、土星や山羊座のどのような本質を明らかにしてくれるでしょうか。

俳優アンソニー・ホプキンスの経歴を見ると、いかにも土星らしい、孤独で抑制的で、憂うつな側面や、スパルタ式の厳格さや冷たさとのつながりが見えてきます。若いころ、ホプキンスは権威的な人間を嫌い、富と名声を求めて学校を飛び出しました。「ひとかどの人物」になりたかったのです。土星的な人格の持ち主は、若くしてなんらかの「欠落」やハンディキャップと闘う傾向——他人はなんの苦もなく手にしているものが自分には「ない」という感覚を抱く——があるようです（山羊座は対極の蟹座と違って縁故に頼ることを知らないのです）。

BBCのドキュメンタリー番組『A Taste for Hannibal（ハンニバルの味わい）』のなかでホプキンスが語った言葉には、チャートにおける山羊座の強調と、ルーラー土星・魚座3ハウス（イコール・ハウス・システム）という特徴がはっきりあらわれています。

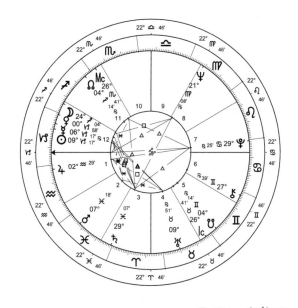

アンソニー・ホプキンス

私は（アメリカを車で横断するときの）あの寒々しい雰囲気が好きです。そういう荒涼感に私は自分自身を感じるのです。人生の冷たさ、何事も起こるべくして起こるという必然性が好きなのですね。子どものころ、私は学校の勉強にまったくついていけず、自分は間違った星に生まれてしまったと思っていました。せっかくの教育の機会を台無しにしてしまった……要するに、学校になじめなかったのです……私には、愛を必要としない孤独な存在へのあこがれ、一匹オオカミへのあこがれのようなものがあって、自分でも実際にそう生きてきました。私はだれからも愛されなくても平気で生きていける人間です……他人とかかわらず、自分の殻に閉じこもっていることができるのです。これはある種の殉教かもしれませんね。

土星色が強いタイプの人は、なんらかの専門分野で地位を確立することによって、幼いころの苦難の穴埋めをしようとします。自分の功績を社会に認められることが、しばしばその人の強い動機になっています。山羊座にとって、それは社会という領域で果たさなければならない孤独な旅なのです。成功の階段を上るにはシステムのなかで「正々堂々と戦う」ことが必要だということを知るための旅路……。山羊座は（対極にある蟹座とは違って）、長い修行期間を耐え抜くこと、個人的な欲求を否定したり、抑えたりしなければならないことを知っています。しかし、土星と山羊座の若いころの特徴である、既存の体制への反抗心（占星家が見落としがちな動機ですが）は、彼らがやがて「成功をおさめ」、かつて敵視していた権威的な地位に自分がついたとき、皮肉な色合いを帯びてくるのです。

ホプキンスは1996年に『Vanity Fair（ヴァニティ・フェア）』誌で、自分の心理についてこんなことを語っています。

成功は私にとって重要な意味があったのだと思います。ある種の内なる傷を癒すために必要なものでした。私は復讐したかった。自分を不幸にした人たちの墓の上でダンスを踊ってやりたかった。だから、それを実践してきたのです。私は暴君になれる人間です。こうと決めたらひたすら容赦なく追及します。欲しいものは必ず手に入れる、きわめて自己中心的な人間なのです。だれかに嫌われようと、それならそれで結構。無理に好かれようとは思いません。私は根っからの放浪者なのです。それにちょっと虚無的なところもありますね。

やがてホプキンスは、マーチャント・アイヴォリー社の数々の作品で、感情を抑制し、人と親密な関係を築こうとしない人物（土星）を演じて、絶賛されることになります。また、爆発寸前までの抑圧性とぞっとするような危険性を秘めた人物を演じることにも長けています（蠍座MCも、ホプキンスが演じた役柄のなかでいちばん有名なハンニバル・レクター博士——『羊たちの沈黙』に登場する殺人鬼の精神科医——を彷彿とさせます）。

土星的な人には、同年代の人たちのような浮ついた感じがありません。我慢強くて、思慮深く、真剣で、統制がとれていて、そつがなく、野心的で、整然としていて、法や慣習を守り、快楽よりも義務を優先させる人です。土星的な人物の経歴からは、生まれつきの遠慮深さ、プライバシーを重視する傾向、よそよそしく打ち解けない態度、「中身（財産）」のある人格者になりたいという願望などが浮かび上がってきます。土星のなかには、孤立や無関心といった強い感覚と、やるべきことをやって、努力のすえに完成したものを完全なままに維持しよう、世間の尊敬に応え続けようという重い責任感が一体となって存在しているのです。

リチャード・ディンブルビーは1950年代と60年代にBBCテレビのニュース・コメンテーターとして活躍しました（BBCのチャートも、太陽が山羊座、月－土星がイグザクトのコンジャンクションという土星的な性質を帯びています）。ディンブルビーは1936年にBBCラジオのオブザーバーとなり、第2次世界大戦中はBBC初の従軍記者として本国の視聴者たちに戦地の現実を伝えたのです。テレビの世界に移ってからは、ケネディやチャーチルの葬儀など、国家レベルの重要行事の番組でコメンテーターを務めました。

ディンブルビーは、放送ジャーナリズムの発展に貢献したスタンダードセッター（基準を設定する人）です。インタビュアーとして、また、公益の擁護者としての信頼も厚く、「政治討論における公正さと明快さのよりどころ」と称賛されました。

チャート上の2組の天体同士がつくるトラインと現実との符号を示す例として、ディンブルビーの息子でジャーナリストのジョナサン・ディンブルビーの言葉（占星家パメラ・クレインが発見しました）をご紹介しましょう。彼の言葉は、父親の水瓶座5ハウスの月－天王星と双子座MCとコンジャンクションの太陽－土星がつくるトラインが現実にどう作用し得るかを物語っています。

父リチャード・ディンブルビーは、テレビの視聴者を、より寛大でリベラルな方向へ導く役割を期待されていました。世論に敏感で、大衆に共感することの多かった父は、正しいことを見分ける鋭い感覚の持ち主でした。視聴者の疑念や不安を感じとることができたのは、父自身がちょっと前まで視聴者と同じような先入観をもっていたからであり、だからこそ大衆の導き手（メンター）として申し分なかったわけです。父は、無知と不寛容という壁をやんわりと押し返しながら、情報を伝え、楽しませることが自然にできる人でした。世間の心情を正確に言い当てられたので、たちまち、大衆にとってテレビのなかの父親のような存在になったのです。

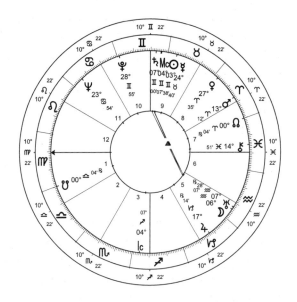

リチャード・ディンブルビー
トライン

ライターで同じくブロードキャスターでもある**ジョーン・ベイクウェル**は、母親との関係や、子どものころに盗みを働いて叩かれたときの心の傷についてこう語っています。

私は母の作品のひとつでした。完璧なマナーを身につけること、優秀な学業成績をおさめること、そして、つねに家名に恥じない道徳的な行いをすることが求められていたのです。（盗みがばれて母に叩かれてからというもの）私は、その種のちょっとした過ちを隠すことにかけて名人になっていきました。母はそんな娘を疑っていましたが、証拠もなしに私の決意をくじくことなどできません。母娘の緊張は長く続きました。その間、隙あらば母が自分の意志を私に押しつけてくるだろうという思いが消えたことはありませんでした。[12]

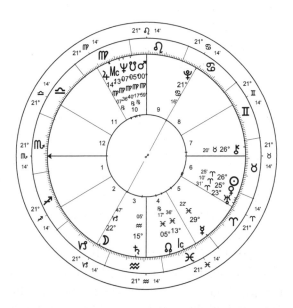

ジョーン・ベイクウェル
オポジション

母と娘が暗黙のうちに繰り広げた、熾烈な主導権争いの様子からは、ベイクウェルの山羊座・月と冥王星のオポジション（それらと牡羊座天体群とのスクエア）の影響が読みとれます。また、道徳規範やマナーを守ることのプレッシャーは、山羊座の月、さらには乙女座MCでカルミネートしている木星が示しています。この乙女座MC−木星は、現代社会の道徳的ジレンマについて論じた彼女のテレビ番組の内容とも符合しています。番組のタイトル『The Heart of the Matter（物事の核心）』は、まさに、牡羊座−乙女座の本質が詰まったようなフレーズでした（山羊座と木星は道徳や倫理にかかわります。社会的な問題に関して有意義な問いを投げかけることはまさに木星的。乙女座と牡羊座はともに探求心旺盛なサインであり、とくに牡羊座は物事の核心への迫り方が迅速です）。

　若年期の土星−山羊座と、それらが人生後半に及ぼす影響を物語るもう1つの例が、ミュージカルの作詞作曲家**スティーヴン・ソンドハイム**です。彼のチャートも、山羊座の月（土星とコンジャンクション）が冥王星とオポジションであり、ベイクウェルと似たようなテーマを示しています。さまざまな人たち（ソンドハイム自身を含む）の話を総合すると、彼の母親は自己陶酔的で、支配欲が強く、身勝手なうえ、公然と息子に恥をかかせるような女性だったようです。夫に逃げられた彼女が10歳の息子ソンドハイムを誘惑しようとしたとき、彼の心には母親への強い不信感が芽生えました。彼は、母親の異常なまでの愛と嫌悪感の犠牲となり、翻弄され続けたのです。

スティーヴン・ソンドハイム
オポジション

　ソンドハイムは、子どものころの自分を「あぶくのなかの少年」と表現したことがあります。物質的に恵まれていても、人間らしいふれあいを遮断された、まさに「閉じ込められた子ども」だったのです。感情的に放置されていた彼は、引っ込み思案の孤独な少年でした。ある伝記作家はこう書いています。「ソンドハイムには、孤独なアウトサイダーとしての自覚、手が届きそうで届かないもの求めてもがいているという感覚があり、それが人生のテーマであることに彼は気づいていた。そして、つねに皮肉と幻滅を込めて表現してきたのだ」[13]

　やがてソンドハイムは辛らつな歌詞のミュージカル楽曲の名手となり、ウィットと皮肉、感傷と風刺を特徴とする1つのジャンルを確立します。山羊座−蟹座の両極性を示すかのように、彼は、感傷（わざとらしく過剰で甘ったるい情感）よりも、感情（偽りのない、純化された感受性）を信じているのだ、と言います。「Being Alive（ビーイング・アライブ）」「Send in the Clowns（センド・イン・ザ・クラウンズ）」といった代表的な楽曲のなかには、不釣り合いなカップルを描いたものや、人間関係の中心に横たわる、相反する感情を表現したものがあります。

　土星と山羊座は、身をもって因果の法則を学び、理解することによって、人生後半にもっとも輝きを放ち始めます。60年近くまったく芽が出ず、ひたすら世間の冷笑と嫌がらせを受け続けた作家**クエンティン・クリスプ**は、自叙伝『The Naked Civil Servant（裸の公僕）』の発表を機に、ようやくゲイカルチャーの奇才としてその名をとどろかせることになります。彼は自らを「イングランドの堂々たるホモセクシュアル」と呼びました。

　1つのチャートのなかで土星的なオーバートーンと天王星的なオーバートーンが融合すると、社会の要求

を「拒絶する」一方で、社会の承認を「得ようとする」矛盾があらわれます。その人は、自分を突き動かしている真理を明らかにしたいと思いながら、社会がそれを受け入れるには限界や遅れがあることもはっきり自覚しているのです。クリスプは、自分を迫害する側に立った詩人アレン・ギンズバーグに「ゲイのアンクル・トム」とレッテルをはられたとき、いかにも土星-天王星的な色合いの人らしい言葉を残しています。

「時間はのけ者の味方なのよ。世間にさげすまれ、片隅で暮らしてきた人間は、そのうち、引っ越さなくても、そこが都会のど真ん中になる日を迎えるんだから」

こうした相反する天体の影響は、世間体（土星）を気にする人たちにあてた、クリスプのアドバイスにもっともよくあらわれています。「世間に後れをとるまいとするのはおやめなさい。世間をあなたのレベルまで引きずり下ろすのよ」。なんとも天王星らしいユーモアと反骨精神が詰まった言葉です。

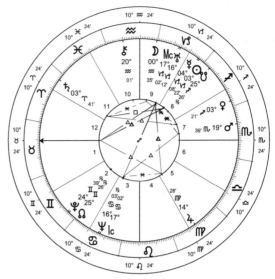

クエンティン・クリスプ

1つのアスペクトから推理する

　ある特定のアスペクトに焦点を絞って、そのアスペクトが形成された時期の出来事や同時期に生まれた人たちに注目してみると、現象化の様子をより深くとらえることができます。太陽-木星は年に1回重なりますが、その時期の「ニュース」には、この太陽-木星のコンジャンクションにふさわしい「テーマ」があらわれるはずです。ただし、そのコンジャンクションがどこのサインで起きるかによって、現象化の仕方は大きく変わってくるでしょう。

　20世紀に牡羊座で起きたオーブ8度の太陽-木星のコンジャンクションは9回ですが、その継続期間は合計149日間でした。そう、100年間にたったの5カ月なのです！　21世紀に入って同じコンジャンクションが起きたのは、2011年の3月後半から4月半ばです。

　太陽、木星、牡羊座を象徴するキーワードを考えてみると、勇気、英雄的行動、征服と戦いの大義、意欲的な冒険、性とモラルの問題、自らのアイデンティティとポリシーに対する強い使命感や情熱などを特徴とする出来事やニュースが期待できるかもしれません。

　火の活動サインである牡羊座は既存の形に新たな命を吹き込みます。独創的なものを一からつくり出すというより、すでにあるものを刷新するのです。何かにいち早く関心をもち、その熱狂の炎をまわりに広げていく牡羊座は、勇気をふるって先頭に立ち、天使たちが恐れるような領域も迷わず突き進んでいきます。そして先導者らしく「いちばん乗り」を果たします。そんな牡羊座に太陽-木星コンジャンクションが重なる時期には、プロジェクト、探検、冒険、革新などに大々的に最上級の成功が期待できるのです。

　20世紀に牡羊座でオーブ8度の太陽-木星のコンジャンクションが起きた期間に、どんな出来事があったのか、いくつか例を見てみましょう。

- 1904 年、ヘンリー・ロイスは、チャールズ・ロールズと出会った 1 カ月後に、自身初の自動車の製造に成功。大型で破格のぜいたくさと豪華さを備えた、太陽－木星的な自動車は、権威と富と見栄のシンボルとなり、さまざまな高級品のモデルと見なされた。
- 1916 年、ノルウェーで女性の投票権が認められる。1952 年、革命ののちにボリビアで女性投票権が確立。
- 1928 年、初の大西洋横断飛行に成功。
- 1940 年、アフリカ系アメリカ人の先駆的指導者・教育者ブッカー・T・ワシントンが、有色人種として初めて切手の肖像となる。
- 1964 年、(牡羊座で起きた 2 日間の太陽－木星コンジャンクションの期間に) 人権活動家マルコム・X が有名な演説「投票権か弾丸か」を行い、アフリカ系アメリカ人の公民権はく奪を終わらせなければ「武力の出番」になるかもしれないことを訴える。
- 1964 年、(牡羊座の太陽とのコンジャンクションを終え、木星が牡牛座 0 度に移った日) 俳優シドニー・ポワチエが初のアフリカ系アメリカ人としてアカデミー賞を受賞。
- 1975 年、(牡羊座での太陽－木星コンジャンクションが終わった翌日) ビル・ゲイツがマイクロソフト社を設立(同アスペクトの 2 巡目に、マイクロソフト社の総資産は 1000 億ドル超と報道される)。
- 1987 年、ヨーロッパでディズニーの一大テーマパークの建設が決定。その後、誕生したのが現在のディズニーランド・パリ。
- 1999 年、ダウ平均株価の終値が史上初の 1 万ドル台を記録。

牡羊座は暴力や対決に関連するサインでもあります。その牡羊座で太陽－木星のコンジャンクションが形成される時期は、大規模な侵略、大火事、政治的指導者の暗殺、正義や個人の自由をめぐる裁判などのニュースが飛び交います。また、太陽－木星のコンジャンクションは、偉大な父親的人物、絶大な影響力をもつプロデューサー、人の心を操る人物などもあらわします。

- 1904 年、オカルティストのアレイスター・クロウリーが、カイロで自分の「守護天使」と交信し、そのメッセージを『法の書』として発表。
- 1916 年、軍閥の巨頭・袁世凱が中華帝国皇帝の地位を退き、独裁が終焉。中華民国が復活(牡羊座での太陽－木星コンジャンクションのサイクルと中国の歴史的事象のあいだには強い関連性があるようです。占星家のサイ・ショルフィールドは、20 世紀の辰年は木星が牡羊座にある時期とほぼ一致していることに注目してきました)。
- 1999 年、世界的な大ヒットとなる三部作の一作目『マトリックス』── 人間のエネルギーを吸いとって動力源にしている機械が支配する世界を描いた SF アクション映画──が封切られる。主人公は、人間たちを夢(仮想現実)から覚醒させるために選ばれた「The One(救世主)」(魚座の冬眠が終わり、春を迎える最初の日に始まる牡羊座を象徴する)と呼ばれる青年。

大きな宝石類には、富、影響力、過剰、欲望といった強力な象意があります(木星は「やりすぎだけど、いや、待てよ、それで本当に十分なのか?」と問いかける飽くなき天体です)。太陽－木星のコンジャンクションは、金遣いの荒さ、虚飾、仰々しさ、高慢さ、エリート主義と関連し、牡羊座の星座石はダイヤモンドです。1987 年、太陽－木星が牡羊座でコンジャンクションの時期、ウィンザー公爵夫人の遺品の宝石類が 3100 万ポンドで売却されました。そのなかには 31 カラットのダイヤモンド・リングも含まれていましたが、購入者は牡羊座に金星をもつ女優エリザベス・テイラーその人でした(太陽魚座、射手座ライジング、月は木星とスクエア)(彼女のチャートとプロフィールは 127 ページ)。

牡羊座での太陽−木星コンジャンクションの時期に生まれた人の特徴

　この時期に生まれた人は、ナイーブでどこか無邪気な世界観をもちやすいようです。盲信的であり、自分の信念が他の人にも通じるだろうという確信があるのです。そうした世界観のおかげで、広い心をもち、本質的に人生そのものを信頼しています。朝を迎えるたびに新たな希望に燃え、喜びに満ちあふれ、早く冒険に出かけたくてむずむずしているような人です。また、その人は強い運命感や使命感を帯びているかもしれません。ただし、自分は重要な存在であるという行きすぎた感覚（傲慢さ）や、神のようにふるまいたいという欲求、分不相応なほど背伸びしてでも刹那的な生き方をする傾向が出る場合もあります。

　期待の高さ、先頭ランナーとして見られたいという願望、持って生まれた権利を確保しようという差し迫った欲求、豊かさと影響力に対する飽くなき探求心が具現化するかもしれません。たとえば、小説家であり、元国会議員であり、不祥事を起こした一代貴族でもあるジェフリー・アーチャー（58〜59ページ参照）は、ナンバーワンになりたいという野心に満ちていて、破産や性的スキャンダル、政界からの引退劇や懲役刑にもめげず、立ち直っています。一方、神話学者ジョーゼフ・キャンベルと詩人で女優のマヤ・アンジェロウには、太陽−木星の本質が健全でスピリチュアルな形であらわれています。

ホロスコープ・スナップショット：ジョーゼフ・キャンベル
Horoscope Snapshot : Joseph Campbell

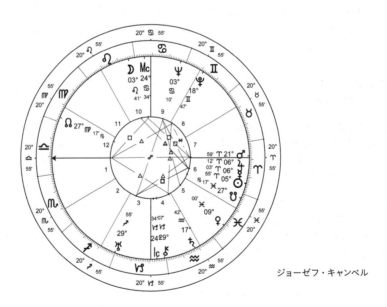

ジョーゼフ・キャンベル

　すぐれたストーリー・テラーであり、思想家であり、神話学者であったジョーゼフ・キャンベルは、「人生を肯定し、冒険の旅に乗り出すことに無上の喜びを感じなさい」というメッセージを発し続けました。いかにも牡羊座らしく、古くからある概念に新たな命を吹き込んだ人でもあります。世界各地の神話の研究を通じて現代人の在り方を問い続け、「無上の喜びとは自分の内から湧いてくるものでなければならない」と考えたのです。そうした彼の思想は、シンプルながら味わい深い言葉「あなた自身の至福に従いなさい」に集約されています。

キャンベルの著作といえば、『千の顔をもつ英雄』(早川書房)がもっとも有名です。この本で彼が唱えた「英雄の旅」(単一神話論)は、牡羊座・太陽－木星コンジャンクションがその創造性を最大に発揮した結果といえるでしょう。キャンベルは古今東西の英雄神話に共通する構造をこう示しています。英雄の物語は、彼(内なる旅を歩む戦士、探求者、冒険者)が自分の人生に何かが足りないと感じるところから始まるのです。そして冒険を天命と感じた英雄は、過去を断ち切って、孤独な旅に出かけます。メンター的存在(太陽－木星)に支えられながら、力と勇気をふりしぼってさまざまな試練を乗り越えていくのですが、そうしたイニシエーション(通過儀礼)を経て、もはや引き返せないという地点を越えたとき、英雄はついに究極の宝を手に入れます。

牡羊座・太陽－木星コンジャンクションの性質がよくあらわれているキャンベルの言葉をいくつか紹介しましょう。

　自分自身の至福を追いかけていると、やがて、その分野の人が目の前にあらわれて、ドアを開けてくれる。

　恐怖の克服はやがて人生の勇気となる。恐怖の克服と目的の達成――それこそが英雄を待ち受けている冒険のクライマックスなのだ。

　人間は人生の意味を探しているのではなく、生きているという経験を求めているのだと思う。

　人生は意味をもたない。あなた自身が人生に意味をもたらすのだ。自分がこうだと思うことが人生の意味になる、つまり、生きることが意味なのだ。

　幸福とは何か。それを知りたければ、自分がもっとも幸せだと感じる瞬間を思い出せばいい。単に興奮したり、ドキドキしたりする瞬間ではなく、心の底から幸せを感じる瞬間にとどまること。それには少しばかり自己分析が必要になる。あなたはいったい何に幸せを感じるのか。「これだ」というものが見つかったら、人にどう言われようと、手放してはならない。自分の至福に従うとはそういうことなのだ。

ジョーゼフ・キャンベルは、本物の誠実な人生を、自然と調和しながら生き抜いた人です。彼の生き方からは、人生と正面からかかわる勇気をもつこと、些末な欲望をしりぞけて、より偉大で神聖な真の自分自身との調和を目指すことが、いかに重要かが伝わってきます。彼の太陽－木星(プラス水星)は、天王星－海王星がつくるオポジションとTスクエアを形成し、その頂点に君臨しています。そんな太陽－木星らしく、キャンベルは、「神とはどのような人知も及ばぬ神秘の象徴である」とも言いました。

キャンベルが生まれたちょうど1年後、精神科医で心理学者のヴィクトール・フランクルがウィーンで生まれています。木星はすでに牡牛座に移動し、月は射手座にありましたが、牡羊座の太陽はあいかわらず天王星－海王星とのTスクエアの頂点に位置していました。フランクルは、ナチスのユダヤ人強制収容所での体験を綴った『生きる意味を探して』(訳注13)をはじめ、多くの著作や名言――たとえば「意味への意志」――を残しています。それらを通じてフランクルは、「自分自身とは別の何かに向かって、自分自身を超えて手を伸ばすこと」について語りました。

訳注13：邦訳は『夜と霧』などさまざまな題名で出版されている。

ホロスコープ・スナップショット：マヤ・アンジェロウ
Horoscope Snapshot : Maya Angelou

　牡羊座の太陽－木星の影響を物語る、もう1つの例は、詩人として、人権活動家として活躍した黒人女性**マヤ・アンジェロウ**です。生きることへの情熱に満ちあふれていた彼女は、自分の可能性を信じ、全力で生きた人物として、さまざまな人に今もなお感動を与え続けています。そんな彼女の言葉の1つに「人生はそれを生きる人に愛を注ぐ」があります。

　七作にもおよぶ自叙伝で、アンジェロウは、人として生きることの勝利、挫折、希望、喜びについて語りました。彼女の作品のテーマは、「何があろうとへこたれない」という牡羊座の太陽－木星のポジティブなメッセージそのものです。たとえば『Current Biography 1994（1994年の伝記）』からは、つねに新たな希望と強い意志と愛をもち続けた彼女の無尽蔵のエネルギーが伝わってきます。

　アンジェロウの思想の本質は、「勇気」をもって人生とかかわり、人生を経験することにあります。その思想はこんな言葉にあらわれています。「生きていればたくさんの敗北に直面するでしょう。でも負けてはいけません」。

　また、いかにも牡羊座らしく、「まず自分を大切にすることから始めましょう。ほかのだれかを大切にできるのはそれからよ」とも述べています。

　ある人が語った彼女の人物像も、牡羊座の太陽－木星コンジャンクションの特徴を伝えています。

> マヤ・アンジェロウには、妥協もごまかしもなく、全力で人生を築き上げてきた女性特有の圧倒的な気品がある。[14]

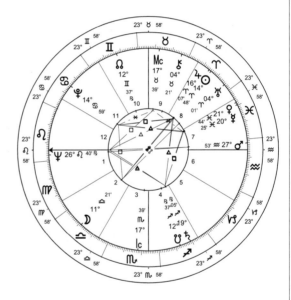

マヤ・アンジェロウ

　最初の自叙伝『歌え、翔べない鳥たちよ』（青土社ほか）で、アンジェロウは、貧しかった子ども時代や白人住民によるあからさまな人種差別を赤裸々に語っています。幼いころに性的暴行を受けた彼女は、その後、犯人が殺害されたことをきっかけに、自らに6年間もの沈黙を課しました。その後、話し言葉の魅力に目覚めたとき、ようやく口を開くようになりました。その間、彼女のなかで起きた「感覚の再編」は、自身を取り巻く世界への鮮明な意識を芽生えさせていきます（水星－金星が魚座、海王星ライジング）。

　やがてアンジェロウは、身長180センチの堂々たる体格とカリスマ性を備えた、誇り高きアフリカ系アメリカ人に成長します（彼女の父親も「肌の色のわりには、堂々としすぎているくらい堂々としていた」そうです──太陽－木星）。毅然と生きたアンジェロウは、太陽－木星コンジャンクションに象徴される、たくましくポジティブな性質の権化です（太陽は獅子座ASCのルーラー、木星は5ハウスのルーラーでも

あります)。正直さと誠実さと威厳をそなえた女性であり、表面的な謙虚さとは無縁の人生を力いっぱい生きた人でもあります。その人生はじつに変化に富んだものでした。サンフランシスコで女性初、黒人初の路面電車の車掌になった彼女は、その後、ダンサー、女優を経て、国民的な希望の象徴へとのぼりつめました。彼女の自伝や詩、スピーチは、私たちのなかにある人間的で普遍的なものに強く訴えかけてきます。海王星ライジングの彼女は、つねにこう言っていました。「人間として、私たちには違いよりも共通点が多い」

　アンジェロウがクリントン大統領の就任式で披露した自作の詩「On the Pulse of Morning（朝の鼓動に）」は、平和と正義と調和への思いを高らかに歌い上げた作品です。彼女がこの詩を朗読した1993年1月20日、トランジットの木星は天秤座にあり、彼女のネイタル太陽－木星とオポジションでした。また彼女のA＊C＊G（訳注14）では、プログレス木星－ASCラインはワシントンDCに接近していました。この詩には、つねに人生を全力で生きようとする太陽－木星コンジャンクションの哲学があふれています。「夢にもう一度命を吹き込もう……勇気を奮い起こそう。新しい時間を刻むたび、そこには新しい始まりの新しいチャンスがあるのだから」

訳注14：A＊C＊GはAstro＊Carto＊Graphyの略。出生時間からその人にとって運の良い場所を割り出す技法。

天と地の響き合いに耳を傾ける

占星家がチャートの細部にとらわれて、その人の心理的特徴や動機を描き出すことばかりに夢中になっていると、チャートと実際の事象との興味深い照応に目を向ける余裕を失いがちです。ここでは、「悪童」と呼ばれたテニスプレーヤー、**ジョン・マッケンロー**について掘り下げてみましょう。試合中にかんしゃくを起こし暴言を吐くことで有名だったマッケンローは、その素行の悪さと一致するかのように、双子座・月－火星と射手座・木星がオポジション（激しい感情的な言葉となってあらわれる怒り）、そこに冥王星と太陽－水星のオポジションが加わってグランドクロス（「正しくありたい」という執拗で衝動的な欲求）を形成しています。また、天秤座ASCも興味深い点です。彼がクレームをつけるときは、いつも公正さをめぐる問題が原因でした。そして、山羊座3ハウス土星は、彼が審判（土星－山羊座）に不信感をあらわにするときの口癖にもあらわれています。「まじめ（土星－山羊座）にやってくれよ！」

ジョン・マッケンロー
グランドクロス

どうやら俳優というのは、自分のチャートに象徴される人物の役柄を演じやすいようです。それがどのような人物像かは、チャートの主要なテーマ（Tスクエア、軸付近天体、太陽、月、ASC、MCのサインなど）に描かれています。しかも、俳優がその役柄になじんでくると（つまり、私的なペルソナと公的なペルソナの境界があいまいになってくると）、俳優自身のチャート上の天体の動き（トランジット天体、プログレス天体、ソーラーアーク天体）に、彼／彼女が出演している番組のプロットラインがあらわれてくることがあります。

数年前、私は、イギリスで人気の連続ドラマ『Coronation Street（コロネーション・ストリート）』の撮影現場にお邪魔したことがあります。出演者たちの手相とホロスコープを見ているうちに、一人の女優のトランジット天体とソーラーアーク天体の動きが気になりました。翌年の早い時期に、彼女とパートナーとのあいだに悲しみや喪失感にまつわる出来事がありそうでした。私はそのことを彼女に話しませんでしたが、後日、ドラマのなかの「彼女の夫」が出番を失ったと聞いて驚きました。彼が番組から消えたのは翌年1月のことです。理由はその俳優が病気で降板したからでした。6週間後、彼は亡くなりました。

役者はこの世で最高の仕事です。役柄を通じて自分自身の内面を探求できるという意味では、もっともセラピー効果の高い仕事かもしれません。俳優たちは自分がチャートに「描かれた」役柄を演じるように選ばれたと感じています。あたかも、その役柄が初めから自分のために用意されていたかのように思うのです。私のクライアントにも俳優さんたちがいますが、彼らは自分の演じる役柄がチャートに象徴される人物像と符号することを知るたびに、占星術の威力に驚きます。こうしたこと（俳優と役柄）には、いったいどれほどの「選択」の余地があるのでしょうか。占星家たちは論じてみるといいかもしれません。

女優ポーリン・コリンズの土星（牡牛座）も3ハウス（イコール・ハウス・システム）にあり、乙女座7ハウスの太陽−水星とトラインを形成しています。映画『旅する女 シャーリー・バレンタイン』のなかで、コリンズが演じたのは、結婚生活に行き詰まり、キッチンの壁に向かって独り言を言うほど退屈している女性（土星）でした。コリンズの魚座ライジングが象徴するように、この主人公は日常生活から抜け出して、ギリシャでバカンスを楽しむことを夢見ています。

女優リンダ・グレイは、アメリカの超大河ドラマ『ダラス』でテキサスの大富豪ユーイング家の長男J・R・ユーイング（ラリー・ハグマン）の妻スー・エレンを演じて有名になりました。スー・エレンは、夫から利用され、虐げられ、長年、アルコール中毒と神経症に苦しむ人物です。このドラマは1980年代に全米で絶大な人気を博し、エピソード数300回を越える長寿番組（1978年3月〜1989年5月）に成長しました。リンダ・グレイは、ひきつった顔、震える唇、もの言いたげな大きな目で、酒に溺れきったスー・エレンを演じきりました。かつてミス・テキサスだったスー・エレンは、飲酒運転による交通事故や、アルコール中毒治療施設からの逃走劇など、酩酊状態で次々とトラブルを引き起こしては、なんとか乗り越えていくという役どころです。このドラマに描かれるきわめて男尊女卑的な世界では、女性の登場人物たちのほとんどが威厳を保つことができず、スー・エレンもやはり数々の屈辱に見舞われて

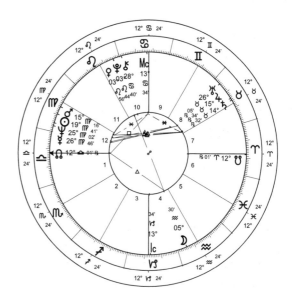

リンダ・グレイ

いきます。その一方で、彼女は、夫のライバルと不倫したり、自分たち夫婦のサディスティックでみだらな駆け引きに息子の存在を利用したりして、時折夫を出し抜くのです。スー・エレンを演じたグレイは、太陽−水星−海王星のコンジャンクションをほうふつとさせるかのように、こんな言葉を発しています。

> テレビドラマの役者のほとんどは、素の自分のままで出ています。そのほうが楽ですものね。でも、私はカメラがまわり始めたとたん、アクセントはもちろん、歩き方も口調も、見た目も変わるのです。

グレイのチャートは、中毒患者の役柄だけでなく、その役柄がもつ絶大な影響力もあらわしているようです。彼女が演じた『ダラス』のスー・エレンは、結婚生活の破綻やアルコール中毒を乗り越えていく姿によって世の女性たちに勇気を与えました。グレイのチャートを見ると、獅子座10ハウスの金星−冥王星がイグザクトのコンジャンクション（冷酷な石油王J・R・ユーイングとの結婚！）であり、その反対側の月とはオポジションを形成しています。さらには乙女座12ハウスには太陽と火星、海王星と水星がくっつくように並んでいます。1989年の最終シリーズでドラマを去るとき、スー・エレンは、映画製作で成功するビジネスウーマンへと転身を遂げていました。

では、ほかの俳優や彼らが演じた有名な役柄に関してはどうでしょうか？　マーロン・ブランドの太陽−月は牡羊座5ハウスでコンジャンクション、その太陽−月は、火星、冥王星とともに形成するTスクエアの頂点に位置しています。映画『欲望という名の電車』で、荒々しい性的魅力をもつ陰気で暴力的なごろつき、スタンリー・コワルスキーを演じたブランドは、それまで銀幕に存在しなかった新たなタイプの男性像を誕生させました。また、このTスクエアは、『ゴッドファーザー』三部作でブランドが演じたマフィアの重鎮、ドン・ヴィトー・

コルレオーネも象徴しています。コルレオーネお決まりのセリフ「奴らがけっして断れない申し出をする」はいかにも冥王星的です（もしこのTスクエアに絡んでいるのが海王星だったら、「奴らがけっして忘れない申し出をする」になったでしょう）。

ジャック・ニコルソン（太陽－天王星がコンジャンクション、冥王星ライジング）は、『シャイニング』で、頭のなかの悪魔と闘いながら自己破滅的な道をたどる狂気の男、ジャック・トランスを演じました。続く『カッコーの巣の上で』では、精神病院内で患者たちに反逆（天王星）をあおる男を演じています。ニコルソンの乙女座の月は、『恋愛小説家』で演じた潔癖症の小説家にもっともよくあらわれています。

シルヴェスター・スタローンが『ロッキー』で演じた労働者階級の英雄、ロッキー・バルボアは、愛国心の象徴のようなプロボクサーであり、アメリカ人の琴線（勝ち目のなさそうな側を応援したくなる心情）に触れる存在でした。ロッキーの人物像は、スタローンのチャートでもっとも重要なMC－月－木星のコンジャンクションに象徴されています（大衆の代表のような男が成功をおさめるという感動的で愛国的な勝利の物語）。彼の月は太陽のディスポジターであり、木星はチャート・ルーラーです。

スタローンといえば、怒りと復讐心に燃える暴力的なベトナム戦争帰還兵ジョン・ランボーも有名です。ランボーの信条は、「無駄に生きるか、それとも何かのために死ぬか」でした（スタローンは元大統領ジョージ・W・ブッシュと同じ日に生まれています）。

クリント・イーストウッドが『荒野の用心棒』などで演じた、無口で謎めいた孤独な流れ者、いわゆる「名無しの男」は、蠍座ASCと海王星－MCに象徴される、強くて寡黙なアンチヒーローの典型です。イーストウッドはその後、『ダーティ・ハリー』シリーズでは、連続殺人犯「スコルピオ（蠍）」を追いかける刑事役を演じました。

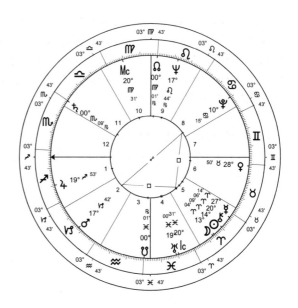

マーロン・ブランド
Tスクエア

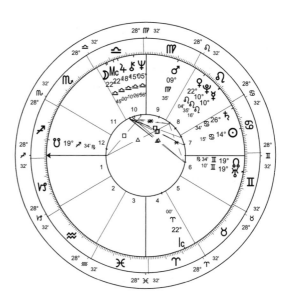

シルヴェスター・スタローン

妖精のような雰囲気と華奢な体型で知られる**オードリー・ヘップバーン**は、『ティファニーで朝食を』のなかで、自由奔放な快楽主義者ホリー・ゴライトリーを天真爛漫に演じました。当時（1950年代）の女性たちは、しとやかで家庭的であることを期待されていましたが、そうした堅苦しい理想像を破りたくても破れない、世の女性たちにとって、ホリー・ゴライトリーは夢のような存在でした。ヘップバーンの月は魚座1ハウスにあり、反対側の海王星－DSCとワイドなオポジションを形成しています。

　スティーヴン・キング原作の映画に出演し、有名になった**シシー・スペイセク**と**キャシー・ベイツ**（チャートは次ページ）は、ともに、天王星－双子座MCがコンジャンクション（ただしスペイセクの天王星は蟹座）、さらには乙女座での火星ライジングで、月は魚座にあります。

　スペイセクは、映画『キャリー』のなかで、クラスメイトからのけ者にされ、いじめられながら、やがて念力を使って、次々に復讐を果たしていく高校生を演じました。そんなキャリーには、心を病んだ狂信的なキリスト教徒の母親がいます。キャシー・ベイツは、『ミザリー』で、流行作家のファンを自称する猟奇的な女性アニー・ウィルクスを演じました。アニーは、事故に遭った作家を救い出して看病しますが、やがて彼を監禁拘束して、いたぶり始めるという役柄です。

　原作者スティーヴン・キングも、火星ライジング、乙女座太陽が双子座天王星とスクエアであり、二人の女優と火星や天王星の配置がよく似ています。

　その人がどんな職業につき、どんな人間と出会うかに関して、チャートには、人物像、体験、出来事、名前、状況などが鮮明に描かれています。そして、チャートがもつ主要なテーマは、人生のほとんどすべての場面にあらわれます。チャートはその全体がつねに作用しているのです。そのエネルギーの作用の仕方は2通り。1つは、自分自身が努力したり探求したりする場合、もう1つは、自分のチャートの主要なテーマを代わりに体現してくれる恋人やポップスターや物語に投影する

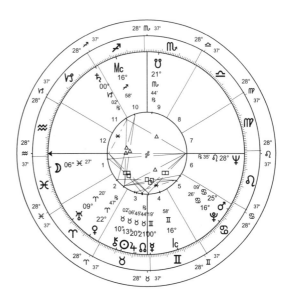

オードリー・ヘップバーン

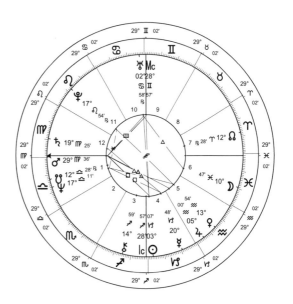

シシー・スペイセク

場合です。

　人はだれしも、自分のチャートに描かれた役柄に引き寄せられるものですが、俳優とは、チャートに描かれた役柄を演じるように選ばれた人であり、私たちの代わりに、チャートのテーマを演じてくれる人でもあります。俳優が演じる役柄、作家や監督によってつくり出される登場人物は、彼ら自身のチャートに書かれたステレオタイプや元型を体現しています。そういう人物をつくり出すことによって、彼らは自分のチャートのテーマや力学に取り組むチャンスを手にするのです。

ビッグドリームとビッグヘア：
大物TVプロデューサーのキャリアと出生図

　プロデューサーの**アーロン・スペリング**は、だれから見ても、優しく、親しみやすく、思慮深いボスだったようです。彼は、気難しい女優や男優を口説き落としては自分の作品に出演させるのが得意でしたが、その一方で、「天狗になっている」思春期の俳優たちには父親のように接しました。スペリングの太陽は牡牛座MCとコンジャンクションである以外はノーアスペクトです。そんな太陽にふさわしく、彼は物質的な豊かさを長年にわたって体現しました。40年以上も大衆文化の世界に君臨し、テレビを通じてお茶の間に影響を与え続けたのです（月－冥王星が蟹座でコンジャンクション）。おもしろいことに、太陽－MCをもつ人は職業的にとても目立つ存在になりながら、本人は、天高く昇った自分の太陽の陰に隠れていることを好みます。また、私生活は侵害を許さない神聖な領域と見なしています。

　太陽－MC、獅子座ライジングのスペリングは、小柄な体格で、巨大な会社を経営し、鋭い洞察力を発揮しました。MGM（獅子座）（訳注15）並みの大作主義をテレビの小さな画面で再現したスペリングは、まさに、テレビ界における「オズの魔法使い」でした。しかし、彼の職業人生の主要なテーマをあらわしているのはTスクエアのほうでしょう。牡牛座10ハウス水星が蠍座4ハウス木星とオポジション、それぞれが獅子座にライジングする海王星とスクエアを形成しています（不動サインの水星－木星のオポジションはカイトの背骨でもあります）。もともと脚本家・俳優だったスペリングは、テレビプロデューサーとして独立すると、数々のヒット作を生み出し、やがてテレビ界の大御所の地位へとのぼりつめます。70年代には木星－海王星的な性質（ドラマチックさ、ファンタジー、現

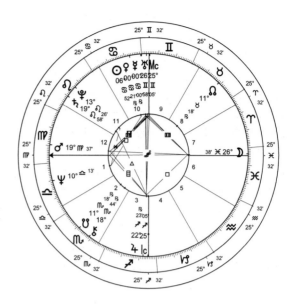

キャシー・ベイツ

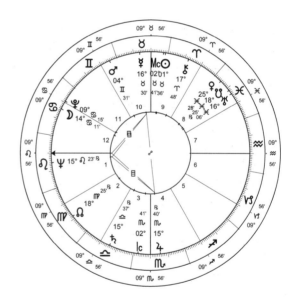

アーロン・スペリング
Tスクエア

訳注15：咆哮するライオンがトレードマークの映画会社。『オズの魔法使い』も同社のヒット作。

実逃避、豪華さ、ひそかな快楽など）の作品で大衆の心に訴え、80年代にはグラマラスな魅力を求める視聴者たちの要望に応えました。アメリカのアイデンティティや神話的ライフスタイルを描き出した彼のヒット作は、さまざまな国の家庭（月）にも配信され、1980年代のアメリカに対するイメージを確立させたのです（スペリングの月はアメリカの独立記念日7月4日の太陽とぴったり重なっています）。

興味深いことに、スペリングが手がけたドラマの設定は、このTスクエアからかなり詳細に読みとることができます。しかも、登場人物たち（たいていは三人組）の人物像も、このTスクエアの三本足が示しているのです！

『モッズ特捜隊』はスペリングの最初のスマッシュヒットとなった作品です。放送が開始された1968年9月は、スペリングのソーラーアーク金星が10ハウス（イコール・ハウス）に入っていて、ソーラーアークMCはネイタル天王星とスクエアでした。この番組は、若者層がテレビにとっていかに重要かを認識させるきっかけにもなりました（水星－木星－海王星のTスクエア）。ドラマは、警察に逮捕された、現代的な三人の若者（宣伝によれば「白人、黒人、ブロンド女性」）が、モッズファッションに身を包み、犯罪に立ち向かうという設定です。彼らは投獄を免れるかわりに体制（警察）に協力することになります。覆面捜査官としてカウンターカルチャーの潜入捜査を行い（水星が蠍座・木星とオポジション）、汚名をそそごうとするのです（海王星）。一人は裕福な家庭の息子（牡牛座・水星）、一人は激しさと暗さをもつアフリカ系アメリカ人（蠍座・木星）、そしてもう一人はスペリング自身の言葉を借りれば、「羽の折れたカナリア」（獅子座にライジングする海王星）という設定でした。

スペリング最大のヒット作は、犯罪に立ち向かう女性三人組を描いた『チャーリーズ・エンジェル』でしょう。パイロット番組が放送された1976年3月21日は、牡羊座の太陽が蟹座の火星とスクエアでした。スペリングのソーラーアーク金星は、ネイタル水星に重なっていました。いみじくも、このドラマは一大センセーションを巻き起こし、「お色気ドラマ」と呼ばれるようになりました。状況設定や人物設定も、牡牛座・水星、蠍座・木星、獅子座・海王星の象意をみごとに体現しています。主人公の三人の女性は、警察のデスクワークに退屈し、華麗な（ビキニや高級ファッションに身を包んだ）私立探偵に転身、潜入捜査を請け負うことになります。彼女たちをスカウトした雇い主は、（声で連絡をとるだけで）けっして姿を見せない、謎の女好きの大富豪です。三人の女性の一人は、まじめで現実的で、タートルネックとハスキーボイス（牡牛座）が特徴のインテリ、もう一人は陰のあるセクシーさと世慣れした雰囲気をもちながら、じつは傷つきやすく、いじめられた経験のある孤児院育ち（蠍座）、そしてもう一人は、ふさふさのたてがみのような金髪がトレードマークのグラマラスなレーシングカー・ドライバー（獅子座）です（彼女の髪型は「ファラ・カット」と呼ばれるほど人気を呼び、世界的な現象になりました）。

20世紀でもっとも退廃的な時期に登場したのがドラマ『ダイナスティ』です。放送開始は1981年1月12日。その2週間前に木星－土星がコンジャンクションになったばかりでした。ここでもう一度、スペリングのTスクエアを思い出してください。このドラマは、田舎町の事務員が石油王の上司と結婚したことで、富と浪費と成

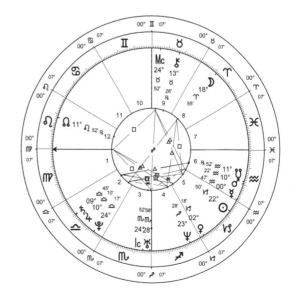

『ダイナスティ』

金趣味に支配された敵意だらけの世界で途方に暮れるという設定です。やがて彼女は、さげすまれ復讐心に燃える前妻とのあいだでバトルを展開します（スペリングの蟹座・月－冥王星は天秤座・土星とスクエア）。視聴者は、この資本家一族が繰り広げるドロドロの権力闘争劇を、毎回、これでもかというほど見せられました。ちなみに主人公一家の住まいは48部屋もある大邸宅でした（蠍座4ハウスに木星をもつスペリング自身は、1991年に全123室、床面積5250㎡の大豪邸を建てています。一家族が所有する家としては、カリフォルニアで最大といわれました）。美しいガウンに身を包んだ大金持ちが悪事を働き、醜態を演じる『ダイナスティ』は、いわばキャンプでした。「キャンプ」には木星的な性質があります。エッセイストのスーザン・ソンタグは、「キャンプは深刻さを軽薄さに変える。キャンプの特徴は浪費の精神にある」と述べています。『ダイナスティ』が最高視聴率を叩き出した1983〜1984年、スペリングのソーラーアーク水星はネイタル月に到達しています。

『Fantasy Island（ファンタジー・アイランド）』は、不思議な島の謎の管理人と小柄なアシスタントが、訪問者たちから大金を受け取って、長年の夢を叶えるという物語。『探偵ハート&ハート』は、フリーのジャーナリストと結婚した億万長者が、どんちゃん騒ぎの合間に、豪華な自家用ジェットで世界各地を訪れては、行く先々で、夫婦仲良く探偵のように難事件を解決していく物語。『ビバリーヒルズ高校白書』では、郊外からハリウッドに引っ越した双子のティーンエイジャーが、カルチャーショックに襲われながらも、やがて、スターぞろいの超リッチなコミュニティの「お金はあってもかわいそうな子たち」と友情を結んでいきます。『チャームド』では、自分たちが魔女の子孫だと知った三姉妹が、恋愛や仕事など現実的な悩みを抱えながら、悪魔から善人を守る闘いに乗り出していく様子が描かれました。姉妹の一人は念じるだけでものを動かすことができ（牡牛座・水星）、もう一人は時間を凍結させて、動いているものを停止させる能力をもち（蠍座は不動・水のサインですから、ディープフリーズでしょう！）、もう一人は予知能力とエンパス（人の感情や感覚を鋭く読みとって共感する能力）（海王星）をもち、未来を予測することができるという設定でした。

『The Love Boat（ラブボート）』（豪華客船パシフィック・プリンセス号を舞台に、笑いあり、ロマンスあり、涙ありのドラマが繰り広げられました）や『7th Heaven（七番目の天国）』『ベガス』『サンセットビーチ』の設定も、スペリングのTスクエアに描かれています。『刑事スタスキー&ハッチ』もそうです。穏やかな口調とこざっぱりした身なりのクールなハッチと、下町育ちで皮肉屋のスタスキー、そして派手ないでたちの情報屋ハギー・ベアが登場します。

チャートが示す心理的な特徴ばかりに注目していると、おもしろいほど「天地が響き合っている様子」を見逃してしまうかもしれません。出生図に象徴的に示された事柄は、実際の人生であれ、テレビドラマのなかであれ、具体的な出来事や状況や人物としてあらわれるのです。

楽曲にあらわれる占星術的な符号

ときとして歌手は、特別なメッセージやテーマをもつ曲を書いたり、レコーディングしたりしますが、そういう曲は本人のチャートから読みとることができます。とくに、その楽曲がその人の代表作であれば、なおさらです。

アイコン・イズ・バリー・ホワイト

MCが蠍座にある（蠍座のコールーラーである火星は、天秤座で金星と海王星に挟まれている）バリー・ホワイトは、深みのある情熱的なバリトンボイスで数々のR&Bナンバーを生み出しました。豪華なオーケストラ仕立ての甘美なサウンドは、誘惑をもくろむ男性たちの心情を歌い上げています。

もともと女性バンド「ラブ・アンリミテッド」（金星－海王星）のプロデューサー兼アレンジャーだったホワイ

トは、やがて自分自身も歌手としてスポットライトを浴びるようになります。代表作には「マイ・エブリシング」「あふれる愛を」「愛の烙印」「ラブ・セレナーデ」や、アルバム『アイコン・イズ・ラブ』『ステイング・パワー』などがあります。「愛のセイウチ」とあだ名されたホワイトは、自分のサウンドとベルベットボイスを「タフだが優しく、マッチョだが官能的、巨大だが親密、男らしいが謙虚」と表現しました。

　ホワイトが自身のキャリアを決定づけるような曲を書いた時期、またはリリースした時期は、トランジット天体やソーラーアーク天体は、いかにもそれにふさわしい動きを見せていました。

トラブルのTはタミーのTスクエア

　「ひとしずくの涙に濡れた声で歌う」といわれた、カントリーミュージックの伝説的歌手**タミー・ワイネット**には、男性への愛を貫く女性をテーマにした「スタンド・バイ・ユア・マン」という代表曲があります。ワイネットと共同作曲者ビリー・シェリルは、この曲について、男女平等を後退させるつもりで書いた曲ではないと主張しましたが、フェミニストたちの反発を受けてからというもの、二人は自分たちの作品の擁護にかなりの時間を費やすことになりました。あるときシェリルは、「この曲は『アイラブユー』を素直に表現しただけにすぎない」と言っています。しかし、たくさんある男性の欠点に目をつぶろうと呼びかけている歌であるのもたしかです（「所詮、男なのよ、仕方ないじゃない」）。

　この曲は、寛容と忍耐を歌ってはいますが、男性に踏みにじられてもひたすら我慢するだけの女性を描いたわけではありません。もっとも、ワイネットのチャートはどちらも現象化し得ることを示しています。彼女のネイタル金星は魚座の最後に位置し、反対側の海王星とオポジションであり、どちらも蟹座・火星とワイドなスクエアを形成しています。また、この曲とは違って、ワイネット自身の結婚生活は波乱万丈なものでした。彼女は生涯に5回結婚し、終生さまざまな健康問題に直面しました。冥王星 DSC、蠍座 MC、金星－海王星オポジションのワイネットは、こうしたパワフルなアスペクトを自分で使いこなそうとせず、夫となる人に自分の人生とキャリアのかじ取りを任せたのです。

　「スタンド・バイ・ユア・マン」の成功で、一夜にしてスーパースターの座に押し上げられたワイネットは、カントリーミュージックの女王と呼ばれるようになります。この曲がリリースされた 1968 年 9 月は、トランジット天王星と日食が彼女のネイタル金星とはオポジションの位置にありました。天王星は崩壊や分裂の象徴でもありますから、この曲は当時の彼女にまさに必要だったものなのかもしれません。

　この曲とワイネットがさらに悪評を買うことになったのは、のちにファーストレディになるヒラリー・クリントンが、それまで固くつぐんでいた口を開き、浮気性の夫ビル・クリントンへの忠誠心を示しながらも、ワイネットのヒット曲を引合いに出して、「私は（ワイネットの曲とは違って）男の横におとなしく立っているような女ではない」と言って物議をかもしたのです。ヒラリーの水星は、ワイネットの蠍座 21 度の MC にぴたりと重なっています。ヒラリーの失言があった 1992 年 1 月 26 日、トランジット冥王星は蠍座 22 度にありました。

タミー・ワイネット

信じて、信じて、クレイジーに：魚座 MC

シェールを人気歌手に返り咲かせた大ヒット・シングル「ビリーヴ」はその題名だけでなく、ボーカル部分のピッチを補正し、独特のサウンド・エフェクトを利かせたという点でもいかにも魚座的です。この曲がリリースされたとき、MC のコ・ルーラーである木星は、彼女のネイタル魚座 MC を通過中でした。さかのぼること十代のころ、シェールは当時夫だったソニー・ボノと「アイ・ガット・ユー・ベイブ」を発表しています。この初期のヒット曲で、シェールは世間の期待に逆らうティーンエイジャーの恋を歌いました（「みんなは言うの、私たちのこと、若すぎるとか、ものを知らないとか。子どもだからわからないんだろう、好き合ってるだけじゃ、部屋代も払えないぞ、って」）。シェールのチャートを見ると、月は山羊座 7 ハウス、土星は蟹座 1 ハウスにあり、ASC と DSC のルーラーがミューチュアル・レセプションです。

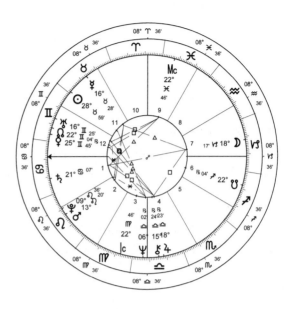

シェール

ジョージ・マイケルは、ベストセラー・アルバム『フェイス』（訳注16）でソロデビューを飾りました（このアルバムの最初のシングル・カットは、マイケルの木星回帰の数週間後にリリースされています）。その他のアルバムからのシングル曲「プレイング・フォー・タイム」「ジーザス・トゥ・ア・チャイルド」なども、MC 魚座をほうふつさせるナンバーです。2011 年にシングル「トゥルー・フェイス」をリリースしたときも、トランジット木星が牡羊座にあり、マイケルのネイタル木星と重なっていました。彼の MC 魚座はゴシップ紙にネタを提供し続けました。1998 年 4 月にトランジット木星がマイケルのネイタル MC に到達したとき、彼は公衆トイレでのわいせつ行為によって逮捕されています。ドラッグ関連の自動車事故を次々に起こしたときは、トランジット天王星が MC 魚座の近くにありました。チャートの別の部分にも目を向けてみましょう。大ヒット曲「ケアレス・ウィスパー」は、双子座 11 ハウスの水星－金星と乙女座 2 ハウスの火星－冥王星のスクエアに象徴されます（「なかったことになんてできない、親友に聞かされた、あのうかつなささやきを」）。利那的な恋（双子座・金星と乙女座・火星のスクエア）を歌った「ファスト・ラブ」がリリースされた 1996 年 4 月 22 日は、彼の金星回帰の日でした。

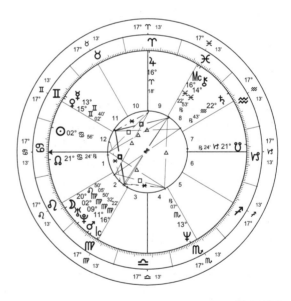

ジョージ・マイケル

訳注 16：信仰や信念の意。

リッキー・マーティンのポップ・ヒット「リヴィン・ラ・ヴィダ・ロカ」(「クレイジー・ライフを生きよう」の意)は、彼の魚座 MC と魚座 10 ハウス・月－火星のコンジャンクションを反映しています。マーティンとジョージ・マイケルはどちらも、性的な指向をめぐって、長年ゴシップ紙をにぎわせ、マスコミの憶測 (魚座 MC) を呼びました。

タイタニックの衝撃(ヒット)

木星－海王星というと、私は大がかりな幻想 (と幻滅) を連想します。伝説の豪華客船タイタニックを例に考えてみましょう。オリンピック号とブリタニック号の姉妹船として富裕層のために建造されたタイタニック号は、当時、贅のかぎりを尽くした世界最大の蒸気客船との呼び声の高い木星－海王星的な船でした。

しかし、そのタイタニック号は処女航海中に大西洋で巨大な氷山に衝突し、乗員乗客 1500 人が海の藻屑となったのです。この事故は、有史以来最大の海難事故であり、結果として、海事法の改正につながりました。

事故当時は、水星と木星が逆行中、ボイドの月が天王星とコンジャンクション、太陽が海王星とスクエア、魚座・金星が火星－冥王星とスクエアでした。タイタニックは、処女航海にして、この上なく大きな破滅の山場を迎えたのです。

1997 年、この悲劇的な事故をモチーフにした映画『タイタニック』は、総製作費にして最大規模 (当時)、アカデミー賞最多受賞 (歴代) の作品になりました。監督・製作のジェイムズ・キャメロンは、木星－海王星がスクエアだった 1954 年 8 月 16 日に生まれています。主題曲「マイ・ハート・ウィル・ゴー・オン」は、タイトルだけでもすでに海王星的ですが、1998 年に (さすが偏在性にかけてはピカイチの海王星らしく)「全世界で」もっとも売れたシングル曲となりました。この曲で永遠の愛をドラマチックに歌い上げた**セリーヌ・ディオン**は、獅子座・木星と蠍座・海王星がイグザクトのスクエアです。

この映画で主演をつとめ、スーパースターの地位を確立した (「レオ・マニア」と呼ばれる海王星的なファンを獲得した) レオナルド・ディカプリオも、木星と海王星のイグザクトのスクエアをもつ人です。

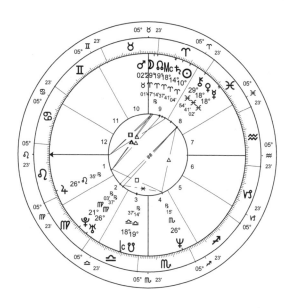

セリーヌ・ディオン

ハレルヤ・ファクター

木星－海王星性的な特色は、詩人で歌手だったレナード・コーエンの哀愁漂う聖書的世界観の名曲「ハレルヤ」にもあらわれています。リリースは 1984 年ですが、最近では 2008 年に音楽オーディション番組『アメリカン・アイドル』や『X ファクター』の出場者たちがカバーしてヒットしています。乙女座 ASC と太陽がコンジャンクションというダブルの乙女座強調をもつコーエンは、月が魚座にあり、MC ルーラーの水星が木星とコンジャンクション、金星が海王星とイグザクトのコンジャンクションです。

「ハレルヤ」のカバー曲を商業的にもっともヒットさせた**ジェフ・バックリィ**の場合、獅子座・木星が 12 ハウスに上昇しています。蠍座ステリウム (太陽－水星－金星－海王星の天体集中) をもつ彼は、このカバー曲を「オーガズムのハレルヤ」への賛歌と呼び、官能的な解釈を加えました。このカバー曲は、ジェイソン・カス

トロが『アメリカン・アイドル』で歌って以来、タレント発掘番組でさかんに歌われるようになりました。カストロのネイタル太陽-木星はコンジャンクション、その太陽-木星は（案の定）海王星とスクエアを形成しています。

天と地のつながりはこんなところにも

ニーナ・シモンの甘美なメロディと、公民権活動家としての政治的なメッセージは、蠍座MC、月-冥王星オポジションに見てとれます。もっとも有名な曲は、不実な恋人を呪った歌「アイ・プット・ア・スペル・オン・ユー」（「あなたが私を必要としなくてもかまわない。あなたは私のものなんだから」）と、一度聴いたら忘れられない「マイ・ベイビー・ジャスト・ケアズ・フォー・ミー」でしょう。蠍座色の強い曲はまだまだあります。たとえば、のちにアレサ・フランクリンがカバーした「ヤング・ギフティッド・アンド・ブラック」、同じく蠍座MCをもつビリー・ホリデイの曲として有名な「奇妙な果実」、ジャック・ブレルの「行かないで」、黒人の自由と解放を求めた「自由になりたい」、そして伝説的な「ミシシッピ・ガッダム」などです。

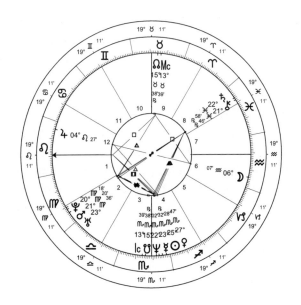

ジェフ・バックリィ

神聖なるロックの王国を冒涜するつもりはないのですが、伝説的なミュージシャンと名曲のあいだにも、おもしろいくらい占星術的な符号が見つかります。たとえば、ジミ・ヘンドリックス（金星と冥王星のオポジション）の「エレクトリック・レディランド」、パティ・スミス（MCルーラー金星-木星・蠍座のコンジャンクション、射手座ライジング）のパンクロック／アンダーグラウンドのデビューアルバム『ホーセス』、ジョーン・バエズ（海王星-DSCのコンジャンクション、牡羊座ライジング）の「ラブ・ソング・トゥ・ア・ストレンジャー」「プリズン・トリロジー」「スイーター・フォー・ミー」「ダイアモンド・アンド・ラスト」、ジョン・レノン（水瓶座・月と冥王星のオポジションが水星と組んでTスクエア）のパワフルでシンプルな社会的メッセージ・ソング「イマジン」、ティナ・ターナー（木星と海王星のオポジションが5ハウス金星とTスクエア、火星が7ハウス魚座）の「ア・フール・イン・ラブ」、ポール・マッカートニー（太陽とASC海王星のスクエア）の「ヘイ・ジュード」と昨日を懐かしむ「イエスタデイ」……。ちなみに、ボブ・ディラン（双子座生まれ、射手座ライジング、太陽-月-木星-土星が天王星の前後に集中）だからこそ、あの眠気を催す名曲「時代は変る」が書けたのでしょう（「古い道はあっというまに老朽化していく」）。

ジュディ・ガーランドの「虹の彼方に」には、彼女の魚座MCの象意や、「子守歌で聞いた場所」への夢とあこがれがあらわれています。彼女の魚座・天王星-MCコンジャンクションは、精神的に浮き沈みの激しかったガーランドの人生や私生活での悲しみだけでなく、彼女の死がきっかけで起きた「ストーンウォール暴動」も象徴しています。それまで警察に虐げられてきた少数者たち（魚座）が初めて反乱（天王星）を起こしたのです（訳注[17]）。

訳注17：性的に奔放で、同性愛者に共感的だったガーランドの死は、ゲイコミュニティに大きな衝撃を与えたとされる。

ドリス・デイの場合、そこに見られる象徴性は もう少し複雑なものです。彼女は、「未来はなる ようになるだけ」という意味の楽曲「ケ・セラ・ セラ」で有名ですが、MCルーラー水星は宿命 的な魚座にあり、その水星自身が支配する乙女 座ASCとオポジションを形成しています。また、 この水星は双子座・月MCとスクエアであり、 火星は哲学的な射手座ICにあります。曲中の 母親（月）は「先のことなどわからない。ケ・セ ラ・セラ」と娘（ドリス・デイ）に歌いかけます。

小説とチャートの符号

小説家のチャートを見ていると、登場人物の 設定や人生観、プロットのなかに、作家自身の チャートが浮かび上がってきます。作家がどんな テーマやジャンルに惹きつけられ、ひらめきを感 じるかは、出生図にも、作品の執筆中や出版時 のプログレス天体やソーラーアーク天体の動きに もあらわれるからです。

作家の人生を一変させた登場人物

作家ミュリエル・スパークは、20世紀の偉 大な小説家の一人と呼ばれています。不幸な結 婚生活とノイローゼを経験したのち、1954年に ローマ・カトリック教徒になりました。この改宗は 「彼女の人生のなかで、安定した知的な力を生 み出すための」きっかけになったといわれていま す。

もともと詩人だったスパークですが、小説作品 の多くでは、家庭内の不穏な空気やこの世界で 女性として生きることの不満を表現しました（彼 女のネイタルの月－火星は天秤座、金星－天王 星は水瓶座です）。また、ぶっきらぼうで素気な い文体を特徴としています。彼女の作品には、 陳腐なものに風穴を開けて、不快な真実──し ばしばシンプルな見かけの奥に隠されている真 実──を暴き出すような辛辣で意地の悪いウィッ ト（MCルーラーの水星が山羊座に、天秤座・ 月－火星が冥王星とスクエア）にあふれています。

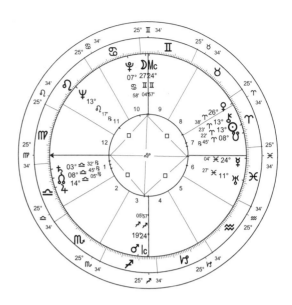

ドリス・デイ―グランドクロス

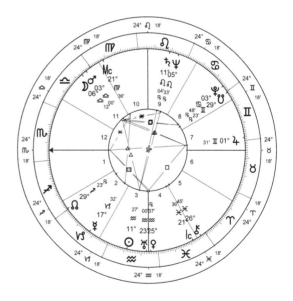

ミュリエル・スパーク

スパークのチャートのテーマと主要なアスペクトは次のようなものだと考えられます。

- 水瓶座が風のサイン、風のハウス、不動のサインで強調されている。（太陽が水瓶座にあり、同じく水瓶座にある金星が水瓶座ルーラーの天王星とコンジャンクション）
- 3ハウス太陽と9ハウス土星ー海王星がオポジション。金星ー天王星がDSC木星とスクエア。月ー火星が冥王星とスクエア。

スパークがつくり出したもっとも印象的な登場人物は、『ミス・ブロウディの青春』に出てくる進歩的なカリスマ教師ジーン・ブロウディでしょう。倫理と人心の操作を描いたこの作品は、最初、文芸誌『ニューヨーカー』の連載小説として発表されました（1961年10月14日号より）。しかし、同誌の常連作家になれなかったスパークは、1961年8月、この小説を他の出版社に送り、一冊の本として刊行します。そのときトランジット天王星は獅子座25度を運行中であり、スパークのネイタル10ハウスに入ったばかりでした。また、反対側のネイタル金星ー天王星とはオポジションを形成していました。この小説の刊行はスパークが重ねてきた苦労の突破口となり、成功と名声をもたらし、人生を一変させたのです。そして、このジーン・ブロウディという忘れがたい人物の誕生とともに、作家スパークのチャートのテーマがくっきりと浮かび上がってきます。

この本の別の箇所でも書きましたが、自分の太陽サインのエッセンスとしっかり向き合い、それを実現していくことは、きわめて重要なことです。太陽サインのメッセージに応えないでいると、オポジションのサインのもっともネガティブな性質にどっぷりつかることになりかねません。個々のサインがもつ陰の部分は、通常、対極に位置するサインにとって受け入れがたい性質をあらわしています。作家は、しばしばこうした対極的な性質を利用して、多面的な人物像をつくります。ポール・ライトの著書『The Literary Zodiac（文学と占星術）』には、文芸作品の主題における太陽の重要性が説かれています。スパークが生み出したミス・ブロウディという人物は、表向きは水瓶座らしい超然とした理想主義と平等主義を特徴とする「普通の人」ですが、仮面の下にいるのは、自己中心的で、神に選ばれし支配者然とした、いかにも獅子座的な「特別な人」なのです。ジョージ・オーウェルの小説『動物農場』（早川書房ほか）に登場する指導者たちも、「すべての動物は平等である」と宣言したあと、こう付け加えています。「しかし、一部の動物は他の動物より、もっと平等である」

個人主義的な獅子座のルーラーである太陽が、集団主義的な水瓶座にあると、興味深くも複雑なパラドックスが生まれます。チームスピリットが優先される世界で、個人は真の意味で「自己中心的でいられる（自分を大切にできる）」のでしょうか。個人がその集団の典型的な一員でなくなったとき、つまりメンターやグル、あるいはスヴェンガーリ（訳注[18]）へとのし上がったとき、水瓶座の知的な公平さや博愛主義はむしばまれていく可能性があります。水瓶座の多くは「自由、平等、友愛」のために闘いますが、その一方で、まさに自分が擁護しようとしている同胞たちに対して、ひそかな優越感を抱いています。高い理想を掲げたミス・ブロウディが、じつはエリート意識の強い人であることに読者はすぐに気づくでしょう。ミス・ブロウディは学園内で選んだお気に入りの少女たちの英才教育に打ち込むことで、自分の人生最良のとき（青春）を謳歌していますが、そのじつ、自分の考えを少女たちに押しつけているにすぎないのです。

> 私に多感な時期の少女を任せてごらんなさい。私の思いどおりの子に育て上げてみせるわ
> ―― ジーン・ブロウディ

水瓶座の陰の部分は、えこひいき（派閥の必要性）、全知感（自分はなんでも知っているという感覚）、「特殊な個性の持ち主（パーソナリティ）」でありたいという願望、崇拝され、模範とされる英雄としての高揚感などとなってあらわれます。事実、ミス・ブロウディは、自分を慕う排他的な親衛隊「ブロウディ組」の少女たちを「あ

訳注18：よこしまな動機で人心を操る人

なたたちは一流中の一流よ」と呼んで、強烈な個性で群れを支配していきます（そんな彼女のことを鋭い洞察力で「先生は自分を神だと思っているのね」と見抜いたのは、ブロウディ組の一人で、のちに彼女を裏切ることになるサンディでした）。生活から夢や美意識に至るまで、少女たちをコントロールしようとするミス・ブロウディは、ファシズム賛美を語るなどして、生徒たちに自分を強烈に印象づけようとします。彼女が少女たちを一方的に決めつけていく様子（「サンディは使える子ね」「ジェニーはいずれ画家の目にとまって、何度も絵のモデルになるでしょう」）は、まるで神にでもなったかのようです（木星−DSC）。少女たちに未来図を指し示すことで、厳格な運命論を植えつけようとするミス・ブロウディ。じつは彼女は教え子たちを通じて人生を追体験しているのですが、そのことは、少女の一人に、自分の元パートナーのベッドの相手をさせようとしたことからも明らかです。

　この小説のメッセージを象徴しているのは、作家スパークのチャートの主要なアスペクトである、水瓶座3ハウス太陽と獅子座9ハウス土星−海王星とのオポジションです。教室（3ハウス）内のカリスマであるミス・ブロウディは、学校や社会の枠を超えた進歩的な思考（天王星も3ハウス）を生徒に奨励します。少女たちを思いどおりに操ろうとすることにかけて、彼女は強い意志と行動力と型破りさを備えています。やがて読者は、ミス・ブロウディの感化力（海王星）がもつ危険で致命的な魅力を目の当たりにします。彼女に感化された少女の一人は、兄が入っているファシズム運動に参加し、命を落としていくのです。

　ミス・ブロウディの進歩的な教えは、1930年代の保守的な（土星）エディンバラにある女学園の厳格な伝統（土星）とは対照的なものでした（スパークの土星は太陽とオポジションであるだけでなく、3ハウスのルーラーでもあります）。ミス・ブロウディは、カリキュラムなどそっちのけで、美意識や芸術や詩を教えたり、自分の恋愛物語（フランダースで戦死した恋人のヒューを賛美する話）を披露したりします。その一方で、現実には複雑な男性関係を続けています。かたや彼女と真剣に向き合おうとする保守的な音楽教師（土星）、かたや彼女にのぼせあがり、秘密の関係を続けたい既婚者の美術教師（海王星）がいて、板挟みになっているのです。小説でも映画化作品でも、最後までミス・ブロウディはどちらの男性とも距離を置いたままの独立した存在（太陽・水瓶座）として描かれています。

　ミス・ブロウディがファシズムに傾倒し、とくにムッソリーニを称賛する様子は、やはりスパークのチャートの主要なオポジションによって象徴されているのです。では、ファシズムのイデオロギーや指導者についてはどうでしょうか？　ベニート・ムッソリーニが政治の世界で台頭した1917年から1918年前半（スパークが生まれた時期）は、土星−海王星が獅子座でコンジャンクションを形成していました（しかも、そのコンジャンクションは彼の9ハウス太陽−水星に重なっていました）。基本的に権威主義的なイデオロギー（土星−海王星）であるファシズムは、エリートたち（獅子座）が社会共通の目標を「守り」、社会階級に基づく差別と闘う（水瓶座）という意味で伝統と革新の両面をもち合わせていました。1932年、『The Doctrine of Fascism（ファシズムの教義）』でムッソリーニは、ファシズムの集産主義（個人主義に対立する概念として）について──人間同士の相互依存と、個人のニーズに優先される集団の目標について──述べています。彼の言葉からは、獅子座−水瓶座の両極性と、土星−海王星コンジャンクションが見えてきます。「ファシストが考える国家とはあまねく包括的なものである。ファシズムは宗教的

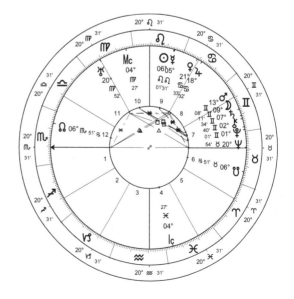

ベニート・ムッソリーニ

概念であり、そこでは、人間は上位の法と内在的な関係をもつ存在と見なされる。その関係とは、個人のなかに霊的な社会の一員としての意識を目覚めさせる、客観的かつ個を超越した大いなる意志との関係なのである」。このように理想を語りながら、ムッソリーニは権力者に対する憲法上の縛りをことごとく破壊し、ミス・ブロウディと同じく、自らが法となっていきました。

ムッソリーニのチャートには、ミス・ブロウディの生みの親であるスパークとの興味深い符合が見られます。たとえば、蠍座20度のASC（スパークのASC近く）、双子座1度冥王星（スパークの木星とコンジャンクション）、乙女座20度天王星（スパークのMCとコンジャンクション）などですが、もっとも目を引くのは、獅子座9ハウス太陽－水星コンジャンクションです（スパークの9ハウス土星－海王星コンジャンクションとはオーブ5度内におさまっています）。

ムッソリーニとの関連性はまだまだあるかもしれませんが、スパーク最大の代表作である『ミス・ブロウディの青春』は、ファシズムの寓話として見ることができるでしょう。ミス・ブロウディは自分の矛盾にはほとんど無自覚です。教え子たちに自由に考えることを求めながら、その全体主義的な個性ゆえに自分の理想を押しつけています。「ブロウディ組」をムッソリーニの黒シャツ隊になぞらえるサンディとは対照的に、ミス・ブロウディは、ファシズムの危険性にも自分の親衛隊の不満にも気づきません。やがて、彼女のクローンになることを拒み、カトリックに改宗したサンディによって、ミス・ブロウディは裏切られることになります。サンディは、ブロウディのもくろみを校長に知らせることが、自分の道義的な義務だと感じるのです（スパーク自身がカトリックに改宗したのは、1954年、再び土星－海王星がコンジャンクションになった直後のことです）。サンディが自分たちを操作しようとする女教師に「ストップをかけた」のは、おそらく嫉妬心からなのでしょう。ミス・ブロウディは生徒たちにファシズムを教えたかどで学園を追われ、（小説のなかでは）自分の「暗殺者」を突き止めることに残りの人生を費やすことになります。

クリスティーナ・ケイは、スパークの母校の教師であり、ミス・ブロウディを着想するきっかけとなった人物です。ケイのチャートには、獅子座26度天王星（スパークの金星－天王星とはオポジションを形成。『ミス・ブロウディの青春』が出版された1961年10月は、トランジット天王星がケイのネイタル天王星を通過する天王星回帰の時期）のほか、スパークとのあいだに非常に興味深いシナストリーが見られます。たとえば、水瓶座27度MC（スパークの金星－天王星とコンジャンクション）、牡羊座1度土星（スパークの月－火星とオポジション）、牡牛座25度冥王星－牡牛座28度水星（スパークのDSCとコンジャンクション）、水瓶座6度木星（スパークの太陽の近く）などです。

1966年5月、ヴァネッサ・レッドグレーヴは、この小説を舞台化した作品でミス・ブロウディを演じました。そのレッドグレーヴは、ASCを獅子座24度にもち、さらに驚くことに、太陽と水星がそれぞれスパークの太陽、水星とコンジャンクションです。また、レッドグレーヴには土星と海王星のオポジションがあります。1969年3月2日、マギー・スミスがミス・ブロウディ役を演じてアカデミー賞を受賞した映画が封切られると、スパークの国際的な評価はさらに高まりました。ちょうど、トランジット木星－天王星が天秤座2～3度でコンジャンクションであり、スパー

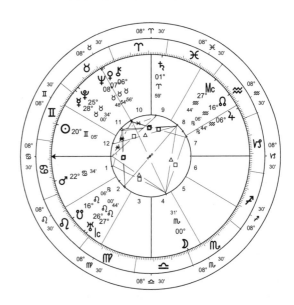

クリスティーナ・ケイ

クのネイタル火星と重なっていたうえ、牡羊座2度にあった彼女のプログレス／ソーラーアークの太陽とオポジションでした（彼女のソーラーアーク火星はネイタルASCに重なっていました）。スミスの出生時間は不明ですが、それでもスパークとの驚くべきシナストリーが見てとれます。スミスの太陽－水星はスパークの冥王星とオポジション、火星は天秤座7度（スパークの月－火星とコンジャンクション）、金星は山羊座15度（スパークの山羊座17度水星とコンジャンクション）、土星は水瓶座24度（スパークの水瓶座25度金星－水瓶座23度天王星とコンジャンクション）なのです。

　ミュリエル・スパークの小説自体は、学生時代の体験に基づく自伝的な性質のものですが、スパークのチャートの力学のなかにもっとも鮮明に描き出されているのは、周囲からのけ者にされ、尊大な一匹オオカミになっていく主人公ミス・ブロウディであり、創作の世界に強烈な痕跡を残すことになるぞっとするような人物像です。

　スパークの作品の多くは「判断」をテーマにしています。過ちを犯さずにいられない人間の性質や、そういう人間を間違って信じることの危険性を問いかけ（9ハウス土星－海王星が水瓶座・太陽とオポジション）、むしろ神を信じるほうがましであることが、再三、示唆されているのです。

　この水瓶座・太陽と獅子座9ハウス土星－海王星とのオポジションの象徴をみごとにとらえるかのように、作家カール・マクドゥガルは、スパークの1970年発表の小説『運転席』（早川書房）を次のように表現しています。「この物語でおとぎ話的ロマンスが覆されていく様は、個人主義の希求が孤立をもたらし、精神的な充足がカルトに取って代わられた様とまったく同じだ。かつて内的な確信だったものが、いまでは混乱にすぎない。エセの霊的体験やエセの信仰が、一過性の熱狂と同じように、私たちから社会的精神的な価値観を奪い去っていく」。スパークが亡くなったとき、作家アレックス・クラークは、『ガーディアン』紙（2006年4月14日）で次のような追悼文を書いています。「ミュリエル・スパークの作品の特徴は、カリスマと、そのカリスマのもとで無制限に展開される欺瞞の研究にあると言ってもいいだろう」

ホシをあげろ！

　チャートのどこを見ても、その人の職業が「大工だ」とか「アイスホッケーのチャンピオンだ」と書いてあるわけではありません。職業選択の自由に幅がある現代社会ではなおさらです。現代人は、自分らしさを示すような仕事を運命として受け入れることに、以前ほど抵抗を感じていないし、そういう仕事に就きたいという意識（実際に就くかどうかは別として）も高まっています。占星家がチャートから読みとれるのは、その人がどのような職業上の動機や資質や情熱をもち、それが大まかな性格の形成にどうかかわっているかということです。ここでは弁護士という職業を例にとって考えてみましょう。イギリスの弁護士は、法廷弁護士と事務弁護士に分かれ、まったく別の職務を担当しています。法廷弁護士は事務弁護士から委任を受けて、裁判官の前で弁論を行う「弁論権」を有しています。この「弁護」や「擁護」という仕事は水星が司っていますが、だからといって、法廷弁護士たちの出生図（や水星の状態）に共通の特徴があるわけではありません。事務弁護士の動機や仕事の流儀やコミュニケーション能力が人によって違うように、法廷弁護士といっても、その特徴は千差万別なのです。占星家が天体配置から読みとることができるのは、法廷弁護士か事務弁護士かという細かい区別ではなく、弁護士という仕事への向き合い方や流儀ではないでしょうか。つまり、「同じ一連の特性」をもつ職業人のチャートに、また、ある仕事をめぐって「同じ一連の動機」もつ人たちのチャートに、共通のつながりを見つけるほうが実りは大きいと思うのです。

　アストロデータバンクの創始者ロイス・ロデンは、著書『Profiles in Crime（犯罪行動の類型学）』のなかで次のように述べています。

ひと口に犯罪行為——人の法を犯す行為、あるいは他人の権利や幸福を侵害する行為——といっても、その性質や程度はさまざまです。法を破った人が犯罪者であるなら、順法精神あふれる私たち一般市民の多くも例外ではありません。交通違反、所得の過少申告、経費の水増し、自社製品の持ち帰りなどを考えれば、犯罪者の定義が当てはまるかもしれないのです。他人が犯した不作為や作為（すべきことをせず、すべきでないことをする罪）のなかにも、我が身を振り返れば許せるものもあるでしょう。それに、基本的にふつうの人は、社会化のプロセスで道徳規範を身につけていくものです。

「極悪非道」とされる人たちのチャートをいくつか見ていくと、つい、特定の天体配置を指さして「犯人はこの天体だ！」と思いたくなるかもしれません。しかし、チャートとはある瞬間の天空を切り取ったものであって、その人の倫理観や分別を明確な形で示しているわけではありません。最近、私が占星術専門誌でかかわった大量殺人に関するプロジェクトでも、ある寄稿者が「最大効果」なる言葉を使って、「チャートのなかに異常なほど重複してあらわれる証拠が連続殺人犯を浮かび上がらせる、云々」と論じていました。いたってまじめに書かれた論文なのですが、筆者は、問題の連続殺人犯に5分違いで生まれた双子の兄がいたことや、その兄がまったく違う人生を送ったことを忘れていました。彼の人生を終わらせたのは、ほかでもない双子の弟だったのです。

占星家にできるのは、あるチャートの持ち主が、社会や時代や境遇といった外的制約のなかでどうすれば自分の「契約条件」を活用できるか——手持ちの絵の具で人生にどんな色をつけられるか——を指し示してあげることだけであると、私は思っています。実際、人格やライフスタイルの形成には多くの非占星術的な要因が関係しています。犯罪者たちのチャートほど、そのことを私たちに思い知らせるものはないでしょう。また、彼らのチャートを研究すればするほど、ある人間に可能な行為は、すべての人間にとって可能な行為であることに私たちは気づかされるのです。チャートを構成する、天体とサインとハウスというパーツは万人に共通なのですから。

出生図から特定の犯罪行為や「犯人」を指し示すような明確なパターンを読みとることはできないとしても、似たような特性や経験をもつ犯罪者たちのチャートを研究し、天体配置やサインに共通の特徴がないかを見極めることは有意義です。犯罪占星術はそれだけでひとつの専門分野ですから、ここで、その詳細をカバーすることはできませんが、いくつかの考察を述べておこうと思います。犯罪者のなかでおそらくもっとも興味深い「連続殺人犯」の心理とチャートから、彼らの人生の主題を考えてみましょう。

柔軟サイン

占星家ダナ・ホリデイは、何十人もの連続殺人犯の出生データを収集し（その多くは獄中の犯人に匿名で手紙を書いて入手したものです）、数年前、ファイルやチャート、犯人たちとの書簡類を私に遺してくれました。ダナの研究は、連続殺人犯のチャートには柔軟サインが色濃くあらわれること、とくに太陽、月、ASCのいずれか（プラス他の天体）が双子座か射手座にあることを示しています（占星家ポール・ライトも著書『Jupiter and Mercury : An A to Z（木星と水星のすべて）』（フレア、2006年）のなかで、殺害行為の極悪非道さで知られる大量殺人犯のチャートでは、射手座と木星が強いことを指摘しています）。こうした研究結果をもとに、私は柔軟サインの心理学的側面に注目することにしました。すると、柔軟サインと、回避や反復の問題とのあいだのつながりに気づいたのです。

「series（連続）」とは「次々に同じような、あるいは関連性のある事柄が発生すること」を意味します。語源の「serere」には「参加する」「つなぐ」「束ねる」という意味があります。したがって、柔軟サインの働きは、事象にかかわり、情報をつなぎ、人々をまとめること、つまり似通った事象を引き起こしたり、一連の事象に類似性という意味を与えたりすることといえるでしょう。そして、連続殺人犯（シリアルキラー）とは、世間の目や警察の追及をひらりとかわし（柔軟）、ターゲットとしてなんらかの「共通性」をもつ人をたいていは無作為に

選んで、似たような犯罪を繰り返す人物のことです（柔軟サインは「共通（コモン）サイン」とも呼ばれます）。彼らのなかには計画的な者もいて、巧妙に警察の裏をかき、犯罪の痕跡を消し、捜査の手を逃れようとします。彼らは心理的ないたちごっこを生きがいにしますが、それはまさに柔軟サインの得意技なのです。

「シリアル」という言葉が最初に殺人行為に使われたのは1930年ですが、「シリアルキラー」という言葉が定着したのは、1970年代の後半にきわめつきの大量殺人鬼ジョン・ウェイン・ゲイシーとテッド・バンディが登場し、メディアがさかんに使うようになってからです。陰険な顔つきのピエロとして描かれることの多いゲイシーは、太陽－月（プラス水星）が魚座、射手座ライジング、乙女座・MC、火星－木星が双子座にあります。バンディは、太陽、月－火星が射手座です。彼は魅力的で、礼儀正しく、誘惑的な人物でした（金星－木星が蠍座・ICでコンジャンクション）。逮捕されたとき、彼は精神異常を申し立てることを拒みました。「頭脳明晰」（射手座）と称賛されたかったからです。

アメリカで「シリアルキラー（連続殺人犯）」という言葉をつくったのは、犯罪プロファイラーのロバート・レスラーだといわれています。1937年2月15日生まれのレスラーは、柔軟サインに土星と海王星のオポジションをもち、水瓶座・太陽と蠍座・火星がスクエア、水星と冥王星がオポジションです。これらのアスペクトは、暴力的な人間や犯罪者の心理を探り、彼らをプロファイルしようという心理学的な興味を示しています。

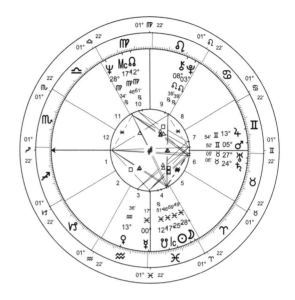

ジョン・ウェイン・ゲイシー

プロファイリング

もちろん、チャート内での柔軟サインの強調が連続殺人犯をつくるわけではありません！　プロファイラーたちは連続殺人犯に共通するとされる特徴を次のようにリストアップしていますが、それぞれの特徴にもっとも当てはまりそうな天体はどれか、考えてみましょう。

- 反社会的行動をとり、集中時間が短い。
- 自分の行為に対して責任をもたず、経験から学ぼうとしない。
- 良心が痛むことはまれで、むしろ被害者意識がある。
- 虚言癖や盗癖がある。
- 共感や罪悪感が欠如している。
- 親密な人間関係を避ける。幼いころから強烈な性的妄想にふける（しばしば、覗き趣味やSM趣味をともなう）。
- 衝動を抑えられず、欲求を満たしたくてしかたない。
- 子どものころから何かに対して恐怖を抱いている。弱く見られることを恐れる、自己価値観の低さと他人への優越感が入り混じっている、力と支配への願望がある（それらは、しばしば、幼いころに動物虐待の形であらわれる）。

- 人を惹きつけ、操り、利用することが得意で、多くの場合「正気の仮面」をかぶっている。
- 家族というものを拒絶する（存在感の薄い父親と支配的な母親のいる家庭に育つことが多い）。従順な相手や互いに利用し合える関係を求める。

興味深いことに、これまでの研究結果は、幼少期の環境が連続殺人犯の犯罪行為の原因ではないことを示しています。また、生理的な異常によるものでもないようです。たとえば、悪名高き**ジェフリー・ダーマー**は、刑務所内で殺害されたあと、母親の申し出により、脳を解剖されましたが、結果はいたって「正常」でした。連続殺人犯の大半は独身で知能の高い白人男性です。

連続殺人犯は、犯行を自分の使命と感じていたり、頭のなかで「声が聞こえたり」して、事に及ぶ者が多いのですが、一部には「快楽的な」連続殺人犯もいます。彼らは、スリルや愉しみを求めて、さらには性的欲求を満たすために人の命を奪います（金星の要素に火星の要素が加わっている）。また、物質的な利益や「快適さ」が動機の場合もあり、その種の犯人は窃盗、詐欺、横領などの計画を遂行するために、しばしば毒物を使って人を殺します（こうした目的のために人を犠牲にするのは木星的な性質）。

力をもつこと、支配することは、一部の連続殺人犯にとって重要な課題です。こうした課題は冥王星や蠍座が強調されているチャートにもっともよくあらわれます。殺人犯のなかには（性的な刺激以外の）動機をもつ者もいて、彼らは、ターゲットを追いかけたり、捕まえたりする際に苦痛や恐怖を与えることで興奮（天王星）を覚えます。この種の殺人犯は、たいてい完全犯罪をめざします（天王星は完璧主義と関連）。

海王星と大義

海王星は、テロリストや、ある種の「大義」や「主義」をもつ人物のチャートに、しばしば顕著にあらわれます。現実との断絶やなんらかの「声」が、彼らに殺人を犯させる原因になる場合もあります。「サムの息子」と呼ばれた**デヴィッド・バーコウィッツ**は、海王星ライジングです（さらに、双子座で太陽－木星、水星－火星がコンジャンクション）。彼は、隣人の犬に憑依した悪魔に命じられて犯行に及んだと主張しました。また、海王星が強調されているチャートをもつ殺人犯は、長いあいだ正体が謎に包まれていたり、メディアを賑わせたりすることも多いのです。

ジェフリー・ダーマー

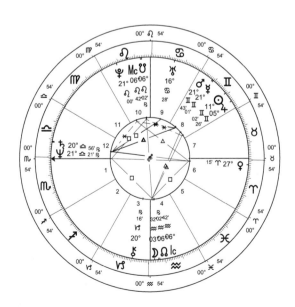

デヴィッド・バーコウィッツ

海王星－MCがコンジャンクションの**ピーター・サトクリフ**は、「ヨークシャー・リッパー（ヨークシャーの切り裂き魔）」と呼ばれ、何年もイギリス社会を震撼させました。彼は売春婦を殺せと命じる声が頭のなかで聞こえたのだと述べています。海王星的な連続殺人鬼の多くは、この世から特定の「タイプ」の人間を葬ることが使命だと感じています。

海王星色の強い殺人鬼は、弱そうな人や困っている人をターゲットに選び、毒物やガスを使い、正体を巧みに隠す傾向があるようです。また、別名や偽名をもつ殺人鬼は、水星の影響が強いかもしれません。「ヒルサイド・ストラングラー（ヒルサイドの絞殺魔）」ことアンジェル・ブオーノ（双子座・MC、海王星ライジング）がその典型です。また、殉教者的な人、つまり、濡れ衣を着せられたり、他人の身代わりになったりする人

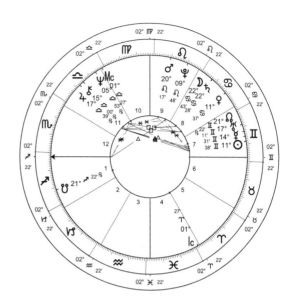

ピーター・サトクリフ

のチャートでも、海王星が目立ちます。たとえば、デレク・ベントレー（魚座ライジング、海王星がDSCとコンジャンクション）や、リー・ハーヴェイ・オズワルド（海王星が魚座・MCとオポジション）がいます。

天王星と完全犯罪

天王星は、散発的かつ激的で突発型の犯罪――たいてい犯人側は「一時的な精神異常」によるものと抗弁するのですが――と関係しています（ただし、たまりにたまったフラストレーションや長年受けてきた虐待に対する反動としての犯行には、火星－冥王星のかかわりが強く見られます）。天王星は、躁うつ病的な行動や、破壊的な浄化思想（支配者民族だけの「完璧な社会」をつくろうという考え）、下層階級の人間に強制的に避妊手術を受けさせるといったような極端な手段とも関連しています。ヒトラーと、人種戦争を起こそうとしたカルト・リーダーの**チャールズ・マンソン**は、どちらも、天王星ライジングです。一方、200人以上の患者を殺害した医師ハロルド・シップマンは、1946年1月14日生まれ（出生時間は不明）で、その日は月と天王星が一日中コンジャンクションでした。

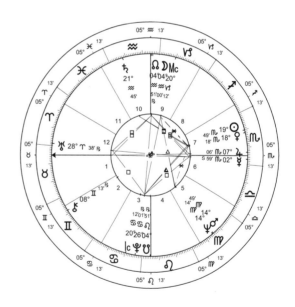

チャールズ・マンソン

社会ののけ者であり、（一説には）小児性愛者だった**トマス・ハミルトン**の場合、蟹座で天王星がライジングしています。1996年のある朝、スコットランド、ダンブレインの小学校に侵入したハミルトンは、銃を乱射して児童ら16人を殺害、町中に大きな衝撃を与えました。彼はその場で自殺したため、動機が明らかになることはありませんでした（彼の牡牛座・太陽は5ハウスの蠍座・月とオポジション、冥王星とはTスクエアを形成しています）。この無差別殺傷事件は彼の金星回帰の時期（ネイタル金星は火星とオポジション）に起きて

います。その数日前に、トランジット火星が、ソーラーアーク金星－火星オポジションの軸（双子座 19 度－射手座 19 度）を通過したばかりでした。

木星と犯罪キャンペーン

　木星的な犯罪者には、カリスマ性があり、強欲で名声を欲しがる傾向があります。ときとしてそういう犯罪者には、ある種の道徳的正義感や、間違った信念（とくに木星に海王星がかかわっている場合）、あるいは、なんらかの大きな目的をともなうキャンペーン的精神（とくに木星に火星がかかわっている場合）が見られます。信用詐欺、集団窃盗、大規模な計画的手抜き工事なども木星の担当分野なのです。また、サイコパスと定義される人格的特徴は、木星の性質と一致しています。サイコパスには、病的な自己中心性、リスクを好む傾向、過度の刺激嗜好、恥・後悔・道徳観念の欠如が見られるほか、判断力が稚拙で、経験から学ぶことができず、金銭的な義務を果たしたがらないといった傾向があります。

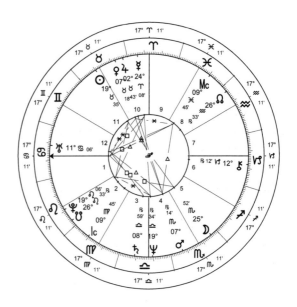

トマス・ハミルトン

　もっとも残忍で強欲な裏切り行為を働いた人物といえば、詐欺師的なフランス人医師**マルセル・プショー**かもしれません。プショーは、第二次世界大戦中、何人ものユダヤ人に 25,000 フランで国外に逃がしてやるともちかけ、実際には、青酸カリを注射して殺害し、金品を奪い、遺体を焼却した人物です。彼の乙女座での木星－MC のコンジャンクション（人に奉仕する人物としての評判や地位）は、魚座での金星－IC とオポジションを形成しています（救出詐欺）。また、この木星－MC と金星－IC に対して、7 ハウスの双子座（二枚舌）・火星－冥王星－海王星が T スクエアの頂点に位置していること（と、その並びの順番）にも注目してください。

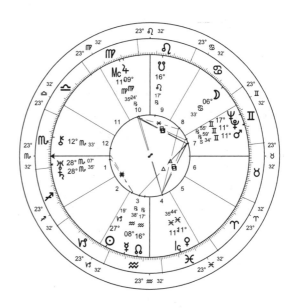

マルセル・プショー

　俗物的な福音伝道師たちのなかには、法に触れた人と触れなかった人がいますが、どちらのタイプの人のチャートにも、射手座・木星と魚座・海王星が非常に色濃くあらわれる傾向があります（詳しくは 228 ページを参照）。

　木星は昔から幸運の星とされてきました。木星が目立つ位置にある、または木星と他天体とのタイトなトラインがある殺人犯は、たいていの場合、警察の追及を運よくかわしたり、彼らの見落としやうっかりミスのおかげで逮捕を免れたりします。しかし、そうした木星の運もいずれ尽きるときがきます（優越感や自信過剰、判断ミスなど、たいていは木星的な理由によります）。

世話をしていた幼児たち（自分の子も含む）を死なせたフランスのジャンヌ・ウェバーの場合、射手座ライジング、太陽－木星が天秤座でコンジャンクション、さらには月（8ハウスルーラー）と火星（5ハウスルーラー）が乙女座でコンジャンクションです。証拠不十分とあいまいな証言に助けられて釈放されると、彼女は行方をくらまし、その翌年、またしても子どもを死なせました。起訴されたものの、医師が子どもの死因を誤診したため、このときも彼女は罪を問われることなく釈放されています。その後、勤めていた小児病院で子どもを窒息死させたことで、ついに「触法精神障がい者」と証明され、最後は、自分の両手で自らの首を絞めて死亡しました。

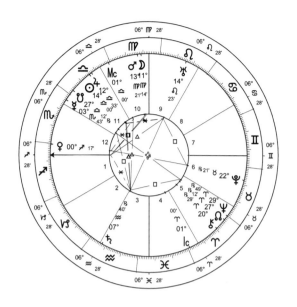

ジャンヌ・ウェバー

20代前半のころ、私は、麻薬密売の手助けをしたとされるタクシー運転手の裁判で陪審長を務めたことがあります。被告の運転手は、自分は何を運んでいたか知らなかったと主張していました。陪審団には彼が知らないふりをしているように見えたのですが、カリブ海地域の警察のお粗末な捜査に、検察局の証拠不十分の判断が加わったことで、無罪評決を下すしかありませんでした。私が法廷を後にするとき、彼の生年月日が書かれた書類がちらりと見えました。彼は射手座に太陽－木星のコンジャンクションをもつラッキーな男だったのです。

ゴークラン夫妻の研究のおかげで、ナチスの大物たちのチャートでは、木星が4つのアングル付近にある（ケーデントハウスにある）ことがわかりました（彼らの多くは、双子座・海王星－冥王星コンジャンクションが象徴する「プロパガンダ」の時代に生まれています）。敗戦によって押された戦争犯罪者の烙印ばかりが目立つかもしれませんが、そんな彼らも一時は高い地位と権力を手にしていたのですから、その点はやはり木星的といえるでしょう。

太陽のコンジャンクション

太陽－木星のコンジャンクションは強力な盟友を象徴する場合があります。たとえば、ヘルマン・ゲーリングによって初代ゲシュタポ長官に任命されたルドルフ・ディールスは、射手座・太陽が木星とコンジャンクション、海王星とはオポジション、冥王星ともワイドなオポジションです。

太陽－冥王星のコンジャンクションは、力のある男性のロールモデルや父親的存在を暗示します。とくに獅子座でのコンジャンクションはその傾向が強いようです。それまで眠っていた行動パターンが、他者の存在がきっかけで一気に表出する場合もあります。連続殺人犯カリル・アン・フゲートは、14歳のとき、ボーイフレンドのチャールズ・スタークウェザーと出会ったことから、彼と一緒に自分の家族を殺害し、そこから大量殺人に乗り出しました。フゲートの獅子座・太陽は冥王星とタイトなコンジャンクションの状態にあり、天秤座ライジングです。しかも、彼女のASCは共犯者スタークウェザーの火星に重なり、火星は彼の天王星とイグザクトのコンジャンクション、月は彼のASCに重なっています。

連続殺人犯ジェラルド＆シャーリーン・ギャレゴは、性的快楽のために少女たちを次々に誘拐しました。シャーリーンが言葉巧みに少女をおびき寄せると、ジェラルドが強姦して殺害するということの繰り返しでした。シャーリーンは太陽－海王星のコンジャンクションをもち、火星はジェラルドのDSCと重なっています（さら

に、彼女の火星はジェラルドの乙女座にライジングする火星とオポジション、金星は彼のASC火星とコンジャンクションです)。しかも二人のMC－IC軸は、オーブ1度以内でぴったり逆向きに重なっています。

イギリスで少年少女に性的暴行を加え、殺害遺棄した**マイラ・ヒンドリー**には、蟹座・太陽－獅子座・冥王星のコンジャンクションがあります。彼女は「悪女の縮図」といわれましたが、これからもそういわれ続けるでしょう。介護者や母親といった蟹座的な顔の裏には、世間が目をそむけたくなるような、もうひとつの顔が隠されていました（彼女の太陽－冥王星のコンジャンクションは、いみじくもIC上にあります）。しかも彼女の太陽は、恋人で共犯者のイアン・ブレイディの蟹座29度の冥王星とイグザクトのコンジャンクションです。興味深いことに、彼女の木星は彼の山羊座・太陽（高い地位にいる絶大な影響力をもつ存在）とオポジション。一方、彼の木星は彼女のMCとコンジャンクションで、彼女の太陽とはオポジション。さらには、彼女の金星は彼のカイロンとコンジャンクションです。いかにも木星の相互アスペクトらしく、この二人の殺人鬼は自分たちを無敵と考え、犯行を自慢していました。

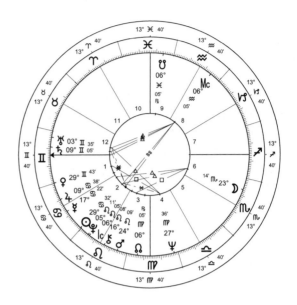

マイラ・ヒンドリー

火星と暴力的犯罪

火星と殺人のつながりは、火星自体の性質がそうであるようにシンプルで直接的です。殺人の65％は、激情や暴力を特徴とする犯行であり、家庭内や日常生活でうっ積したストレスが爆発して起きます（連続殺人の場合は、そうしたストレスが原因とはかぎりませんが）。刃物、銃器、暴行はいずれも火星的な性質のものです。自由のために闘う人たち（たとえば、レジスタンス活動家）のチャートでは、しばしば火星が強調され、そのそばに天王星が位置しています。ドイツのクレメンス・アウグスト・フォン・ガーレン司教（のちに枢機卿）は、ナチスによる障がい者の安楽死政策を公然と非難してその地位を追われ、収容所に送られました。彼の月－天王星は10ハウスでコンジャンクション、7ハウス火星－冥王星とスクエアを形成しています（彼のMCはヒトラーの土星とコンジャンクション、海王星－DSCはヒトラーの太陽とコンジャンクションです）。反ナチの政治家エルンスト・ヴォルフ・フォン・ハルナックは、天秤座で月－天王星－MCがコンジャンクション、蟹座・太陽が天秤座・火星とスクエア（この火星はヒトラーのASCとコンジャンクション）でした。

冥王星、蠍座、言語に絶するもの

冥王星的な殺人鬼の特徴は、気の弱い人なら卒倒しそうなものばかりです。異常な嗜好や残忍な行動パターンをもつ殺人鬼のチャートで目立つのは、冥王星であり、それを上回るのが蠍座です。支配力、みごとな手腕、人心の操作——これらは、人をコントロールし、圧倒する連続殺人鬼に見られる特徴です（カルト・リーダーはこの部類に入るでしょう）。報復的な犯罪（ロンドンの暗黒街を恐怖の力で牛耳った双子のクレイ兄弟は太陽が蠍座0度にあり、天王星とオポジション、冥王星とTスクエア）、マフィアスタイルの殺害、SM趣味、屍姦、獣姦、死体の切断分解、アナルセックス、堕落、人肉食は、すべて冥王星や蠍座に関連しています。

屍姦と人肉食を行った**エド・ゲイン**は、映画『羊たちの沈黙』に登場する殺人鬼バッファロー・ビルや『サイコ』の主人公ノーマン・ゲイツのモデルになりました。映画『悪魔のいけにえ』も彼の犯罪から着想を得た

といわれています。エド・ゲインは乙女座生まれで、双子座に上昇する冥王星は、射手座に下降する月とはオポジションを形成しています。1945年12月29日、支配欲が強く、狂信的なキリスト教徒だった母親（射手座・月が冥王星とオポジション）が亡くなると、ゲインは完全に孤独になりました。母親の寝室を彼女のための神殿として維持し続けた彼は、次第に狂気の坂を転げ落ちていきます（このとき彼のソーラーアーク海王星はネイタル火星とコンジャンクション）。夜な夜なゲインは、埋葬された遺体の皮をはいだり、掘り起こした女性の遺体からとった皮膚や毛髪を身にまとったりしました。やがてそれに飽きると、殺人に手を染め始めていったのです。

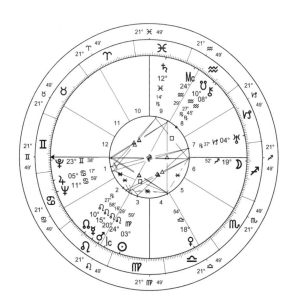

エド・ゲイン

1957年11月16日、ゲインが逮捕されたとき、ソーラーアーク天王星はネイタルMCとコンジャンクション（ちなみに、アメリカで映画『エド・ゲイン』が封切られた2001年5月は、トランジット天王星が彼のネイタルMCとコンジャンクション）でした。ウィスコンシン州のゲインの自宅を捜索した警察は、そこで彼のコレクションを発見します。人の皮膚が張られたドラム、四隅の支柱に骸骨が飾られたベッド、心臓や他の臓器が詰まった冷蔵庫……。

こうしたおぞましい発見が報じられた当時、ウィスコンシンにいた作家ロバート・ブロックは、新聞の記事をもとに小説『サイコ』（1959年発表）を書き上げ、一躍有名になりました（ブロックの乙女座4度・MCはゲインの太陽とコンジャンクション）。この小説とヒッチコック監督の映画『サイコ』（1960年6月）が発表されたとき、トランジット冥王星は乙女座4度に到達し、エド・ゲインの名とその猟奇的な犯行は世界中に知れ渡ることになったのです。

「デュッセルドルフの化け物」こと、ペーター・キュルテンは、68人以上の女性を殺害し、死体をバラバラにしたサディストです。「性的倒錯者の王」と呼ばれた彼は、双子座・太陽−土星がコンジャンクション、ASC近くの牡牛座・冥王星ともコンジャンクションです。

カルト・リーダー、チャールズ・マンソン（チャートは179ページ）は、信者たちをそそのかして、数々の残忍な殺害を行わせました。彼のチャートは、蠍座に天体が4つも集中しています（その一部はDSCとコンジャンクションであったり、7ハウスに入っていたりします）。ナイトストーカーと呼ばれたリカルド・ラミレスは、無差別に人を拉致し、性的暴行を加えたのち、切り刻んだ連続殺人鬼です。自分は悪魔に見守られていると豪語していました。彼の太陽、月−水星は魚座にあり、射手座にライジングする木星、太陽は冥王星とオポジションです。

少女たちを次々と拉致しては、性的暴行を加え、地下室で餓死させた**マルク・デュトルー**のおぞましい行為は、ベルギー国内では、けっして忘れられることはないでしょう。彼は、冥王星−MCのコンジャンクション、蠍座にライジングする太陽−水星のコンジャンクションをもちます。柔軟サイン（回避）の月と火星はそれぞれ「幸運な」トライン（月−MC、火星−ASC）を形成しており、実際、彼は何年も捜査の手から逃れることができました。しかも強姦の前科がありながらです（そのときも懲役13年のうち実際に服役したのはたったの3年）。警察や政府関係者の重大な過失とお粗末な対応のせいで、デュトルーは何年も秘密裏に犯行を続け

ました。

冥王星的犯罪は、人の人生に暗い影を投げかけ、被害妄想を起こさせたり、他人に振りまわされているような意識をもたせたりする場合があります（たとえば、115ページ掲載のルイーズ・ウッドワードの場合、冥王星がMCとコンジャンクションです）。

さらなる発見

野蛮でサディスティックな方法によって女性を殺害した犯人たちのチャートは、多くの場合、月と金星に対して、アウター・プラネットがコンジャンクション、スクエア、またはオポジションを形成しています。また、しばしば土星（良心であり、倫理観の要）がノーアスペクトであったり、弱い位置にあったりします。その一方で、過度の期待を背負って重圧を感じていたり、親の言いなりで育ったというような土星的な殺人者もいます。

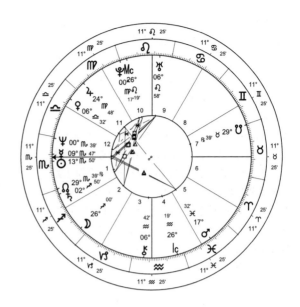

マルク・デュトルー

著名な占星家デニス・エルウェルは、殺人鬼とサディスト（イアン・ブレイディ、ペーター・キュルテン、ピーター・サトクリフ、デニス・ニルセン、ハロルド・シップマン、さらには「サディズム」の語源になったマルキ・ド・サド自身）のチャートに「サディズムの度数」があると指摘しました（蟹座－山羊座軸の20〜23度）。私の研究では、特異な殺人行為で知られる人物や、連続殺人犯に興味をかき立てられる人物に共通するエリアは、天秤座19度付近のようです。たとえば、近年の犯罪史上もっとも悪名高き二人の殺人鬼、デニス・ニルセン（15人の若い男性を殺害し、遺体を切断して凌辱）と遺体を食べたジェフリー・ダーマー（チャートは178ページ）は、ASCが天秤座19度です。ニルセンは太陽・射手座0度、ダーマーは月・牡羊座19度、太陽・双子座0度が冥王星とスクエアです。すぐれた占星家で最高に楽しい女性だったダナ・ホリデイは、犯罪者たちと彼らのチャートの特徴に興味をもち、熱心にデータを集めた人です。私に遺してくれたファイルのなかには、彼女自身のチャートもおさめられていたのですが、なんと彼女の太陽は天秤座19度でした。

演説――行われた時期と与えた影響

歴史的に有名な指導者や有力者が行った演説に注目すると、二重の占星術的メッセージが含まれていることに気づきます。重要な演説は、演説者のチャートのなかに生まれながらの可能性として象徴されていたり、トランジット、プログレス、ソーラーアーク天体によって示されていたりします。そして演説が行われた瞬間の天体の配置からも、その演説のテーマや影響や歴史的な意義が読みとれるのです。基本的に、演説とはその時代を象徴するものであり、その時代を代表するような人物によって行われるものです（語句を考えたり微調整したりするのは別の人かもしれませんが）。歴史的に重要な演説やインタビューには、どんな天体のどんな影響があらわれていたのでしょうか。

公民権運動の指導者**マーティン・ルーサー・キング・ジュニア**は、牡牛座・木星がASC付近の12ハウスにあり、山羊座・太陽がMCとコンジャンクションです。1963年8月28日、ワシントン大行進の際に、彼はリンカーン記念堂の階段に立ち、金銭的な比喩表現を使って演説を行いました。

我々は小切手を換金するために首都までやってきた。建国者たちが合衆国憲法に荘厳な文言を書き記したとき、彼らは約束手形に署名したのだ。その正義の銀行が破産してしまったなどと、我々は断固として信じない。我々はこの小切手を——自由という財産、正義という保証が、請求に応じて支払われるはずの小切手を、今こそ換金するためにここに来ているのだ。

出生図に象徴されるロマンティックな思い、理想、夢を語るときは、当然ながらトランジット、プログレス、ソーラーアークの海王星が関係しています。「私には夢がある」の文言で有名な、この力強く高潔できびきびとした演説——人種隔離の撤廃や、差別と憎悪と苦痛からの解放をうたった演説——が行われたとき、トランジット海王星が蠍座13度でキング牧師のネイタルDSCを通過し、彼のプログレス／ソーラーアークの太陽はちょうど魚座に移っていました。

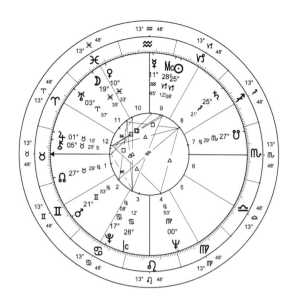

マーティン・ルーサー・キング・ジュニア

天秤座のエッセンス

1961年1月20日、カリスマ的大統領ジョン・F・ケネディが行った大統領就任演説の主題は、意見と意見の一致（双子座・太陽）、そして敵対者同士の平和のための歩み寄り（天秤座ライジング）でした。このときトランジット冥王星は乙女座にあり、ケネディのネイタル双子座・太陽とスクエアでした。彼はこう問いかけています。

双方ともに新たに平和の希求を始めよう。われわれは弱みを見せて、相手を誘惑してはならない。礼儀正しさとは弱さのあらわれではないのだ。恐怖に駆られて交渉するようなことはけっしてするまい。敵対する者同士、ともに新たな取り組みを始めようではないか。新たな力関係ではなく、新たな法による世界を築くのだ。強い者が正義を行い、弱い者が守られ、平和が保たれる世界を。

ちょうどトランジット火星が国家主義的、愛国主義的蟹座を逆行中だっただけに、この演説は、次のような逆転の発想の一節でも有名になりました。「この国が自分のために何をしてくれるかを問うのではなく、この国のために自分が何をできるのかを問おう」。このくだりはネイタル蟹座・土星－MCのコンジャンクションも彷彿とさせます

敵対者たちの仲裁役である天秤座は、駆け引きや調停といった交渉術を心得ています。しかし、妥協という概念が過大評価されているのも知っています。天秤座にとって、妥協とは双方が自分の望みをあきらめることではないのです（天秤座にライジングする太陽をもつ元アメリカ大統領ジミー・カーターは、「双方が勝たないかぎり、どのような合意も長続きしない」と言いました）。さらによく見てみると、活動サインである天秤座には天秤座なりの目論見があることがわかります。天秤座は、自分の要求を相手に全面的に受け入れさせる形で合意をめざそうとします。最初はなるべく無難な方法で要求をのませようとして、穏やかで論理的な説明と愛想のよさで説得を試みるでしょう（天秤座は、地獄への道行きでさえ楽しませるのが得意です）。しかし、かたくなな抵抗や障害に遭うと、彼らは衣の下の鎧を見せて、強硬な姿勢に転じるのです。

元イギリス首相マーガレット・サッチャーは、太陽－水星が天秤座でコンジャンクション、火星も天秤座にあります。保守党内から急進的な政策の方向転換を求められたとき、彼女は「この鉄の女はUターンなどしません」と応酬しました。この演説には、蠍座にライジングする土星が象徴する頑固さ、強情さがあらわれています。しかし、それ以外の彼女の発言の多くには、天秤座らしさがあふれていました。たとえば、「私は並はずれて我慢強いのです。最後に自分の思いどおりにできるならですが」「大臣たちが何を話そうとかまいません。私の言うことをやっているかぎりは」などがその典型です。政治家ロイ・ジェンキンズは、「サッチャーは自分のやり方が相手をどれほど不快にしようと、まったく意に介さない。それが強みだった」と語っています。1979年5月4日、首相として官邸に初めて到着したとき（時間は以下の発言があった時点に設定）、天秤座サッチャーは、同じく天秤座生まれのアッシジの聖フランシスコの言葉を引用しました。

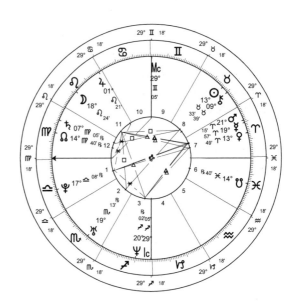

不和のあるところには調和を
誤りがあるところには真実を
疑いがあるところには信頼を
そして絶望があるところには
希望をもたらせますように

サッチャーが聖フランシスコの言葉を引用したとき

しかし、願いどおりにはいきませんでした。サッチャーがこのスピーチを終えて官邸に足を踏み入れたとき、天秤座0度がライジングサインで、木星は1801年のイギリス建国チャート上の木星の位置に回帰していましたが、水星が牡羊座・火星とコンジャンクション、どちらも天秤座・冥王星とオポジションを形成していたのです。その後の11年間、彼女はアルゼンチンと戦争を起こしたり、炭鉱夫、労働組合、IRA、自身の政府閣僚たちとバトルを繰り広げたりしました。天秤座は、解決と和解を試み、衝突回避の方向をめざしながら、たいていは、紛争の真っただ中に──それが必要とされ、もっとも効果的であるかぎりは──身を置くことになるのです。

血の川

冥王星は言葉にできないものを言葉にし、埋もれていた情報（お宝であれゴミであれ）を掘り起こし、セックスや政治のタブーを口に出し、ターゲットを容赦なくずけずけと皮肉ります。

イギリスの政治家イーノック・パウエルは、1968年4月20日午後2時30分にバーミンガムの演壇に立ち（火星－MCがコンジャンクション、牡羊座・水星が天王星とクインカンクス）、悪名高き「血の川」の演説を行いました（チャートは次のページ）。それは、いかにも蠍座MCらしい政治意識と、双子座・水星－冥王星コンジャンクションの煽動性を全面的に傾けたような演説でした（しかもこのとき、トランジット海王星は彼のネイタルMCに向かって逆行中でした）。

国の姿が完全に変容することを予言したパウエルは、体制側が黙して語らなかった事柄（冥王星）をあけすけに語り、人々の不安をかき立てた点で冥王星の代弁者でした。

その年、差別禁止法が制定され、イギリスへの移民権が（カリブ海地域とインドを含む）イギリス連邦に拡

大されたことを受けて、パウエルは、移民の大量移入に対する危惧を挑発的な調子で表明したのです。この演説は彼の政治家としてのキャリアを決定づけるものとなりました。

> われわれイギリス国民は文字どおり気がふれている。毎年5万人もの扶養家族の流入を許そうなどというのは狂気の沙汰ではないか。この国は自分で自分を火葬するための薪を、せっせと積み上げているようなものだ。この先を思うと私は胸騒ぎしかしない。「血に染まるテベレ川」を目の当たりにするローマ人のような心境だ。

演説の当日、木星は獅子座で留（蠍座・海王星とイグザクトのスクエア）でした。そんな木星にふさわしく、この演説は世間に知れ渡ることになります。社会の非難を恐れた党の判断で、パウエルは影の内閣の職をたちまち解任されますが、そのことが、かえって労働者たちの反発を招き、移民のせいで収入が脅かされていると感じていた者たちの抗議のストライキにつながりました。

イーノック・パウエルの蟹座7ハウス月－海王星コンジャンクションは、在りし日のイギリスを懐かしむ論調に（また、予言者的な論調にも）あらわれています。一方、水星－冥王星コンジャンクションは、彼の演説が人種間の緊張を悪化させ、「本国へ帰れ！」といった移民排斥の声を生む原因になったことを象徴しています。彼の演説は黒人系イギリス人への敵意と暴力を助長したともいわれ、その月に行われたギャラップ世論調査では、じつにイギリス人の74％がパウエルの演説の主旨に賛同していました。

当時、パウエルを熱心に支持する声があったのはたしかですが、その後、移民の問題を持ち出そうとする者には、彼の演説の暗い影がつきまといました。政界ではパウエルの名前を口にすることすら、いまだにタブー（冥王星）なのです。

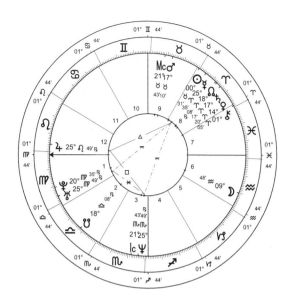

「血の川」演説－主要なアスペクト

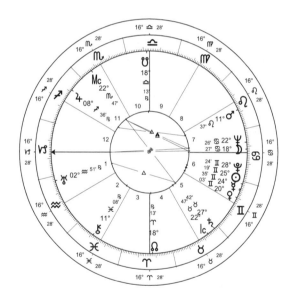

イーノック・パウエル

格調高き邸宅

独立国家インドの首相に就任する前夜（1947年8月14日から15日にかけて）、ジャワハルラール・ネルーは、**「運命との約束」**（時間は深夜0時に設定）と呼ばれる演説を行いました。この演説は、彼の不動サイン獅子座－蠍座にふさわしい決意と勝利の精神にあふれ、インド人たちの100年にも及ぶ自由への闘いが実を結ぼうとしていることを示しています。「はるか昔、私たちは運命と約束を交わした。今、その約束を果たすべき

ときがきたのだ」

　この夜、土星－冥王星は獅子座でイグザクトのコンジャンクションを形成していました。もはや宗主国イギリスにかつての横暴な父親の面影はありません。インドにとって、斜陽のイギリス帝国から独立し、新たな関係を築くのに絶好のタイミングでした。ヴィクトリア女王の王冠の宝石と呼ばれたインドは、自治共和国として生まれ変わるべく「荘厳な瞬間」を迎えていたのです。「長く抑圧されてきた国の魂がついに言葉を見つけたのだ。その責任はインドの主権者たちを代表する、私たち議会にかかっている」

　マハトマ・ガンディー（月は獅子座、おそらく蠍座ライジング）がインドの精神的な父親であるなら、**ネルー**は国家の創始者であり、その後、何十年も続くインドの政治不安と暴力の歴史を一族とともに形作ることになりました。のちに首相になったネルーの娘インディラ・ガンディーも、獅子座ライジング、太陽は蠍座でIC付近にあります。蠍座には、地位と権力にしがみつき、家族しか信用しない傾向があります（蠍座－IC）。ネルーは演説のなかでこう述べています。「我々は、子どもたちが住み続けられるように自由なインドという格調高い邸宅をつくらなければならない」

　独立国家でありながら、いくつにも分かれた（当時、1000以上の言語・方言が使われていた）インドが誕生したのは、まさにASCが双子座0度に位置し、獅子座IC付近に5つの天体が並んでいたときです。5つの天体のうち多くは、蠍座・木星とスクエアを形成していました。ネルーの最大の功績は、教育制度の確立や初等教育の普及にあります（水星と太陽、双子座と獅子座、3ハウスとの関連性）。

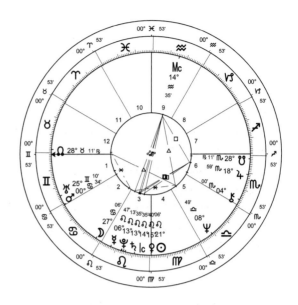

インド独立／演説「運命との約束」

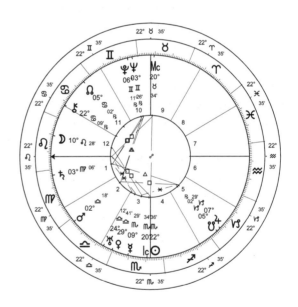

ジャワハルラール・ネルー

　ウエールズ公妃ダイアナは「私たちの結婚には最初から三人の人間がいて、少々、混み合っていました」と発言して、メロドラマ顔負けの不幸な夫婦関係を明らかにしました。この発言は彼女のドラマチックなTスクエア――月と天王星（プラス火星）がオポジション、金星とスクエア――をあらわしています。しかもこれらの天体の一つひとつが、三角関係の当事者三人を象徴しているのです。ダイアナの水瓶座・月からは、愛情に飢えた幼稚園の先生（彼女自身）や、よそよそしいばかりでなぐさめてくれない夫、そんな夫の愛人・親友の存在が浮かび上がってくるようです。

　三人のいびつな関係を続けるなかで、ダイアナは自己破滅的な道をたどっていきます。その先に彼女を待ち

受けていたのは、両親と同じような（母親の不倫を伴う）険悪な離婚劇でした。彼女は、この不動サインTスクエアの過激な力を使って、王室の内情を暴き、パンドラの箱を開けてもいます。それがBBCの報道番組『パノラマ』でのインタビューでした。このインタビューは、王族として期待される役割に彼女がいかに向いていないかを物語ることになったのです。

　晩年と同様、このときのダイアナの行動も世論を二分しました（月－天王星のオポジション）。国民の多くは、冷酷非情な王室に縛られ酷使される、か弱い犠牲者像に共感しましたが、その一方で、彼女のことを、メディアを使ってがむしゃらに復讐をもくろむ、危険でしたたかな人物と疑う人たちもいたのです。この月－天王星オポジションは彼女の「過食症」の象徴と見ることもできます。彼女が「緊張からの解放」と呼んだ過食症は、ゆがんだ結婚生活と公的役割の重圧のなかで、助けを求め続けた彼女の叫びでした（MCルーラーの金星がTスクエアの頂点）。

　物議をかもすことになる『パノラマ』のインタビューは、当初、秘密裏に収録され、チャールズ皇太子の誕生日になって収録の事実が発表されました（その日は、トランジット木星がダイアナのASCに重なっており、どうやらダイアナの占星術師が選んだ日にちのようでした）。番組が放送されたのは、その6日後の1995年11月20日（なんと、エリザベス女王とフィリップ殿下の結婚記念日！）。いつものように世間はダイアナに同情的でした（ネイタル月が水瓶座）。元私設秘書が言うように、彼女は「人々の心をつかむ天才」だったのです。しかし、その時期は、大きなトランジット天体たちが作用している時期でした。このインタビューで揺らぐことになるのは、ほかでもないダイアナ自身の王室での地位だったのです（トランジット天王星がネイタル土星とコンジャンクション、トランジット土星がネイタルASCとスク

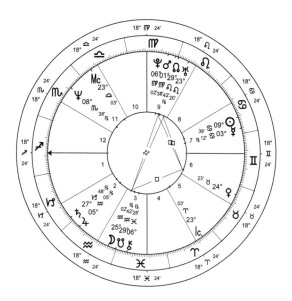

ウエールズ公妃ダイアナ
Tスクエア

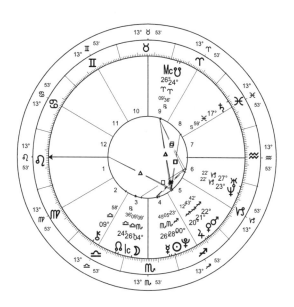

『パノラマ』インタビュー時のダイアナのチャート

エア）。内情を暴露したことと分別を欠いたことが原因で、ダイアナはやがて妃殿下の地位を失います（トランジット海王星が天秤座ネイタルMCとスクエア）。MCルーラーでTスクエアの頂点でもある金星を不動サインである牡牛座にもつ彼女なら、当然、その地位が確約されそうなものですが、月－天王星に象徴される感情的な不安定さが、厳格なシステム（王室）を壊したいという方向に働いたのでしょう。その行動が王室の一員であり続けたいという彼女の願望を妨げたのは興味深い点です。

インタビュー時のチャートは、王室／セレブの内輪の恥が公にされることを示しています（射手座、獅子座、蠍座）。ダイアナの復讐のターゲットは明らかでした。インタビューのチャートとチャールズの出生図とのあいだには、数多くの関連性が見られますが、とくに目立つのが蠍座／冥王星関連の配置です。2つのチャートは、どちらも蠍座・太陽、獅子座ライジングであり、インタビュー・チャートのASCはチャールズの冥王星の近くに、蠍座3ハウス月は彼の水星と、太陽は彼のカイロンと重なっています（ちなみに彼のカイロンは太陽とコンジャンクションであり、王としての「不適格性」をあらわすとされます）。インタビュー時の冥王星は射手座0度、DSCはその2年後、ダイアナが亡くなったときのトランジット木星の位置から1度も離れていません。射手座5ハウスで重なっている3つの天体（木星、金星、火星）（「私たちの結婚には三人の人間がいた」）は、ダイアナのASCにも（チャールズの火星にも）近い位置にあり、不実を公表する行為とその無分別ぶりを示すとともに、後年、彼女が公表をひそかに後悔していたこともあらわしているようです。

歴史的大転換

次の3つのケースは、歴史的な瞬間に天体が作用していたことを示す典型的な例です。

「アジアのケネディ夫妻」と呼ばれたマルコス夫妻の失墜

20年間も国民の血をむさぼり続け、憲法停止と戒厳令によって強権政治を強めたフィリピン大統領フェルディナンド・マルコスは、1986年2月7日ようやく公開選挙を実施しました。この選挙に圧勝したのは、かつての政敵の未亡人であるコラソン・アキノだったにもかかわらず、マルコスは自分が勝利したと宣言し、2週間も敗北を認めませんでした。

3年にわたる民衆たちの抵抗運動は、ついにマルコス退陣を求める大規模な行進に発展し、2月22日から25日にかけて100万人がマニラを埋め尽くす事態となりました。するとマルコスとその夫人イメルダは、唐突に「夫婦独裁」に終止符を打ち、マラカニアン宮殿をあとにします。レーガン大統領による亡命受け入れが表明され、二人は、80人の側近とともに、ヘリでグアムへ脱出。その後ハワイへ運ばれました。ドラマチックな歌唱力に恵まれたイメルダ夫人は、亡命の道中、震える声で「ニューヨーク、ニューヨーク」を歌い続けたといわれています。

マルコス夫妻が亡命したのは満月の翌日。この亡命時のチャートには柔軟サインのTスクエアが2つできています。

1. 乙女座・月と魚座・水星－金星がオポジション、射手座・天王星とスクエア（火星も絡んでいる）

2. 射手座・土星が双子座カイロンとオポジション、魚座・太陽－木星とスクエア

これら9つの天体はすべて柔軟サインにあり、そのうち7つはサクシーデント・ハウス（2、5、8、11ハウス）にあります。このことは、エネルギーが固定され、掌握され、停滞している領域で、大きな変化、揺れ、「逃避」（柔軟サイン）が

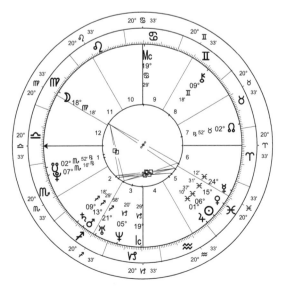

マルコス夫妻亡命時
Tスクエア

あることを示唆しています。また、木星が支配する射手座と魚座に7つの天体が集中し、2つのTスクエアをつくっていることも、この傾向を強調。射手座と魚座の組み合わせは、大きな希望や夢、宗教的なカリスマ、熱狂や高揚を意味すると同時に、他国への急行／移動／逃避／避難もあらわします。この2つのサインが合わさると、夢やビジョンを売り物にする俗物伝道師やペテン師を象徴する場合もあるのです。現実的な乙女座満月の直後にマルコス夫妻が逃げ出したとき、射手座－魚座に象徴される、途方もない無駄遣いが暴露されました。夢から覚めた民衆は、自分たちがだまされていたことに気づくと同時に、貧困の現実を目の当たりにしたのです（乙女座満月と天王星のスクエア、月と2ハウス火星のスクエア）。

最悪の場合、射手座－魚座の組み合わせは権威者による乱用——うやうやしく差し出された善意と機会を悪用すること——を意味します。また、この2つのサインの組み合わせは、信念や信頼を踏みにじられたことで誘発される人道的な怒りの「雰囲気」も含んでいます。大統領夫妻の魔法に目がくらみ、フィリピン国民がいつわりの理想をつかまされているあいだ、このロイヤルカップルは堂々と国の財産を横領し、まるで神のように支配しました。射手座－魚座の組み合わせは、カリスマ的で詐欺師的な圧制者／独裁者の逃避をあらわすと同時に、新しい希望の誕生（太陽－木星）も意味します。そして、興味深いことに、偶像的存在の帰還を待ち望む国民感情も示唆しているのです。

ジャーナリストや政治コメンテーター的な視点から1986年2月に起きた、この異例の非暴力革命をとらえると、いかにも満月的な単純で二項対立の図式が浮かび上がってきます。マルコス夫妻は悪であり、（コラソン・アキノから見た）善の力によって駆逐される必要があったというわけです。彼らのファーストネームにさえ、典型的な善 vs. 悪の構図が含まれています。アキノ夫妻が太陽－金星－木星的存在であるのに対し（妻コラソンは「心」を、夫ベニグノは「親切」「温和」を意味する）、マルコス夫妻は火星的存在でした（イメルダは「戦闘」「戦士」を語源にもち、フェルディナンドは「勇敢さ」に関連）。

新大統領コラソン・アキノのチャートにも、マルコス夫妻の亡命チャートとの関連性が見られます。コラソンの乙女座20度火星は亡命チャートのMCルーラー・月（民衆）と、彼女の蟹座22度冥王星は亡命チャートの10ハウスMCと非常に近い位置にあります。政治経験のなかった彼女は、謙虚な演説を行うことで知られ、虚飾に満ちたマルコス夫妻とは対照的に、礼儀正しく、正直で、気取らない市民のイメージを前面に押し出しました（亡命チャートの乙女座－魚座軸に注目）。

EDSA（民衆の力）革命の種がまかれたのは、それより3年前の1983年8月21日、ベニグノ・アキノが暗殺された日のことです（ちなみに、彼の柔軟サイン天体はマルコス亡命チャートの柔軟サイン天体の近くに位置しています。射手座4度の太陽と乙女座5度の火星がスクエア）。ベニグノ・アキノは、マルコス政権と対峙するために追放先のアメリカから帰国しますが、飛行機のタラップを降りる際に銃で撃たれて死亡しました。たちまち彼は新たな大義のための殉教者として称えられ、ほどなくして妻のコラソンが大統領選でマルコスの対立候補になります。ベニグノ暗殺時、トランジット木星は射手座1度に、天王星は射手座5度にあり、ともにマルコス亡命チャートの太陽、木星とはスクエアの位置にありました。1983年8月末、土星は冥王星とのタイトなコンジャンクションを終わらせたばかりで、天秤座の終わりを運行中でした。これは、外交や協力が破綻することを象徴しているともとれます。国民のあいだにくすぶっていた不満の声は、アキノの帰国でいったん静まったものの、やがて政権への非協力的な行動へとつながり、ついにはマルコスの強権政治、不正選挙、国家財産の横領に対する、民衆たちの全面的な抵抗へと発展していきます。

政治家夫妻はつねに世間の関心を集めるものですが、マルコス夫妻ほど興味をそそられる存在はないでしょう。しかも、夫より妻イメルダ・マルコスのほうが魅力は上回っていました。策略家で金遣いが荒く、底意地の悪いファーストレディとして歴史に名を刻んだイメルダは、元モデルらしいふるまいや高級ブランド好きな生活ぶりで、かっこうの広告塔となりました。

イメルダ・ロムアルデスは若いころから野心家でした。1953年、ビューティコンテストで負けると、不正な審査が行われたとマニラ市長に訴え、判定を覆させたほどです（その後まもなく最初の優勝者が復権しましたが）。1954年4月6日、彼女は、同じくきわめて野心的な国会議員フェルディナンド・マルコスの目にとまり、その11日後には結婚しています。才能あふれる魅力的な演説者として知られていたフェルディナンドは、イメルダの教育係兼支配者となり、彼女に歴史を学ばせ、現役の政治家の名前を覚えさせました。しかし、政治家の妻としての役割や公衆の目にさらされることに嫌気がさしたイメルダは、ノイローゼになり、1950年代の終わりには双極性障害と診断されています。ところがその後、態度を改めた彼女は、夫に「私の最終兵器」と呼ばれるほどの政治的な強みをもつ存在になったのです。

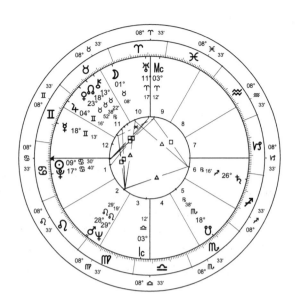

イメルダ・マルコス

1965年12月30日、**フェルディナンド・マルコス**が第10代フィリピン大統領に就任すると、イメルダは、世界でもっともパワフルかつ裕福な女性として君臨しました（マルコスが大統領選に勝利したとき、天王星－冥王星は乙女座19度と18度でコンジャンクションであり、のちの亡命チャートの月に非常に近い位置にありました）。

イメルダは自分を国民の慈母（蟹座・太陽）だと思っていました。しかし牡牛座・金星と獅子座・火星－海王星のスクエアがもつ最大の特徴は、圧倒的なスター性です。彼女は国民が憧れるハリウッド的な魅力を体現した人でした。彼女がどれほど女王のように気まぐれにふるまおうと、ジェット機で海外を飛び回り、高級ブランド品を買いあさろうと、大衆は寛大でした。彼女と夫フェルディナンド・マルコスはアジアのケネディ夫妻と呼ばれ、フィリピンを世界的に有名にしたのです。イメルダは、その歌声と堂々とした美しさ、そして貧しい出自によって、おとぎ話のシンデレラのように大衆のハートをつかみました。

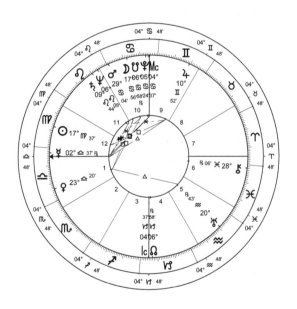

フェルディナンド・マルコス

しかし、イメルダは、天文学的なお金を宝石や衣服や不動産につぎ込む、単なるド派手な消費者にはとどまりませんでした。彼女は、すぐれた政治能力によって外交的な役割を果たし、カストロ将軍、毛沢東、カダフィ大佐をも魅了したのです！

1975年、首都マニラの知事に就任したイメルダは、次々に病院や文化センターをつくり、蟹座的、金星的な

力を発揮していきます。「貧困層のために尽くす」ことに関して、彼女は自身の「博愛」哲学を臆面もなく、いたってまじめに披露しています。

> 相手が貧しい人だからといって、ぜったいに普段着を着ていきません。そんなことをしたら尊敬されないでしょう。みんなはファーストレディに億万長者のような格好を期待しているのです。
> 私は美しくなければなりません。貧しい人たちにだって、スラム街から見上げる星が必要でしょう。

華麗な「鋼の蝶」と呼ばれたイメルダがしたたかに生きる一方で、夫のほうは、国民から大いに嫌われ、冷酷な独裁者になっていきました。政敵たちを抑えることに失敗したマルコス大統領は、1972年9月21日（数秘術で選んだ日にち）に、最終手段として戒厳令を宣言します。その日、火星は乙女座23度にあり（亡命チャートの水星とはオポジション）、双子座20度の土星とスクエア（亡命チャートの射手座21度天王星とオポジション）でした。さらに重要なのは**フィリピン独立チャート**とのかかわりでしょう。戒厳令が布告されたとき、天秤座・天王星は、独立チャート木星とコンジャンクション（個人の自由の突破、あるいは個人の自由の崩壊）、牡羊座カイロンは独立チャートのカイロンとオポジション、海王星はICと重なり、ASCとスクエアでした。

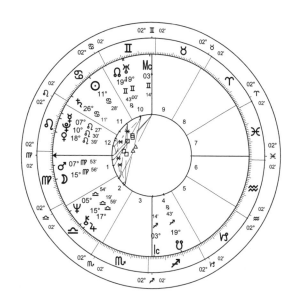

フィリピン独立

一方、20年間の横領と弾圧の終わりを象徴する亡命チャートは、独立チャートとも関連しています（たとえば、天王星－天王星がオポジション、海王星－海王星がスクエア）。マルコス夫妻のチャートとのあいだにも強い関連性が見られます。

フィリピンの建国チャートとしてもう1つ考えられるのは、アギナルド将軍がスペインから独立を勝ち取った日です（1898年6月12日、フィリピン、カウィット）。その日、太陽－海王星は双子座21度でコンジャンクション（亡命チャートの天王星とはオポジション）、土星は射手座8度にありました（亡命チャートの射手座9度の土星とコンジャンクション）。また、マルコス夫妻のチャートとのあいだにも強い関連性があります。

1988年10月、マルコス夫妻は、何億ドルもの資金を横領してアメリカで違法に投資した罪により、アメリカ大陪審に起訴されました。夫の健康状態が急激に悪化したため、イメルダは一人で立ち向かうことになりますが、1990年の自分の誕生日に起訴は却下されています（夫フェルディナンドは1989年9月28日に死亡。そのときトランジット海王星はイメルダの太陽とオポジションでした）。1991年、フィリピンに帰国したイメルダは、大統領選に出馬して落選しますが、その後、国会議員になりました。彼女は、いまだに政敵たちに汚職を告発されては闘うということを続けています。

1986年に話を戻しましょう。マルコスの失脚後、マラカニアン宮殿が公開されると、観覧を希望する人々が殺到しました。かつてマルコス夫妻が楽しんだ俗物趣味を目の当たりにした人々は、宮殿内の腐敗した陰鬱な空気にも驚いたといいます。マルコス亡命チャートの大きな特徴の1つは、魚座への4つの天体の集中ですが、なかでももっとも目立つのが5ハウス太陽－木星のコンジャンクションです。マルコス夫妻の亡命をめぐって、もっとも海外の人々の印象に残り、今もメディアに取り上げられることといえば、そう、イメルダが残した2700

足もの靴（魚座）なのです。

　この恥ずべき発見は（などという表現からして大げさですが）、イメルダの金満体質、豪勢さ、無駄遣い、横暴ぶりをあらわしています（射手座－魚座）。のちに彼女は、自分のコレクションを正当化し、フィリピンの製靴産業を活性化するための宣伝用ギフトとして受け取ったものだと述べています。靴のコレクション以外にも、パーティー用のドレス2000着、ブラジャー500枚、未開封の箱に入った数々のハンドバッグが見つかっています。亡命の前日には、8万ドルの洋服をローマに注文していました。

　時がたてば、靴のかかとは減り、人は丸くなる……。さて、どうでしょう？　まるで自分は一度も悪事に手を染めたことなどないといわんばかりに、イメルダはしょっちゅうこんなことを口にしています。「私のクローゼットを開けても、骸骨なんてなかったじゃないの。出てきたのは靴だけよ」

消えた女神

　マリリン・モンローの出生図はこれまでさまざまに語られてきました。[15] 彼女のチャートでいちばん重要なTスクエア（水瓶座7ハウス月－木星が1ハウス海王星とオポジション、4ハウス土星とスクエア）は、明るく美しい女王的な「イメージ」、とらえどころのなさ、遅刻癖や依存症を象徴すると同時に、彼女の不幸な私生活、愛情あふれる家庭へのあこがれ、「孤独で宙ぶらりん状態の苦しみ」から逃れたいという夢をあらわしています。牡羊座・金星－牡牛座・MCのコンジャンクションに象徴されるように、映画『紳士は金髪がお好き』のなかで、モンローはお金持ちに目がない無邪気な女性を演じ、楽曲「ダイアモンドは女の親友」で有名になりました。しかし、この映画で見せたようなコメディエンヌとしての生来の素質やあどけない魅力は、大スターとして熱狂的な注目を浴びるほどかすんでぼやけていきました（獅子座・海王星－ASCのコンジャンクション）。チャートのなかでいちばん重要なTスクエアを物語るかのように、彼女はこんな言葉を残しています。「有名になると、どんなささいな弱点でも大げさに書かれるみたい」

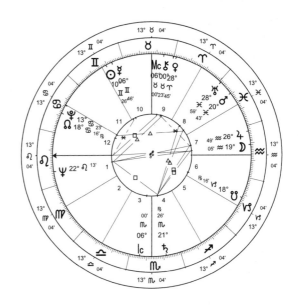

マリリン・モンロー

　しかし、これまであまり取り上げられなかった、強力なアスペクトがもう1つあります。一見すると、私たちがイメージするモンローとは結びつかないかもしれませんが、10ハウス双子座10度太陽－双子座6度水星のコンジャンクションは注目に値します。（他の天体とアスペクトを形成していない）このコンジャンクションは、太陽がチャート・ルーラーであり、水星が太陽のディスポジターであることからしても重要です。

　では、このコンジャンクションはどのように現象化したのでしょうか？　最初に挙げられるのは、モンローの父親の素性が謎に包まれていたことです。父親の不在は「彼女の魂にぽっかりと穴を開け、深い傷となり、答えの得られない問いを発し続ける」ことになります（双子座・太陽－水星のコンジャンクション）。また、彼女の祖父母のうち二人は「頭がおかしくなった」といわれ、彼女の母親も情緒不安定でした。モンローは、（Tスクエアに象徴される）家系内の不安定さや狂気の正体を「理解する」（双子座・太陽－水星）ために生まれてきたといえるかもしれません。

おそらくモンローは自分自身の本質を男性によって証明しようとしたのでしょう。彼女は、この太陽－水星コンジャンクションを体現するかのような男性を追い求めました。しかも、その傾向は男性ごとに強くなっていきます。最初の男性は1942年6月、モンローが16歳のときに結婚したジェイムズ（ジミー）・ドハティです。このとき、トランジット土星と天王星は数週間前に双子座に入ったばかりでした。モンローは自分が育った孤児院に戻りたくなくて、ドハティと結婚しています（ちなみに、同年後半に、彼女は父親の素性を知ることになりますが、父親は娘と会おうとしませんでした）。マリリンとジミーはどちらも若すぎました。二人のあいだではケンカが絶えず、精神的に不安定な妻に対して夫がからかう（双子座）ということが繰り返されたのです。1944年7月、トランジット天王星がモンローの太陽に重なる時期、彼女は写真家たちに注目されるようになります。このことが彼女の野心（10ハウス太陽）を目覚めさせ（天王星）、ハリウッドへの道をたどることになりました。しかし、それは結婚の終わりを告げる鐘でもありました。この最初の分岐点は、モンローにとって、チャート上の重要なコンジャンクション（太陽－水星）の本質を自ら現実化させ、人生の目的を果たすためのチャンスだったといえるでしょう。

　しかし、その後、才能や知性（双子）よりも美貌（金星－MC）が注目を浴びてスターになった彼女は、あいかわらず、年上の「重要な男性たち」との華々しい結婚や恋愛を繰り返したのです。どの男性もこの双子座10ハウスの太陽－水星を象徴するような人でした。

　その筆頭が、野球界きってのオールラウンドプレーヤー「ジョルティン・ジョー」ことジョー・ディマジオです。しかし、夫ディマジオが冷たく不機嫌になり、妻との会話が減るにつれ、結婚生活は悪化していきました（なんといっても、双子座はコミュニケーションを重視します。話を聞いてほしいのです）。次にモンローが結婚したのは、アメリカでもっとも偉大な劇作家といわれたアーサー・ミラーでした。知的な女性として見られたかったモンローは、ミラーの知性に強く惹かれながら、その一方で劣等感にもさいなまれました。続いて大々的に噂されることになったのがジョン・F・ケネディとの情事です。モンローはまたしても著名で成功した男性を選んだのです。ケネディも双子座・太陽の人であり、パワフルな演説家として知られました。おまけに彼にはロバート・ケネディというカリスマ的な弟（双子座）もいて、モンローはこの兄弟（双子座）のどちらとも交際したといわれています。

　モンローは、自分にとってのヒーローは「心理学の父、ジークムント・フロイト」であると公言して、かなり笑いものにされました。答えの得られない疑問（双子座）をたくさん内面に抱えていた彼女は、本当の自分（双子座・太陽）を理解したかった——自分の本質に光を当て、明らかにしたかったのです。ちなみに、フロイトの月はモンローの双子座・太陽とほんの数度しか離れていません。モンローはフロイトの娘で同じく精神分析医アンナの治療を受けましたが、そのアンナのチャートは、射手座11度太陽－双子座11度冥王星のイグザクトのオポジションをもち、やはりモンローと縁があることを示しています。同様に、モンローと共演した男優たち、ローレンス・オリヴィエ（双子座15度ASC）、トニー・カーティス（双子座12度太陽）にも彼女とのつながりが見られます。

　モンローが本当の自分らしさを発揮し、自分の太陽を輝かせた瞬間があります。ネイタル双子座・太陽にトランジット木星が重なった1953年6月26日、彼女はハリウッドのチャイニーズ・シアターの前庭で、セメントタイルに手形（双子座）を刻印し、永遠の名声を得るとともに子どものころからの夢を実現したのです。そうやって手形を残すことは有名人（木星）の証でした。

　マルコム・グラッドウェルは著書『成功する人々の法則』（講談社）のなかで、成功とは才能や個性や意欲だけで決まるものではないと述べています。成功とはその人が生まれ育った環境の産物なのです。グラッドウェルによれば、成功者は「思いがけない優位性、とてつもない機会、文化的な遺産に恵まれ、そのおかげで、他の人にはできない方法で世界について学び、理解できた人」ということです。

パーソナル・コンピューター時代が幕を開けた1975年1月を例に、グラッドウェルは次のように分析しています。当時、すでにコンピューターの分野で仕事をしていた人たち（1952年以前生まれ）は、新時代の波に乗るには年を取りすぎていたか、他の仕事で手いっぱいでした。一方、1958年以降に生まれた人は、この技術革命をものにするには若すぎました。当時、新たな分野に飛び込む用意ができていたのは、1953〜1956年生まれの大学生か大学院生でした。実際、パソコン開発の立役者となった人たち（たとえばスティーヴ・ジョブズ）はこの時期に生まれている、とグラッドウェルは指摘します。

要するに、成功とは、社会がそれをあと押しし、報酬を与えるような時期に、その人がちょうど、才能を開花させる用意ができているかどうかにかかっているわけです。こうした可能性は、占星術的には、サイン内や天体上を運行するアウター・プラネットのトランジットにあらわれます。アウター・プラネットのトランジットの動きには、ネイタルチャートに含まれる潜在的な可能性を引き出す力があるからです。人生には、自らの内なる呼びかけ（コーリング）に気づかされ、従うように仕向けられる瞬間があるものです。『魂のコード』（河出書房新社）の著者ジェイムズ・ヒルマンがいうように、その呼びかけとはダイモン（魂または守護霊）が携える召命（コーリング）なのです。自分の召命を果たすということは、内なる問いかけをしっかり把握し、その実現をあと押ししてくれるような時期／場所／環境に身を置くことにほかなりません。人気司会者オプラ・ウィンフリーの言葉はじつにうまくそのことを表現しています。「幸運とは準備とチャンスが出会うことよ」

ある少女のチャート

> 言葉を発し、文字にしなさい……
> 言葉には翼があるからだ。
> 天高く舞い上がった言葉は、永遠に生き続けるだろう。
>
> ── ラビ・ナフム・ヤンチカー（ユダヤ神学校の教師）

太陽を双子座にもつ人は、書かれた言葉や話された言葉の力を理解するために「生まれて」きます。双子座生まれとは、事実や事象を報じたり記録したりする人であり、メッセージを受け取り、整理する仲介者なのです。その人は、矛盾する情報を解読し、一見、相反するように見える双子座的性質をひとつにまとめようともします。メッセージを伝えたり説明したりするために、しばしば誤解を招き、自分らしくない「異質な」状況に直面したりもします。

次のページのチャートには、モンローと同じように、双子座・太陽−水星コンジャンクションがありますが、モンローとは違って11ハウスで起きています。この人は、自分が所属するグループやコミュニティのために、あるいはそのグループやコミュニティとともに、何かを語るために生まれてきた（それが、自分の召命であると感じていた）人のようです。しかも射手座・土星とオポジションの関係ですから、自分の召命を果たすうえで、なんらかの宗教的、道徳的な障害にぶつかった可能性があります。その緊張状態（土星）は具体的で長期化（土星）したかもしれません。「人生」は、この人に対して、自分が集めた情報を使って何かをするように求めた、つまり情報を単に右から左へ伝える以上のことをする（双子座の限界を越える）ように求めた、といえるでしょう。土星オポジションがあるために、この人は深く掘り下げ、哲学的に考え、大きな問い（射手座）を発する（双子座）必要があったでしょうし、それは環境や機会や時代が違えば、また違った形で現実化したかもしれません。

では、この人が魂の呼びかけに応じたのは、いつのことだったのでしょう？　土星と天王星が双子座に移動したほんの数週間後、このチャートの持ち主である少女は、13歳の誕生日プレゼントにサイン帳をもらい、日記をつけ始めました（奇しくもそれは、マリリン・モンローが最初の夫と結婚した1942年6月のことでした）。

日記を書き始めた時期は「偶然にも」、その少女アンネ・フランクが、秘密警察ゲシュタポの目を逃れるた

めに家族とともに隠れ家で暮らし始める、数カ月前のことでした。しかも、日中は息をひそめていなければならない彼女にとって、日記は心の支えになったのです。そう考えると、このサイン帳は絶妙のタイミングでアンネに与えられ、それによって彼女は、自分の召命に応じることができたといえるでしょう。過酷な生活とさまざまな制約のなかで彼女は、自分のチャートに書かれた可能性を現実化させていきました。

トランジット土星がアンネの太陽に到達した、1944年4月4日、彼女はジャーナリストになる夢を語り、「忘れ去られたくない」「死んでもなお生き続けたい！」と記しています。「私は成功する。だって作家になりたいんだもの！」そう書いたアンネは、戦争が終わったら日記を発表するつもりでいました（この時期、彼女は性的な目覚めも経験しています）。彼女は、まさに「言葉を発すること」、何があったかを記録することが大きな意味をもつ時代と境遇に置かれていたのです。

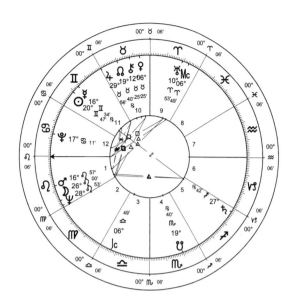

アンネ・フランク

アンネの人生の物語は、ユダヤ人強制収容所での最期も含めて、その後、広く知られるようになりました。可動式（柔軟サイン）本箱（双子座）の裏の隠れ家で暮らした2年間、アンネは、退屈で窮屈な現実を忘れるために、自分の経験を書き続けました。彼女の日記は双子座の典型的な特徴——生意気さ、楽しさ、威勢のよさ、鋭い自己批判と自己分析——にあふれています。日記からは、物まねが得意だった彼女が、しゃくにさわる人のまねをしては、辛らつな言葉を吐き、すぐにいらだつという一面も見てとれます。土星のオポジションは彼女の父親からも浮かび上がってくるようです。彼は仕事一筋のまじめでドライな人物であり、ディケンズの愛読者でした。何事にも我慢強く、周囲を落ち着かせる役割を果たした彼は「自己犠牲に近い自制心」の持ち主でした。[16]

太陽ー射手座5ハウス土星のオポジションをもつアンネは、外で自由に遊ぶことができませんでしたが、（「神がその座から引きずり降ろされ、悪に取って代わられるような」）ナチス政権の暴虐のさなかにあっても、人生を前向きにとらえ、「いろんなことがあるけれど、人間は心の底では善良なのよ」と信じ続けました。1943年11月27日、トランジット木星がアンネの月に重なったとき、彼女は、神と自然とひとつになることで恐怖が和らぐことに気づきます。神を思うとき彼女は安らぎ、「どのような人間のなかにも見出せない道徳的権限をもった存在」を得たのです。それは、彼女が「自分を取り戻し」「自らの良心に従うために」必要な存在でした。

アンネ・フランクのチャートの別の部分も、次のように彼女の人生との驚くべき符号を示しています。[17]

- 牡羊座・天王星ーMCのコンジャンクション：アンネは威勢がよく、正直さにかけては容赦がないほどでした。戦争（牡羊座）の最中にあっても、勇気と率直さをもち続けたたぐいまれな例として、死後は、そうした強さを象徴する存在と見なされました。彼女は同じ時代を過ごした多くの人々の代弁者であり、彼女の声は、ホロコーストなどなかったと否定する人々に対する決定的な反論でもありました。MCー天王星は、太陽ー水星と同じく4度離れていますが、ナチスが政権を掌握し、ユダヤ人商人へのボイコットが続くなか、アンネが一足先にアムステルダムに避難していた家族と合流したのが、1934年2月、4歳のときで

す。その場所こそが日記の舞台になりました。牡羊座・天王星－MCの影響は彼女の鋭い観察力にもあらわれています。「世界をよくするためには、だれも列に並ぶ必要はないの。それって素晴らしいことよね」

- 獅子座・月－海王星のコンジャンクション：日記（月）は実際にはサイン帳（獅子座）であり、「キティ」（獅子座）宛の手紙として書かれています。アンネは、女優になることを夢見て、壁に映画スターたちの写真やヨーロッパの王室の家系図をはっていました。一方、彼女は母親に対して複雑な感情を抱いていました。悩んでいる母親が殉教者気取りに見えますが、それでいて、彼女は親として尊敬したいとも感じていたのです。

- 蟹座・冥王星が昼側の（太陽が昇ったあとの）12ハウスに上昇している：当時、（スパイ行為や反逆行為を取り締まると称して傍若無人な捜査を行う）ゲシュタポの動きが活発化していました。この蟹座12ハウス冥王星は、市民を追いつめ、家庭に踏み込み、家族ごと抹殺しようとするゲシュタポの手が迫っていることを示しています。一方、月－海王星は地平線の下、1ハウスに位置しており、日の光を浴びたいと願いながら、ひっそりと息をひそめて暮らさなければならない家族を象徴しています。

- 双子座・太陽－射手座・土星のオポジション：アンネの父親は1945年の夏（トランジット天王星がアンネの水星とコンジャンクションの時期）に娘の日記を受け取りました。彼は、さまざまな障害を乗り越えて日記を出版したあとも、内容の信ぴょう性を疑う人々と闘うことになります。

私たちの心の奥にあるはかり知れないものや不滅のものに寄り添おうとする作家たちのチャートには、海王星が強くあらわれます。読者の年齢、信条、経験に関係なく、海王星的な作家の作品が多くの人の心にしみいるのは、そうした作品が人間のもろさに理解を示すと同時に、苦しみに負けない人間の強さを描き出しているからです。アンネの日記の悲しさは、彼女自身が知りえなかったことを、私たちが知っていることにあります。それはつまり、彼女が生き延びられなかったという事実です。アンネの日記は未完のシンフォニーなのです。

発言とチャートの符号を見つけてみよう

パート5の最後に、二人の女優のチャートと発言に注目してみましょう。チャートのどの部分がそれらの発言を象徴しているか、考えてみてください。一人目は、お笑い芸人から出発して、歌手、ダンサー、女優、司会者として活躍した**マーティ・ケイン**です。

母は苦痛から逃れるためにお酒を飲み始め、気づいたときにはアルコール中毒から抜け出せなくなっていました……。祖父の性的虐待でひどく傷ついた私は、無謀なふるまいを繰り返すようになりました。そう、さまざまな軽率な行動はもとはといえば祖父のせいなのです。たとえば16歳で妊娠することになったのも、やけっぱちだったから……。本名リン・ストリンガーのときの私は、マーティ・ケインとはまったくの別人です。マーティみたいに横柄で強引なトラブルメーカーではありません。口を開くたびにひどいことを言うのは彼女なの。あの人が乗り移ると自分でもすぐにわかります。顔つきが変わって、あごが前に出るから。まるで自覚のある分裂症みたい。でも、マーティ・ケインは私よりずっと積極的な人です。彼女のおかげで、私

マーティ・ケイン

は何度、命拾いしたかわかりません。

―― マーティ・ケイン、1995年8月19日付『デイリー・メール』紙より

私が自信満々なのは、そう見せているからにすぎません。完全に上っ面だけなのです。母親譲りのやさしさも持ち合わせていますが、壊されたらたまらないので、わざと隠しています。そうじゃないと、母みたいに人に同情するばかりになってしまうでしょう。母はいつもこの世の悩み苦しみを一身に背負い込んでいるような人でした。……私はつらい子ども時代を送りましたが、今では感謝しています。芸能界には、笑い飛ばすか、怒り狂うか、そのどちらかしかないほど悲惨な子ども時代を過ごした人が山ほどいます。不幸は笑いと嫌みのどちらかを育てるものなのですね。

―― マーティ・ケイン、1995年11月6日付
『デイリー・メール』紙より

二人目は女優**ステファニー・コール**です。

私は物事に対するステファニーの情熱と好奇心に感心しています。……『Tenko(点呼)』（訳注19）の撮影中、彼女は、とてもおもしろくて、ユーモアがあり、淡々としていながら、仕事には情熱的でした。ただし、プロ精神あふれる人だけに、そうでない人には我慢がならないのでしょう。すぐにカッとなっていたものです。彼女には細部へのこだわりがあって、役づくりを心から楽しんでいました。脂ぎった髪とか、黄ばんだ歯とか、鼻の周りのおできに至るまで！　自分がどんなに醜く見えようがおかまいなし。真に迫っているかどうかが彼女には重要だったのです。

―― 友人ヴェロニカ・ロバーツ（1995年ころ）

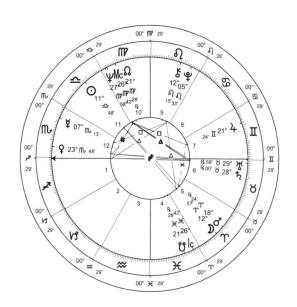

ステファニー・コール

幸運なことに、私は、不正義と闘わずにいられない火の要素をもっていました。……不正義を目の当たりにしながら、何もできないなどという状況ほど、腹立たしいものはありません。私は楽天家で、空想家で、理想主義者なのです。あまりリアルな組み合わせではありませんが。でもね、じつのところ私はとても現実的で、地に足の着いた人間なのですよ。恋愛に関しては別だけれど。子どものころから、私は人に対して夢や空想を描いてきました。……いろいろな反論は耳にしますが、それでも信じて疑いませんでした。結婚はすばらしいものだし、結ばれた二人は末永く幸せに暮らすものだって。

―― ステファニー・コール、
自伝『A Passionate Life（情熱の人生）』
（1998年）より

訳注19：シンガポールの日本軍収容所を舞台に、捕虜のイギリス人女性たちが過酷な環境下で力強く生きる様を描いたBBCドラマシリーズ）

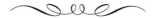

PART 6

パズルのピースをつなぎ合わせる

Putting It All Togerther

PART 6
パズルのピースをつなぎ合わせる
Putting It All Togerther

　パート6ではまず、ここまで紹介してきたアプローチにしたがって、基本情報を「ワークシート」にまとめます。そのあと五人の人物のプロフィールを占星術的な視点から検討していきましょう。それぞれの経歴とチャートの特徴とを突き合わせながら、人生の1つか2つの領域に的を絞ってお話しようと思います。

　バラク・オバマに関する詳細なプロフィール分析（論文）に続いて、四人のすばらしい女性たちの人生に注目します。この四人は、本書冒頭で献辞を捧げた女性占星家たちと同様に、私をおおいにインスパイアしてくれた人たちです。それぞれの経歴、気質、チャートはとても興味深く、研究のしがいがありました。

　ワークシートは、チャートの重要な領域を把握し、その人がどのような欲求をもって生まれてきたかを理解するためのチェックリストです。つまり、ワークシートづくりは、この本で学んできた要素（パズルのピース）を一つひとつはめ込んでいく作業なのです。

ワークシートの要点は次のとおりです。

- 天体の全体的な配置
- モードやエレメントの偏り
- 特定のサインやハウスへの天体集中
- チャート内で強調されている天体
- 主要なアスペクトと複合アスペクト

　ワークシートの内容を確認したら、チャートの特徴とその人の経歴がどのように符合するかを推理していきましょう。

　ここでは、メジャー・アスペクトを中心に取り上げていますが、必要に応じて、クインカンクスのようなマイナー・アスペクトも含めました。ワークシートの基本構造は204ページで説明します。

五人の詳細なプロフィール分析
Five Extended Profiles

　最初に登場するバラク・オバマのプロフィール分析は、彼が大統領選に勝利した直後の2008年末に私がまとめたものです。占星術的に重要なファクターと人物の経歴とを突き合わせていくと、チャートが生き生きと立ち上がってくるのがわかります。オバマの分析はそのことをよくあらわしているのです。その後、以下の四人の女性に関しては、いくつかの強調点やアスペクトに絞って、比較的短い分析を行っていきます。

　彼女たちのプロフィール分析に入る前に、ワークシートの基本構造を次ページで確認しておきましょう。そのあとに具体例として六人の有名な女性のワークシートも載せておきます。ただし、彼女たちの詳しいプロフィール分析は、また別の本、別の機会にご紹介したいと思います。

タミー・フェイ・バッカー:
かつてのキリスト教テレビ番組の人気伝道師。世間の不興を買って失脚しますが、やがてテレビ司会者として復活。その後はガンとの壮絶な闘いを繰り広げました。

アイリーン・キャラ:
歌手、ソングライター、女優と三拍子そろった才能あふれる人ですが、キャリアの絶頂期に芸能界の醜い一面を知ることになりました。

メアリー・タイラー・ムーア:
コメディ界を代表する女優。1970年代、自立した独身女性を演じて、キャリアウーマンの象徴的存在になりますが、家庭では数々の悲劇に見舞われました。その人生は本当の自分と向き合う旅でもありました。

マルチナ・ナブラチロワ:
有名なテニスプレーヤーであり、同性愛者の権利擁護をうたう活動家。複雑さと矛盾が特徴の人物像に迫ります。

The Worksheet
ワークシートの解説

	活動	不動	柔軟
火			
地			
風			
水			

主要な9つの感受点（太陽から土星までとASC、MC）を書き込む。アウター・プラネットは（　）をつけて記入。偏りは±で示す。

チャートルーラー

太陽のディスポジター

太陽　　月　　ASC

それぞれのサインを記入。

4つのアングルの関係

上記は、4つのアングルのサイン。ここには、そのサインのモード、エレメント、さらにサインルーラーが形成するメジャー・アスペクトを書き出す。

メジャーアスペクト

（天体同士、天体とASC間、天体とMC間の）コンジャンクション、スクエア、オポジション。
オーブはP52を参照。ただし、タイトな（3度以内の）トラインはここに含める。
アウター・プラネット同士のアスペクトは、下の「世代的アスペクト」に記入。

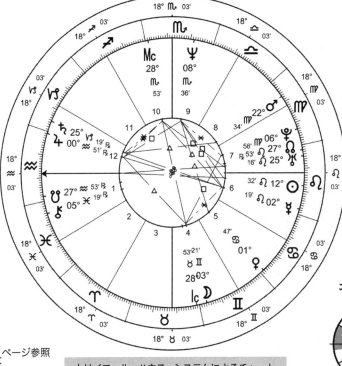

下図にゴークラン・ゾーンの天体を書き込む。ただし、統計的に有意とされない天体には（　）をつける。

その他の記述
留：
逆行：
0°：　　29°：
発見時度数：
ノーアスペクト： 67ページ参照
世代的アスペクト：
連続コンジャンクション：

上はイコール・ハウス・システムによるチャート。円内の内側の線は天体間のメジャー・アスペクト、ただしノードとカイロンは除く。

ゴークラン・ゾーン

ここにメジャーな複合アスペクトを記入。

重要な複合アスペクト

Jane Fonda
ジェーン・フォンダ（女優）

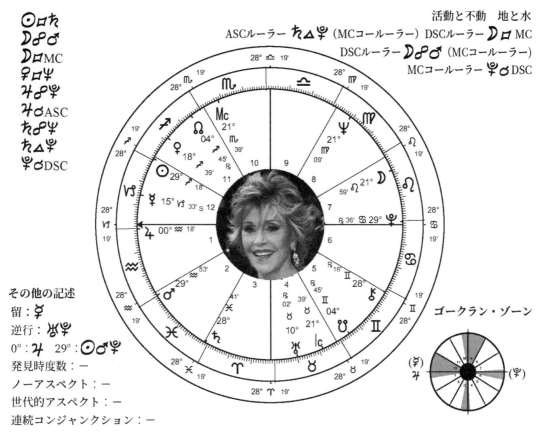

重要な複合アスペクト

Leona Helmsley
レオナ・ヘルムズリー（実業家）

	活動＋	不動＋	柔軟
火		☿ ♃ ♆	
地−			♄
風	♂	☽	
水＋	☉ ♀ ♇ ASC		(♅)MC

チャートルーラー
☽ ♒ 7th

太陽のディスポジター
☽ ♒ 7th

太陽	月	ASC
♋	♒	♋

4つのアングルの関係

活動と柔軟　地と水
ASCルーラー ☽ ☍ ♃ ♆ (MCルーラー)
MCコールーラー ♃ ☌ ♆ (MCルーラー)
MCコールーラー ♆ ☌ ☿ (IC支配性)

メジャーアスペクト
☉ ☌ ♀
☉ ☌ ♇
☉ ☌ ASC
☽ ☍ ♃
☽ ☍ ♆
☿ ☌ ♆
♀ ☌ ♇
♀ ☌ ASC
♃ ☌ ♆
♄ ☍ ♅

その他の記述
留：−
逆行：♅
0°：−　29°：−
発見時度数：ASC on ♇
ノーアスペクト：♂
世代的アスペクト：♅ △ ♆
連続コンジャンクション：♇☉♀、☿♆♃

ゴークラン・ゾーン

重要な複合アスペクト

Nancy Reagan
ナンシー・レーガン（元ファーストレディ）

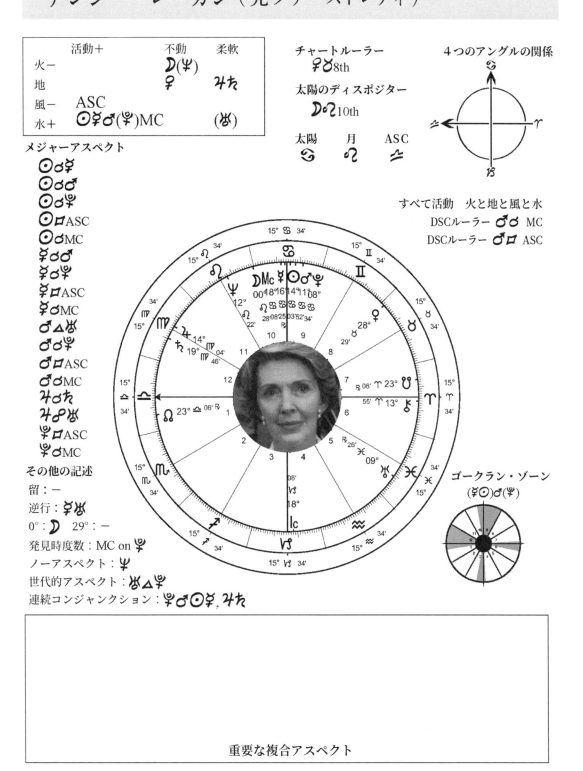

The Supremes, Diana Ross
ダイアナ・ロス（歌手、元ザ・スプリームス）

重要な複合アスペクト

The Supremes, Florence Ballard
フローレンス・バラード（歌手、元ザ・スプリームス）

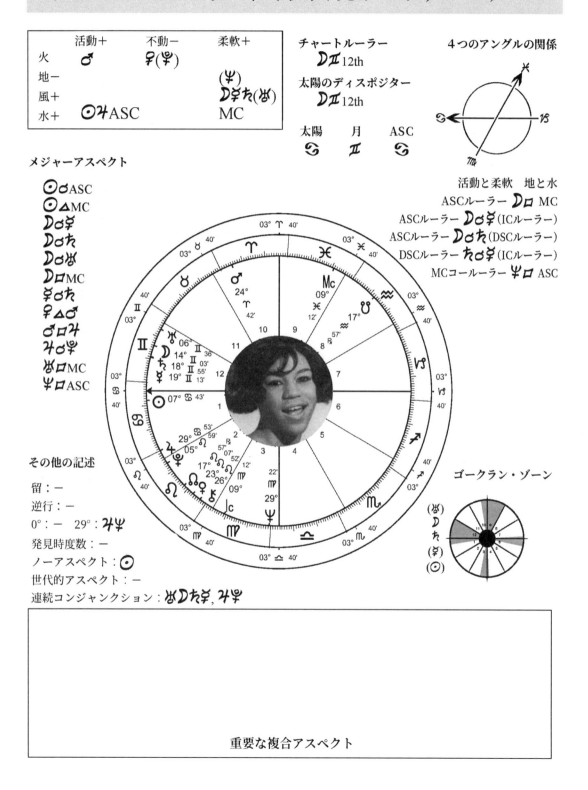

The Supremes, Mary Wilson
メアリー・ウィルソン（歌手、元ザ・スプリームス）

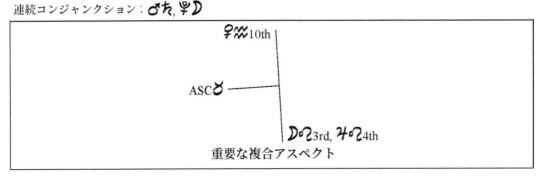

重要な複合アスペクト

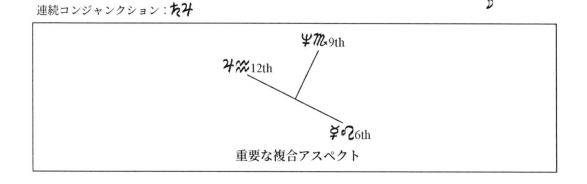

バラク・オバマ：ワークシートの解説

　ワークシートは、チャートの重要な領域を浮かび上がらせ、その人がどんな欲求に突き動かされているかを調べ上げていく方法です。そこにはこの本で学んできたさまざまな要素がつまっています。バラク・オバマのチャートを例に考えてみましょう。

1．天体の分布
4つの天体が、健康と奉仕のハウス（6ハウス）か人間関係のハウス（7ハウス）に入っている。そのうち3つは獅子座。基本的にロコモーティブ型のチャート（木星と月が120度以上離れている）といえるが、ディソシエイト（アウト・オブ・サイン）・コンジャンクションの木星－土星がバケット型のハンドルの役割を果たしている。木星と土星だけが東半球にあり、しかもゴークラン・ゾーンに位置することから、どちらも個人的な天体ではないものの、このチャートでは重要なコンジャンクションを形成している。

2．4つのアングルのサイン
4つのサインが示すエネルギーの方向性をたどっていくと太陽と天王星にたどり着く。この太陽と天王星はオーブが広すぎてコンジャンクションとはいえないが、獅子座DSCを挟む形で位置しているので、4つのアングルのなかでDSCがもっとも強調されている。MCルーラーの火星と冥王星は几帳面で細部にこだわる乙女座にある。

3．太陽－月－ASCのビッグスリー
ビッグスリーのうち2つが風のサイン、3つすべてがプラス（陽）のサイン（火と風）にある。水瓶座のコ・ルーラーを天王星とするなら、興味深いことに、ビッグスリーの3つのディスポジターがすべて獅子座にあることになり、獅子座に集中している3つの天体（太陽、天王星、水星）の重要性がますます高まる。これら3つの獅子座天体に、未来予測技法のソーラーアークを使うと、オバマの若いころの重要な時期が浮かび上がってくる（水星→太陽10歳、水星→天王星23歳、太陽→天王星13歳）。

4．エレメントとモードのバランス
エレメントは一応バランスがとれているが、火と風がやや強い（ビジョンを語る能力）。モードは不動が強く、持続力と頑固一徹さを示す。

5．メジャー・アスペクト
コンジャンクション、スクエア、オポジション、タイトなトライン（3度以内）を考えたとき、特筆すべきアスペクトは次のとおり。太陽－水星が海王星とスクエア、月が冥王星とスクエア、水星が木星－土星（バケットのハンドル）とオポジション、木星と土星がコンジャンクション（他天体から離れていて、バケットのハンドルであるため）、アングル付近の3つの天体（DSC近くの太陽と天王星、IC近くの月）。

6．複合アスペクト
Tスクエアはややワイド（木星と海王星のスクエアはオーブが約8度）で、通常は考慮しないが、不動サインにあり、頂点に海王星が位置している。木星が海王星本来のナチュラルハウス（12ハウス）にあり、海王星が木星のナチュラルハウス（9ハウス）にあるので、このTスクエアは（ともに魚座のルーラーである）木星－海王星的なテーマをもつ。このTスクエアは、チャートの別の部分に象徴される性質——「夢を売ること」、希望と救済の壮大な約束、奉仕したいという願望、スター性——を際立たせている。カイロンも考慮に入れるなら、カイロン－月－冥王星もTスクエアを形成している。

7．チャートのオーバートーン
不動サインの強調と獅子座での3天体の集中は検討すべき重要なポイント。また、太陽－DSCのコンジャンクションが太陽－獅子座的なテーマを示している。獅子座の3天体のうち2つ（太陽、水星）が海王星スクエアの影響を受けているため（しかも海王星はTスクエアの頂点）、太陽－獅子座－海王星的オーバートーンを感じさせる。次に重要そうなのは、月が双子座、火星が乙女座、太陽と水星が6ハウスにあるので水星的サブトーン。

以下の論文は、2008年12月に執筆したプロフィール分析です。若干の編集を加えたのち、占星術誌『The Mountain Astrologer（マウンテン・アストロロジャー）』の2009年4・5月号で最初に発表しました。

　「アメリカ最後の希望」

　「アメリカンドリームの体現者」

　「ビジョンを熱心かつ雄弁に語るが、具体性に欠ける男」

　「父親の夢を果たすための壮大な計画をもつ政治家」

　「アフリカ系アメリカ人男性の誇りと成功のシンボル」

　「マーティン・ルーサー・キングの遺志を継ぎ、アメリカ黒人を代弁する人物」

　少しグーグル検索しただけで、バラク・オバマがアメリカ政界の頂点を極めるまでに、どのようなレッテルを貼られ、誤解され、非難され、称賛され、持ち上げられ、神格化されてきたかがわかる。[18] だが、彼の経歴は、あの晴れやかな笑みと落ち着き払った態度以外に、どんな人物像を伝えているだろう。その発言からは、どんな欲求やニーズ、気質が浮き彫りになるだろうか。そして、アメリカの政治構造と人種差別撤廃運動における、占星術的な彼の位置づけとは？

　この時代は、魚座・天王星のどんよりと暗く冷ややかな空気に包まれ、だれもが巧妙な情報操作に目をくらまされている。そんな時代に、政治家が高潔さを体現することは可能なのだろうか。はたして彼は、掲げてきた理想を腐敗させずに権力を握り続けられるものだろうか。そして、私たち一人ひとりは、いったいどれほどの期待を抱いているのだろうか。彼の成功を願い、約束の履行を期待する気持ちが強いのか。それとも、彼が馬脚をあらわすところを目撃して、皮肉にも「ああ、やっぱりね」と自分の疑念が正しいことを証明したいのか。

　天王星的な性質の多くは、いずれ土星的な性質に変わる運命にある。たとえば、時代の最先端を行く技術や人物、大きな変革の手段として機能するものや人は、時間の経過（土星）とともに、主流に受け入れられるか、さもなければ、排除され、妨害され、検閲され、非難されるのだ。天王星は、その本質に従って枠の外側にいるとき、革命的な影響力を発揮し、ふさわしい機能を果たすことができるが、社会に受け入れられ、その内部構造の一部になったとき、人々を覚醒させ、奮い立たせ、前進させる力を失う。バラク・フセイン・オバマ（父親と同じ名前）は、かつてないほど保守的になりつつある時代に、変革の先導者として当選を果たした。彼はメインストリームで活動するアウトサイダーになった。対照的に、オバマの父親は、祖国ケニアのビジョンを部族や支援者たちに受け入れられず、政治的野望を果たせずに終わっている。息子オバマ・ジュニアは、土星と天王星のあいだで現在繰り返されている一連のオポジションの最初の段階で当選した。奇しくも、チャート・ルーラーである土星と天王星とのタイトなクインカンクス（実際、チャートのなかでいちばんタイトなアスペクトでもある）をもつ彼は、その土星－天王星に象徴される究極の離れ業をやってのけられるだろうか。

　断っておくが、ここでは暗殺の可能性を論じるつもりはない。歴史的にアメリカが、政治的ビジョンを語る黒人指導者を温かく迎え入れてこなかったのは事実だ。マーティン・ルーサー・キング牧師（1968年4月4日殺害）しかり、メドガー・エヴァーズ（1963年6月12日殺害）しかり、マルコム・X（1965年2月21日殺害）しかり。だが、ここでは、オバマという男の人物像と、世界の舞台に登場した彼の役割、アフリカ系アメリカ人の歴史文化における彼の位置づけについて分析していくことにする。

　新旧いくつもの技法を使ってチャートを分析することは可能だろう。しかし、チャートの基本的な構成要素――アングルとインナー・プラネットのサイン、ハード・アスペクト、アンギュラー天体、Tスクエア――が何を意味するかは、生身の人間の言葉を聞いてこそ本当に理解できる。人々の言葉や証言（あるいは徹底的な研究に基づく伝記）には、チャートの主要なテーマやオーバートーンが映し出されているのだ。

このことを念頭に置きながら、バラク・オバマの人生と人物像を研究すれば、彼のチャートの以下の主要な構成要素が何を意味するかを確認できるだろう。

1. 海王星的オーバートーン
2. 4つのアングルが不動サイン、獅子座－水瓶座の両極性
3. ハンドルに位置する木星－土星のコンジャンクション
4. 水星的サブトーン（月・双子座、火星・乙女座、太陽と水星が6ハウス）

あわせて、いくつかのメジャー・アスペクト——たとえば、月と冥王星のスクエア、水星と木星－土星のオポジション、DSCをまたぐように位置する太陽と天王星（ともにASC－DSC軸のルーラー）——についても検討する。そして、最後に、シナストリーと未来予測に一貫して流れる、火星－海王星的なテーマについても触れることにしよう。

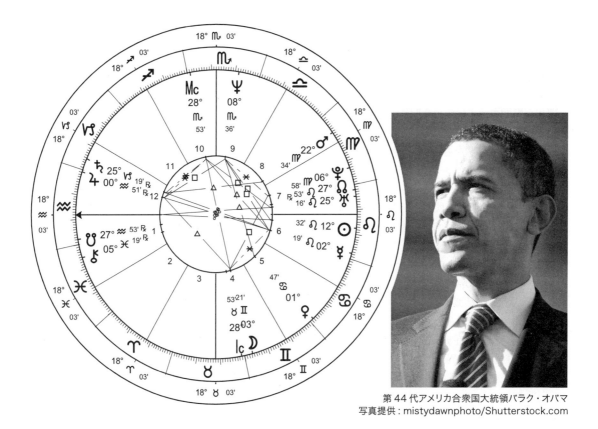

第44代アメリカ合衆国大統領バラク・オバマ
写真提供：mistydawnphoto/Shutterstock.com

その経歴に見る海王星的痕跡

人は、父親の期待に応えようとするか、父親の失敗を挽回しようとする。私の場合はその両方が当てはまるかもしれない。[19]

—— バラク・オバマ

バラク・オバマの父親は、経済学者としての夢を果たせなかったケニアからの黒人移民であり、白人の母親は、カンザス州出身の放浪者精神をもつ素朴な人だった。オバマの若いころの人生や肉親の歴史は、まるで教科書から切り取ったかのように、6ハウス太陽－9ハウス海王星スクエアの象意をみごとにあらわしている。

- 父親の過剰な理想化と幻滅。
- 姿の見えない不在の父親。
  よりよい人生を求めてさまよった人、あるいは犠牲になった人としてのイメージ。
- 家族よりも自分の夢（仕事、学問、宗教）を優先させて失敗した父親。
- 男性全般と自分自身に対する、ゆがんだ、非現実的なイメージ。
- 自分の運命に対する「完璧なビジョン」と、地に足をつけておくための継続的な闘い。

　オバマの父親は、1960年代前半のアメリカの教育政策の恩恵を受けた最初の一人として、ハワイに留学し経済学を学んだ。1961年、そのハワイで彼は二番目の妻と結婚する。6カ月後、息子オバマが誕生。オバマ・ジュニアのプログレスとソーラーアークのMCが不動の蠍座から柔軟の射手座に入るころ（1962年秋）、野心家の父親はハーバード大学で学ぶため本土へ単身移住した。家族の将来を考えての移住のようにも見えたが、結局、彼は家族を捨てることになる。1964年、オバマの母親はハワイで離婚を申請。このとき、トランジット海王星は、オバマの10ハウスカスプ（イコールハウス）に近づいていた。[20]

　ところが奇妙にも、この母親が選んだのは、息子の父親を神格化する——パワフルで成功した人格者に仕立て上げる——ことだった。さらに彼女は息子に、黒人男性の無力さや怒りを表現した著名な作家たちの作品をさかんに読ませている。こうしてオバマ少年は、歴史上で並はずれた高潔さを示した黒人男性たちの生きざまを知るようになった。蠍座の終わりにMCをもつ彼は、「黒人とは、偉大な遺産と、特別な運命と、輝かしい重荷を受け継ぐ者であり、それらを背負える強さは私たちにしかないことを意味した」と振り返っている。

　オバマ少年は、1971年のクリスマス（ソーラーアーク海王星が10ハウスカスプを通過した数カ月後）に一度だけ父親と再会している。このとき彼は父親の再婚と異母兄弟の存在を知った。少年は、父親の堂々とした存在感や物腰の柔らかさを認めはしたが、母親が苦心してつくり上げてきた神のような父親像はもろくも崩れ去った。ケニアのルオ族のことを調べるうちに、父親の人生が理想とは違うものであることも判明した。父親との再会はオバマ少年にとって混乱でしかなかった。父が自分たち家族を捨てたという事実も、このとき完全に明らかになった。[21]

　数年後、トランジット木星がネイタル牡牛座ICを通過したとき、オバマはケニアに飛び、5週間にわたる滞在で父方の親類に初めて会った。[22] 彼の最初の自伝『マイ・ドリーム』（ダイヤモンド社）には、ケニアの祖先のこと、アメリカの人種問題をめぐる彼自身の経験や民族的、精神的なアイデンティティ探しの様子が綴られている。トランジット冥王星が彼のネイタル蠍座・MCを通過した1995年7月18日に出版されたこの本は[23]、祖先の歴史をアフリカにまでたどった作品として、アレックス・ヘイリーの『ルーツ』（社会思想社）三部作[24] 以来の重要な位置づけを獲得した。

　後年、オバマは、孤児のように捨てられて孤独だった子ども時代の気持ちを吐露している（母親は再婚相手とうまくいかなくなると、オバマをハワイに送り返していた）。彼は、疎遠だった父親の遠大な計画と満たされない人生——家族を犠牲にしてでも夢を追い求めずにいられなかった強烈な野心（オバマ自身のなかにも流れている特性）——を強く意識するようになった。オバマ・シニアは経済学者としてケニアで活躍しながらも、当時のケニヤッタ大統領との確執が原因で、政治的な夢を断たれ、貧困のなかで酒に溺れていった。のちに彼の娘は「父はケニアとルオ族と西欧の文化と、彼にかけられたさまざまな期待の衝突の犠牲者だった」と述べている（息子オバマの獅子座・太陽は9ハウス海王星とスクエア）。オバマ自身は父親のことを「自身の過去を現代生活に調和させる能力が欠如したことの犠牲者」と考えていた。[25]

　ある意味、父と子の双方が、聖杯伝説『パルチヴァール』（郁文堂）のような騎士道精神に満ちた獅子座的

物語を演じてきたといえるだろう。若くて野心的な男（父のいない、自分の出自もわからない男）が自分探しの旅に出るが、自らの運命と希望を見出す最初の機会を台無しにしてしまったがために、彼は、生まれながらの権利を取り戻そうとして、人生の大半を費やすことになる。[26] だが、息子オバマの物語の筋は、父と同じ轍を踏まないように努力を重ねるというものだった。前任のアメリカ大統領（獅子座ライジングのブッシュ）とは違って、オバマは、むしろ父親の罪を継承しないように苦心してきたのだ。ジョージ・W・ブッシュが蟹座・土星回帰の時期に、父親のやり残した計画（おもにイラクに対する石油戦争）を終わらせるために再選されたのだとすれば、オバマは、未完に終わった父親の人生の多くの部分を実現するために当選したといえよう。

「こうなりえたかもしれない」父親像を思い描きつつ、若きオバマは、自らの運命と野心を強く意識しながら成長した。それは普通では終わりたくないという願いでもあった。そんな彼は、今、アメリカ国民に大志を抱かせ、生得の権利を取り戻すよう勇気づけるという使命を帯びている。[27]

オバマの水星は9ハウス海王星とスクエアの関係にある。彼も異父妹のマヤも、自分のテリトリーを飛び出して、別の地で生きることへのあこがれを抱いていた。[28] 1985年6月（トランジット木星がオバマのネイタル水瓶座ASC近くで留）、シカゴに移ったオバマは、ほどなくして貧困地区のコミュニティ・オーガナイザーの仕事についた。その後、ライターと編集者の仕事を経て、ついに法学専門誌『Harvard Law Review（ハーバード・ロー・レビュー）』の編集長になった（1990年2月5日、トランジット冥王星がネイタル10ハウスカスプとコンジャンクション）。大学を卒業後、理想主義的で少々ナイーブだったオバマは、公民権と差別の問題を専門とする法律事務所に入った。この就職が彼の政治的な野心に火をつけることとなる。

不動の羅針盤で航海する

オバマ出生図の4つのアングルは不動サイン。4つのアングルがその人のエネルギーの方向性（性質）を示すとすれば、オバマの場合は不変不動ということになる。ゆるぎない信念と正義をもち、堂々と自分の主義を主張する人であることを示している。

4つのアングルの不動サインは、物事が「長期化」しようとも、執念深く、絶え間なく、熱心に、恐れずに追求していく生き方や人生の枠組みをあらわす。その人は頑固一徹な世界観をもち、世界とかかわるときも同じように妥協を許さない。水瓶座ASCは、理想主義的、客観的で、寛容と不寛容の問題に関心があることを示している。[29] しかし、水瓶座は変化を迫られると抵抗を示し、むしろ、集団内部からの潜在的な変革の可能性を意識する。

これがもし射手座MCと水瓶座ASCの組み合わせだったら、信仰と教育がおもな探究分野になっただろうし、もっと柔軟な生き方ができただろう。しかし、水瓶座ASCと蠍座MCの組み合わせは、広く浅い経験よりも、深い経験を求めずにいられない。だから、その人の人生には、メンター的人物の死や不在といった危機的な場面が増えることになる。社会を大きく変容させる役割を背負っている彼は、自分の召命や職業的な地位の重さを自覚している。射手座MCに象徴される放浪者的な役割や永遠の学習者的な役割とは違って、彼には、より険しく暗い社会的課題に取り組む強さと集中力と勇気が求められている。

オバマの経歴は蠍座的なテーマ「自分の運命をコントロールしたい、〈本物〉の人生を生きたいという圧倒的な欲求」を示している。牡牛座ICは、断固たる信念や強烈な善悪の観念に根底から支えられていることをあらわす。実際、幼いころから多様な文化に触れてきたことが、オバマに学習意欲や探究心を芽生えさせた（双子座・月－牡牛座・ICのコンジャンクション）。このことは、オバマが確信と自信をもって意味ある役割

を追求していくうえで、強固な基盤となった。蠍座・MCの召命は「自制」である。世界へ姿をあらわすために、彼は（蠍座ライジングであったら自覚しづらかったはずの）自分の可能性をしっかり意識しながら、深く掘り下げようとする。その結果、一度始めたら最後までやりとおす、死ぬか生きるかの果敢さをもった人物として、カリスマ性を備えた手ごわい表の顔が出来上がるのだ。また、蠍座・MCは（魅力的な人間性という意味での）「セクシーな」公的イメージを象徴するが、本人は誘惑しているように思われるのを嫌って鉄壁のガードを築くことが多い。つねにタフ・ネゴシエーターであり、抜け目のない巧みなプレーヤーである彼は、個人的、職業的な変容のきっかけとなる極端な試練との出会いを期待しているかもしれない。

４つのアングルが不動サインの場合、困難に直面しやすい。人生の目的と方向性が固定されているので、方向転換や視点を変えることのメリットに気づけない。影響力の大きい地位にいる人の場合、つねに正しくありたいという強いこだわりや、主導権を手放したがらない傾向となってあらわれる。特定の助言者たちに固執しやすい点は注意が必要だろう。側近たちが権力を握って、当初の理想より自己の利益を優先させるようになる危険性があるからだ。

獅子座と水瓶座：ぎこちない同盟

　　　人はみな月だ。だれにも見せない一面をもっている。もし見たければ、そっち側へまわりこまなければならない。
　　　　　　　　　　　　── マーク・トウェイン 「The Refuge of the Derelicts（落伍者たちの避難所）」
　　　　　　　　　　　　　　　　　　　　　　　　　　　　　　　『Fables of Man（人間の寓話）』より

　　　私は公民権運動と、その運動によって、ふつうの人々が並はずれた指導力をもつにいたった事実におおいに勇気づけられた。
　　　　　　　　　　　　　　　　　　　　　　　　　　　　　　　── バラク・オバマ

　オバマは大学時代をこんなふうに振り返っている。「みんなが私の意見に耳を傾け始めた（獅子座・水星）。そのことに気づいてから、私は言葉に対して飢餓感を感じるようになった（双子座・月）。自分を隠すための言葉ではなくて、メッセージを伝え、考えを支持するための言葉が欲しかった」。集団における自分の影響力の大きさに気づくプロセスには、獅子座－水瓶座的なジレンマが含まれている。太陽を獅子座に、ライジングサインを水瓶座にもつオバマのチャートはそのことをよく示している。[30]

　エリートたち（獅子座）の大学で学んだ人間が、民衆側の人間（水瓶座）になれるものだろうか？　集団の代弁者が指導者の地位に担ぎ上げられたとき、その人は集団の他のメンバーとは対等でなくなる。集団（水瓶座）は彼のことを「民衆の一人」「ふつうの人」と宣言する。しかし、ふつうの人々（水瓶座）のために闘ってきた彼は、その人たちを率いる立場（獅子座）に立ったとき、「自分のことしか考えない人」になり得るのだ。

　この２つのサインはどちらも権威とのかかわりをあらわす（獅子座は個人の、水瓶座は集団の）。どちらも父親（権威の最初の象徴）との関係は不安定なものだ。問題が起きるときの原因は特別さと平凡さにある。獅子座は君主を、水瓶座はどこにでもいる平均的な人々をあらわす。獅子座は自分のなかのユニークさに気づいているが、「だれもが特別だ」という水瓶座の主張を受け入れられない。それでいて水瓶座の陰の一面は獅子座的な優越感を帯びている。水瓶座は集団のために闘いながら、内心では、普通の人々の一員であることに満足していない。バラク・オバマは、周囲に認められたいという気持ちと、集団のために働きたいという気

持ちのあいだで、どう折り合いをつけるのだろうか？　そして、自由な一般人から「著名人」になることで課せられたさまざまな制約と、どうつき合っていくのだろうか？　獅子座－水瓶座の両極性のバランスをとるためには、内面を深く深く掘り下げていくような自分探しの旅から脱却して、視野を広げていかなければならない。自分自身を超えた、より大きな大義が必要なのだ。自らの召命を見つけたオバマには、獅子座、水瓶座両方の意識が求められている。理想に燃える社会主義者（水瓶座）としての一面は、その人が社会の指導者（獅子座）から、自分の名誉だけを追い求める独裁者になったとき、失われていくだろう。

救世主になりたくて

> オバマは驚くほど才能にあふれた政治家だ。立場の大きく異なる人々に、それぞれが見たいと思う姿を彼は見せてきた。おおらかな性格と、巧妙なまでの具体性の欠如が、おそらく彼の政治家としてのキャリアを後押ししてきたのだろう。
>
> ── デヴィッド・メンデル（ジャーナリスト）

アフリカ系アメリカ人男性が、どうやって国中でもっとも影響力のある地位についたのだろうか？　政治の世界で頭角をあらわしたとき、オバマは黒人有権者からは「白すぎる」と言われ、白人有権者からは「白さが足りない」と言われた。彼の生い立ちは平均的なアフリカ系アメリカ人の生い立ちとは違う（水瓶座ライジングと天王星のオポジション、それぞれがMC／ICとスクエアなのだから、ふつうであるわけがない）。それでも、彼は黒人有権者の大多数に受け入れられている（2008年11月の大統領選挙で黒人の95％がオバマに投票した）。

冥王星が山羊座に入った現在、間違いなく時代の空気は慎重で保守的な方向に動いている。そのことがオバマには有利に働いてきた。彼が描く希望のビジョン（水瓶座・木星）には、システム（山羊座・土星）のなかで維持・機能するための戦略が組み合わさっている。彼のチャートは既存の権力構造を象徴するチャート[31]であると同時に、反体制的な性質を帯びている（DSC天王星がMCとスクエア）。何かを構築し、強固にし、維持することにエネルギーを傾ける、不動性のチャートをもちながら、オバマは国家によって浪費されてしまった大いなる希望を「取り戻そう」という海王星的なメッセージを発しているのだ。

オバマは、現状に対する根深い不満が存在する時期に、より良い理想的なものを求める海王星の波に乗って当選を果たした。海王星は説明のしようのないものや、はかり知れないものを象徴する一方で、私たちの本質に語りかけ、自分自身よりも大きなものとつながりたいという気持ちに訴えかける（オバマの父親がイスラム教を拒絶し、無神論者になったことにも注目）。

天王星のメッセージが障壁を壊すことだとすれば、海王星は手あたり次第触れるものに浸透することで障壁を溶かしていく。海王星は限界を知らない。海王星的な政治家は、複数のジャンルを「またいで」活躍するエンターテイナーのように、あらゆる人に何かを差し出す。いみじくもオバマは自分のことを「私は政治的色彩のまったく異なる人々にとって、それぞれが見たい景色を映し出す白いスクリーンなのだ」と述べている。海王星的なもののなかに、私たちはさまざまな意味をもった漠然としたメッセージを感じとり、自分の心情にしっくりくるように解釈するのだ。

今、アメリカはオバマに波長を合わせ、誘惑され、夢を見せられ、圧倒されようとしている。オバマが発する希望のメッセージは、イスラム的な背景（訳注[20]）や肌の色に対する人々の不安を乗り越えてきた。だが、そこ

訳注20：父親が元イスラム教徒。オバマ自身はキリスト教徒だが、国民の何割かがイスラム教徒だと誤解していた。

には問題がある。海王星のおかげで彼は多様な人々に受け入れられてきたが、「声高な主張をしない分だけ、自分が属す集団——黒人や進歩的な人々——を失望させる傾向」があるのだ（オバマ自身は、黒人は権力構造の本流に深く入り込んで、内部から社会改革を起こすべきだと訴えてきた）。

現実的に万人を満足させることなどできないのだから、オバマはいずれ支持者の一部を失望させる運命にある。大統領になった彼にだまされたと感じたり、幻滅したりする人々が出てきてもおかしくはない。オバマのメインテーマは、アメリカに大志を抱かせる——そしてアメリカらしさを取り戻させる——ことだが、もし当の国民（水瓶座）が主役（獅子座）の責任を果たそうとせず、だれかが「代わりに」やってくれることを期待するとすれば、彼のテーマは裏目に出るだろう（つまり、心理学者カープマンのいう「ドラマの三角形」の状態に陥る。「犠牲者」が「救済者」に救われようとしないとき、その「犠牲者」は一転、「迫害者」となって、「救済者」を「犠牲者」にするのだ）。獅子座DSCに天王星をもつオバマは、人々に自らの手で人生を変えようとする気持ちを取り戻させようとしている。

海王星の水瓶座通過は「共通の人類性に目覚めよ」と私たちに問いかける。2007年初頭、海王星がオバマのASCを最後に通過したとき、彼は民主党の大統領候補に名乗りを上げた。彼の「存在意義」と持って生まれたメッセージ（太陽と水星）は今やぎゅっと凝縮され、海王星のフィルターを通してアメリカ国民——集合的な心——に見せるべきときを迎えていた。

未来への期待

人々がオバマを慕うのは、彼が何かをしたからではなく、何かになりそうだからだ。

—— ブルース・リード、民主党指導者会議議長

どんな人も両親がいて生まれてくるのだから、両親のメッセージ、かかわり、願望はその人のチャート上（4ハウス、10ハウスにかぎらず）のいたるところにあらわれる。とはいえ、両親の影響を検討するには、太陽と月、そしてMC－IC軸からたどっていくのが妥当だろう。一見したところ、オバマの母親アン・ダナム（再婚後の姓はストロ）は、オバマの双子座・月－牡牛座・ICにあらわれているようだ。知的好奇心旺盛な読書家だったといわれる彼女の性質は、息子にも受け継がれている。しかし、彼女の経歴やオバマ自身の回想をさらに探っていくと、オバマの獅子座・水星－水瓶座・木星のオポジションに母親の姿が見えてきそうだ。彼女は独特な理想主義的世界観をもち、後年、人類学者になった人物だが、オバマの月のディスポジターは水星であり、その水星は獅子座にあって、水瓶座・木星とオポジションを形成している。アン・ダナムは、誠実さと自立した判断力をもつことやコミュニティのために生きることがいかに重要かを訴えた。文化的多様性（オバマの月と木星のそれぞれの位置に象徴される）と社会改革に秘められた大きな可能性を息子に気づかせたのも、人間の共通性に対して彼の目を開かせたのも母親で

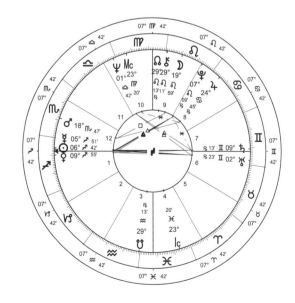

アン・ダナム

ある。彼女は高潔に生きた実在のアフリカ系アメリカ人の人生を息子に知らせて、彼の想像力に火をつけた。ただし、その一方では、不思議なことに（獅子座・水星が海王星とスクエア）彼の父親の経歴や地位についてはつくり話を聞かせていた。

母ダナムのチャートは息子とのいくつかのシナストリーを示している。彼女の射手座・水星－太陽－ASCは天王星とオポジションであり、その天王星は息子オバマの双子座・月と重なっている。さらに母のMCは息子の火星と、母の火星は息子の10ハウスカスプと、母の獅子座・月は息子のDSCと重なる。

「国民を鼓舞する美辞麗句は希望の約束などではない。たんなる絵空事だ」と、共和党の大統領選候補者ジョン・マケインはオバマを批判した。選挙に向けて、オバマはクールで確信に満ちた政治家のイメージを確立していった（彼のキャンペーンは非公式ながら「ノー・ドラマ・オバマ（オバマにドラマなし）」とも言われた）。獅子座・水星－水瓶座・木星のオポジションをもつ彼のスピーチは、国民一人ひとりにコミュニティを変えるための役割を果たすように訴えかけ、彼らの感情を盛り上げた。投票までの1年間、アメリカ国民は、自らの宿命を強く自覚し、権力の座について生来の権利を取り戻そうとする一人の男の絶対的な自信を目の当たりにすることになる。オバマの選挙戦で重要な役割を果たしたのは、この水星－木星のオポジションがもつ希望のメッセージであり、政治家にはめずらしい「オフレコの」率直さだった。ニューハンプシャー州の予備選挙中に「イエス・ウィ・キャン」の名言で有名になった演説は、トランジット水星がネイタル水瓶座0度の木星に重なる日に行われた（2008年1月8日）。大統領就任式の当日にも、水星はまったく同じ位置に回帰している（太陽と木星とともに）。

風のサインにある月とASCは、博識と自信を示すのはもちろんだが、それ以外にも、実際の感覚を体験することよりも、感覚について「語る」ことに夢中になる傾向を示す（同様の傾向は乙女座・火星にも見られる。たんに調べたり、報告したり、抽出したり、分析したりするだけでなく、実際に自分でも「体験すること」が乙女座・火星の課題である）。双子座・月と冥王星のスクエアは、自分の奥深くにある感情の動きを知的に処理しようとするような、もしくは、煮えたぎる熱い感情があろうと何気なくふるまおうとするような、本能的傾向を示しているかもしれない（水星的気質を考えると、高ぶる神経を鎮めようという欲求とも考えられる。オバマはプライベートではスモーカーであることが知られている）。

巧みな演説とより良い明日への期待感（promise）に民衆が魅了されてきたのは無理もない。オバマの名前の語源（言葉の歴史と成り立ち──月を双子座にもつ人物にふさわしく）と「promise（約束、期待）」という言葉の語源を考えれば、太陽－海王星のスクエア、水星－木星のオポジション、風のサインの優勢が見えてくる。「バラク」は「神から人に与えられ、また別の人へと手渡されていく恵」を意味するし、「promise」は「promissum（誓う、誓約する）」「promittere（表明する、予言する）」を語源にもち、未来を確約したり、宣言したりすることをあらわす。

水瓶座・木星は、より良く、より明るく、より大きな未来への希望と楽観主義を象徴する。また、チャート上の木星の位置は、その人が何に関して有望性（promise）を示すかをあらわしている。ただし、風のサインには風のサイン共通の「有望性」がある。何かを約束する前に、双子座は、有望性のある2つのものから選んだり、2つをつなげたり、融合させたりしなければならない。天秤座のおもな目的は「応答する（respond）」（語源のrespondereは「見返りとして約束する」）ことであり、「妥協する（compromise）」（相互に約束する）ことである。そして水瓶座は、未来を誓い、約束する。

オバマの誓いは強力な支援者を引き寄せてきた。彼の選挙戦が世界的に注目されるようになったのは、シカゴに基盤をもち、アメリカメディアの女帝と呼ばれる名司会者オプラ・ウィンフリー（1954年1月29日生まれ）の支援があったからだ。オバマのビジョンに共鳴し、それを広めていったウィンフリーの水星は彼の

ASCに重なっている。もう一人の強力な助っ人である政治コンサルタントのデヴィッド・アクセルロッド（1955年2月22日生まれ）の場合も、水星がオバマの水瓶座ASCと数度しか離れていない。アクセルロッドは、オバマの演説にアドバイスを行った。これまでに出会った人々の人生をありありと描写することで、（水星－水瓶座ASCのオポジションのエッセンスが詰まった）「より人間性を感じさせるスピーチ」を行うように助言したのだ。ただし、人種差別の問題をめぐる過激な説教で物議を醸しているジェレマイア・ライト牧師（1941年9月22日）との交友関係だけは、すぐれた支援者選択の汚点になりかけている。[32]

希望と大胆さ：火星と海王星

多くの若者が自己破滅的な行動に走っているのは、自分の進むべき道を見失っているからだ。
—— バラク・オバマ

大義のために尽くし貢献するというテーマは、火星と海王星のあいだの驚くべきシナストリーからも、両天体のソーラーアークの動きからも読みとれる。オバマのネイタル火星はアメリカ建国図（1776年7月4日）の乙女座22度海王星とコンジャンクション（この建国図海王星は建国図火星とタイトのスクエア）であり、ネイタル火星はネイタル海王星とセミスクエアである。彼のソーラーアーク火星は、じつに一生に一度のタイミングで、大統領就任式からまもない時期に蠍座9ハウスの火星と重なった（イグザクトのコンジャンクションは2009年3月初旬）。

乙女座・火星・蠍座・海王星の象徴性は深い。自らの運命感と父親の失敗に駆り立てられ、黒人たちの感動的な歴史に刺激されて、火星－海王星は、社会に向けて、自分自身に向けて約束することを求めている。その約束とは、奉仕し癒すこと、理想を実践すること、新しいタイプの（アフリカ系アメリカ人）男性の代表的存在になること、集団のあこがれと幻想に応えること、戦争と暴力に苦しめられる人や犠牲者を救済することである。また、この火星－海王星は、自分の命と願望を犠牲にしがちな傾向や、他者に誘惑されたり操られたりする危険性について、警告を発している。

アメリカと沈みゆく太陽

大統領（あるいは一国の指導者）が誕生すると、占星術では、その人のチャートが国家全体を象徴していると考える。オバマの出生図は、大統領に選出された現時点のアメリカと任期中のアメリカを象徴することになる。大統領のビジョン、役割、影響力は、やはり、チャートの主要なテーマや天体の配置にあらわれる。ここでケネディとクリントンがどうだったかを考えてみよう。

ジョン・F・ケネディ

双子座・太陽、天秤座ASC
土星－海王星が蟹座MCとコンジャンクション

海王星－MCコンジャンクションがあるだけに（夫人のジャッキーにもある）、短くも輝かしかったケネディの在任期間と希望に満ちた当時のアメリカ社会が理想化され、端的に「キャメロット」（訳注[21]）と呼ばれるよ

訳注21：アーサー王伝説の宮廷があった架空の都市。華々しさの象徴。

うになったのもうなずける（しかも海王星はケネディの大統領就任時にDSCにあった）。また、海王星はこの夫婦のメディア（テレビ）への露出の多さや、アメリカのファッションに与えた影響もあらわしている。彼らは綺羅星のようなカップルだった（ケネディのライジングサインは天秤座）。土星－MCコンジャンクションは愛国的責任感を求め（「この国があなたのために何をしてくれるかではなく、あなたがこの国のために何ができるかを問え」）、ホワイトハウスに初めてカトリック教徒の主人を誕生させた。ケネディといえば、パワフルな演説で知られている（双子座・太陽）。当時のアメリカでは、公民権をめぐる交渉（天秤座）が続いていたし、大きな国際紛争のなかで冷静な頭脳が求められる時代でもあった（双子座－天秤座）。振り返ってみれば、チャートの高い位置での土星－海王星コンジャンクションは、ケネディ暗殺によって、アメリカ国民が抱いた体制（土星）への幻滅（海王星）を象徴しているとも、彼の死やマフィアの関与をめぐる陰謀論をあらわしているともいえよう。海王星がカルミネートしている（MC付近にある）ことから、彼の遺産（レガシー）を理想化したり、美化したりするのは危険だが、ケネディがカリスマ的な女たらしだったことは、今ではつとに知られていることだ（天秤座ライジング、チャート・ルーラー金星が双子座）。

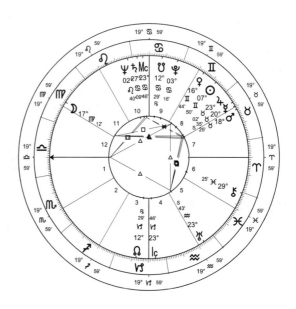

ジョン・F・ケネディ

ビル・クリントン

獅子座・太陽、天秤座ASCが火星、海王星、金星とコンジャンクション、蟹座MC

クリントンは、在任中ほぼつねにすぐれた広報手腕を示した。強い共感力で国民に心を寄せ、大衆を安心させたからだ。彼の金星的・海王星的チャートはケネディのチャートと多くの点で類似している。どちらも、メディアの力を巧みに使い、そのカリスマ性で国民の人気を集め、夫人との強力なタッグを印象づけることにも成功した。しかし、クリントンの不倫はケネディのときとは時代が違う。裕福で著名な人物の性生活をめぐる話題はアメリカ人の大好物になっていたし（クリントンの火星、海王星、金星は天秤座ライジング）、プライバシーの境界線はすでに損なわれたに等しかった。海王星はクリントンのチャートと大統領職のあらゆる部分に浸透（しかも就任時にはカルミネート）していたが[33]、それとは対照的に（倫理観の2つの指針である）土星と木星は優位ではなかった。今にして思えば、彼には人としての規範（そして欲望にフィルターをかける

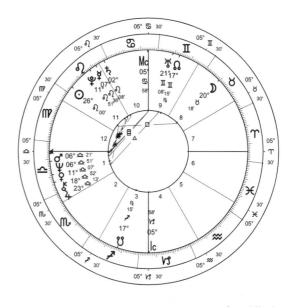

ビル・クリントン

能力）が欠けていたようだ。そのことが大統領としての未来に影を落とすことにもなった。

　ケネディとクリントンの出生図は、リチャード・ニクソンとジョージ・W・ブッシュの出生図とはかなり違っている。ニクソンとブッシュの出生図（および在任中のアメリカのチャート）には、一貫して、水星－冥王星的なテーマが流れていた。そしてブッシュ就任時（2001年1月20日正午ごろ、ワシントンDC）の劇的なチャートの、沈みゆく蠍座・火星や射手座8ハウスの月－冥王星コンジャンクションを見ると、獅子座にライジングする水星－冥王星をもつ、この大統領とともに、アメリカが一時代を終えたことも不思議ではない。

　オバマの出生図を、彼の目に映るアメリカの象徴として、また2009年1月、彼が自らトップに立つことになったアメリカとして見るなら、そこに浮かび上がってくるのは、指導者への信頼を失い、意気阻喪した国（獅子座・太陽が海王星とスクエア）の姿だ。オバマを大統領に選ぶことによって、アメリカは、ここ数年でボロボロになってしまった覇権主義にノーを突きつけ、より理想主義的な父親／リーダー／救世主（太陽－海王星）像に期待をかけているのだ。まさに占星家ジェシカ・マレーの著書のタイトル『Soul Sick Nation（魂を病んだ国家）』[34]のように、今のアメリカは癒しを必要としている。求められているのは、日常的な草の根のレベルでのスピリチュアルな行動（6ハウス太陽－9ハウス海王星がスクエア）であり、人と人のつながり、コミュニティ（水瓶座）なのだ。アメリカの財産——精神的にも金銭的にも——は、海外での政治的な争いで疲弊してしまった（オバマの蠍座9ハウス海王星は2ハウスのルーラー）。

　要するに、オバマのチャートが示しているのは、今までやってきたことの究極の責任を突きつけられている国——自らの創造力と破壊力を自覚するように迫られているアメリカの姿なのだ（獅子座は、慈悲の光で照らすことも、暴君のように威張り散らすこともできる）。水星－9ハウス海王星のスクエアが、日常の問題（6ハウス水星）から目をそらすために、外交問題について偽の情報や誤報を信じ込まされてきたと感じている国民をあらわしているとすれば、双子座・月と冥王星のスクエアは、真実を知りたいという飢餓感に見える。また、蠍座9ハウス海王星は、オバマの言葉を借りるなら、「そろそろ中東の石油への依存症を終わらせなければならない」アメリカをあらわしているのかもしれない。

　オバマの太陽は地平線に沈んでいる。闇の世界へ下った君主——偉大な力（太陽）——と天底付近にいる人々（月）は、国の導き手を必要とする真っ暗な時間が続くことを象徴している。どうやら、国の再建と制度再構築のための厳しい日々が待ち受けているようだ。とはいえ希望もある。水瓶座ASCは共通理解と社会的責任の芽生えを示している（12ハウスに上昇した木星－土星コンジャンクションは、時宜を得た騎士の登場を暗示する）。オバマはこんなふうに例えている。「この社会は、妊娠した10代の若者を無責任だと非難するが、彼らに志を抱かせるような教育をしてこなかった責任は問わない」

　水瓶座・木星－山羊座・土星のコンジャンクションは、せいぜい将来の枠組みや実行可能なビジョンを構築してはくれるだろう。このコンジャンクションはオバマのチャート上で中心的な役割を果たしている。木星－土星は実質的にバケットの柄にあたり、強力なゴークラン・ゾーンに位置するうえ、東半球に存在するのはこの2つだけなのだ。20年周期で訪れる木星－土星コンジャンクションはオバマをがっちりとらえ、このサイクルに対して彼をとくに敏感にしている。大統領選に勝利したときも、当然のごとく、トランジット木星／土星のミッドポイントは蠍座18度、すなわちオバマの10ハウスカスプ（イコールハウス）にあった。[35]

　コンジャンクションを見る際には、複数の天体のうち先に上昇するほう（つまり、度数が若いほう、またはサインの順番が早いほう）の天体を見る。オバマの場合、山羊座・土星が水瓶座・木星よりも先に上昇することには重要な意味がある。まず保守的な構築があり、さらに再構築があってこそ、人と人のあいだに新たな同胞精神——兄弟愛的な共感、スピリチュアルな人間性——が芽生えるのだ。

2009年1月20日の大統領就任時を出発点とすると、1年後の2010年春、オバマのソーラーアーク（またはプログレス）MCは、ネイタル蠍座28度53分の位置から奇しくも射手座に移る。そのときトランジット火星は獅子座0度で順行に転じ、トランジット木星と天王星は牡羊座に入る寸前のところまで来ている。こうした天体の状況は、新たな取り組みが始まることや活力と情熱が一新されることを示しているし、闘いの目的や大義を与えてくれるだろう（その一方で、指導者に対する暴力、市民の不服従や闘争性も意味する）。さらには、通常のセカンダリー・プログレスの太陽は2010年秋に天秤座に入る（おそらく、休戦後にさらなる交渉や対立があることを暗示しているのだろう）。また、2011年1月4日、プログレスの木星はオバマの人生で初めて順行に転ずる。

1つのチャートが全大統領を示す

　さまざまなチャートを使ってオバマとアメリカのシナストリーを読むことは可能だが[36]、1789年4月30日の**初代大統領ワシントン宣誓時のチャート**（以下、宣誓チャート）に注目するのも有意義だ。このチャートは、大統領という地位がもつ精神、その役割の背後にある原理、リーダーとしての重責とは何かを明らかにしてくれるだろう。

　1789年当時、大統領という役割の最大の特性は、知恵、節度、威厳、慎み深さだった。大統領としてのジョージ・ワシントンには「建国の父」であることが求められ、彼のイメージはいたるところで全面に押し出された（獅子座ライジング、チャート・ルーラーの太陽が牡牛座9ハウス）。その後まもなく、国法銀行が設立された（牡牛座、獅子座はともに銀行を象徴）。近年、大統領は「公職というより、芝居がかった名ばかりのリーダー（獅子座）」として描写されることが多い。[37]

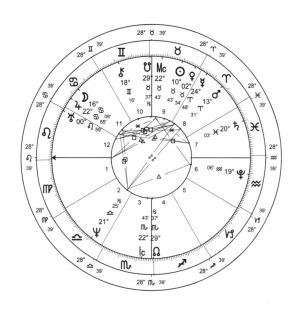

アメリカ合衆国初代大統領就任式

　大統領の任期中の主要な政治的事象を探る際に、1789年の宣誓チャートは1776年の独立宣言時のチャート（以下、独立宣言チャート）よりも多くを物語ってくれる（「フィラデルフィアで制定されることになる合衆国憲法を中身のあるものにしたのは、ジョージ・ワシントンがつくった前例である」）。[38] とはいえ、（さまざまある）独立宣言チャートのいくつものアスペクトとテーマが、この宣誓チャートにも映し出されている。たとえば、独立宣言チャートの蟹座・太陽―木星に象徴されるアメリカ文化と愛国心は、宣誓チャートの蟹座・月―木星の素朴で家庭的な哲学に再現されている。宣誓チャートでは、民主主義、平等、独立の夢も牡羊座・水星と2ハウス海王星のオポジションに描かれている。しかし、牡羊座・火星と蟹座・月のスクエアは、国民が大統領に旺盛な指導力を期待していること、国を守るために闘ってくれる人物を求めていることを示す。

　宣誓チャートにはオバマ出生図とのつながりも見られる。獅子座1度の天王星（オバマの水星とコンジャンクション）と水瓶座19度冥王星（オバマのASCとコンジャンクション）は、別の箇所でも述べたとおり、オ

バマがこの2つのアウター・プラネットの本質を引き出し得ることを暗示している。さらに興味深いのは、宣誓チャートのソーラーアーク ASC は、オバマ就任時には牡羊座2度にあり、オバマ自身のソーラーアーク ASC と1度しか離れていない（オバマのソーラーアーク ASC はマーティン・ルーサー・キング牧師のネイタル牡羊座11ハウス天王星とあと数分でコンジャンクション）。宣誓チャートとオバマ就任時のチャートは、どちらも新しい政治、新しい大統領の時代を迎えようとしていること示している。

冥王星世代の今昔：地のサインへの移行

　オバマ（1956～1972年の乙女座・冥王星世代）は、ホワイトハウスへの道のりで、ヒラリー・クリントン（獅子座・冥王星世代）とジョン・マケイン（蟹座・冥王星世代）を打ち負かした。さまざまな面で彼の勝利は、乙女座・冥王星世代がいよいよ権力を掌握すべきときが来たことを告げている。ヒラリーの「とことん闘い抜く」という攻撃的な選挙姿勢は、権力の中枢にいることを絶対にあきらめない彼女の世代の特徴でもある。世界情勢の変化、そしてブッシュからオバマへの政権交代と時を同じくして、冥王星は火のサインから地のサインへ移動した。アメリカが（待ちに待った）新世代の指導者を迎える用意が整ったのだ。もっともらしく言うと、だれかが宴（獅子座）の後片付け（乙女座）をしなければならない。強引な意志（獅子座・冥王星）から解放されたとき、乙女座の癒しと浄化のプロセスが始まる。そして世界的に見ても、射手座による過剰な拡大や拡張のあと、山羊座のまじめさ、規律、説明責任と責任能力（応対する能力）が求められている。いみじくも、オバマの当選は、アメリカがゆっくりと冥王星回帰を迎えようとしている時期と重なる（イグザクトになるのは2022年）。

　地のサインは、直前の火のサインが描いた夢を練り上げ、肉づけをして、形にしなければならない。地のサインの使命とは、現実主義という薪をくべて炎を赤々と燃え続けさせることであり、方便と有用性と実用性が求められるのだ。獅子座は、高らかにファンファーレを鳴らし、カリスマ性を発揮して、心のよりどころとなる（火）システム（不動）を確立する（たとえば君主制）。しかし乙女座は、システムが機能し続けるためには秩序と細心の注意が必要なことを知っている。しかも、それをひっそりと控えめな方法で実行することができる。獅子座の華やかさと仰々しさが去ったあとも、バンドは行進を続ける。今度は音だけでなく足並みもそろえて。オバマのネイタル乙女座・火星は、ワーカホリックな性質や何事も人任せにできない完璧主義者をあらわしている。危機に直面しても、乙女座・火星には、細部へのこだわりが強すぎて、なんの策も打たないでいるような傾向がある。とはいえ、太陽を獅子座に、MC コールーラー火星を乙女座にもつオバマ以外に、今のような保守的で強硬な時代に、一歩ずつ着実に実現可能な未来のビジョンを描ける者がいるだろうか。

黒人文化のルーツ

　一部の占星家は、黒人文化や、アフリカ系アメリカ人の人種的平等への闘いを冥王星と結びつけてきた。冥王星（Pluto）は強大な力をもつ者と抑圧された者の両方を象徴する。たとえば、パワフルな富や影響力をもちながら名前が表に出てこない陰の「金権政治家（plutocrat）」だったり、社会の底辺で権利を奪われ虐げられている人々だったりする。アフリカ系アメリカ人が奴隷として売り買いされていた時代から、最初の黒人大統領が誕生するまでの道のりは、さまざまな世代を経てきた冥王星の足跡でもある。冥王星の山羊座イングレスはついに一人の黒人男性を権力と統治の座へと押し上げたのだ。

　オバマが世界的な舞台に登場したのは最初の冥王星・山羊座イングレス時だが、大統領選に勝利したとき

の冥王星は射手座29度だった。このことに興味をもった私は、射手座29度とアメリカ黒人の歴史上の画期的な出来事とのあいだにつながりがないかを調べ始めた。すると、とくに関係がありそうなケースが2つ見つかった。1つは、射手座29度が公民権活動家ローザ・パークス（1913年2月4日生まれ）のネイタル冥王星とほぼイグザクトのオポジションに位置すること。もう1つは、キング牧師の「私には夢がある」の演説で有名なワシントン大行進が山場を迎えたとき（1963年8月28日午後4時）、射手座28度がライジング、火星が天秤座でカルミネートしていたこと。

さらに、オバマ自身のダイレクトのミッドポイント（私はあまり使わないのだが）も次のとおり興味深い。

- 土星／MC＝射手座27度07分
- 海王星／ASC＝射手座28度20分
- 木星／MC＝射手座29度53分

1983～1984年、冥王星が蠍座に移動したときには、集団の意識に訴えかけるようなポジティブな黒人のロールモデルが多数存在した。たとえば、ジェシー・ジャクソン（民主党の大統領候補指名争いへの出馬表明はイングレスの数日前）、ビル・コスビー（視聴率1位を獲得するテレビ番組『ビル・コスビー・ショー』が始まったのは冥王星が蠍座0度のとき）、オプラ・ウィンフリー（1984年の初めにトークショー司会者として登場し一躍有名に）がそうだ。

アウター・プラネットの冥王星に対する関係性（たとえば土星や天王星が形成するアスペクトなど）は、アメリカ黒人やアフリカ系アメリカ人の歴史上の重要な瞬間を示しているようだ。それ以外にも、人種の壁を壊した重要なアメリカ人、あるいは、黒人の誇りや抵抗や優秀さを象徴する人物のチャートには、次の3つの特徴が見られる。

1. 蠍座が目立つ
2. 火星－冥王星のアスペクトがある（この組み合わせは抑圧を乗り越えていく、とてつもない再生力を象徴する）
3. 不動サインの最後の10度（最終デカン）が目立つ。不動サインには持久力があり、強大な抵抗力、動かせない物体、強固な意志力、自分の主義主張を曲げない頑固さを象徴するが、最終デカンは柔軟サインに続くため、ゴールポストの移動を示している

誌面の都合上、ここにすべての例を挙げることはできないが、以下のことだけは述べておきたい。

1955年12月1日、海王星が蠍座に入る1週間前、ローザ・パークスは公営バスの後部座席に移動することを拒否して逮捕された。このとき蠍座25度の土星は獅子座28度の冥王星とスクエア、蠍座1度の火星は獅子座2度の天王星とスクエアだった。パークスはネイタル土星を牡牛座27度にもつ（海王星が蠍座を通過する期間、人種差別は法的に少しずつ解消されていった。海王星がすでに蠍座にあった1956年11月、連邦最高裁判所はバス車内の人種分離条例を違憲とする判決を下した）。しかし、パークスより前に逮捕された10代の少女クローデット・コルヴィン（1939年9月5日生まれ、獅子座27度の水星が牡牛座・天王星とスクエア）は、パークスとは違って称賛されることもなく、忘れ去られていった。コルヴィンがバスの席を譲らなかった1955年3月2日、火星は牡牛座の終わりにあって、蠍座・土星とスクエア、獅子座・冥王星とTスクエアを形成していた。コルヴィンの騒動は、その後、アラバマ州モンゴメリー市の公営バスボイコット運動へと発展した。

1960年代半ばに、天王星と冥王星はショッキングなコンジャンクションを繰り返した（ときには、土星やカイロンとオポジションを形成した）。その時期は、黒人極左過激団体ブラック・パンサーの結成（1966年10月15日）、公民権運動の爆発的な広がりと、マルコムX（1925年5月19日生まれ、火星－冥王星コンジャンクションをもつ）の暗殺などが起きている。数年後、キング牧師が銃弾に倒れたとき、獅子座・木星は蠍座26度の海王星とスクエアだった。

オバマの獅子座25度天王星と蠍座28度MCのスクエアは、彼がアメリカ黒人のイメージ（MC）を変え、政治的指導者の地位につくために生まれてきたことを示している。結局、アメリカが選んだのは、ジェシー・ジャクソンでもなく、アル・シャープトン牧師でもなく、武闘派や急進派でもなく、ビジョンをもった活動家だった。火星－海王星のつながり（オバマ出生図とアメリカ建国図のシナストリー、オバマのソーラーアーク火星とネイタル海王星のコンジャンクション）に後押しされる形で、国民は、システムとともに（システムの内部で）働くことができる、誠実さとビジョンと信念を備えた有色人の（カラフルな）男を選んだのだ。

2008年の大統領選に向けて、こんなキャッチフレーズが流行っていた。

　　ローザは座った、マーティンが歩けるように

　　マーティンは歩いた、バラクが走れるように

　　バラクは走っている、私たちの子どもが飛べるように

Tammy Faye Bakker
タミー・フェイ・バッカー

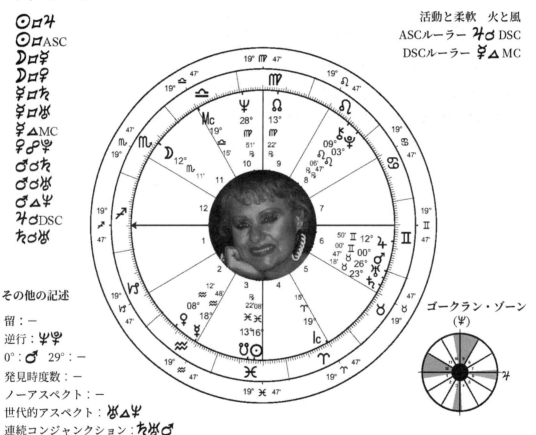

重要な複合アスペクト

タミー・フェイ・バッカー：ワークシートの解説

1. 天体の分布
天体はサイン的には分散しているが、1箇所だけ6ハウス（牡牛座、双子座）に集中が見られる（6ハウス在住天体のうち3つが乙女座・海王星とトラインを形成している。6ハウスは本来、乙女座の場所）。6ハウスの4つの天体のうちもっとも重要なのは木星。木星は太陽が位置する魚座のコールーラーであり、チャート・ルーラーでもある。しかも木星は、DSCとコンジャンクションのうえ、ゴークラン・ゾーンに位置している。

2. 4つのアングルのサイン
エネルギーの方向性（性質）は活動と柔軟。アングルは火か風であり、ルミナリー天体（訳注22）とはかなり性質を異にする（太陽は魚座、月は蠍座で、どちらも水）。4つのアングルのルーラーがすべて風のサインにあり（火星と木星は双子座、水星と金星は水瓶座）、やはり太陽ー月の水コンビとは対照的。木星と水星（ASCとDSCのルーラー）がどちらもアングルとアスペクトを形成している。4つのアングルのルーラーがお金のハウス（2ハウス）か、習慣と健康のハウス（6ハウス）のどちらかにある。これらよりも微妙なアングル関連天体が、魚座・太陽のコールーラーかつチャート・ルーラーである木星を強調している。すなわち、木星がMCおよびMCルーラーの金星とそれぞれワイドなトラインの関係にあること、さらに木星が（ディスポジターの）水星およびMCと（ワイドな）グランド・トラインを形成していること、火星が土星と天王星とコンジャンクションであること。しかも、その土星と天王星は水瓶座・水星と（2つのアングルのルーラーである）金星のディスポジターである。

3. 太陽ー月ーASCのビッグスリー
太陽と月はともに水のサインにある（しかもオーブ4度のトラインの関係）。太陽とASCはルーラーの木星を共有していて、太陽と木星はどちらも柔軟サインにあり、水星関連のハウス（3ハウス、6ハウス）に在室。しかも木星は水星が支配する双子座にある。さらに木星はASCのルーラーであり、アングルとコンジャンクションの唯一の天体でもあり、太陽とはスクエア（太陽も木星もASCとアスペクトを形成）、月とはタイトなクインカンクスの関係にある。以上のことから、木星が強調されていることがわかる。

4. エレメントとモードのバランス
ルミナリー天体は水のサインにあり、4つの天体（およびMC）が風のサインにある（共感を伝える技術、自分の気持ちを言葉で表現する能力）。エレメントとモードを検討すべき7つの天体と2つのアングルのうち、土星だけが地のサインにあり（グラウンディングの不足、貧困の不安、財政的安定やステータスシンボルへの過剰な願望）、ASCだけが火のサインにある（つねに仕事で人を熱狂させていたいという激しい欲求）。活動の弱さを補うかのように、彼女の最初の夫（ジム・バッカー）は太陽が山羊座、月が天秤座。

5. メジャー・アスペクト
コンジャンクション、スクエア、オポジション、タイト（オーブ3度以内）なトラインを見たとき、特筆すべきアスペクトは以下のとおり。太陽が木星および（木星をルーラーとする）ASCとスクエア、不動サインにあるインナー・プラネットの月と水星、金星がスクエア、水星が4つのアングルと親密（タイト）な会話を交わしていて土星とはスクエア、MCルーラーの金星が冥王星とオポジション、天王星ー火星が海王星とトライン。

6. 複合アスペクト
風のサインのワイドなグランド・トラインが、ASCルーラー、DSCルーラー、MCのあいだで形成されている。このグランド・トラインは水星的な「感じ」がする。3つの天体のうち、水星ーMC間のオーブがもっともタイトであり、3つ目の天体・木星が水星関連のサインとハウス（双子座、6ハウス）に入っている（しかも、この2ハウス水星は、もともと水星的なハウスである3ハウスにも非常に近い位置にある）。

7. チャートのオーバートーン
すでに述べたとおり、木星的オーバートーンと水星的サブトーンが見られる（水星はチャート全体、アングル、6ハウスの強調に深くかかわっている。2天体が双子座、太陽が3ハウス）。木星と水星は4つの柔軟サインのルーラーであり、柔軟サインはこのチャートで優勢を占めている。ビッグスリー（太陽、月、ASC）がルーラーシップかアスペクト（タイトなクインカンクスを含む）によって木星と関連していることから、このチャートは海王星ではなく木星寄りの魚座に属す（115ページ掲載のルイーズ・ウッドワードのチャートも同じように魚座的特徴をもつが、彼女の場合は木星より海王星の影響が強い）。

訳注22：ルミナリーは、太陽と月のこと。

神を恐れるタイプの組織的宗教では、信者たちは、復讐心に燃える神の尊敬を獲得しなければなりません。彼らは、罪、贖い、告白、改悛、原罪、「自業自得」的カルマなどを信じていて、土星的なパーソナリティをもつ傾向がありますが、そうした特徴はチャートにもあらわれます。一方、木星に象徴されるタイプの宗教は、信仰、信念、全能者、穏やかな神といった概念に関連しています。木星的な宗教の信者は、人生は果てしない冒険であり、いずれあちら側の世界に渡ったあとも、また新たな探求の旅が始まることを「知って」います。

伝道師は「福音を広める人」を意味します。もともとは「神（木星）のビジョンを売り込み、宣伝する」宣教師として、各地を説教しながらまわっていました。彼らには「良き知らせを運ぶ者」（伝道師の語源）らしい説得力があります。信者ではない人々に改宗を迫るのが仕事ですから、「感情を盛り上げ」ながら、最後の審判の日に救われる必要があることを納得させるのがうまいのです。

改宗させる、売り込む、救い出すといったことには、木星と海王星がかかわっていますが、これら2つの天体とそれぞれのサインが伝道師のチャートには強くあらわれます。また、水星（明確に述べる、説得する手段）や、柔軟サイン（木星、海王星、または水星に支配され、ある種のメッセンジャー／コネクター的な性質をもつ）の影響が顕著な場合も多く見られます。

宗教番組のなかでも派手なキャラクターといえば、タミー・フェイ・バッカーでしょう（再婚後はメスナー姓）。彼女は、夫のジム・バッカーとともに、衛星テレビ局で強烈な宗教番組『PTL（主をほめよ）』を製作し、キリスト教伝道番組（いわゆる「エレクトリック・チャーチ」）の草分け的存在になりました。番組は毎日放送され、そのカリスマ性あふれる説教によって、全盛期には世界50カ国、2000万人の視聴者の心をつかんだのです。長年、伝道師界に君臨したバッカー夫妻は大統領とも食事をするまでになり、1980年代特有のバブリーな生活を続けました。ところが1987年、そんな彼らの木星的なバブルがはじけるときがやってきます。腐敗（脱税、詐欺）と性的スキャンダルが明るみに出るや、彼らの帝国はいっきに崩壊していきました。1989年10月24日、ジムは懲役45年を言い渡されますが（のちに18年に減刑）、タミーのほうは、4年間のうつ病と、ジムとの離婚を経て、ゲイコミュニティのアイコンとなり、トーク番組の司会者として復活を遂げました（かつて歌手シェールが夫ソニーとのデュオで一世を風靡しながら、冠番組の終了後に解散・離婚し、ソロで復活した経緯によく似ています）。

すでに述べたとおり、タミーのチャートには木星的なテーマがあふれています。射手座ライジングで、魚座・太陽は木星とスクエアです。また、チャート・ルーラーの木星が双子座にあることから、水星的なサブトーンをもつチャートでもあります。一方、ジムのチャート（234ページ参照）は、さらに木星－海王星的オーバートーンが強く、ドリームメーカーとして活躍しながら、欲望の時代の終わりとともにスケープゴートとなった彼の役割をよくあらわしています。

バッカー夫妻は1960年に出会い、翌年のエイプリルフールに結婚しました。二人は、迷える人々に福音を説き、救い出すという共通の夢をもっていました。夫婦で仕事をする人によく見られることですが、この二人のチャートにもアングル同士の強いかかわり合いが見られます。ジムの月はタミーのMCに、ジムのMCはタミーのASCにのっていて、さらには、金星同士がコンジャンクションであり、どちらも冥王星とオポジションを形成しているのです。見るからに無敵のパートナーといった印象の二人は、年に1億3000万ドルを稼ぎ出し、視聴者を釘付けにしました。

ジムとタミーは子どものような性格だった。彼らの無邪気さ、おおらかさは、人の目を引き、心を温めた。二

人には皮肉とか自意識といったものがなくて、あるのはひたすらイエスへの愛だけだった……ジムは表向きの魅力や立ち居振る舞いとは違って、傷つきやすい人だったが、彼にはビジョンがあった。一方、番組に強烈な輝きを与えたのはタミーだ。マスカラまじりの大量の涙を流したかと思えば、画面に映し出された不幸な出来事を笑ってしまったこともある。彼女は、その予測不能なきわどさで視聴者を魅了したのだった。[39]

　勝ち組夫婦の二人は、その後、テレビ界で力を増していく宗教番組の先駆者となりました。しかし、それぞれのテレビ会社が成功をおさめると、彼らは重役たちのクーデターによって追い出され、犠牲にされ、裏切られています（魚座）。

　バッカー夫妻が最初にテレビ界に進出したのは、伝道師パット・ロバートソンが設立したローカル局でした。二人は、台本のない、楽しいキリスト教番組『Jim and Tammy Show（ジム・アンド・タミー・ショー）』という新たな形態を生み出しました。さらには夜の宗教トークショー『The 700 Club（700クラブ）』を開始すると、ジムが説教を担当し、タミーが歌い、インタビューし、観客をハグし、パペット人形で子どもを楽しませました。視聴者の目には、ジムとタミー自身がパペットのようでした。人形師然とした笑みを浮かべる引き立て役（ストレート・マン）（山羊座）のジムと、かわいらしい声にキューピー顔のメイクが特徴の、元気なタミーという組み合わせでした。タミーには、大好きな歌手ドリー・パートンと同じく、「隣の家のお嬢さん」的な親しみがありました。まあ、彼女の場合、隣といってもアミューズメント・パークに住んでいたようなものですが。

タミー・フェイ・バッカー（のちにメスナー）
写真提供：©Erica Berger/Corbis

　海王星が舞台や映画で活躍するとすれば、木星が向いているのは、テレビの世界、とくにコマーシャル番組（バッカー夫妻はその名手でした）や明るい営業精神とノンストップのトーク能力が必要とされる生番組（タミーの火星は双子座0度）です。自然な熱意をあふれさせたり、カメラをとおして視聴者に直接、訴えかけたりできるテレビの世界で、木星は「パーソナリティ（個性）」を発揮しやすいのです。[40]

1978年4月3日（トランジット海王星がタミーのASCに重なった日）、PTLは24時間放送を開始しました。また、その年、夫妻はテーマパーク・ヘリテージUSAをオープンさせています。彼らのスケジュールはつねにいっぱいでした。仕事中毒のジムはPTLの次の巨大プロジェクトに向けて、資金調達の策をいつも練っていました。1週間に視聴者から百万ドルもの献金を募らなければならないときもありました。夫妻の生き方にしても、彼らの帝国にしても、すべてが大規模で、過剰で、法外なものだったのです。

いかにも木星らしく彼らの失墜も、メディアのセンセーショナルな扱い（海王星）を伴うド派手なものでした。目がまわるような転落劇の種が蒔かれたのは1980年12月6日（新月がジムのMCに重なった日）のことです。すでに3年前から夫婦の仲はうまくいかなくなり、二人は試験的な別居状態にありました（この時期、トランジット海王星がタミーのASCに、冥王星がタミーのMCに重なっています）。問題の12月6日の午後、ジムは教会の若い秘書ジェシカ・ハーンと知り合います。（妻の浮気を疑っていた）ジムはタミーの嫉妬心をあおろうとして、つかの間の奇妙な（1回20分ほどという）情事を始めるのですが、そのために、ハーンに口止め料を要求され、「事実をばらす」と脅されることになります。後年、ハーンは彼との関係を明らかにしました。はたしてハーンは当時、処女として彼の犠牲になったのでしょうか、それとも、（1988年9月号『プレイボーイ』誌のインタビューに答え、写真を掲載されて）数百万ドルを手に入れた彼女は、キリスト教信者とは名ばかりの金目当ての女性だったのでしょうか。判断は読者にお任せするとして、ハーンの蠍座・木星はライジングしていて、獅子座には5つの天体が集中しています。そのうち獅子座・月は海王星とスクエア、獅子座・金星は冥王星とコンジャンクションです。

バッカー夫妻のスキャンダル――不倫とPTLの資金難――は、その年にもっともメディアを騒がせた話題でした。ナイーブなジムは、（トランジット土星が彼のMCを通過し、彼の木星が回帰したあとの）1987年3月半ばにスキャンダルを報じられると、PTLの代表の座を降り、伝道師ジェリー・ファルウェル（保守系キリスト教政治団体モラル・マジョリティの代表）にかじ取りを任せました。この方法は、ジムにしてみれば、敵対的な乗っ取りを回避し、スキャンダルが下火になるのを待つためだったのですが、（のどから手が出るほどPTLの衛星ネットワークを欲しがっていた）ファルウェルは、PTL帝国を守るという当初の約束を破り、1987年10月8日（トランジット土星がジムのMC、タミーのASCに重なったとき）、PTLの破産を宣言し、経営に見切りをつけています。予想どおり、バッカー夫妻の失墜は全米のニュース番組でソープ・オペラのように報じられました。PTLは笑いを取りたい芸人たちの絶好の標的にされ、やれ「Pay The Lady（女に金を払え）」だの、「Pass The Loot（盗品をよこせ）」だのと揶揄されることになりました。しかし、最大の敗者は「生涯のパートナー」と呼ばれた10万人もの出資者たちです。彼らは、当時、ディズニーランド、ディズニーワールドに次ぐ、世界第3位のリゾートだったヘリテージUSAのタイムシェアリング権（時間制の共同所有権）を購入していました。

1987年3月、タミーは鎮痛剤依存症から回復していました（依存症が始まったのは1986年秋、トランジット天王星が彼女のASCに重なった時期。その後、1987年2月、トランジット土星が彼女のASCに重なったとき、ベティー・フォード・センターの外来治療を受けています）が、ジムの不倫とファルウェルへのPTL譲渡という、ダブルパンチの知らせを受けることになりました。

貧しい家庭に生まれ、狭量な価値観に囲まれて育ったタミー・フェイ・ラ・ヴァレーは、退屈な生き方だけはしたくないと願っていました。3歳のとき、父親が不倫相手とのあいだに子をもうけると、フェイの母親は彼を追い出します。ところが、彼女が下した離婚の決断は、敬虔な町の人々の批判を浴びました（父親が家庭を捨てた時期、タミーのソーラーアーク魚座・太陽は3ハウスから4ハウスへ移動。柔軟サインのソーラーアー

ク木星はネイタル太陽とイグザクトのスクエア、ソーラーアークのカイロンはネイタル蠍座・月とスクエアになっていました）。

　離婚はタミーにとって受け入れがたいトラウマとなりました。しかし、ジムが服役中、彼女は、かつてヘリテージUSAの建設を請け負っていたロウ・メスナーとの関係に慰めを見出します。1991年1月（トランジット天王星とジムの太陽がコンジャンクションのとき）、ジムと決別したタミーは、1993年10月3日（トランジット木星が彼女のネイタル天秤座MCを通過した直後）、このロウ・メスナーと再婚しています。歴史は繰り返すといいますが、驚くべきことに、魚座的な名前の再婚相手も（訳注23）、ジム・バッカーに倣うかのように、かつての上司との不正な取引と破産詐欺の罪で1996年に刑務所に入りました。タミーの2ハウス金星－8ハウス冥王星が文字どおり現象化したといえるでしょう。

　木星的なパーソナリティ（および天秤座MCをもつ人）は、深刻に受け止められることが少なく、早々に許されたり、他の人よりもはるかに簡単に逃げおおせたりします。彼らは延々と悪評につきまとわれることがめったにありません。憎めない不良とか、冒険家とか、「根は善良な」向こう見ずといった印象を与えはしても、こっぴどく追及されることがないのです。

　山羊座のジムが、世論、マスコミ、法廷から厳しい扱いを受けたのに対して、木星的なタミーは、だまされやすい面白い人物（射手座）と見られました。すべてを失い、裏切られ、恥をかかされ、悪口を言われながらも、情が深く、寛大な女性（太陽が魚座、月が蠍座）と受け止められたのです。彼女の派手なファッション、ウィッグ、つけまつげ、（毒舌家のコメディアン、ジョーン・リヴァーズいわく「バターナイフで塗りたくった」ような）ゴテゴテの厚化粧は、つねに笑いのネタを提供しました。その贅沢な暮らしや浪費ぶりさえも、たいていは大目に見られました（「ショッピングは精神科にかかるより安上がりよ」というタミーの言葉があります）。その目からとめどなくこぼれ落ちる魚座的な涙は、ことあるごとにバカにされました（ことあるごとに自由自在に流れる涙だったのですが）。彼女はまさに「キャンプ」（訳注24）であり、つねに注目を求め、カメラに撮られたくて仕方がない人でした。しかし、人に好かれたいという痛いほどの欲求としたたかな巧妙さ――表面的な誠実さ――が発するオーラは、彼女の好感度を上げ、人気者にしました。しかも、しばらく息をひそめていたあとは、トーク番組の愛すべき愉快なゲストとして返り咲き、ゲイコミュニティのアイコンになるなど、さらに人気を博すことになったのです。

　同じく射手座ライジング（タミーとおよそ1度しか離れていない）のダイアナ妃がエイズ患者たちを訪問するよりもずっと前から、タミーは彼らをハグしていたし、安っぽくも憎めない信念を視聴者たちに披露していました。クリスチャンの女性がゲイを抱きしめるという矛盾した行為に関して、タミーは「私は裁く人間ではなく、癒す人間でありたいのよ！」と言い切っていました。アメリカ人は、彼女の陽気さ、屈託のなさ、思わず人をほろりとさせてしまう「私は必ず生き延びてみせる」的人柄（魚座）に共感し、晩年、彼女が何度もガンになるたびに（1996年3月、2004年3月、2005年7月）、ともに涙を流したのでした。タミーは2007年7月に亡くなりました。宿敵ジェリー・ファルウェルが亡くなったちょうど2カ月後のことです。おりしも木星は射手座を逆行中であり、（福音主義の終わりを象徴するかのように？）土星は海王星とスクエアでした。

　訳注23：Roeは「魚の卵」のこと、MessnerのMessは「ミサ」と同じ語源。魚座はキリストのシンボル。
　訳注24：過剰で仰々しい性質。パート5、166ページ参照。

キー・プレーヤー：ジム・バッカー

ジム・バッカーのチャートは、聖書の善きサマリア人（Tスクエア）（訳注25）と、俗っぽくて唯物的で、地位とぜいたくな暮らしを求める帝国建設者的な人物（太陽が山羊座11ハウス、月が天秤座8ハウス）との葛藤を示しています。また、強力なTスクエア（右図のとおり）に支配されているチャートでもあります。火星－木星のコンジャンクション（宗教の狂信者、カリスマ的運動家）が、7ハウス海王星（救済の約束、夢を売る人、辞任をもたらす恋愛スキャンダル）とオポジションであり、それぞれがMC近くの射手座・水星（宗教的な朗報を運ぶ人）とスクエアを形成しています。

心の底にいつも不安を抱えた小柄でシャイな少年だったジムは、聖書の言葉とマイクという武器を手に入れると、人々の心を動かしたり、関心のなかった人を振り向かせたりできることに気づきました（水星－MCが射手座）。

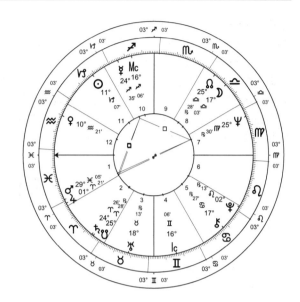

> ジムは人に受け入れられ、尊敬される必要があった。ドラッグのように、もっともっとと求めずにいられなかった。心の底から満足することがないから、毎日のように出かけては、自分自身を証明しなければならなかった。[41]

魚座ライジングのジム・バッカーは、のちに自分のことを、権力者に迫害されたイエス・キリスト的存在、欲望の時代に「カモ」にされた人物と見なすようになりました。彼は、信者たちのために新たなプロジェクトを成功させるという大きなプレッシャーを自らに課しましたが、そのことで資金難に陥っています（土星が牡羊座2ハウス）。人生の大枠が崩壊しようとしているときに、細かなことにこだわりすぎるという傾向もありました（魚座、乙女座の陰の部分の影響。彼の心気症や繰り返し手を洗ってしまう強迫的行動にもその影響はあらわれています）。たびたび不機嫌になったり、日常のストレスから逃れるために自分の殻に閉じこもったりもしました（火星－海王星）。

木星－海王星的なスキャンダルにまみれた伝道師はジム・バッカーだけではありません。神を利用し、拝金主義に溺れた宗教人はまだまだいます（スキャンダルが性的な性質の場合、火星が強調されていることに注目してください）。

- ジミー・スワッガート：バッカーを非難しながら、自身も売春婦と関係をもった偽善的伝道師。魚座・太陽と木星がイグザクトのトライン、射手座ライジング、木星と水星がスクエア（天秤座MC上の火星が金星とスクエア、冥王星とTスクエア）。

- オーラル・ロバーツ：「主が私の命を召し上げてしまうから」と言って、信者たちに450万ドルの献金を要求。太陽が海王星とオポジション、木星とはタイトなトライン（火星は、月－冥王星と水星のオポジションに対してTスクエアの頂点に位置）。

- エイミー・センプル・マクファーソン：「宗教界のバーナム」（訳注26）とも呼ばれ、怪しげな「誘拐」事件に巻き込まれたが（写真を撮らせるための自作自演だったことがばれると）、悪評と当てこすりにより、信者は激減。射手座・金星が海王星とオポジション（おそらく月とはTスクエア）。1919年12月、木星と海王星が獅子座でワイドなコンジャンクションの時期、メディアに注目されるようになった。失踪が起きたのは、木星と海王星がオポジション（水瓶座と獅子座）になった1カ月後の1926年5月18日。

訳注25：苦しむ人に同情し、助ける人。
訳注26：バーナムはホラ話とサーカスで成功した興行師。

Irene Cara
アイリーン・キャラ

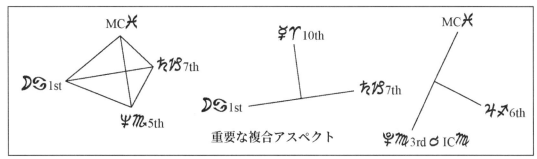

アイリーン・キャラ：ワークシートの解説

1. 天体の分布
コンジャンクションがなく、10個の天体が9つのハウスに分散している典型的なスプラッシュ型のチャート（双子座的な器用さ、好奇心の旺盛さも感じさせる）。個人的天体（月を除く）がすべて地平線より上にある。

2. 4つのアングルのサイン
アングルは柔軟サイン（太陽、火星、木星と調和している）。柔軟サインのルーラーである水星と木星は、火のサインと地のハウス（10ハウスと6ハウス）に入っている。ソーラーアークによって、水星と木星は11歳のときトラインになる。ASCとICのルーラーである水星は活動サインのTスクエアの頂点という強い位置にあるが、MC関連の天体配置には、さらなる強調が見られる。MCコ・ルーラーの木星は射手座で留、MCとはスクエアの関係。もう1つのMCコ・ルーラーの海王星はMCとタイトなトライン。

3. 太陽―月―ASCのビッグスリー
太陽と月は水のサイン。太陽とASCは柔軟サインの終わりに位置し、スクエアの関係。ビッグスリーをたどっていくと、火星関連の天体につながる。太陽のコーディスポジターである海王星は蠍座（しかも太陽本来のハウスである5ハウス）に位置する。ASC（チャート）ルーラーの水星は牡羊座に、月（自身の支配する蟹座にある）は火星本来のハウスである1ハウスにあり、蠍座・海王星とトライン、牡羊座・水星とはスクエアを形成。ビッグスリーは土星／山羊座／10ハウス的なつながりももつ。太陽は10ハウスカスプにあり、月は山羊座・土星とオポジション、ASCも土星とオポジションで、ASCルーラー水星は10ハウスにあり、土星とスクエア。

4. エレメントとモードのバランス
水のサインが優勢。太陽、月、MCがともに水。さらに水のグランド・トラインがある。次に強いのが火と風。地は弱い。活動サインと柔軟サインが強く、不動サインの天体は犠牲になっている。前進すること（活動性）とプロセスの途中にいること（柔軟性）の重要性を示している。地と不動が弱いので、お金に関する問題や地に足をつけているという感覚をめぐる問題が起きやすい。

5. メジャー・アスペクト
サインの1度～8度に位置する6つの天体／感受点は多くのアスペクトを形成し得るが、ここではコンジャンクション、スクエア、オポジションに絞り、そのあとタイトなトライン（オーブ3度以内）を考えたい。特筆すべきアスペクトは以下のとおり。水星と土星のスクエア、木星と冥王星のタイトなスクエア。冥王星はMC－IC軸にかかわっており、木星は2つのアングルを支配しているうえ、太陽のディスポジターでもある。また、月とASC、土星とDSCのワイドなコンジャンクション、冥王星とICのコンジャンクションにも注目したい。掘り下げた分析は行わないが、複合アスペクト（6で説明）の一部であるMCに対するトラインと、チャート・ルーラー水星と天王星のトラインにも留意したい。後者のトラインは、牡羊座・水星―双子座・火星が象徴する迅速性（7で説明）に加担している。

6. 複合アスペクト
水の天体（月と海王星）とMCとのあいだに水のサインのグランド・トラインができている。しかも月は土星とオポジションであり、カイトを形成。月と土星のオポジションは、グランド・トラインが象徴するチャンスを活用する際のカギを握っている。活動サインのTスクエア（アンギュラーハウス）があり、頂点にチャート・ルーラーの水星が位置する。もう1つのTスクエア（MCを含める場合）は、木星―魚座的な雰囲気をもち、柔軟サイン（ケーデントハウス）にある。

7. チャートのオーバートーン
さまざまな特徴のなかでも、木星―海王星的な雰囲気が目立つ。太陽とMCが魚座にあり、コ・ルーラーの木星は留の状態で射手座に位置し、太陽とMCとそれぞれアスペクトを形成している。コ・ルーラーの海王星はMCとトライン。また、水星―火星的なサブトーンもある。水星と火星、牡羊座の2つのパーソナル天体と双子座・火星ASCがミューチュアル・レセプションである。また双子座・火星はゴークラン・ゾーンにあり、ビッグスリーのすべてが火星関連サインとつながっている（3を参照）。

世間に知られたいという願望――偉大で特別な人間として見られたいという欲求――は木星的な性質です。海王星は万人に訴えかけるような漠然とした「何か」をあらわしています。その「何か」というレンズをとおして、その人は売り込まれ、知名度を広げ、イメージを確立するのです。ポップカルチャーの教祖といわれたアンディ・ウォーホル――獅子座・太陽が木星（おそらくMCとコンジャンクション）とスクエア――は、現代の熱狂的な名声信仰を定義しました。獅子座に金星－海王星のコンジャンクションをもつ彼は、名声とは大衆にとって新しいアヘンのようなものだと考えたのです。近年のポップカルチャーの世界を見ると、『glee／グリー』『ハイスクール・ミュージカル』などのドラマが流行ったし、ショービジネスで成功したい人たちのためオーディション番組も覚えきれないほど、いや、もうどうでもいいくらい存在します。しかし、30年前というと、やはり『フェーム』を挙げるべきでしょう。

80年代に10代の若者たちを、歌、ダンス、舞台といったパフォーミング・アートの道に向かわせたのは、映画『フェーム』と『フラッシュダンス』で活躍したアイリーン・キャラの影響によるものです。しかし、その後の山羊座・海王星時代（1984～1998年）に生まれた子どもたちにとっては、自分の才能を磨き、育てることよりも、華やかさと成功と地位そのものがゴールになりました。その世代にとって、権力はイメージのなかにあり、イメージこそがすべてなのです。しかし皮肉にも、現代的な名声をいちばん連想させる数少ない人の一人であるアイリーン・キャラは、長年、隠遁生活に近い生き方をしてきました。彼女の場合、名声とはつねに光と影の両面を感じさせるものでした。

けっして有名になりたくてやったわけではないの。有名人の私に人がどんな反応を示すかも、名声が何を意味するかも知っているわ。でも、私にとって、名声とは必ずしもそういうものではないのよ。

太陽とMCを魚座にもつアイリーンは自分をアーティストと見なしています。創造（魚座）のプロセス（柔軟）にかかわる人間であり、演じること、今という瞬間に存在しきることに喜びを見出す人なのです。

うぬぼれるつもりはないけど、自分の成功を疑ったことも、恐れたこともないわ。子どものころから、私は小さな女神だった。いつかきっとスターになると聞かされて育ったのよ。

天才児アイリーン・エスカレラは、ニューヨークのサウス・ブロンクスに住む音楽一家に生まれました（魚座MCが2つの魚座ルーラーとアスペクトを形成）。5歳にして家族のために歌と踊りを始めると、たちまちリトル・ミス・アメリカ・コンテストの決勝に進出し、8歳でスペイン語のアルバム『Esta es Irene（私はアイリーン）』をリリースしました。父親のガスパー（1917年2月10日－1994年1月13日）は西インド諸島のメレンゲ音楽をアメリカに紹介したサックス奏者であり、娘を有名にするという一家の夢を叶えるために、かけもちで仕事をしていました。美人の母親ルイーズ（1923年11月23日－2010年9月27日）は、ミュージシャンになる夢は実現できなかったものの、アイリーンにとっては偉大なチャンピオンであり、人生の原動力でもありました。ルイーズは、娘の才能を伸ばすために、せっせとダンスや歌やピアノのレッスンを受けさせたり、オーディションに連れて行ったりもしました（ルイーズの木星と太陽は射手座の0度と4度であり、アイリーンの木星－MCのスクエアにかかわっています）。「リーニー」ことアイリーンにしっかりとした職業倫理を植えつけたルイーズは、2010年9月に他界し（トランジット木星－天王星がアイリーンの太陽とコンジャンクション）、アイリーンにとって仕事上の「母親」だった、元マネージャーのセルマ・ルビンはその6ヵ月前に亡くなっています。

1968年10月23日、アイリーンはミュージカル劇『Maggie Flynn（マギー・フリン）』でブロードウェイ・デビューを果たし、翌年には、マジソン・スクエア・ガーデンでデューク・エリントンへのトリビュート・パフォーマンスを行いました。若くして輝かしいショービジネスへの道を歩み始めたアイリーンは、歌と踊りと演技ができる三拍子そろったパフォーマー（双子座、魚座）へと育っていきました。しかも、仕事で得たお金で自分の学費もまかなっていたのです。

　仕事をしていて良かったと思うのは、他の子たちより10年先を行っていたことかしら。みんなは学校に通って、卒業して、そこでやっと「これから何をしたらいいの？」って考えるけれど、私にはその必要がなかった。とっくに仕事をしていたんだもの。

　10代で、アイリーンはアフリカ系アメリカ人の映画に2本出演しました。その1つがミュージカル映画『Sparkle（スパークル）』（1976年4月公開）です。また、ミュージカル劇『Ain't Misbehavin'（エイント・ミスビヘイビン）』（1978年2月公演）のオリジナルキャストも務めました。その一年後には、テレビドラマ『ルーツ2』で原作者アレックス・ヘイリーの母親役（彼女のお気に入りの役柄）を演じています。

　現代では、有名になることがパフォーマーの卵たちの究極のゴールだと思われています。ポップカルチャーの評論家は、映画『フェーム』のはつらつとしたキャストたちの一覧を振り返りながら、今では現役で活躍している人が一人もいないことを嬉々として指摘します。しかし、評論家たちが見落としていることがあります。『フェーム』は名声の夢と努力を描いた作品であり、それを演じた役者たちは、自分の技を磨き、ものにしようとしていたプロだったということです。監督のアラン・パーカーは、キャストたちに宛てた公開の手紙のなかで、『フェーム』（1980年5月公開）によって、夢のもつ光と影を見せたいと述べています。

　ブロードウェイの劇場街の華やかさと42番街のみすぼらしさ、一瞬にして叶った成功と消しがたい挫折の記憶、ジュリアード音楽院の奨学生とメトロポール・カフェで踊るトップレス・ダンサーとの微妙な境界線……多様な人種がそれぞれのアメリカンドリームを叶えようとしてもがいている世界。

　パーカーは、アンサンブル作品『ダウンタウン物語』と『ザ・コミットメンツ』で、若い10代の才能を発掘し、世に送り出そうとしました。その思いは、彼の水瓶座・太陽と獅子座・木星のオポジションが示しています（一種のスターメイカー的なアスペクト）。『フェーム』の主役にアイリーン・キャラを抜擢したとき、彼のソーラーアーク木星は乙女座27度にあり、アイリーンのネイタル太陽とイグザクトのオポジションでした（1980年の夏の終わり、『フェーム』が大成功をおさめたときには、トランジット土星が乙女座27度でした）。

　アイリーンが演じたココ・ヘルナンデスは、強い意志をもち、アイリーンと同じく野心とエネルギーと才能にあふれていました。ココは、なんでも完璧にこなしてしまうしたたかな女性ですが、あるオーディションで卑劣な映画監督に胸を見せるように迫られて、自分のしたたかさがあだになることを知るのです。

　ココは、ハリウッド映画で初めて誕生したバイレイシャル（黒人と白人両方の血を引く）の主役です。アイリーン（アフリカ、キューバ、スペイン、フランスに祖先をもつ）は、この映画で一気にスターダムにのし上がりました（映画が公開された夏、彼女のソーラーアーク月は獅子座に入り、ソーラーアークMCはネイタル太陽に近づいていました）。一躍脚光を浴びることになったアイリーンのイメージそのものが映画を成功させたのです。しびれるようなアルトの歌声を響かせたサントラ曲は、たちまちチャートの上位を占め、やがてアカデミー賞の歴史を塗り替えるまでになりました（黒人女性としては最年少の、しかも演技賞以外では初のアカデミー賞を受賞）。

シャイでも仕事には前向きで情熱的だったアイリーンは、自分を理解してほしいという思いが強く、インタビューでも、つねに何か意味のあることを伝えようとしました（牡羊座、双子座、魚座）。ところが、嘘偽りなくまじめに語ろうとするほど、彼女の子どものような正直さは生意気で横柄だと書かれました。たちまち彼女は、自分を守るためには、口をつぐんでいるほうがいいのだと思い知ることになります（蟹座・月が１ハウス）。

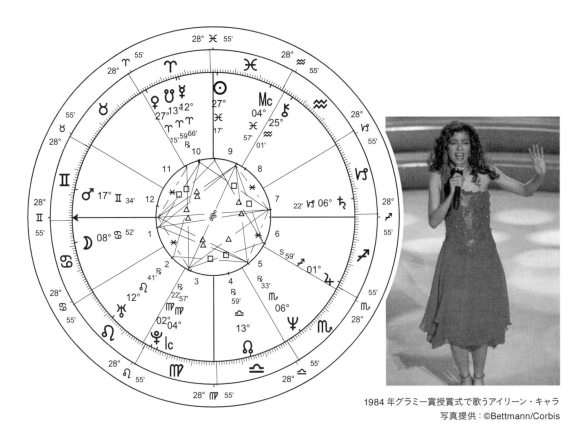

1984年グラミー賞授賞式で歌うアイリーン・キャラ
写真提供：©Bettmann/Corbis

　魚座－木星－海王星的テーマは、アイリーンのキャリアでずっと輝きを放ち続けてきました。彼女の曲のなかでもっともヒットしたのは、懸命に生きる若者たちに向けた躍動感あふれる賛歌「フェーム」と「フラッシュダンス…ホワット・ア・フィーリング」です（若さをあらわす２つのサイン、牡羊座と双子座が顕著であることに注目してください）。どちらもドラマと音楽とダンスを融合させた（魚座）映画の主題歌であり、夢の実現を後押しする曲でした（魚座－牡羊座的歌詞「生きることは信じること。夢はきっと叶う。命がけで踊っているのだから」）。1983年のソロアルバムからも、魚座的なヒット曲が生まれています（傷ついた者の心情を歌った「ホワイ・ミー」や「ドリーム」、ダンスへの熱狂を歌った「ブレークダンス」）。1983年夏に映画『フラッシュダンス』のテーマ曲が電波を席巻したのも、1984年にアイリーンがグラミー賞、アカデミー賞をはじめとする各賞を総なめにしたのも、当然の成り行きだったのかもしれません。その時期、トランジット海王星は、彼女のネイタルDSC付近を行ったり来たりしていて、ネイタル魚座・太陽とはスクエアでした。アイリーン・キャラは文字どおり「あらゆる場所」にいました。映画は世界的な現象となり、主題歌は史上最高の世界的ヒット曲になったのです。「ドナ・サマー・ジュニア」（土星）といわれていたアイリーンが、魚座的な声で自分らしさを発揮し始めた瞬間でした。

　ドナ・サマーの魅力が、荒々しくて、ほとんど機械的なセクシーさにあるとすれば、アイリーン・キャラの歌声はむき出しの自然であり、聴く者の心に強く訴えかける。その歌声があるからこそ、彼女は、シンセサイザー奏者ジョルジオ・モロダー率いるハイテク音楽の全盛期にあっても、人々の心を震わせることができる

のだ。[42]

　海王星が通過する時期は、アイリーン・キャラが世界的な成功をおさめると同時に、業界の欲望の餌食になった時期でもあります。音楽プロデューサーのアル・クーリーは、自身が立ち上げたばかりのレコード会社で『フラッシュダンス』のサントラ盤を手がけて、レーベルを軌道に乗せたにもかかわらず、4年間ともに仕事をしたアイリーンにはたったの183ドルの報酬を支払っただけでした。1985年2月、アイリーンは未払いの印税を求めて契約違反の訴えを起こしました（ソーラーアークMCが牡羊座に移動）。ところが、彼女の行く手に壁が立ちはだかります。業界のブラックリストに載せられたうえ、「ドラッグに溺れている」とか「気難しい」という噂まで立てられて、彼女の評判はがた落ちになり（「fame（名声）」の語源「pheme」「fama」は「噂」を意味します）、さらには、デヴィッド・ゲフィンをはじめとする音楽業界の重鎮たちの怒りを買う羽目になりました。

　訴訟を起こした時期、アイリーンのソーラーアーク冥王星はネイタル魚座・太陽とオポジションでした（ソーラーアーク木星はネイタル太陽とスクエア）。案の定、この訴訟は泥沼化し、8年も続きます。音楽業界で生きる黒人女性として、それまで他人の言いなりだった彼女は、この時期、ICに重なった得体の知れない冥王星の恐るべき威力を知ることになります。

　まったく歯が立たないものに立ち向かっていることに気づいたの。私は、聞いたこともないような敵を相手にまわしていたのよ。

　混乱と困惑に満ちた時期でした。誰一人として彼女の救いにはなりませんでした。1986年4月13日（ソーラーアーク木星がネイタルDSCとコンジャンクションの時期）に、彼女は、スタントマンのコンラッド・パルミサーノ（1948年5月1日生まれ、ネイタル木星がアイリーンのDSCとコンジャンクション）と結婚しますが、3年後にはさまざまな重圧から破局を迎えています。10年間も彼女は内なる怒りに苦しむことになりました。木星と冥王星のタイトなスクエアが魚座MCと絡んで形成しているTスクエアは、「黒ずくめの男たち」（メン・イン・ブラック）（正体不明の存在）に搾取される可能性を暗示する一方で、虐げられているという被害者意識を手放す必要性も示しています。やがて、シャーマニズムの教えに助けられて、彼女は自分の信念が山をも動かせること（木星－冥王星）を知り、名声の闇と矛盾——有名人を持ち上げもするし、突き落としもするマスコミ——と折り合いをつけることを学んでいきました。

　1993年2月11日、アイリーンは訴訟に勝利しました。（レコード会社の資産はすでに大半が流用されていたため）彼女に支払われたお金は150万ドルと比較的少額でしたが、精神的には大きな勝利を意味しました。将来発生する印税を受け取る権利を得たことで、資金面を安定させることができたからです（ソーラーアーク太陽が牡牛座に移動）。90年代の半ばには、過去に自分を有名にした楽曲を歌うことができない時期もありました。なんの喜びも感じられず、嫌気がさした彼女は、一時的に心身症を患ったこともあります（1996年春、トランジット土星がネイタル太陽とコンジャンクション）。

　今のアイリーンは過去を引きずってはいません。80年代の成功はひとつの時代の区切りであり、子どものころに始めた仕事の総仕上げだったと考えています。水星－月－土星のTスクエアは、「親」の支配から独立して自分らしさを手に入れ、アーティストとしてのアイデンティティ（牡羊座）を決定づけるような作品をつくる必要性を示しています。つまり「自分自身の物語を書くこと」が求められているわけです。CD制作の資金提供から音楽づくりに至る、すべてを自ら手がけたガールズグループ「ホット・キャラメル」は、彼女にとってまさ

に音楽的な再生を意味します。才能あふれる女性シンガーと楽器奏者を集め、ジャズ、アダルトコンテンポラリー、ソウルといった幅広い音楽を披露している「アイリーン・キャラ・プリゼンツ・ホット・キャラメル」は、妥協を許さない夢の結晶であり、人生をかけた一大プロジェクトなのです。

若き日の「フェーム」と「フラッシュダンス…ホワット・ア・フィーリング」は、一時代を築いた楽曲として永遠に生き続けるでしょう。しかし「真の復活者」である魚座は、他者の不当な影響力をはねのけて、創造の中心へ立ち返ることを学びます。そして、より深い精神的なプロセスとのつながりを得たのち、その歌声で再び世界を魅了するのです。

キー・プレーヤー：ジョルジオ・モロダー

ジョルジオ・モロダーは、1970年代後半に、ディスコ音楽や電子音楽のムーブメントにインストルメンタル（器楽曲）で貢献したことで有名な革新的音楽プロデューサーです。1975年にはドナ・サマーと組んで「愛の誘惑」を発表しました。17分間も喘ぎ声で歌い続けるセクシーなこの曲で、サマーは（本人は不本意でしたが）ディスコ音楽の歌姫として世界的に知られるようになり、モロダーはディスコ革命の旗手に押し上げられて一世を風靡しました。1979年ころには二人とも名声を獲得しています。

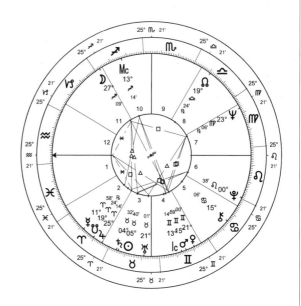

5ハウス太陽－木星と海王星のスクエアをもつ人らしく、官能的なサマーは「愛のファーストレディ」と呼ばれるようになりました（サマーの金星はモロダーの射手座MCとコンジャンクション）。二人は（トランジット射手座・海王星が彼らの金星－MCに達したとき）チームを組み、シンセサイザーを駆使した「アイ・フィール・ラブ」を作曲しています。この曲はテクノ音楽の先駆けとなり、クラブ音楽に変化をもたらしました。しかし、きわめて土星的なチャートをもつ（山羊座に5天体が集中し、土星がASCにぴたりと重なっている）「ふつうの女の子」だったサマーは、1980年代に入ると、エロティックなイメージを払拭するために生まれ変わります。幼少期にゴスペル合唱団で鍛えたパワフルな歌声を生かして、別のジャンルに挑戦することを選択したのです。

モロダーのチャートは、未来的、機械的、啓示的なメッセージ（水瓶座ASC、射手座MC）をあらわし、ラブソングよりも、ユーロディスコのダンス音楽やエレクトロポップ賛歌を追求することを示しています（彼のチャートの金星的な部分はマレフィックに支配されています。火星が金星とコンジャンクション、牡牛座・太陽は土星とコンジャンクション）。地平線より上には月と海王星（金星とスクエア）の2天体しかありません。このことは、大衆の心情（月－海王星）をくみ取り、それをパッケージにして世界的なマーケット（金星－海王星）に売り込む能力や、外界から遮断された子宮のような環境で日々の仕事をこなしていく能力を示しています（月－海王星はまさに防音されたレコーディングスタジオを連想させます！）。

その後、アイリーン・キャラと組んだモロダーは、映画『フラッシュダンス』で1980年代のダンス映画を代表するテーマ曲を生み出しました。彼らのシナストリーにも興味深いものがあります。火星同士が双子座でコンジャンクション、水星同士が牡羊座でコンジャンクション、モロダー木星がアイリーン金星とコンジャンクション、彼の射手座27度月がアイリーンのDSCとコンジャンクションです（なんと、モロダーの月は『フラッシュダンス』の主演女優ジェニファー・ビールスの太陽とも重なっています！）。1983年夏、『フラッシュダンス』とサウンドトラックが「世界的な」大ヒットをおさめたとき、トランジット海王星は射手座の27～28度にありました。

「疾走するベースライン」がトレードマークのモロダー（いかにも射手座にMCと月をもつ人らしい）は、のちに二度のオリンピックでテーマ曲を作曲しています（射手座はオリンピックの精神、聖火、高揚感を連想させます）。

アイリーンとは対照的なのが、テレビドラマ・シリーズ『フェーム／青春の旅立ち』で有名な女優デビー・アレンです。デビーのチャートは非常に土星的です（太陽、月、水星が山羊座、金星と木星が水瓶座、土星はASCとコンジャンクションでありMCとスクエア）。双子座MCの彼女は、歌手、ダンサー、振付師、プロデューサーとして活躍し、自己鍛錬と職人気質で知られています（男性に手厳しいことを意味する「ボールブレイカー」でもあります）。ドラマ『フェーム』でも『A Different World（別の世界）』でも、彼女は厳しい職業倫理を持ち込み、毎朝、決まったエクササイズを出演者たちに課しました。土星の純粋な現実主義は、彼女のこんなセリフにもあらわれています。「大きな夢があるのね。あなた、有名になりたいんでしょう。でも、名声はただじゃ手に入らないのよ。だったら、今すぐ支払いを始めましょうよ、汗を流して」

Mary Tyler Moore
メアリー・タイラー・ムーア

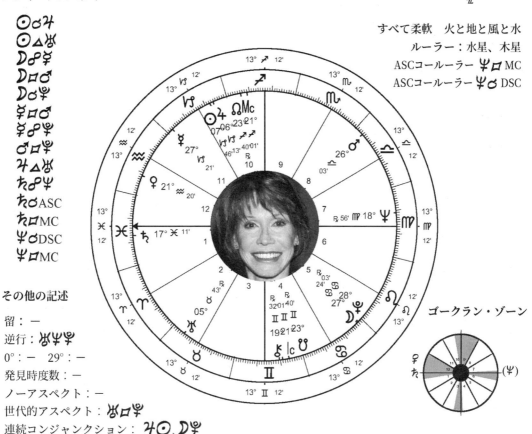

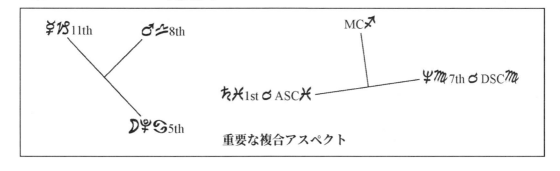

メアリー・タイラー・ムーア：ワークシートの解説

1. 天体の分布
チャート全体に分散しているが、ルミナリー天体とそれぞれが形成するコンジャンクションが目を引く。太陽は木星とコンジャンクション（木星は ASC と MC のルーラー）、月は 5 ハウス（太陽本来のハウス）冥王星とコンジャンクション。

2. 4 つのアングルのサイン
エネルギーの方向性（性質）は柔軟。ルーラーの水星と木星のあいだにアスペクトはないが、どちらも（太陽同様に）活動サインの山羊座にあり、強い土星（ASC とコンジャンクション）とチャートの原動力である活動性を強調している。アングルのルーラーは互いにコンタクトしていない。ただし、ASC のコールーラーである海王星は DSC とコンジャンクション。流動的な枠組みのなかで動かなければならないきわめて活動的なチャートであり、そのことは柔軟性を暗示すると同時に、ときに不安定になりやすいことも示す（土星は錨（アンカー）の役割を果たし、時間的な几帳面さや、混乱を回避しようとする労働倫理をあらわしている）。

3. 太陽－月－ASC のビッグスリー
太陽と月は活動サイン。ASC と月は水のサイン。これらをたどっていくと、太陽と ASC に強いつながりがあることがわかる。太陽のディスポジターである土星が ASC とコンジャンクション。一方、ASC ルーラーの木星は太陽とコンジャンクション。

4. エレメントとモードのバランス
上述のとおり、活動が優位だが、柔軟なアングルとともに機能する必要がある。「恋愛」の天体である火星と金星が風のサインに入っているが、おもなフォーカスは地と水である。不動と火は弱い。

5. メジャー・アスペクト
コンジャンクション、スクエア、オポジション、タイトなトライン（オーブ 3 度以内）を見たとき、特筆すべきアスペクトは次のとおり。地のサインの太陽－木星が 10 ハウスという高い位置でコンジャンクション（牡牛座 2 ハウス天王星とタイトなトライン）、月－冥王星がコンジャンクション、タイトな活動の T スクエア（月と水星がオポジション、月と火星がスクエア、水星と火星がスクエア、水星と冥王星がオポジション、火星と冥王星がスクエア）。月、水星、火星に対するタイトなアスペクトは、冥王星をチャートのなかできわめて重要なプレーヤーにしている。ただし、もっとも重要なアスペクトは、社会的なアウター・プラネットの土星と海王星のオポジション。このオポジションは ASC － DSC 軸に沿って位置しており、チャートのさまざまな部分とつながっている。3 つの天体が山羊座にあり（土星にディスポジットされ）、（海王星が支配する）魚座に上昇。このオポジションをたどっていくと、またしても山羊座の重要性が浮き彫りになる。土星は山羊座・木星にディスポジットされ（さらにミューチュアル・レセプションの関係）、海王星は（山羊座の）水星にディスポジットされている。この土星－海王星のオポジションは射手座 MC とはスクエアであり、その MC のルーラーである木星は山羊座に入っている。

6. 複合アスペクト
チャート全体に関与していながら、この土星－海王星のオポジションは、「デュエット」── 他の天体とは会話しない二人きり ── の関係にある。このオポジションが救いを見出せるのは、T スクエアの頂点 MC を通じてである（また、トランジットやソーラーアーク天体と MC がつくり出す角度によってオポジションが解消される）。2 つ目の T スクエアは、天体だけで構成される「公式な」T スクエアであり、サクシーデントハウス（5、8、11 ハウス）で形成される活動の T スクエアである。この T スクエアの 2 つの角は蠍座的な雰囲気をもち（火星、冥王星、8 ハウス）、家族のタブー、親密さの問題、創造的な変容、危機、死、子どもをめぐって生じる、人生を一変させるような状況をあらわしている。

7. チャートのオーバートーン
地平線近くの土星－海王星のオポジションは、土星－山羊座的特徴（山羊座の天体集中、10 ハウス太陽－木星のコンジャンクション、ゴークラン・ゾーンにある土星ライジング）に注目を集める。しかし、木星－海王星的なサブトーンもある（魚座・土星と DSC が射手座 MC とスクエア。さらに上記 5 の解説）。この土星的統制と木星－海王星的無秩序のあいだで繰り広げられる興味深い闘いは、人物伝から浮かび上がってくるだろう。

文化的、世代的な影響は、アウター・プラネットがつくる4つのアングルとのアスペクト、あるいはインナー・プラネットとのアスペクトから読みとることができます。天王星的な人は、現状を打破する、階層組織をひっくり返す、既存制度を破壊するといった方向に動きます。海王星はファッション、音楽、映画に影響を与え、誘惑したり、スキャンダルを起こしたりするのです。境界線をあいまいにし、ジャンルを超え、意識に入り込み、私たちを古き良き時代への郷愁に浸らせたりもします。冥王星的な人は、私たちの人生観を根底からひっくり返します。変容のプロセスを加速させるスイッチを押し、徹底的な破壊を引き起こすことで、私たちを強くするのです。

パワフルな冥王星をもつコメディ女優メアリー・タイラー・ムーアは、アメリカのドラマに登場する女性像をつくり変えました。彼女はトレンドセッターであり、ロールモデルであり、「その笑顔で全世界を魅了する」といわれた国民の恋人でもありました。

テレビコメディ『The Dick Van Dyke Show（ディック・ヴァン・ダイク・ショー）』で、メアリーは、カプリパンツ姿で夫と対等にやり合う60年代の典型的な明るい主婦を演じたあと、続く『The Mary Tyler Moor Show（メアリー・タイラー・ムーア・ショー）』では、「そこそこ世慣れした」70年代の自立した女性を演じました。キャリアを確立しようと頑張っているけれども、気ままな一人暮らしが大好きで、気が向いたときにデートを楽しんでいる女性という役どころです。

女優とプライベートの両面で彼女の人生の多くを鮮明に現象化したのは、魚座・土星－ASCと乙女座・海王星－DSCのオポジションと、さらにその頂点に射手座MCを加えたTスクエアです。ここでは山羊座・太陽で土星ライジングのメアリーが、私生活とキャリアの両方で、この重要なTスクエアをどのように事象化してきたかを見ていきましょう。

温かみや愛情がほとんど感じられない家庭に育った少女メアリーは、つねに安心感を求めていました（月が蟹座、土星ライジング）。やがて彼女は両親に自分の才能を認めてほしいと願うようになります（蟹座・月が5ハウス）。1945年9月、ハリウッドに引っ越したことで、女優になる夢はさらに膨らんでいきました。ガス会社の管理職だった父親は控えめで知的でしたが、規律にやかましい彼の性格は、外交的でアルコール中毒の母親にとっては失望のもとでした（土星－海王星－MCのスクエアに注目）。父母の仲が険悪になると、メアリーは伯母か祖母の家に避難し、たびたびそこに泊まることもありました。バーティおばさんは、そんなメアリーに静かな環境と愛情と規則正しい暮らし（魚座・土星ライジング、蟹座・月－冥王星が切望するもの）を与えてくれました。おばさんが通わせてくれたダンス学校は、彼女にとって、さまざまな役柄に自分を変身させ、心の底の不安や恐怖を隠すことのできる場になりました。

6歳のとき、メアリーは一家の友人から性的暴行を受けています。ところが、許しがたいことに、母親は娘の言うことを信じようとせず（MCが射手座）、「嘘よ。そんなことは起きていません」とはねつけました。メアリーは自伝のなかでこう書いています。

> それ以来、母との関係はすっかり変わってしまった。事実を否定した母は、あの友人よりもはるかに深く私を傷つけたのだ。

1955年1月、ディック・ミーカーと出会ったメアリーは、同年（家族から逃れるように）結婚しています。彼女は、憑りつかれたように家中をきれいにし、家事をこなす一方で、俳優業にも挑戦するようになりました。数カ月後、妊娠した彼女は、なんと母親も思いがけず妊娠していることを知ります。1956年7月3日、メアリー

はリッチーを出産しました。母娘同時の妊娠は、二人の距離を縮め、少しばかり傷を癒してくれたようです（月－冥王星が蟹座5ハウスでコンジャンクション）。

　ミーカーとの結婚が破綻すると、1962年2月メアリーは離婚訴訟を起こし、その4カ月後には、プロデューサーのグラント・ティンカーと再婚しました（離婚訴訟と再婚は、ソーラーアーク金星がネイタル土星とコンジャンクションの時期に起きています）。ティンカー（父親的存在）との結婚生活は17年間続き、大きな実りをもたらしました（二人はMTMエンタープライズを設立し、コメディのクラシックともいえる番組を次々に生み出していきます）が、二人の強すぎる絆は友人たちを遠ざけることにもなりました。

　「メアリーのすごいところは、すごくふつうだということだ」とグラント・ティンカーは語っています。「私はだれかを演じられるタイプの女優ではないの。私は自分自身を演じているのよ」とメアリーはいかにも自分の才能に控えめな（土星）自己評価を下していますが、実際にはその才能で7度もエミー賞を獲得しています。魚座／海王星の影響が強い人によくあることですが、メアリーは、何百万人もの視聴者の目には、彼女が演じた役柄そのものとして映りました。それこそが彼女の天賦の才能でした。アメリカ社会が政争によって分断されていた時代に、彼女はその役柄で軽やかさと優しさを表現したのです。素顔のメアリーははるかに複雑でしたが、テレビのなかの彼女は、魚座／海王星的な優しさと温かさで、視聴者につかの間の逃げ場を提供する存在でした。『ディック・ヴァン・ダイク・ショー』（1961〜1966年放送）は、当時の無邪気なアメリカを描き、『メアリー・タイラー・ムーア・ショー』（1970〜1977年放送）は、その無邪気だったアメリカの輝きを取り戻そうとしていました。

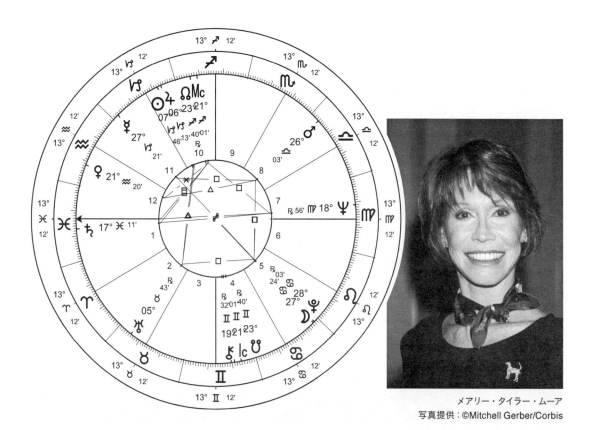

メアリー・タイラー・ムーア
写真提供：©Mitchell Gerber/Corbis

メアリーの強みは、しゃれた言いまわしで人を笑わせることよりも、おもしろおかしい「反応」を示すことにありました。自身の役柄について述べたメアリーの言葉には、土星の影響が色濃くあらわれています。

> 私は観客だった。クレイジーな出演者たちが騒ぎを起こすたびに、客席でクレイジーな声をあげている人たちの一員でもあったのだ。だから、観客ならそう反応するだろうという反応を私は見せた。

これは拙著『Humour in the Horoscope：The Astrology of Comedy（ホロスコープのユーモア：コメディの占星術）』で述べたことですが、ASC関連の天体やアスペクトは本人の世界観をあらわしていますから、その人がどんな状況をおもしろいと思うかということもそこにあらわれます。魚座の土星ライジングをもつ人のユーモアは、苦心してつくり上げた生活を他人に不当にかき乱されたときの「なんで私なの？」的な状況から生まれます。土星は、二人組の喜劇役者の「まじめな方（ストレート・ガイ）」、つまり相方のからかいに反応する側にまわることが多く、形式を重んじ、他人に反対されること（思い込みにすぎないことも多いのですが）をひどく気にするという特徴をもちます。

チームプレーヤーでありながら、自制的で客観的な（土星）メアリーは、番組の成功を一人占めにするのではなく、つねに脚本家や共演者のおかげだと考え、自分の才能を伸ばしてくれる環境に感謝していました。太陽－木星のコンジャンクションを（とくに10ハウスに）もつ人は人脈に恵まれます。メアリーは自分のまわりに力のある人たちがいることを「天才たちの傘に守られている」と表現しました。

そんな強力な味方の一人だったのが、コメディ界のメンターであり、共演者でもあったディック・ヴァン・ダイクです。大げさな表情と柔軟な身体の動きで笑わせるひょうきん者を演じたヴァン・ダイクは、妻役のメアリーと抜群の相性を見せました。彼との共演はメアリーの女優としての方向性を大きく変えることになったのです。ヴァン・ダイクの太陽は射手座21度にあり、メアリーのMCにぴったり重なっています。彼女が『ディック・ヴァン・ダイク・ショー』のオーディションを受けた1961年1月は、ソーラーアーク10ハウスカスプがネイタル太陽とコンジャンクション、番組の放送が始まった1961年10月3日は、トランジット木星がネイタル水星に接触していました。1966年に番組が終了したとき、彼女は、唯一の家族と呼べる人たちを失ったかのような悲しみを味わうことになったのです。

ホームコメディで成功するまで、メアリーは喜劇を学んだことがありませんでした。ダンサーとして訓練を積んできた（乙女座－魚座はダンス軸）彼女は、家電メーカーのCMで全身タイツのマスコット・キャラクターを演じました。続く1957年のドラマ『名探偵ダイヤモンド』では、セリフはあるけれども脚しか映らない電話係を演じています。しかし、『ディック・ヴァン・ダイク・ショー』で頭角をあらわすと、やがて、冠番組『メアリー・タイラー・ムーア・ショー』（1970年9月～1977年3月19日）で主役──ニュース番組のアシスタント・プロデューサー役──を演じることになったのです。

『メアリー・タイラー・ムーア・ショー』でもっとも印象的で評判の高かったエピソードは、彼女が喜劇女優としての演技の幅を見せつけた「Chuckles Bites the Dust（笑ってくたばる日）」でしょう。このエピソードには、彼女のチャートの軸である土星－海王星のオポジションがみごとに具現化されていました。ある日、メアリーが勤めるニュース・チームのもとに、有名な道化師チャックル（訳注27）がピーナッツ姿に扮装したまま、象に踏みつぶされて亡くなったという知らせが舞いこみます。メアリーの同僚たちはチャックルをめぐって冗談を飛ばし合ううちに、笑いが止まらなくなるのですが、そんな彼らの態度を彼女は許すことができません。ところが葬儀の日、厳粛な面持ち（土星）で参列していたメアリー自身が、「自制心を失う」（魚座・海王星）瞬間を迎えます。式の最中に始まった彼女のしのび笑いは、周囲の心配をよそにどんどん大きくなっていきまし

訳注27：チャックルは「くすくす笑い」のこと。

た。ついに牧師は講話を中断し、彼女に立ち上がるように促します。気まずそうなメアリーに、牧師はこう言います。「笑いを我慢しなくていいのですよ。チャックルはあなたの笑いを喜ぶでしょう」。その瞬間、彼女は堰を切ったように泣き出したのでした。

トランジット海王星がメアリーのMC上をうろついていた1979〜1980年は、仕事上の大成功と私生活の悲劇が重なるという、忘れがたい一時期となりました。

当時、俳優ロバート・レッドフォード（メアリーと同じ魚座の土星ライジングで、木星はメアリーの10ハウスカスプに重なっています）は、自身初の監督作品となる映画の準備を進めていました。ある日、海辺で物思いに沈むメアリーを見たレッドフォードは、彼女のなかに、満面の笑みや陽気さとは別の暗い一面があることに気づきます。ほどなくして彼は、映画『普通の人々』（1980年9月19日封切り）の冷淡な母親ベス・ジャレット役にメアリーを起用しました。ベスは、長男の事故死と次男の自殺未遂という不幸に遭いながらも、感情的な混乱に正面から向き合おうとせず、やがて家を出ていくという重要な役どころです。メアリーは、魚座・土星の本領を発揮して、「ひたすら自分を被害者のように感じ、心を開こうとしない女性」を演じ切りました。自伝にはこうあります。

> ベス・ジャレットが笑顔で明るくふるまうのは、自分のなかに潜む弱さや自己不信や混乱に対する軽蔑を隠すためだ。彼女は、大切だと教えられてきたもの —— 競争に勝つこと、自信やプライドをもつこと —— を何ひとつ失うまいとして必死だった。彼女の人生にはのびのびとしたところがほとんどなかった。温かそうな家庭を演出することしか頭にない、やかましい母親になったのは、彼女がそう育てられてきたからだ。注文が多くて厳しい彼女には、愛する家族から想定外の好ましくないニーズを突きつけられても、それに対応するだけのエネルギーは残されていなかった。

魚座の土星は感情のもつれを恐れます。真の感情が表に出ないように、全力で押さえつけるのです。この映画でメアリーは自分の父親を演じているように感じていましたが、「何年もあとになってようやく気づいた。ベス・ジャレットは私自身だったのだ」と打ち明けています。

1979年12月、『普通の人々』の撮影が終わると、メアリーはディック・ティンカーとの結婚に終止符を打ちました。やがて、演劇『Whose Life is it, Anyway?（いったいだれの命?）』で俳優トム・コンティが演じた役柄を引き継いだ彼女は、3カ月間（1980年2月24日〜）ブロードウェイで主役を務めることになります。彼女が演じたのは、首から下が麻痺した（土星）知的な彫刻家という難しい役どころでした。死ぬことを決意した彫刻家は安楽死（魚座／海王星）について論じ、一人の私人（土星）の命に公的な干渉をどこまで許すべきかと問いかけるのでした。

この時期（ソーラーアーク10ハウスカスプがネイタル水星とコンジャンクション、ソーラーアーク太陽がネイタル金星とコンジャンクション）の映画と演劇でのみごとな演技によって、女優としての幅を広げた彼女は、さらに印象的な役柄を次々と演じることになりました（『Just Between Friends（私たちの友情）』『Stolen Babies（盗まれた赤ん坊）』『Stolen Memories（盗まれた思い出）』）。

仕事での成功とは裏腹に、この時期、メアリーは私生活でもっともつらい出来事を経験しています。1980年10月14日（ソーラーアーク4ハウスカスプがネイタル冥王星と重なったとき）、息子があやまって銃で自分を撃って命を落としたのです。映画『普通の人々』を彷彿とさせるような息子の事故死に直面したメアリー

は、喪失の悲しみから立ち直れませんでした。それでも土星は生きていきます。生きていかなければならないのです。

　土星ライジングは自己抑制的な一匹オオカミであり、世間には「万事OK」という強い顔を見せます。一方、蟹座の月は殻をかぶって自分を守ります。

　　本当に長いあいだ、私は友だちに「元気な」自分しか見せなかった。悩みを打ち明けて、人生の憂うつな部分を見せたりしたら、相手の負担になるだろうと思ったのだ。そうすることで、じつは人間らしくふるまう、せっかくのチャンスを彼らから奪っていたということを、私は理解していなかった。

　私生活をほとんど語ることのなかったメアリーは、後年、糖尿病とアルコール依存を公表し、1995年には赤裸々な自伝『After All（結局は）』を書いています。1型糖尿病と診断されたのは、1969年末、不幸な流産のあとに受けた血液検査でのことでした（ソーラーアーク月が乙女座に入り、ソーラーアーク火星が蠍座29度）。

　2002年、彼女は生放送トーク番組『ラリー・キング・ライブ』で、病気のことを次のように語っています。

　　私は抑制された意識のなかで生きているようなものです。恐怖ではなくて、意識と言いたいですね。私は自分がどうふるまうべきかを理解しているし、そのようにふるまうことができるのです。

　アンギュラー天体として海王星、そして魚座の土星ライジングをもつ人だけに、うわべでは落ち着き払って、自制心があるように見せようとしても、長続きするものではありません。1984年9月、メアリーは依存症治療を専門とするベティ・フォード・センターに入院しています（このとき、「しらふ」を象徴する土星はソーラーアークでネイタル2ハウス天王星とコンジャンクション、ソーラーアーク冥王星はネイタル土星とオポジションであり、きつく巻かれていた彼女のバネが緩んでいくことをあらわしています）。5週間後に退院したとき、（トランジットの木星がネイタルの木星－太陽とコンジャンクション）、彼女は自分の内面を正直に見つめることで、人間関係に対する多くの気づきを得ていました。

　Tスクエア頂点にある火星の性質や、火星－冥王星特有の生存本能をあらわすかのように、メアリーはこんなことを語っています。

　　冒険と挫折によって人は成長する。痛みは勇気を育てるのだ。つまり、勇敢になるためには失敗する必要があるということ。

　やがて、彼女は（射手座MCを頂点とする）Tスクエアを生かして、弱者や病気に苦しむ人々を積極的に支援するようになります。動物の権利を訴えたり、菜食主義を提唱したり、若年糖尿病財団のスポークスパーソンとしても活躍しました。

　土星的な気質は尊敬とプライバシーを必要とします。とくにASC近くに土星がある場合、自己防衛的な尊大さを示す、遊び心や失われた青春を取り戻す、不機嫌な怒りっぽさや皮肉な態度を身にまとう、といった可能性があります。しかし、メアリーの場合、土星は内面の平和をもたらしたようです。三番目の夫ロバート・レヴィン博士と結婚した彼女は、農場で馬を飼いながら、充実した生活を送りました。そして、それまでの自己批

判をやめて、自分のすばらしい才能をようやく認めることができたのです。

　コメディもシリアスも演じられる、稀有な才能をもった大女優、メアリー・タイラー・ムーア（2017年1月25日死去）は、自伝のなかで「私の内側には、私の代わりにこの人生を生きている二人のスピリットがいて、かくれんぼをするようにちらちらと姿を見せる」と書いています。これは、チャートの重要な2つの部分を物語る言葉といえるでしょう。1つは土星的オーバートーンと月−冥王星コンジャンクション、もう1つは海王星的テーマと太陽−木星コンジャンクションです。

　一人は憂うつで疑り深くて悲観的なメアリー・タイラー・ムーア。コメディを演じているのはたぶん彼女だろう。もう一人は自信満々のチャンピオン。二人はバトルを展開していて、私はカメレオンみたいに、勝者になったり敗者になったり、喜んだり悲しんだりする。そのときの成り行き次第というか、バトルの行方次第というか。私の心は自分が染まるべき色を見きわめて、くるくると変わるのだ。

Martina Navratilova
マルチナ・ナブラチロワ

	活動＋	不動－	柔軟＋
火＋	☽ASC	(♅♇)	♄
地	MC		♀♃
風	☉☿(♆)		
水－			♂

チャートルーラー
♂♓11th/12th

太陽のディスポジター
♀♍5th/6th

太陽	月	ASC
♎	♈	♈

4つのアングルの関係

メジャーアスペクト

☉☌♆
☽☍♇
☽☌ASC
☽□MC
☿☌DSC
☿□MC
♀☍♂
♀☌♃
♂☍♃
♄□♇

すべて活動　火と地と風と水
ルーラー：水星、木星
ASCルーラー ♂☍♀（DSCルーラー）
ICルーラー ☽☌ ASC
ICルーラー ☽□ MC

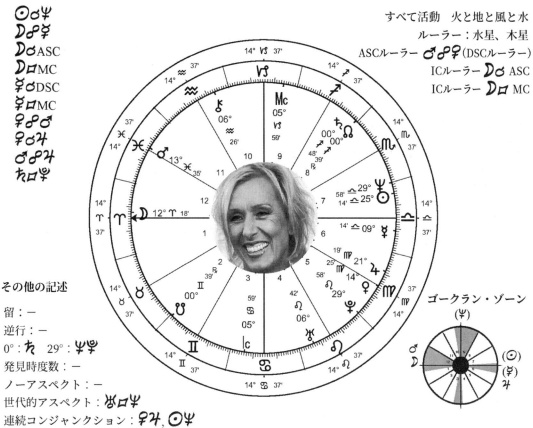

その他の記述

留：－
逆行：－
0°：♄　29°：♆♇
発見時度数：－
ノーアスペクト：－
世代的アスペクト：♅□♆
連続コンジャンクション：♀♃, ☉♆

ゴークラン・ゾーン

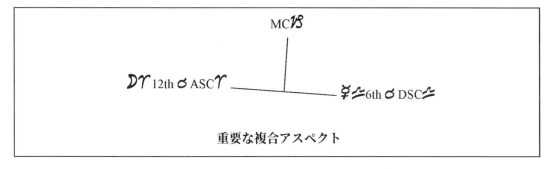

重要な複合アスペクト

マルチナ・ナブラチロワ：ワークシートの解説

1．天体の分布
チャートの大部分が4ハウスから8ハウスにおさまっている（8天体）。その一方で、牡羊座的、火星的なテーマをもつセクション（牡羊座・月・魚座・火星）が孤立していて、ゴークラン・ゾーンにある。乙女座－6ハウス（技、完璧さ）と天秤座－7ハウス－DSC（人間関係における繊細なバランス感覚）が強調されている。

2．4つのアングルのサイン
活動サインのアングルにルミナリー天体が絡んでいる（天秤座・太陽、牡羊座・月）。全体的に活動性が強調されている（Tスクエアもあり）。月（ICルーラー）が活動サイン牡羊座のASCとコンジャンクション、MCとスクエアである。ただし、このチャートの原動力は地平線軸にある。ASCルーラー火星がDSCルーラー金星とオポジションであり、金星－火星的オーバートーンと1ハウス／サインと7ハウス／サインとの相互関係に最初に目が行く。

3．太陽－月－ASCのビッグスリー
3つとも活動サインにあり、「自立 vs. パートナーシップ」「対立 vs. 協力」「私 vs. あなた」の問題に関連している（牡羊座、天秤座）。月は1ハウス（牡羊座本来のハウス）カスプにあり、太陽は7ハウス（天秤座本来のハウス）に在住。ビッグスリーのルーラーである金星と火星がオポジションの関係。さらに、ビッグスリーのそれぞれに海王星とのつながりがあることも見えてくる。太陽は海王星とコンジャンクション、月は12ハウスにあり、ASCルーラー火星は魚座だが、12ハウスカスプ上にある。

4．エレメントとモードのバランス
火のエレメントが強い。ビッグスリーのうち2つが 火のサイン。一方、水のエレメントはチャート・ルーラーの火星のみ。すでに述べたように活動サインは強いが、不動サインは弱い。こうした活動・火（牡羊座）の強さと不動・水（蠍座）の弱さを考えると、長年のライバルだったクリス・エバートが蠍座の強いチャートをもち、メンターだったビリー・ジーン・キングが蠍座・太陽の人だったことは当然かもしれない。

5．メジャー・アスペクト
コンジャンクション、スクエア、オポジション、タイトなトライン（オーブ3度以内）に注目したとき、特筆すべきアスペクトは次のとおり。太陽と海王星がコンジャンクション（ほぼデュエットの状態）、月と水星がオポジション（牡羊座－天秤座軸を強調）であり、4つのアングルとアスペクトを形成（重要なアスペクト）、金星と木星が乙女座でコンジャンクションであり、火星とオポジション（金星－火星オポジションを優先すべき。よりタイトであり、チャートの別の部分のルーラーであることから、より重要）。土星と冥王星のスクエアはタイトであり、ASCとセスキスクエア（セスキコードレート）を形成しているので個人的な性質を帯びている。

6．複合アスペクト
Tスクエアがチャートの活動性を強調している。火星／牡羊座／ASC－金星／天秤座／DSC的なテーマがチャート全体に色濃く流れている。

7．チャートのオーバートーン
このチャートの主題は金星と火星（そのサインと関連アングル／ハウス）に関係している。単純な金星－火星の両極性にとどまらず、どちらの天体にも海王星的なオーバートーンが含まれることに注目。チャート・ルーラーの火星は魚座12ハウスカスプにあり、月は12ハウス、太陽は天秤座で海王星とコンジャンクション。

PART 6　パズルのピースをつなぎ合わせる｜五人の詳細なプロフィール分析　253

　ゴークラン夫妻の研究は、スポーツ・チャンピオン、兵士、公的機関や企業の幹部クラスの人たちの気質に火星の位置が重要であることを統計的に示しました。チャート内で火星が目立つ人は、活動的、情熱的、闘争的、大胆、ダイナミック、怖いもの知らず、向こう見ず、意志が強いといった特徴があることが判明したのです。一方、月——火星とは心理的な対極をなしている——は、有名な著述家のチャートで顕著な位置にあらわれ、今述べたような火星的職業の人たちのチャートでは弱いということも明らかになっています。月が目立つチャートの持ち主は、愛想がよい、寛大、つき合っていて面白い、感受性が強い、衝動的、人気があるといった特徴をもちます。フランソワーズ・ゴークランは、亡くなる数年前に、ゴークラン・ゾーンの天体の組み合わせに関する本を出したいと私に言ってきました。私はおおいに乗り気になりました。矛盾する性質の天体をゴークラン・ゾーンにもち、「そうした天体同士の組み合わせを見事に現実化している」人をたくさん見てきたからです。以下に述べるマルチナ・ナブラチロワのプロフィール分析はその適例です。月と火星を重要なゴークラン・ゾーンにもつ彼女は、どのような気質の人なのでしょうか？　彼女のチャートには月、火星以外にどんな特徴があるのでしょうか？

　テニスコート上のドラマ、すぐれたアスリート精神、性的指向の公表、勇敢な政治的・倫理的主張が、マルチナ・ナブラチロワをスポーツ界で史上もっとも傑出した人物の一人にしました。月ライジングの彼女は、喜びから、いらだち、涙に至るまで、あらゆる感情を包み隠さず見せてきた人です。すでに述べたとおり、この非凡なスポーツ選手のチャートの主題として浮かび上がってきたのは、火星－金星です。女性らしくない、しとやかでない、「ストレートさ（異性愛）」が足りないと批判された、かつてのアウトサイダーは、テニス界の無敵の「ワンダー・ウーマン」でなくなったとき、ついに世間を味方につけました。人々は彼女がどんな「ハート」で試合に臨んでいたのかを理解したのです。

　月とASCが牡羊座にある場合、競争に勝ってナンバーワンになる、試合のチャンピオンになるといったことに夢中になりやすい気質や性格が浮かび上がってくるかもしれません。しかし、さらに重要なのは、牡羊座（およびそのルーラーである火星）がターゲットを必要とすることです。それは、戦いの相手であったり、達成すべき水準や目当てであったりします。その人は、試行錯誤しながら自分を証明しようとするし、勝利と敗北という著しいコントラストを経験せずにいられないのです。絶好調のときの牡羊座と火星は、完璧さや卓越さといった本来の性質を帯びています。

　金星－天秤座と火星－牡羊座という強い特徴をもつナブラチロワは、その金星－火星の両極性を示すような状況に直面しやすいといえるでしょう。個人の権利が抑圧される、不公平と闘う、正義のために立ち上がるといった状況が考えられます。彼女は、自立の重要性、勝つことのスリル、敗北の美学を学ぶために生まれてきたのであり、その途上で、自分自身と正面から向き合い、筋肉隆々たる美しい肉体をつくり上げることになるでしょう。

　実際、ナブラチロワが金星－火星的な状況に直面するまでに時間はかかりませんでした。1968年8月末、チェコスロバキアの政治経済改革をとん挫させるためにソビエトが侵攻してきたとき、11歳のナブラチロワは「リンゴを投げて応戦するつもり」でした（トランジット土星が牡羊座25度で留。ネイタル天秤座・太陽とぴったりオポジション）。7年後（土星）、チェコ・テニス界から非共産圏のトーナメント出場を禁じられたとき、彼女は究極の選択として政治亡命を求めました（トランジット木星が牡羊座24度で留）。その結果、1975年9月9日、亡命は認められました。私は『The Mountain Astrologer（マウンテン・アストロジャー）』誌（2012年4・5月号）掲載の論文で、彼女のセスキスクエアについて次のように書いています。

　　ナブラチロワの12ハウスカスプ上にあるネイタル魚座・火星は、天秤座7ハウスの海王星とセスキスクエ

アである。彼女はこのセスキスクエアを地で行くような人生を歩んでいる。18歳のときに演じた、ひそかで劇的なアメリカへの亡命劇（難民の状態＝海王星、魚座）は、不公正な共産主義的イデオロギー（天秤座・海王星）と、ゴシップや中傷（魚座）を逃れるためだった。亡命に成功した彼女は、祖国チェコスロバキアでは公的に「存在しない」人になった。闘争的で自立心旺盛な牡羊座ASCは、土星とも冥王星ともセスキスクエアである。このこともまた、抑圧的で窮屈な体制から自由になるための個人的な闘争を象徴している。

さらに、射手座8ハウスに位置するMCルーラー土星からは、亡命先の「アメリカに帰化した」彼女に対する評判や、同性愛に関する彼女のオープンさ、そのことがスポンサーとの関係に及ぼす影響が読みとれるかもしれません（土星と5ハウス冥王星のスクエアも、その土星と冥王星がASCと組んでつくっているタイトなトールハンマーも、こうした傾向を強調しています）。

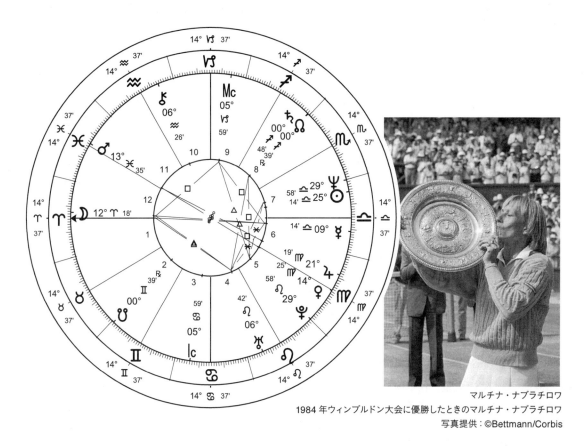

マルチナ・ナブラチロワ
1984年ウィンブルドン大会に優勝したときのマルチナ・ナブラチロワ
写真提供：©Bettmann/Corbis

1980年4月、ナブラチロワの母親は、娘のセクシャリティが双極性障害を引き起こすのではないかと恐れていました。ナブラチロワが8歳のときに亡くなった父親は双極性障害を患っていたからです。母親は父親の死が自殺であったことを娘に打ち明けました。真相を知ってショックを受けたナブラチロワでしたが、それでも自分のライフスタイルを変えようとはしませんでした。1981年7月21日アメリカ市民権を獲得すると、自身の性的指向をカミングアウトしています（最初はバイセクシュアルであると公表しました）。人間として平等の権利を堂々と主張する彼女はいっさい弁解しませんでした（マスコミの干渉を許すこともありませんでした）。それどころか鋭い言葉のボレーを繰り出したことがあります。

記者　　　　「あなたはまだ同性愛者ですか？」
ナブラチロワ「あなたはまだそうじゃないの？」

ラベル（レッテル）はファイルや洋服につけるものよ。
人間にはるものではないわ。

　金星－火星的テーマとそのオポジションの影響は、興味深いことに、テニスの観客や視聴者にも及びました。彼らはナブラチロワと対戦相手を「二極化」してとらえる傾向があり、そのもっとも顕著な例が、ナブラチロワと長年のライバルのクリス・エバート（金星ライジング）でした。名前からして火星「Mars」を連想させるマルチナが、筋肉質の勇猛な女戦士アマゾンだとすれば、対するクリスは、金髪で女らしく、金星的な（氷のような）恋人的存在でした。ただし、実際の試合となると、ナブラチロワは火星と金星の両方をコートに持ち込みました。恐るべきパワー、攻撃性、スピード、精神力、筋力を見せつける一方で、優雅さ、気品、タイミング、美しさ、リズムを備えていたのです。彼女は、シングルス（火星）でもダブルス（金星）でも最高のチャンピオンであることを証明しました。20年以上の長い現役生活（1974～2006年）で、グランドスラム41回優勝、シングルス167勝、ダブルス177勝という輝かしい成績を残しています。

　テニス自体が金星－火星的なスポーツでもあります。二人（または四人）の選手がコートの両サイドに分かれて、サーブとレシーブを交換し、優雅なストロークや鋭いウィニングショットを織り交ぜながら戦います。一方が繊細な「タッチ」を披露するかと思えば、もう一方は「筋力全開の」速くて豪快な技を見せたりもします。テニスはメンタルな戦いであり、水星の位置が集中力や精神力のカギを握ります。しかし、コート上でものをいうのは、ASCの天体やサインです。たとえば、優雅で繊細なテクニックで勝負するタイプ（ロジャー・フェデラー、乙女座の金星ライジング）、集中力とパワーを特徴とするタイプ（ラファエル・ナダル、蠍座の冥王星ライジング）、圧倒的な存在感とスピードを誇るタイプ（ステフィ・グラフ、双子座の太陽ライジング）がいます。ナブラチロワのプレーには、牡羊座・ASCの特徴があらわれています。サーブ＆ボレーを主体とした攻撃、チップ＆チャージ（スライスを返して、ネットにダッシュする）、素早い反射神経、そしてあっという間に片をつけてしまう試合運び。牡羊座・ASCの特徴は、完膚なきまでに対戦相手をつぶしていく闘争的で完璧主義的なところにも、圧倒的な物理的存在感――ももをぴしゃりと叩く動作から、勝ち誇ったような歩き方、筋肉質の体格に至るまで――で相手に脅威を与えるところにも見てとれます。一方、コートを離れると、この牡羊座ASCは、相手を寄せつけない短気さとなってあらわれ、テコでも動かない頑固さや、バカなまねは容赦しないといったかたくなさを示すかもしれません。

　試合が思うように運ばないときは、そのせっかちさがあだになります。「彼女は傍若無人とパニックの両極端しかなかった」とテニス・デザイナーでスポークスマンのテッド・ティンリングは語っています。ナブラチロワの完璧主義はしかめっ面と泣き言と悪態をもたらしました。牡羊座・ASC上に月をもつ彼女の感情は、つねに表に出ていて、隠されることがありませんでした。自己防衛的なとげとげしい態度は、ファンや記者たちに「取扱注意」のシグナルを発していたのです。

　この牡羊座にライジングする月は、1980年代にナブラチロワがテニスプレーヤーとして初めてエクササイズやダイエットを取り入れたことにもあらわれています。1975年のアメリカ亡命後（トランジット木星がネイタルASCを通過し、1ハウスを運行していたとき）、ファストフードを知った彼女は、75キロまで太ってしまいました。突如として、「期待の星」が「デブの星」になってしまったのです！　根っからのアスリート根性で、グランドスラムのシングルタイトルを獲得し始めてはいましたが、1981年4月には、そのポテンシャルを発揮できないほど不健康になっていました。トランジット冥王星がネイタル太陽に重なったとき、彼女はスポーツ科学（フィットネスと栄養学）を取り入れて、新たなレベルへ自分を押し上げ、完璧なウィニングマシーンへ変身しました。

一方、天秤座の影響はどうあらわれたでしょうか？　タブロイド紙の報道からは、ナブラチロワの苦手な領域が人間関係であることがわかります。感情的な摩擦や対立を避ける、支配的なパートナーから逃げるといった問題が浮かび上がってきます。こうした傾向（派手な取り巻き連中や華麗な女性たちとの交際も含めて）は、天秤座 7 ハウスの太陽－海王星コンジャンクションから（ある程度、魚座・火星からも）読みとれます。ナブラチロワを見てきた人たちによれば、彼女は恋に落ちるとすべてを捧げてしまうのだといいます。世界に対して率直でオープンで衝動的かつナイーブなアプローチをとるので（月と ASC が牡羊座）、別の動機をもった支配欲の強い人から影響を受けやすい（火星が魚座、太陽－海王星が 7 ハウス）のは当然かもしれません。

　ナブラチロワの最初のパートナーは作家リタ・メイ・ブラウン（ASC が天秤座 25 度、太陽－火星が射手座の若い度数）でした。続いて 1984 年 3 月、元美人コンテスト優勝者で作家のジュディ・ネルソンとの関係をスタートさせると、ナブラチロワは 74 連勝という前人未到の記録を打ち立てていきます。この年、トランジット木星がネイタル MC 上を通過する一方で、海王星も MC サインに進入していました。恋に落ちたナブラチロワは、非結婚契約を交わし、収入の分配を約束します。ネルソンがその様子を動画で撮影したのは 1986 年 2 月 12 日ですが、そのときトランジット海王星はナブラチロワの山羊座 5 度 MC と重なっていました（ネルソンの火星は蟹座 5 度にあり、天秤座・木星－海王星とタイトなスクエアを形成しています）。1991 年 2 月 3 日、二人が破局を迎えたとき、トランジット海王星はナブラチロワの 10 ハウスカスプとコンジャンクションでした。一方、ソーラーアーク太陽は蠍座 29 度にありました。このとき彼女は別の女性と恋に落ちていました。ネルソンは同年 6 月、契約履行を求めて提訴し（ナブラチロワのソーラーアーク太陽はネイタル 5 ハウス冥王星とスクエア）、裁判はその年の 9 月に行われました（ソーラーアーク土星がネイタル MC に到達）。私生活を明かさないように守ってきたナブラチロワにとって、マスコミの詮索は耐えがたいものでした。

　火星（魚座 13 度）と金星－木星（乙女座 14 度と 21 度）のオポジションは、動物愛護、優しさと寛大さ、さらには、同性愛者の権利平等のためにナブラチロワが注いできたエネルギーをあらわしています。興味深いことに、柔軟サインの真ん中あたりの度数でつくられる乙女座－魚座軸は、被抑圧者のチャートによくあらわれるようなのです。たとえば、同性愛者の人権活動に積極果敢にかかわる人であったり、同性愛者のイメージを体現している人であったりします。

　現在もナブラチロワはシニアツアーでプレーを続けながら、新たな肉体的、精神的課題にも挑戦しています（遠征から登山まで）。人としてさらに成長すべく、哲学的、禅的な生き方を模索するようにもなりました（海王星／魚座／12 ハウス的なサブトーンに関連）。2010 年 2 月（トランジット冥王星がネイタル MC とコンジャンクション、トランジット土星とスクエア）、彼女は乳がんと診断されました。自分の身体を入念に管理し、ダイエットやフィットネスに力を注いできただけに、たいへんなショックでしたが、同年 5 月、放射線治療を受けてからは、健康を取り戻しています。

　多くの人を勇気づけてきたナブラチロワですが、彼女自身は、伝説的な大女優キャサリン・ヘップバーンを師と仰いでいます。太陽が不動・牡牛座、ASC も不動・蠍座のヘップバーンは、ナブラチロワにこう語ったことがあります。「人生で大切なのは、何をどう始めるかではなく、何をどう終わらせるかよ」。火と活動の要素が強いナブラチロワは、その哲学をこう言いかえています。

　勝利とは一瞬のものだ。一生それだけを追い求めるには、あまりにも短すぎる。

キー・プレーヤー：ビリー・ジーン・キング

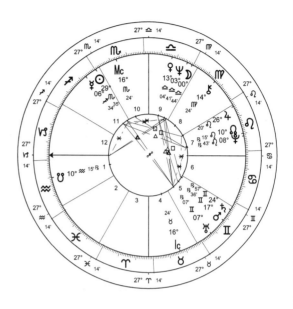

　月が天秤座0度、太陽が蠍座29度のビリー・ジーン・キングは、女性テニス選手としての地位向上を思い描き、女子のプロテニス・ツアーの確立と、男子と同等の賞金獲得をめざして闘い続けました。1973年9月20日の「男女対抗試合（性別間の闘い）」で、女子テニス選手（そしてウーマンリブ）の力を見せつけたことはよく知られています。5000万人の視聴者が見守るなかで、男性優越主義者のボビー・リッグスの挑戦を受けて立ったキングは、みごとにストレート勝ちをおさめました。そのとき天空では、トランジット火星が逆行直前の留の状態（キングの7ハウス冥王星とスクエア）であり、蟹座・土星は天秤座・冥王星とスクエアでした。また、キングのソーラーアーク太陽は、射手座29度にありました。世間の関心を集めた一世一代の賭けは成功したのです。1989年4月、不調に陥っていたナブラチロワは、ずっとメンター的な存在だったキングにアドバイスを求めています（二人のシナストリーに注目）。このときトランジット天王星はナブラチロワのMC上で留でした。1990年7月、ナブラチロワがウィンブルドンで9回目の優勝を果たしたときにも、トランジット天王星は彼女のMCに戻っていました（さらにソーラーアーク木星は、彼女の天秤座・太陽とコンジャンクション）。

キー・プレーヤー：クリス・エバート

　「エバート vs. ナブラチロワ」といえば20世紀のスポーツ界を代表する名ライバルです。1973〜1988年に二人は80回対戦しています。対照的なプレー・スタイルでテニス・ファンを魅了したように、二人のチャートも対照的です。水と不動のエバートに対して、火と活動のナブラチロワ。安定感のエバートが長い影を投じるなら、センセーショナルなナブラチロワはまぶしい光を放ちました。いったんコートを離れれば二人は親友でした。月―土星―金星がライジングするエバートは、厳しくまじめな家庭で守られるように育ちました。射手座―蠍座的なとっさの機転や下品なユーモア感覚を見せることはめったになく、つねに沈着冷静で、集中力を切らさない「氷のプリンセス」として知られていました。ディフェンシブなベースライナー（訳注28）として、カウンターパンチャー（蠍座）として、彼女は不安な「心のうち」をいっさい表に出さず、冷たい鋼のように戦うことができました。いかにも不動の人らしく、長いラリーとクレーコートが得意であり、蠍座的なメンタルの強さと闘争本能を備えていました。

訳注28：ネットプレーよりもグラウンドストロークを使ってベースライン際で戦う選手。

ミステリー・チャート1：爆発的なスポーツマン

以下のミステリー・チャートのなかに、①〜⑩に記述する性質を見つけてみてください。

トランジット、プログレス、ソーラーアークの天体は、事象が起きた時期と一致しているでしょうか？　占星術的な特徴はその人の履歴の内容や性格特性と一致しているでしょうか？

① このミステリー・マンは、プレッシャーがかかると「多重人格になる」と自分でも認めています。同業者からは、激情的で、リスクをいとわず、かっとなりやすいと言われています。

② 若いころから並はずれた運動能力の持ち主として知られ、1989年1月末、17歳でプロとしてその名を世間に知らしめました。

③ カトリック教徒の工学教授を父に、生化学者を母にもち、咽頭がんの妹の治療費を捻出するために働きました。

④ プロとしてどん底にあった1998年7月、絶望した彼は自殺の考えを語っています。

⑤ 子ども向けの慈善活動や高級ブランド嗜好、第二の故郷モンテ・カルロでの優雅な暮らしぶりが知られています。

⑥ プライベートでは謙虚でユーモアがあり、物腰が柔らかく、信仰心に篤く、迷信深いことでも知られます。

⑦ 政治グループの攻撃の的となり、祖国が戦争のときは、殺害の脅迫を受けたことがあります。

⑧ 仕事柄、世界中を転々としましたが、今は長距離の移動を非常に恐れています。

⑨ 2001年9月13日、兵役に召集され、2001年11月から2002年5月まで軍務につきました。

⑩ 年間の成績不振、ケガ、引退説を乗り越え、2001年7月9日、キャリアの頂点を極めて評論家たちを驚かせました。

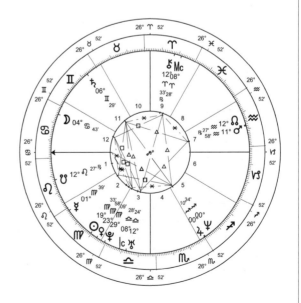

ミステリー・チャート2：ホリー・ジョンソンの2つの出生時間

　ときとして著名人の出生時間にはいくつかの説があって、私たち占星家の頭を悩ませます。さらに困るのは、出生時間が異なっても、それぞれのチャートが同じテーマを示している場合です。ハウスの配置、ルーラーとトランジットなどから見たとき、2つのチャートのうちどちらが、1980年代にセンセーショナルなヒットを飛ばしたバンドのボーカリスト、ホリー・ジョンソンにふさわしいと思いますか？　ジョンソンは1997年に出生時間を公表しましたが、のちに不正確だったことが判明しました。

　マーク・ボランとデヴィッド・ボウイに影響されたジョンソンは、バンド「フランキー・ゴーズ・トゥ・ハリウッド」の挑発的な看板ボーカリストであり、ゲイであることを公表していました。バンドが初めて演奏したのは1980年8月、最初のヒット曲となる「リラックス」のリリースは1983年10月31日です。この曲は、性的に露骨な歌詞のせいで1984年1月13日に放送禁止とされながら、たちまち大ヒットを記録し、国中に悪名をとどろかせました。

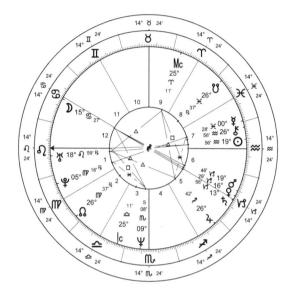

　女性的なしぐさの小柄なジョンソンはつねに奇人（クィア）（訳注29）であり続けてきました。1984年にはイギリスの「顔（ときの人）」にもなりました。歌手ボーイ・ジョージや、ラリー・グレイソン、ジュリアン・クレアリー、ジョン・インマンといったコメディアンたちとは違って、彼は、十代の女の子やおばあちゃん世代のアイドルになるには毒が強すぎるし、なよなよしすぎています。「ジョンソンはめかして気取り歩きしながら、最高に偉そうな態度でたちまち有名人の仲間入りを果たした。彼は賞賛されるために生まれてきたことを知っていたのだ」（『ガーディアン』）。

　バンドは1987年3月には人気急落により解散。ジョンソンは、1988年2月、レコード会社から歌手活動の法的自由を勝ちとります。その数年後には、世間から半ば忘れ去られていきましたが、彼が80年代を象徴するアイコンであることに変わりはありません。1991年11月にはHIV陽性と診断され、1993年4月に公表しています。1994年、赤裸々でウィットに富む自伝を発表しました。芸術家としても知られる彼は、アンディ・ウォーホル（太陽を獅子座13度にもつ）に触発されています。

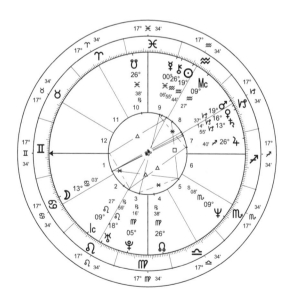

　さて、ホリー・ジョンソンというパフォーマーの、あからさまなセクシャリティと挑発的な楽曲を象徴しているのは、牡羊座MCと天王星ライジングでしょうか？　それとも、MC近くの太陽（天王星とはオポジション）のほうが、彼の仕事が世間に与えた衝撃をよく説明しているでしょうか？　軸付近の木星は自己宣伝やうぬぼれをあらわしているのでしょうか？　太陽－天王星のオポジションは、MC－IC軸とASC－DSC軸のどちらのほうが、おさまりがよさそうですか？

訳注29：クィアはホモセクシュアルも意味する。

ミステリー・チャート3：ソウル・サバイバー

このミステリー・ウーマンは、極端な浮き沈みを経験しながら、今もロック界のレジェンドであり続けています。

① この女性は、パフォーマーとして長いキャリアを誇り、つねに若々しく、人生に対してエネルギッシュで情熱的であること、また、虐待に満ちた結婚生活を乗り越えたこと、強い信仰心をもつことでも知られています。友人たちによれば、彼女は不屈の精神の持ち主であり、ダイナミックでガッツがあり、誇り高くてセクシーです。彼女自身は「私はとても家庭的で地に足の着いた人間なの。現実から離れたことは一度もないわ」と語っています。

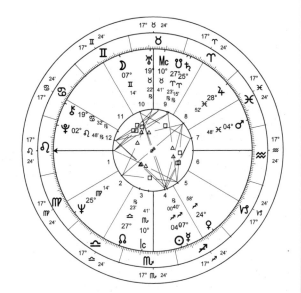

② 元友人で、パーソナル・アシスタントを務めていた人物は、彼女を、冷たくて、タフで、妥協を許さず、横柄で、傲慢で、どんなに親しい人間でも切り捨てることができる人と表現しています。

③ 将来の夫（1931年11月5日生まれ）と出会ったのは1956年末。結婚後、4人の息子をもうけました。

④ 1959年に夫とともにプロ活動（ツアーとレコーディング）を始めると、1960年10月には最初の成功をおさめています。この時期は、彼女が自信を芽生えさせていった時期でもありました。一方、専制的な夫は、ますます支配欲を強め、不倫を繰り返し、不安定さと暴力性を増していきました。

⑤ このような結婚生活を続けるなかで、彼女は霊能者、タロット占い師、占星家に助言を求めました。1968年半ば、うつになり自殺未遂を起こしたのち、敬虔な仏教徒になりますが、彼女がようやく内面的な強さを奮い起こして、悲惨な現実と向き合うようになったのは、1973年クリスマスのことです。

⑥ 忠誠心と恐怖心から、ひたすら夫の精神的、身体的暴力に耐え続けた日々に、ついに終止符を打つときがやって来ました。1976年7月4日、テキサス州ダラスの家を去った彼女は、一文無しどころか、たちまち50万ドルもの負債を抱えることになりました。しかし、彼女は自分を不幸な結婚の犠牲者と見ることはしません。むしろ、自分には忍耐力、忠誠心、根気があったのだと語っています。離婚が決定したのは1977年11月、最終的な命令が下されたのは1978年3月29日のことでした。

⑦ 1977年4月、キャリアを再開しますが、実質的に生まれ変わるきっかけとなったのは1981年9月25日と1982年12月のコンサートであり、1983年12月以降のソロとしての成功でした。

⑧ 1984年9月、アメリカのヒットチャートの首位を占め、映画の仕事も獲得しました。1985年2月には同業者たちから高い評価を得ています。1993年6月、彼女の人生は映画に取り上げられました。

⑨ ツアーで世界各地を回っただけでなく、ソロ・パフォーマーとして1公演あたりの観客数で記録を打ち立てたこともあります。2000年6月30日、過酷なワールドツアーからの引退を発表しましたが、今もレコーディング活動を続け、チューリッヒの自宅では、17歳年下のドイツ人パートナーと優雅な暮らしを送っています。

ミステリー・チャート4：悪名高き貴族

　このミステリー・マンは、残酷で退廃的な性的倒錯者とも、人間のセクシュアリティの暗い一面を明らかにした先駆者とも言われますが、文明社会のあらゆる側面に挑戦し、教会から政府に至るまで、さまざまな人々の怒りを買ったことは確かです。

① この人物は、セックスに暴力と拷問を持ち込んだ、飽くなき快楽主義者として悪名をとどろかせました。

② 母親は、自由奔放な外交官の夫に捨てられると、息子を親戚に預け、自分は修道院に身を寄せました。

③ 子どものころから彼は、反抗心が強く、尊大で横暴でしたが、そうした性質は大人になっても変わりませんでした。気性が荒く、かんしゃくもちだったことで知られています。

④ 6歳のとき、堕落した伯父と暮らすようになると、この伯父から、冷笑と快楽に満ちた世界を教えられました。これがセックスに憑りつかれた人生の始まりでした。

⑤ 10歳のとき、学校で体罰を受けたときから、苦痛と鞭打ちに夢中になりました。

⑥ 10代の終わりには、売春婦を相手にさらに極端な性的趣味にふけるようになり、道徳的な罪悪感に縛られず、性的な妄想を大胆に実現するようになっていきます。

⑦ 彼の評判が決定的に地に堕ちたのは、1768年4月3日、復活祭の日に性的事件で逮捕されたときです。

⑧ 罰を逃れるために、何度か国を逃げ出したこともあります。本人不在のまま、1772年6月には、死刑判決が下されました。罪状は4人の売春婦に対する肛門性交と暴力でした。

⑨ 1779年2月、祖先の「超自然なビジョン」に導かれて、著述を始めると、人間の魂の暗い奥底を描写する15点の作品を残しました。作品のなかで彼は、しばしば女性の登場人物、とくに母親を攻撃しています。

⑩ 長い結婚生活ののち、53歳のとき、22歳の女性と恋に落ちました。やがて貧困になると、ポルノ作品を書き始めました。

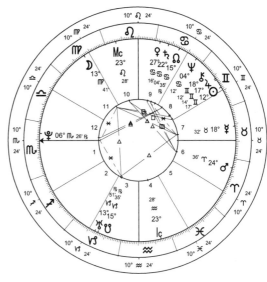

　次ページでは、二人の世界的な女性アスリートを紹介します。彼女たちにはいくつもの共通点があります。どちらも、元オリンピック選手の世界記録保持者であり、1989年にプロに転向したこと、ひたむきで高い集中力をもち、きわめてポジティブで負けず嫌いなことで知られています。また、大英帝国勲章第5位と第4位を贈られたロールモデル的存在でもあります。ただし、一人は、黒人のオールラウンド・アスリートであり、オリンピック7種競技のチャンピオン。もう一人は、車いすのスポーツ選手として、障がい者が直面するバリアを打ち破り、ノーマライゼーションの意識（訳注30）を広めてきた人です。次ページの記述をもとに、どちらのチャートがどちらの人物に当てはまるかを考えてみてください。

訳注30：障がいの有無にかかわらずすべての人がノーマルに暮らせる社会をめざすという考え方。

ミステリー・チャート5と6：2人のスポーツ・ウーマン

以下の人物伝はどちらのチャートの持ち主のものでしょうか？

スポーツ・ウーマン1：生まれつき二分脊椎症のため車いす生活を余儀なくされましたが、15歳のとき出場したジュニア・ナショナル大会で、100メートル走に初めて優勝しました。大学の専攻は政治学とスポーツ学。19年間、陸上界でトップの座を守り続け、100メートル走からマラソンに至るまで30個の世界記録を獲得しました。スポーツと障がい者への意識向上をめざすアンバサダーとして、11個の金メダルを含む16個のパラリンピック・メダル（金メダルのうち4つは、2000年10月のシドニー・オリンピックで）獲得しています。2001年10月4日、自伝を発表。2002年2月、女児を出産。

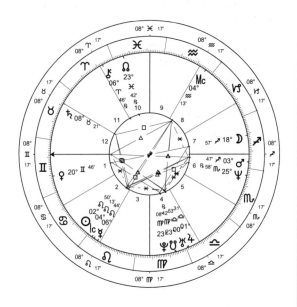

性格的には穏やかで、自分自身をネタにして笑うのが好きです。また、障がい者スポーツの先駆者としてではなく、あくまでも一人のアスリートとして見られることを望んでいます。2007年5月引退してからは、テレビのスポーツ・コメンテーターを務めています。

スポーツ・ウーマン2：たくましく、自立心あふれるシングルマザーに育てられた彼女（父親は彼女の出生前に母親と別れました）は、カリスマ的アスリートとなりました。子どものころは、歌手とダンサーにあこがれていましたが、14歳でスポーツのトレーニングを始めると、1989年にプロとしてデビューを果たしました。ブレークしたのは、1994年8月、カナダのヴィクトリア州で行われたコモンウェルス競技大会で優勝したときです。2000年9月24日、シドニー・オリンピックの7種競技で金メダルを獲得し、万能性を証明しました。2002年4月に出産。2001年9月に自伝を発表。2004年12月、テレビのダンス・コンテスト番組『Strictly Come Dancing（ストリクトリー・カム・ダンシング）』で2位の成績をおさめました。自身が所属するスポーツ界のアンバサダー的役割にも、華やかな自分のイメージにも満足していて、写真に撮られることが大好きです。根っからのモデルである彼女は、輝くような笑顔と引き締まった身体を生かして、スポーツ界のピンナップ・ガールを務めています。

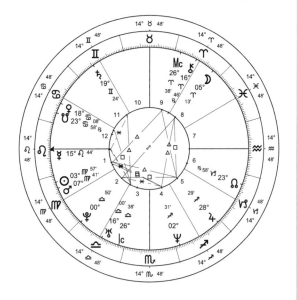

ミステリー・チャート 7：優雅な女優

このチャートの特徴は、獅子座・海王星ライジング、金星的オーバートーン、アンギュラー天体の土星です。この無敵のミステリー・ウーマンは、元イギリス首相マーガレット・サッチャーの 3 日後に生まれ（二人とも活動の T スクエアがあります）、「磁器製の花瓶のようだが、なかに手りゅう弾を隠している」と言われてきました。

① 10 代のころからハリウッド映画に出演していましたが、ブロードウェイで演劇を経験したのち、テレビのロングラン・ドラマで人気を博しました。性格俳優として 70 年以上も活躍しています。

② 子どものころから自立することを教えられて育ちました。女優だった母親は仕事に恵まれず、やがて娘の成功に嫉妬するようになります。

③ このミステリー・ウーマンのイメージは、優雅さ、上品さ、落ち着き、威厳を特徴とします。彼女は、映像作品のなかで、口やかましい女性から悪女までさまざまな役柄を演じましたが、やがて、詮索好きで温厚なおせっかいなおばさん役を演じるようになりました。

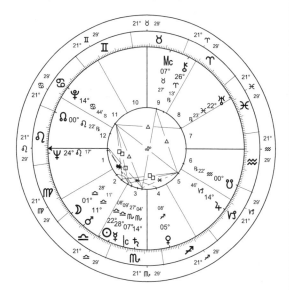

④ 映像の仕事が少ない時期には、ブロードウェイが活躍の場を与えてくれました。彼女は、1964 年 4 月、1966 年 5 月、1973 年 5 月、1979 年 3 月に大成功をおさめ、2007 年 5 月には 23 年ぶりにブロードウェイに復帰しています。

⑤ 海王星が目立つ位置にありながら、スキャンダルにまみれることはなく、むしろ、この配置を生かして息の長い作品を育てました。また、この海王星は彼女のキャリアの長さや舞台での活躍も証明しています。彼女のこんな言葉があります。「舞台に立つと、客席から信じられないような反応が返ってくるでしょう。あれが大好きなの」

⑥ 1970 年 9 月、マリブの自宅が火事になりました。

⑦ 1984 年 9 月 30 日、長寿番組となるテレビドラマが始まり、彼女は、その役柄でもっとも有名になりました。

⑧ 結婚は 2 回。最初の結婚は、（のちにホモセクシャルであることが判明した）俳優と 1945 年 9 月 27 日〜1946 年 9 月 11 日まで続きました。二度目の結婚は、エージェントと 1949 年 8 月 12 日から。

⑨ この二人目の夫は 2003 年 1 月 29 日に亡くなりました。

⑩ 1994 年 5 月、彼女は 2 度目の股関節手術を受けています。

⑪ 演じたいという思いについて、彼女はこう述べています。「私はいつも演じたくてしかたがなかった。有名になりたかったわけじゃないし、ひとかどの人物になろうという意識もなかった。あったのは、自分という人格を逃れて、別のだれかになることへのあこがれね」

ミステリー・チャートの答え

1. ゴラン・イワニセビッチ（プロ・テニス・プレーヤー）
2. 右上のチャートがホリー・ジョンソンの正確なチャート
3. ティナ・ターナー（歌手）
4. マルキ・ド・サド侯爵
5-6. スポーツ・ウーマン 1 はタニ・グレイ・トンプソン（陸上パラリンピック選手）でチャートは右上、スポーツ・ウーマン 2 はデニス・ルイス（陸上 7 種競技選手）でチャートは右下。
7. アンジェラ・ランズベリー（女優）

3つのエッセイ

Three Essays

この本を締めくくる前に、2009年と2011年に『The Astrological Journal（占星術ジャーナル）』誌に寄稿した3つのエッセイを紹介することにしましょう。最初の2つのエッセイは木星と海王星に関するものです（水瓶座での木星－海王星コンジャンクションは2009年の一大イベントでした）。もう1つのエッセイは、ある意味、最初の2つを補足する形で、海王星の魚座移動について論じています。3つとも、ここに転載するにあたって若干の編集を加えました。

ラスベガス、ハリウッド、その他の安手のバビロン

特定の個人と国や都市とのあいだにつながりを見つけることは、占星術の面白さでもある。その人がとくに魅力を感じ、くつろげる場所はどこなのか。チャートのどの部分が強調され、どの国が浮き彫りにされているのか。

人と場所のシナストリーを検討する方法はいくつもある。人と場所のあいだに形成されるインター・アスペクト（たとえば「アメリカの月とその人のASCがトライン」）によって直接的なつながりを見る場合もあれば、単純に共通の天体配置で見る場合もある。「人種のるつぼ」アメリカの水瓶座・月は、水瓶座に月をもつイギリス人を引き寄せ、温かく迎え入れてきた。ブロードウェイ・ミュージカル『オペラ座の怪人』で初代ファントム役を務めたマイケル・クロフォード、数々のハリウッド映画に主演したケーリー・グラント、インド生まれで、映画『風と共に去りぬ』のスカーレット・オハラ役をアメリカ人女優たちから「奪いとった」ヴィヴィアン・リー、ダイアナ妃、70代でニューヨークに移住すると、自らを「異邦人」と呼び、自身が一種の観光名所と化したエキセントリックな著述家クエンティン・クリスプなどなど。

また、イギリスでは、王室のメンバーや国会議員を獅子座と山羊座の象徴として見る傾向がある。どちらのサインも伝統的に尊敬、威厳、地位、階級（クラス）、（気品〈クラス〉という意味でも）をあらわす。1801年1月1日午前0時のイギリス建国図で、太陽は山羊座に、木星と土星（王室／特権階級および議員）は獅子座（10ハウスと11ハウス）にあるのだ。

また、地理占星術や、ジム・ルイスが考案したAstro*Carto*Graphyという技法もある。どちらも出生時間の修正ツールとしては正確性に欠けるが、十分に有用であることを示す事例もある。たとえば、サッチャーの天秤座の太陽と火星は、彼女にとって「勝利」の場所であるフォークランド諸島からライジングしている。フォークランドは、彼女が戦争を起こして「バランスを回復した」（天秤座）場所だ。ブッシュ・ジュニアの海王星ICラインは、ハリケーン・カタリナで大規模洪水に見舞われた際に彼の政権のお粗末な災害対応のせいで混乱に陥ったニューオーリンズ上を走っているし、女優ジェーン・フォンダの獅子座・月（名声への欲求）ASCラインはベトナムのハノイを通過している（「ハノイ・ジェーン」）（訳注31）。反体制派のボクサー、モハメド・アリの場合、土星ASCラインがワシントンDCを、火星MCラインがテキサス州ヒューストンを走っている。そのヒューストンでアリは兵役拒否により有罪判決を受け、ボクシングタイトルを剥奪された。射手座生まれのウォルト・ディズニーの水星ICラインはディズニーランド付近をとおる。そこは彼が従業員と家族に休暇を過ごさせた場所だ。夢の一大プロジェクトだったディズニーワールド（ディズニー自身は開園を見届けることなく亡くなったが）は、彼の海王星MCラインが走るフロリダにある。同園がオープンしたのは、トランジット木星－海王星が射手座でコンジャンクションになった2週間後、1971年10月1日だった。

訳注31：反ベトナム戦争の活動家として北ベトナムのハノイを訪れた際の写真が出まわったことで、侮辱的なニックネーム「ハノイ・ジェーン」で呼ばれ、売国奴扱いされることになった。

ちなみに私の乙女座・月の ASC ラインはシンガポールをとおる。あの緑豊かな風景はいつも私に安らぎを与えてくれるし、廉価な携帯用電子機器が並ぶショッピングモールを見てまわるのも楽しい。そしてどこへ行っても清潔なのもいい。ただ一つ困ったことといえば、子どものころから 10 代にかけて（7 年間で 6 回）シンガポールを訪れるたびに、ネイタル月ー海王星のスクエアがひどく試されたことだけだ。町を歩いているとしょっちゅう、「偽ブランドの腕時計」を強引に買わされそうになったり、いかがわしい客引きに言い寄られたりしたものだった。私の乙女座・月と海王星のスクエアは、はっきりと境界線を引くように（「ノー・サンクス（けっこうです）」を言えるようになれと）迫っていた。つきまとわれたり、騙されたりしそうなときには、ぶしつけなくらい、きっぱりと断れるようになる必要があった。興味深いことに LSA（ロンドン・スクール・オブ・アストロロジー）の生徒のなかに、シンガポールが大嫌いだという人がいる。彼はシンガポールの法律やルールや規制の厳しさに辟易とするのだという。驚くなかれ、彼の土星 MC ラインはシンガポールをとおっているのだ。

　教室の内外で数多くの事例に遭遇するなかでわかったのは、天体／アスペクトがアングル付近に位置する場所では、その天体／アスペクトが象徴する特定の事象（やその性質）が現実化しやすいということだ（ちなみに、このエッセイは、2012 年、メルボルンから帰国したばかりで書いている。私はオーストラリア占星術協会（FAA）のカンファレンスで講義を担当してきたのだが、じつに素晴らしい旅だった。メルボルンは私の牡羊座・太陽ー金星コンジャンクションのラインが走っている場所だ）。

　しかし、地理占星術が教えてくれるのはそれだけではない。トランジットやプログレスの動きを加えれば、「どこ」だけでなく「いつ」もわかる。1997 年 8 月 31 日のトランジットを考えてみよう。ご存知のとおり、ダイアナ妃はトランジット天王星がネイタル水瓶座 5 度の木星に重なった時期に亡くなった（トランジット天体はさまざまなハプニングを暗示する。突然の驚き、外国でのアクシデント、運命の転換など）。しかし、彼女のプログレス木星は水瓶座 0 度に戻っていて、その年、プログレス木星の ASC ラインはパリをとおっていた。さらに興味深いのは、ネイタルの強力な火星（もともと冥王星とコンジャンクションであり、死の翌日の食によって、その威力が引き出された）は、プログレスのチャートでは、カイロとアレキサンドリアをとおる DSC ラインの位置に移動していた。彼女と最期をともにした恋人ドディ・アルファイドはアレキサンドリア生まれだ。ダイアナのプログレス月もその場所の IC ライン上にあった。

　また、連想や符号を見ていく占星術もある。ニック・キャンピオンの著書『The Book of World Horoscopes（世界のホロスコープ集）』には、国や都市の誕生チャートがおさめられている（複数のチャートをもつ国や都市も多い）。そうしたチャートは魅力的なものだ（その国や都市と自分のチャートのインター・アスペクトはたしかに興味深い）が、国や都市が成立した瞬間の（何百年も何千年も前のことだったりする）チャートは、たんに全体像を伝えているにすぎない。国や場所が特定の個人（私たちやクライアント）にとって何を意味するかを見ていかなければならないのだ。

　世界には独特な「雰囲気」をもつ国があって、それがある人には感じられるのに、別の人は感じられなかったりする。特定の国に旅行したときに顕在化してくるのは、どんなサインや天体なのだろうか？　たとえば、占星家スー・トンプキンズは、オーストラリアを天王星と関連づけている。彼女の研究によれば、ヨーロッパ人のクライアントはトランジットやソーラーアークの天王星が作用する時期にオーストラリアへ移住する場合が多いのだという。オーストラリアと天王星との関連性は他にも見つけられそうだ。イギリス政府が犯罪者を「ダウン・アンダー（イギリスから見て地球の反対側）」へ流刑にした（天王星は物事の天地をひっくり返す）のは、刑務所が混みすぎたからだった（天王星は空間と関連している。オーストラリアには人の住んでいない広大なスペースがある）。1786 年 8 月 18 日、天王星の発見から 5 年後、トランジット土星が水瓶座で冥王星と重なったとき、775 名の無法者（天王星）をイギリスから追い出すために、現在のシドニー南に位置するボタニー湾に彼らを流刑にする決定が下された。一行を乗せた船は 1787 年 5 月 13 日に出港し、1788 年 1 月 20 日にかの地へ到着。奇しくも、太陽が水瓶座に移動し、天王星とオポジションになった日だった。この流刑地は

80年間、つまりほぼ天王星が回帰する期間、運営された。

　しかし、紋切り型の議論（土星の機能）は安易すぎるし、私がこれから述べることは、そういう決めつけを意図したものでもなければ、だれかを中傷しようとするものでもない（その点は、とくに今のような、きわめて土星的な政治的正しさ＜ポリティカル・コレクトネス＞が問われる時代にあってはなおさら強調しておきたい）。どの国にもペルソナがあり、他の国々が目をつけて、バカにしたり、からかったり、誇張したりしたくなるような国民性があるものだ。たとえば、権力に対して公然と二指の敬礼（訳注32）をしてはばからないオーストラリア人は、イギリス人にとって、きわめて天王星的なものを感じさせる。オーストラリア映画として最初に世界的なヒットをおさめた『マッドマックス』は、法と秩序が崩壊しつつある退廃した未来都市（天王星）が舞台になっている。より最近の映画（『ベイブ』や『プリシラ』）でも、負け犬やのけ者のような存在が何かを成し遂げたり、彼らを信じようとしない者たちを納得させたりする物語がほとんどだ。お決まりのハッピーエンドを裏切るような作品も多い（オーストラリアの映画やドラマは1970年代初頭に、過激で安っぽい性描写によって「処女性を失ってしまった」）。

　西欧人が日本に対して抱いているイメージのなかには乙女座的、土星的なものがある。それが日本のホロスコープに「公式に」あらわれているかどうかは別として。たとえば、労働倫理や生産性といった価値観（勤勉な労働者が歯車の一つと見なされる統制の取れた組織）然り、料理から折り紙に至るまでさまざまな分野に見られる細部や精度や「小ささ」へのこだわり然り。謙遜、「体面」、礼儀作法を重んじる文化や、健康的な食生活、小型電子機器製品、芸者、などなど。

　私にとって夏のあいだ何度か住んだことのあるイタリアは、双子座－蟹座を感じさせる国だ。食へのこだわり（量も含めて）、美しい海岸線、教会と家族の結束力の強さ。とくに「マンマ」の力は最強なのだ（蟹座）。一方、双子座的な性質といえば、手ぶりを多用するイタリア人の話し方や、言語の多様性や方言の多さ（町ごとに、おそらく通りごとに、独特の言葉がある）、北と南の対立、税金逃れを誇らしげに語るところなどに見てとれる。

　今、述べたようなコメントは「そのとおり」のもあるだろうし、そうでないものもあるだろう。それに、どの国にもすべての天体とサインがなんらかの形で作用している。しかし、こうした記述はもとはといえば、その国の居住者や訪問者の目に映る「その国のアイデンティティ」からきているのであって、それはホロスコープの分析でASC的なペルソナが浮かび上がってくるのと同じなのだ。

　私がラスベガス滞在中に感じたのは、木星的、海王星的（そして獅子座的）な雰囲気だった。ちょうどクライアントのステージ・パフォーマンスを見たばかりだったのだが、そのクライアントというのは、獅子座・太陽をMCにもつアクロバティックなショーマンだった。彼は数年前に（トランジット海王星がネイタル太陽とオポジションのとき）ラスベガスに移り住んでいた。しかも彼が出演する幻想的な水中ショーは、その名も「ル・レーヴ（夢）」だったのだ！　みごとなまでの占星術的象徴と事象の符号を目の当たりにした私は、ラスベガスについて少し調べてみることにした。

　どうやら「有史以前の」ネバダ南部は、現在、私たちが知っているような景色とは違って、豊かな水（木星－海王星）と緑にあふれた湿地帯だったらしい。地下に閉じ込められた水が地表にあふれだして、ラスベガス・バレー（渓谷）は誕生した。1830年ラファエル・リヴェラという人物によってこの地が発見されると、カリフォルニアへ金の採掘に向かうスペイン商人たちのオアシス（中継地点）になった。14年後（海王星が1つのサインに滞在する期間に相当する）の1844年5月、ジョン・フリーモント（フリーモントとは「高貴な保護者」

訳注32：手のひらを自分の側に向けたVサイン、相手への侮辱を意味する。

または「自由の保護者」を意味する）率いる探検隊は、ラスベガスに到着すると、ザ・スプリングズに野営している。10年後、モルモン教徒が入植し、数年だけ暮らした。ラスベガスという町が誕生したのは1905年5月15日になってからだ（金銭関連のプロジェクトや冒険を暗示するように、このとき蠍座・火星と牡牛座・木星がイグザクトのオポジションだった）。

ギャンブルの町は異例な形で始まった。1910年10月1日午前零時、ネバダ州で厳格な反ギャンブル法が施行される（天秤座21度の木星が蟹座21度の海王星とスクエア、ともに山羊座21度の天王星とアスペクトを形成。「禁止」）と、その3週間後、火星が木星と重なったとき、ギャンブルは地下にもぐり、非合法のまま続けられることになった。やがて、1931年3月19日魚座新月（土星は山羊座21度、木星は蟹座）のとき、公立学校の資金をまかなう増税措置としてギャンブルが合法化されると、この法律のおかげで、ラスベガスは1930年代の大恐慌（山羊座・土星）から守られた（蟹座・木星）（ラスベガスが市になったのは1911年3月16日。このとき太陽・魚座、ルーラーの木星と海王星はオーブ5度のトライン）。

1941年4月3日、最初のカジノ「エル・ランチョ・ベガス・ホテル」がオープンすると、1940年代後半には、今の繁華街であるストリップ地区に次々とホテル型カジノが建設されていった。その後、マフィアのバグジー・シーゲル（本名ベンジャミン・シーゲル）がカジノホテル「ザ・フラミンゴ」をオープンさせた。こうして現在、私たちが知る木星的、海王星的、獅子座的な雰囲気漂うラスベガス――歌謡ショーとマジックとストリップが繰り広げられる巨大で、豪華で、贅を尽くしたホテル・カジノ・リゾートは誕生した（巨大ホテルの一つ、MGMグランドのエントランスには、金のライオン像がそびえ立っている）。以来、ラスベガスは、安っぽい店と会員制の高級クラブが混在しながら、時計（土星）を気にせず、年中無休で賭博が続けられる街になった。（当初、ラスベガスは「ノー」タウンと呼ばれていた。ミニマム・チャージもなければ、自動車の速度制限も、売上税も、所得税も、再婚禁止期間もなかったからだ）。やがて、マフィアとのつながり、ギャンブル依存症、ボロ儲けとそれより大きなボロ負け、巨大な観光産業（2008年には3750万人が訪れ、42億8000万ドルを消費）といった特徴が生まれていった。ラスベガスの地に足を踏み入れ、ストリップ地区に滞在していると、まるで別の惑星にいるような感覚に襲われる。非現実的な巨大ビル群が「つかのま現実を忘れよ」と迫ってくる。どこへ行っても味気ない街だが、抜群の贅沢さが人々を惹きつけている。

ラスベガスが連想させるものといえば、1960年代に活躍したエンターティナーの一団「ラット・パック（シナトラ一家）」だろう。ディーン・マーティンは魚座ライジングで、海王星のDSCラインはラスベガスをとおっているし、フランク・シナトラは射手座の太陽－水星が魚座の木星とスクエア、さらに獅子座の海王星がMCに乗っている。サミー・デイヴィス・ジュニアは太陽が射手座、ピーター・ローフォードは木星と海王星のスクエアをもつ。他にもラスベガスとの縁が深い人々として、エルヴィス・プレスリー（射手座ライジング、月は魚座にあり、木星のASCラインがラスベガスをとおる）、セリーヌ・ディオン（木星と海王星がイグザクトのスクエア。莫大な興行収入を上げた彼女のショーは、木星と海王星がオポジションになった2003年3月25日に始まった）、リベラーチェ（射手座・月のASCラインがラスベガスをとおる）がいる。

木星－海王星－獅子座的な場所といえば、「陶酔境（ラ・ラ・ランド）」と呼ばれるハリウッドがあげられる。映画産業、著名人の邸宅、霊能者、名声への野望、数百万ドル規模の映画製作費、はったりと自己満足とどんちゃん騒ぎ、売り込み、枕営業、欲望と過剰さを特徴とする場所だ。そして、薬物依存やアルコール依存を治療するために生じるセラピー依存も。

きらびやかな映画界の中心地ハリウッドは、巨大なスタジオが立ち並び、大物プロデューサーたちが活躍する「金ぴかの街」だ。その一人に、MGMの黄金期に次々とスターを輩出したルイス・B・メイヤーがいる（咆哮するライオンのシンボル、華麗な俳優たち、テクニカラーで知られる映画会社MGMは、1924年4月16日に設立された。そのとき獅子座・海王星は射手座・木星とトラインだった）。しかし、富も名声も手に入る

場所でありながら、「ウォーク・オブ・フェイム」（歩道上に著名人の名前入りの星型プレートがはめ込まれた大通り）は、実際に歩いてみると、安っぽい場所だ。この通りは金（ゴールド）で舗装されているかもしれないが、金というのは木星的な性質なのだ。こすれば金メッキははがれ、その下から壊れた夢が顔をのぞかせる。

もちろん、ハリウッドといえば、**アカデミー賞**が浮かんでくる。オスカーの授与式の夜には、高級ブランドのドレスや宝石に象徴される、この世のものとは思えないほど華やかで過剰な世界が繰り広げられる。こうした雰囲気は、1929年5月16日の第1回アカデミー賞授与式のそれとはかけ離れている。当時は、夜8時から始まる、落ち着いたプライベートなディナーの席で賞が授与されていた。ハリウッドの未来を象徴するかのように、その夜は、太陽－木星のコンジャンクションが獅子座・海王星とスクエアを形成していた。

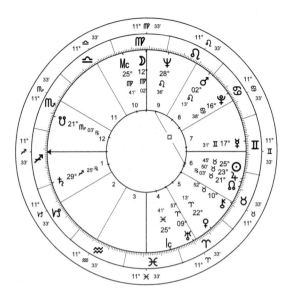

第1回アカデミー賞

ハリウッドの大物プロデューサーの一人、**ドン・シンプソン**を見てみよう。1980年代、次々にヒット（『トップガン』『フラッシュダンス』『ビバリーヒルズ・コップ』など）を飛ばす一方で、ドラック、買春、SM趣味などの退廃的で乱れた生活でも知られた。蠍座・太陽－月が冥王星とスクエアのシンプソンは、射手座ライジング、ルーラー木星が獅子座、海王星－MCのイグザクトのコンジャンクションだ（しかも、彼の双子座・火星のラインはロサンジェルスのすぐそばをとおっていて、さまざまな性的な状況に興味をもつ、アグレッシブなやり手を彷彿とさせる）。

一方、私の知るニューヨークとニューヨーカーは、スピードと活気、直接性、せっかちさ、強引さ、要求の厳しさを感じさせる。それはきわめて

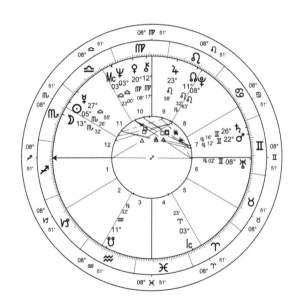

ドン・シンプソン

水星－火星的な性質であり、私のチャートとよく似ている。ブロードウェイが木星－海王星－獅子座的だとすれば、ニューヨークの名声と成功には、ハードワーク、数えきれないオーディション、1日に3つの仕事をかけもちするライフスタイルなど、火星的、水星的な要素がつまっている。人々はスター（木星）になる夢（海王星）をがむしゃらに追いかけている（水星－火星）。名声に飢えたニューヨーカーからは、成功してもけっして満足しそうもない印象を受ける。彼らは、どんなに有名になろうと、それでもまだ、相手を無理やり座らせて、注目させようとするのだ。

イギリスの作家オスカー・ワイルドは、1882年1月3日、トランジット木星が彼の9ハウスカスプ（イコールハウス）に重なったとき、木星DSCラインが走るニューヨークに到着した。のちにワイルドは、「アメリカは

野蛮から退廃まで経験しながら、文明を経由しなかった唯一の国だ」と書いている。一方、アメリカの実業家チャールズ・ラックマンの木星は、いったいどこをとおっているのだろうか。彼はこんな謎の言葉を残している。「アメリカの問題は広大な空間があまりにも多すぎることだ……歯に囲まれてはいるが」

リアリティ番組という一発屋幻想が突きつける現実

今年（2009年）は水瓶座で木星－カイロン－海王星がダンスを踊り続ける年だけに、私は、著名人の占星術に注目しようと思った。とくに知りたかったのは、リアリティ番組やタレント番組が氾濫し、素人臭い有名人（マイナーセレブ）が次々と生み出される風潮が、占星術的にはどのように映し出されているかだ。

海王星の水瓶座滞在の影響は、「普通の人」的なスターを求める風潮にあらわれているといっていいだろう。現に才能のある人と、さほど才能のない一般人（水瓶座）がいっしょくたになってスポットライトを浴び、FacebookやYouTube、リアリティ番組（訳注33）やオーディション番組（『Big Brother（ビッグ・ブラザー）』『The X Factor（Xファクター）』『Pop Idol（ポップアイドル）』『Britain's Got Talent（ブリテンズ・ゴット・タレント）』など）でもてはやされている。また、マイナーセレブをゲストに招いたり、著名人に専門外のパフォーマンスを披露させたりする番組もひっきりなしに誕生している（『Strictly Come Dancing（ストリクトリー・カム・ダンシング）』『Dancing on Ice（ダンシング・オン・アイス）』『I'm a Celebrity … Get Me Out of Here!（アイム・ア・セレブリティ）』）。

海王星が水瓶座を通過する期間にリアリティ番組が増えるとは、なんとも皮肉な話だ。「リアリティ（現実）」と言いながら、実際には編集や構成によって、一定のイメージをつくり出して、視聴者をかついだり、操作したりしているのだ。人の生活を監視するリアリティ番組のどこが新たなジャンルだろうか。のぞき趣味的な視線を送り、土足でプライバシーを侵害しているにすぎないではないか。普通の人たちの実生活という幻想（水瓶座・海王星）が売りものにされ、視聴者はなんの疑問ももたず（もしくは、だまされるのを承知のうえで）それを買っているのだ。また、著名人の参加者が日常生活（日常といっても高度なレベルではあるが）を送る姿や、彼らのトレーニング風景などを見せるタイプの番組もあって、そこでは魅力的な「著名人」（たとえば、パリス・ヒルトン、アンナ・ニコル・スミス、ジョーダンことケイティ・プライスなど）の素のままの姿が披露される。といっても、番組は彼らのほんの一面を見せているにすぎないのだが、それでも視聴者は「著名人もメイクを落とせば、私やあなたと同じ」と思わされてしまう。要するに、私たち視聴者は、普通の市民がセレブの地位に「のぼりつめる」姿と、セレブが平凡で日常的で、退屈で（やけに）見慣れたライフスタイルへと身を落とす姿の両方を見せられているわけだ。

水瓶座・海王星の影響はメディアのいたるところに見てとれる。一般大衆はあたかも自分の一票が力をもち、意見が反映されると信じ込まされているが、それを象徴するかのように、2007年2～3月ころからイギリスでは電話投票スキャンダルが始まった。「電話投票に不正か。テレビ界に激震」と報じられたとき、獅子座・土星は水瓶座・海王星とオポジションを形成していた）（訳注34）。

海王星は1つのサインを通過するたびに、その1つ前のサインの海王星世代に夢を見させる。だから今のティーンエイジャー（山羊座・海王星世代）の多くは、リアリティ番組に出るだけで富と名声が手に入るとか、その他大勢のなかで目立つことができる（水瓶座的ジレンマ）と信じているのだ。彼らより前の世代は、映画『フェーム』とそのテレビシリーズに鼓舞された。80年代には「汗を流して手に入れるもの」だった名声が、

訳注33：面識のない一般人を集めて、彼らの同居生活を24時間撮影し続ける番組。毎週、視聴者の投票によって一人ずつ脱落し、最終的に残った人が勝者になる。
訳注34：視聴者からの電話投票で勝敗が決まるコンテスト番組で不正があったとされる一連の騒動。

今ではたいした努力もなしに特別でリッチな存在になれるというナルシスト的な権利意識に変わってしまった（もちろん、獅子座－水瓶座の両極性は、特別さとは、自分自身と所属するグループのためにどれほどクリエイティブな努力をするかによって決まるものであって、他者に賞賛されるかどうかの問題ではないことを知っているはずなのだが）。アンディ・ウォーホルは「だれもが15分で有名になれる時代が来る」と予言したが、今やその時間は4分半にまで短縮されている。

1945～1946年以来、初めてカイロンが海王星とオーブ1度でコンジャンクションを形成しようとしている時期に、こうした「素人セレブ」の時代を象徴するジェイド・グッディ（訳注35）が子宮がんで亡くなった。挑戦的な態度、口の軽さ、無知、差別的発言で有名な彼女は、短い生涯の最後の数カ月間は、大衆からプリンセスのように見られた。ほんの数年前にさんざんバッシングされた過激なまでの率直さと、白か黒かという単純な思考パターン、そして言いたいことはなんでも言ってしまう奔放な性格が、最後の最後に大勢のリスペクトを勝ちとったのだ。病に苦しむ彼女に多くの人々が共感を示したことにも、水瓶座・海王星がよくあらわれている。

その数週間後、逆行中の金星が魚座に入った（そして魚座の最後の度数で留になった）とき、メディアは、労働階級の新たなプリンセス、**スーザン・ボイル**を発見した。抜群の歌唱力でオーディション番組『ブリテンズ・ゴット・タレント』の審査員と視聴者を驚かせ、一躍、時の人となったボイルは、まさに木星－海王星が象徴する世界的な現象を巻き起こした。彼女は前年秋のオーディションまで、高齢の母親の介護に人生の大半を捧げ、自分の夢は二の次にしてきた人だった（ネイタル満月に対して蟹座・火星がTスクエアの頂点）。しかし、ネイタル水瓶座MCをもつ彼女は（しかも、番組放送の数週間前にそのMCにトランジット木星が重なったときに）労働階級のヒーローになり、木星－カイロン－海王星を地で行くように、どんなに傷つけられようと、踏みにじられようと、夢をあきらめないことの大切さを証明する人となった。スーザン・ボイルと、奇しくも彼女がカバーした「夢やぶれて」

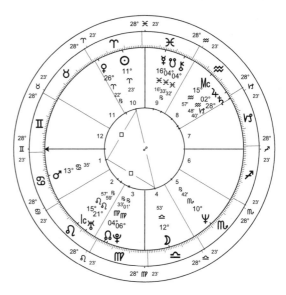

スーザン・ボイル
Tスクエア

（ミュージカル『レ・ミゼラブル』の劇中曲）に関して、占星家の故ロバート・ブラシュクが書いた素晴らしい論文（www.mountainastrologer.com）がある。

マスコミと大衆にもてはやされているボイルだが、「出る杭は打たれる」（ちやほやされたあと、バッサリ切り捨てられること）には注意が必要だ。ソーラーアーク海王星がネイタルDSCに重なる2010年（出生時間が数分早ければ、すでに2009年現在）に、過飽和や無防備の状態になりやすく、生き馬の目を抜くような芸能界で利用されたり、金儲けしか頭にない連中の言いなりになったりする危険性がある。

『ブリテンズ・ゴット・タレント』の名物審査員サイモン・コーウェルは、リアリティ裁判番組のジュディ判事やクイズ番組の司会者アン・ロビンソンと同じ天秤座生まれだが、彼女たちとは違って辛口の批評家として知

訳注35：2002年リアリティ番組への出演で一躍有名になるも、のちに別のリアリティ番組でインド人女優に人種差別的な罵声を浴びせて、物議を醸した。

られる（「失礼なことを言うつもりはないのだが……」と前置きしながら酷評する）。彼は乙女座に金星－冥王星のコンジャンクションをもち、それが射手座・木星とスクエアを形成している。自らを「グルにしてスヴェンガーリ（人心を操る者）」と位置づけている彼は、有名人になりたい世代にとってはポップスター自動製造機である。オーディションやコンテスト方式、視聴者投票といった仕組みが幅を利かせるようになったおかげで、今や音楽業界には他の成功ルートがほとんどなくなってしまった。

水瓶座・海王星を象徴するように、2001年1月、オーディション番組『Popstars（ポップスター）』の放送開始とともに、名声を夢見る新たな世代の波がイギリスに押し寄せた。『ポップスター』は、オーディションを勝ち抜いた歌手たちに「Hear'Say」というバンドを結成させ、レコーディングやデビューの様子を追いかけた。法律用語の「hearsay」は「伝聞証拠」を意味するが、一般的には「他者から聞いた、もしくは受け取った未確認情報、つまり噂」を指している（「fame（名声）」の語源「pheme」と「fama」も「rumor（噂）」を意味する）。案の定、このバンドは番組終了後まもなく解散した。

2000年7月14日に放送が開始されたイギリス版リアリティ番組『ビッグ・ブラザー』は、翌2001年には人気を博していた。占星術的に興味深いことに、勝者と準優勝者が司会者ディヴィナ・マッコールと同じ誕生日10月16日という（生まれ年は違うが）一致が見られた。2年後のシリーズ3には、当時、歯科助手だったジェイド・グッディが登場する。金星と海王星のオポジションをもつ彼女は、トランジット土星がネイタル太陽に重なった直後の2002年5月24日にハウスメイト（同居人）になると、そのシリーズで優勝し、あっという間に有名人の仲間入りを果たした（トランジット冥王星がネイタル太陽とオポジション）。

『ビッグ・ブラザー』で「偶然に」有名人になることと、『Xファクター』のようなサイモン・コーウェル式のスター製造番組を毎週のように勝ち抜いて有名になることは違う。私は『ビッグ・ブラザー』の参加者のデータを多く知っているわけではないが、視聴者の人気を集めて、もっとも記憶に残るような出場者のチャートには、月か水瓶座の強調（大衆の心の琴線に触れる力）があり、スポットライトを浴びた時期にちょうど名声の星（木星と海王星）が作用していたのではないかと考えている。とくに海王星は、無名の一般人が一躍有名になることの目まぐるしさや、匿名性を失って、マスコミにプライバシーを侵害されて生じる混乱をあらわしているのではないだろうか。そうした混乱のあとには、お決まりのように、栄光からの転落や人気の急落といった、これまた海王星色満載の（「ここはどこ？ 私はだれ？」的な）混乱が続く。

このエッセイを書くためにリサーチをしている際、占星家・事業家ロバート・カリーの論文に出会った。『ビッグ・ブラザー7』の勝者ピート・ベネットについて書かれたものだ（www.astrology.co.jk/news/tourettes.htm）。トゥレット症候群（訳注36）のピート・ベネットは変わり者だが愛嬌があり、番組で大変な人気を集めた。興味深いことに、子どものころの彼はトゥレット症候群の症状をいっさい示さなかったという。病気の診断が下されたのは14歳、ちょうど父親と会えなくなった時期だった（ソーラーアーク水星が

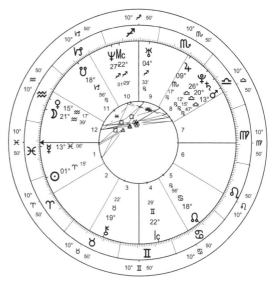

ピート・ベネット

訳注36：チックを伴う神経発達症で、多くは子どものころに発症。多動症、強迫性障害、学習障害などを合併する場合もある。

ネイタル海王星とスクエア。その海王星はもともとMCとコンジャンクション)。やがてケタミン(麻酔薬)依存によって、トゥレット症候群が悪化すると、2005年には「完全にイカれてしまった」という。その2005年、トランジット冥王星は彼のMC上に滞在していた。水瓶座・月－金星のコンジャンクションをもつベネットが『ビッグ・ブラザー』に出場していた時期(2006年5月18日～8月18日)、トランジット木星はネイタルの度数で留だった(木星回帰)。

　研究でわかったのは、ポップアイドルや、オーダーメイド式エンターティナーは、金星がさらに目立つ位置にあるということだ。また、老若男女を問わず大衆にアピールするように仕立て上げられた芸能人の場合は、海王星が目立つ人も多い。世代的インパクトの強いポップアイドルになる(自身と同じ世代のシンボル的存在になる)には、冥王星がインナー・プラネット(とくに月と水星)にコンタクトしている必要があるようだ。ここで、いくつかのタレント番組(おもに『Xファクター』と『ポップアイドル』)の勝者たちを考えてみよう。占星家にとって幸いなことに、彼らには双子やスコットランド生まれが多く、詳しい出生データが手に入るのだ。

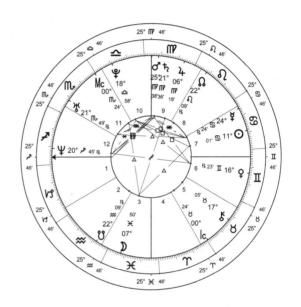

『ザ・ビッグ・タイム』

　1980年、シーナ・イーストンは、ドキュメンタリー・リアリティ番組『The Big Time (ビッグ・タイム)』のバックアップのもと、プロ歌手としてデビューを果たした(ネイタル太陽と海王星がオポジション)。BBCで、シーナのシリーズが始まったのは1980年7月2日20時10分GDT(グリニッジ夏時間)。ロンドンを舞台に、このときのチャートをつくると、射手座にライジングする海王星が双子座・金星とオポジションを形成している。若くて大胆な女性が音楽業界に最初の一歩を踏み出すまでの姿を大衆に見せる、という番組の主旨にぴったりのアスペクトだ。彼女の道のりは険しく、根性と忍耐が必要だった(番組の金星－海王星のオポジションは、乙女座・火星－土星を頂点とするTスクエアも形成)。現在の音楽業界は、カバーソングだらけの気(ポップ)の抜けたポップ製造機になってしまったが、そうした金星(この業界は二人のサイモンに牛耳られている。サイモン・コーウェルは天秤座、サイモン・フラーは牡牛座)の不都合な側面は深刻に受け止められていない。幸運にも、シーナ・イーストンは自分を改造するために粘り強く闘い続けた(蟹座・火星と山羊座・土星のオポジション)結果、つくられたポップアイドルのイメージから脱却することができた(金星とMCがコンジャンクション)。1981年に『Eurovision Song Contest (ユーロヴィジョン・ソング・コンテスト)』で優勝したポップグループ「バック・フィズ」の元メンバーで、解散後も歌手として活躍しているシェリル・ベイカーも金星－MCのコンジャンクションをもつ。

　一方、ミシェル・マクナマス(金星と海王星のオポジション)は、2003年12月、『ポップアイドル2』の勝者になりながら、番組終了後、またたく間に消えていった。『Xファクター』で優勝したスティーヴ・ブルックスタイン(太陽と海王星のコンジャンクション、金星と冥王星のスクエア)やレオン・ジャクソン(太陽と海王星のコンジャンクション、ともに月とスクエア)も似たような運命をたどっている。「放出」という海王星の性質を忠実にあらわすかのように、レコード会社たちは、人気にかげりが見え始めたとたん、彼らを手放した。デヴィッド・スネッドン(太陽が海王星－MCとスクエア)は、(トランジット冥王星がネイタルMCに重なる時期に)『Fame Adacemy (フェーム・アカデミー)』で優勝しながら、ポップアイドルの地位を自ら拒絶し、地下に潜っ

て、インディーズのシンガーソングライターに戻った（6ハウスの木星はごく短期的な名声——1シーズンだけ人気者になったあと、もとの平凡な地位に戻る、または業界から消えていく——をあらわす場合が多い）。

ただし、『ポップアイドル』の初代王者ウィル・ヤングは例外のようだ。月－冥王星のコンジャンクションが水星とスクエアを形成しているが、ヤングは自らのキャリアを構築して、独自のファン層を獲得することに成功している。『Xファクター』の勝者シェイン・ウォード（水星と冥王星のコンジャンクション）も一発屋の呪いを解こうと頑張っているし、ダリアス・キャンベルは2つのタレント発掘番組で有名になったあと、ポップアイドルにありがちな運命をたどらずに、オペラ歌手としても新境地を開拓している。

テレビはこれからも出来合いの有名人や即席のポップスターをせっせと世に送り出すだろうし、送り出されたセレブたちは、大衆ににらまれながら、懸命に名声の延命を図ろうとするだろう。木星－カイロン－海王星は、著名人に対する私たちの執着に終止符を打ちそうには見えない。ただし、カイロン－牡羊座イングレスと海王星の魚座イングレスに象徴されるような新たな流行の道しるべにはなりそうだ。

木星、カイロン、海王星の相互交流は2009年5月から2010年2月まで続く（その間に水瓶座21度、24度26度で何度かコンジャンクションを形成する）が、占星家メラニー・ラインハートは、そのことについてwww.melanierinhart.comで次のように書いている。「水瓶座のカイロンは『集団思考』に左右されやすい私たちの傾向や、それによってミスリードされ、傷つけられるかもしれない可能性を示している」。たしかに、このトリプル・コンジャンクションは、絶え間ない苦しみ（と操作）の波をかぶりながらも夢遊病者のように無自覚でいたいとか、社会的な問題に目をふさぎ、何も感じずに生きていきたいとか、聞かされるがまま、売りつけられるがままのことを信じていたいといった衝動を伴う。そうした誘惑は、牡羊座・天王星が子羊の目を覚まし、群れにつき従うことを私たちがやめるときまで続くだろう。メラニーは、国連が前回のトリプル・コンジャンクション（天秤座での）と時を同じくして設立されたことを指摘し、こんな警告も発している。「もはや世界は、私たちがさまざまな気晴らしに溺れていることを許さない。私たちは『一般的な見解』に逆らい、自分自身の経験と『共にい続ける』能力を磨き始めなければならない。敷居が低くなっている今は、意識を高めるのに絶好のタイミングだ」。つまり、人権とは何かを考え直し、もう一度、自分の夢やビジョンを見つめ、互いが現実的にかかわり合うことを始めるのに、今は理想的な時期なのだ。メラニーの言葉を借りるなら、私たちは「再び信念と希望の火を灯す」べき時迎えている。それはまた、来るべき魚座・海王星に思いをはせながら、私たちがきわめて個人的な決断を下す最初の機会でもある。戦わずして逃げ出すのか（無許可で離隊するか）、それとも、多くの人が甘んじているレベルを積極果敢に乗り越えていこうとするのか。

ゼロからのスタート：魚座・海王星の舞台を整える

私が知るかぎり、アウター・プラネットがサイン終盤の度数を通過していくとき、私たちは、その天体のサイン滞在の核心部分を象徴するような性質や概念、あるいは代表的な人物を手放す（「別れを告げる」）ことになるようだ。たとえば、（「クール」な美意識を伴うデジタル時代をもたらした）水瓶座・海王星がそのサインを去ろうとしていたとき、アップル創業者の冷酷なスティーヴ・ジョブズが亡くなった（このとき海王星は水瓶座28度にあった）。2011年10月6日付の『テレグラフ』紙は、ジョブズによって消費者たちは「アップル製品を購入すると、あたかも限られた者だけが入れる夢のクラブに入会できるかのように」思い込まされた、と書いている（その他大勢である水瓶座のもつ「獅子座的」な陰の部分）。

その前のサイン移動のときには、ダイアナ妃とマザー・テレサが亡くなっている。1997年8〜9月は海王星が山羊座27度にあった。二人の死は世界に衝撃を与えた。悲しみの波（海王星）に飲み込まれた人もいれば、そうした極端な感情をいぶかしむ人もいた。ダイアナ妃もマザー・テレサも、海王星的な曖昧模糊としたやみくもな賞賛を喜んだことはなかったが、どちらも多くの点で海王星的なものを具現化した人だった。か

たやマスメディアの好むおとぎ話のプリンセスはアンゴラに出向いて地雷原を歩き、かたや修道女はインドに住み続けて貧しく病んだ人々の救済に尽くした（1997年の大半の期間、トランジット天王星はダイアナの水瓶座・木星とコンジャンクションだったが、このことは、地雷撲滅を訴えた彼女の活動を象徴するとともに、イギリス王室を覆っている「フタを吹き飛ばしたい」という欲求や、それが実現できないまま突然訪れた異国での非業の死とも符合している）。

私は、土星が獅子座を去ろうとしていた2007年8月にニューヨークで起きた二人の「女王」の死に興味をもった。社交界の花ブルック・アスターは8月13日（土星・獅子座27度）にこの世を去り、「最悪のホテル経営者」といわれたレオナ・ヘルムズリーはその1週間後（土星・獅子座28度）に亡くなった。二人はともにニューヨーク市に巨額の寄付を行ったが、アスターは有名な慈善家で「お金は肥やしのようなものよ。まかなきゃ意味がないの」と語ったのに対して、ヘルムズリーは「ケチの女王」として知られ、「税金を払うなんてちっぽけな人間のすることよ」と言っていたようだ。

アウター・プラネットはサイン終盤をのろのろ進んだかと思えば、また戻ってきたりもする。しかし、イングレス前の「放出」期間の山場として、私が注目するのは、天体がすでにそのサインの終盤を一度でも通過したことがあり、逆行している最中かどうかだ。さらに、次のサインにイングレスするまでに、今のサインに滞在する期間がどれだけ残っているかにも注目する。たとえば、海王星は1997年4月には山羊座の29度59分まで達していて、ダイアナ妃とマザー・テレサが亡くなった8月、9月には逆行中だったが、水瓶座にイングレスするまでの時間は5カ月しか残っていなかった。ニューヨークの二人の女王の場合、土星が2007年9月に乙女座に移動したのは、彼女たちの死からほんの数週間後のことだ。

では、サインの序盤も重要なのだろうか？　実際、海王星が魚座にイングレスしてみて、それが死や終わりに関して重要な意味をもつことを私は思い知らされた。サイン終盤の数度が、終わりつつある物事の「最後の抵抗」（一時代の終わり）をあらわすとすれば、次のサインに進入した天体は、これから起きる事象を予告しているようにも、そのサイン内での旅の雰囲気を示しているようにも見える。アウター・プラネットがサイン0度のときに起きる死や出来事は、その後の何年かの舞台を設定する。デリック・バードの衝撃的な大量殺人（訳注37）が起きたのは、天王星の牡羊座イングレスからほんの数日後だった。ある意味、バードは、7年間の天王星・魚座滞在がもたらした閉塞感や無力感、社会全体のフラストレーションを露わにし、非常に暴力的な方法で自己表現（牡羊座・天王星）したようなものだ。たしかに、牡羊座・天王星のインパクト（たとえば、市民の不安、個人の権利と自由を求める集団的な闘争）を感じさせるニュースが続々と入ってくる。ロンドンの暴動や市民の不服従、ノルウェーの突然の暴力事件、エジプトの革命、ウォールストリートの大規模デモ、若者（牡羊座）に関連した暴力（たとえば、6歳児が学校に持ちこんだ銃で児童3人が負傷したヒューストンの事件）、顔または頭（牡羊座）を撃たれた二人の指導者オサマ・ビン・ラディンとカダフィ大佐の衝撃的な殺害劇。二人の殺害が報じられたときに漂っていた、あのいかにも牡羊座らしい、意気軒高で勝ち誇った自画自賛の空気を覚えていないだろうか？

2011年4月、海王星が魚座0度にあったとき、ヨーロッパで初めて、フランスがニカブとブルカ（訳注38）を禁止した（この先14年間の海王星・魚座滞在期間に、国と宗教との関係がますますぎくしゃくしていくことを暗示するかのようだ）。だが、現実との符合をよりわかりやすく示していたのは、牡羊座0度の天王星かもしれない。天王星は「言論の自由」「検閲や禁止」を象徴し、牡羊座は「顔」を司り、「いちばんや最初（firsts）」にかかわっている。たとえば、5月1日には、中国（インターネット上の政治的イデオロギーを検閲することで知られる）が公共の場所での喫煙を禁じている。私が知るかぎり、人々が「火を灯す（顔を輝かせる）」の を

訳注37：2010年6月2日、イギリス湖水地方でタクシー運転手が起こした連続銃乱射事件。死者12名、負傷者25名。犯人は直後に自殺した。
訳注38：どちらも女性イスラム教徒が使う伝統的な全身用ベール。

止めるときは、たいていトランジットやソーラーアークの火星／牡羊座と天王星（「炎を消す」）がかかわっているようだ。2011年7月1日、SF作家でサイエントロジー設立者のラファイエット・ロン・ハバードの本が、「過激主義」（天王星）との理由によりロシアで発禁になった。「自由のための」禁止処分とは、いかにも牡羊座・天王星的ではないか！

その他の天体の活動

2011年の短期的な海王星・魚座イングレスの影響を分析する前に、同じ時期の次の天体の動きも忘れてはならない。

- 冥王星が山羊座にあり、牡羊座・天王星とスクエアだった
- 土星が天秤座にあった
- 木星が牡羊座後半から、牡牛座の第1デカンの終わりまで移動した

天秤座の土星は、アメリカのいくつかの州で同性婚カップルに異性婚カップルと同等の権利を認める法律が成立したことや、モスクワで初めてとなるゲイ・パレードの開催が発表されたこと（4月26日）にあらわれているようだ。同じく土星が天秤座に滞在しているあいだに、キリスト教長老派教会が同性パートナーをもつ者の叙任を承認しているし、2011年5月23日には、スコットランド教会が、同性愛者が聖職につくことを認めた。天秤座・土星の課題は、外交力、交渉力、妥協を学ぶことにほかならないが、案の定、2009年末に土星が天秤座に入った時期と、2010年半ばに再び天秤座に入った時期に連立政権がいくつか誕生している。土星が天秤座29度に到達し（そこで留になる）2012年3月上旬は、その連立政権にとって試練の時期だ。

魚座・海王星

魚座の海王星は、魚座的なテーマ（信仰心、グル、「テレパシー的な」日常のコミュニケーション、薬物に関する法律の変更、新たな中毒の問題など）を前面に押し出すだけでなく、乙女座的な領域の問題（退職年齢の消滅、病気、ウイルス、疫病、寄付や年金や医療保険にかかわるスキャンダル／不透明さ／消失）にも直接かかわってくるだろう。

まず、ニール・F・マイケルセン、リク・ポテンジャーによる『American Ephemeris for the 21st Century（21世紀アメリカン・エフェメリス）』から海王星の動きをあげておく。

 2011年4月4日、13：52GMT（グリニッジ標準時）
  魚座へ移動
 2011年6月3日、07：29GMT
  魚座0度55分で逆行を開始
 2011年8月5日、02：55GMT
  逆行しながら水瓶座へ
 2012年2月3日、19：04GMT
  魚座へ移動
 2025年3月30日、12：01GMT
  牡羊座へ移動
 2025年10月22日、09：49GMT
  逆行しながら魚座へ
 2026年1月26日、17：38GMT
  牡羊座へ移動

では、海王星が魚座を運行していた2011年4月4日〜8月5日の4カ月間に何が起きただろうか？　そのことから予想される、2012年2月以降の本格的な海王星の魚座滞在期間の特徴とは？

この4カ月間の1日ごとの出来事をインターネットで検索したり、ウィキペディアになったニュースを調べてみたりしたが、とくに魚座イングレスの最初の時期に起きた特徴的な出来事をいくつかあげていこうと思う。他のアウター・プラネットも「ニュースのヘッドライン」づくりに貢献しているだろうから、とくに海王星的な感じの強い出来事にかぎって話すことにしよう。

政治家の約束

- 4月4日：イングレスの数時間後、アメリカの海王星的な（希望の）大統領バラク・オバマが、2期目を目指すことを発表。
- 4月4日：ハイチの歌手「スウィート・ミッキー」ことミシェル・マテリが大統領選に勝利。彼はステージでみだらな言葉を使い、同性愛者への差別発言をすることで知られる。
- 4月4日：イギリスの社会保障制度改革の一環として、就労不能給付金（海王星）を求める150万人に作業能力テストの義務化を決定（乙女座－魚座の両極性）。
- 4月4日：リビア難民を乗せた船がイタリアに向けて出港。2日後、転覆し200人以上が溺死。海王星の魚座滞在期間中、こうした定住場所をもたない「遊牧民」的な難民が増えるのだろうか？

ハッキング、侵害、差し止め！

魚座・海王星時代になると、心霊現象やこの星を訪れる宇宙人に関する意識が高まるのかと気になっていたのだが、どうやら、私たちはまったく別の種類の「侵略」や「誘拐」を経験しているようだ。なかでももっとも目立つのが、プライバシーへの侵略（侵害）であり、個人情報の誘拐（奪取）だろう（コンピューターなどのウイルスもその範疇に入る）。サイバー戦争――とくに、なんらかの動機づけのあるハッキング、諜報活動、妨害行為――は、21世紀の新たな世界戦争といった様相を呈している。

もはや聖域などないかのように、プライバシーの法的保護と侵害が主要なテーマになりそうだ。ツイッターでの情報拡散、コンピューターハッキング、「超差し止め措置」スキャンダル（訳注39）からもわかるように、もはやだれにも情報流出を止められないし、事実を隠蔽し続けることはできない。社会には、著名人のごまかしを暴露することへの執着（牡羊座・天王星と山羊座・冥王星のスクエア）があり、ジュリアン・アサンジのウィキリークス（海王星）が登場したおかげで、ほんのかすかなスキャンダル（海王星）の匂いですら、一瞬にして全世界に拡散されるようになった。盗聴や情報漏洩を止めるには法律は無力に見える。それに、世間には、大企業や著名人へのプライバシー侵害（大衆紙による王室や有名人への電話盗聴、サッカー選手の不倫騒動など）は「良い」が、一般人（ミリー・ダウラーやその他の犯罪被害者。詳細は後述）へのそれは「良くない」というようなコンセンサスがある。魚座・海王星がもたらす最大のバトルは、情報の処理と封じ込め（海王星）にまつわる問題だろう。ご承知のとおり、個人情報の収集、売買、流通（水星が支配する乙女座）には巨大な力がかかわっている。

- 4月6日：スキャンダルで窮地に立たされている、イタリアのシルヴィオ・ベルルスコーニ首相が（またしても）起訴された。今回の起訴内容は未成年の売春婦との性的行為。

訳注39：プライバシー保護を理由に報道の差し止め令を裁判所に請求し、さらに差し止め令が出されていること自体も報道させないようにすることを「超差し止め措置」と呼ぶ。もともとは犯罪被害者などの社会的弱者を守るための措置だったとされるが、近年、有名なジャーナリストやサッカー選手が不倫報道を差し止めようとして棄却され、報道が過熱したり、差し止め令があってもツイッターで情報が拡散されたりして問題になった。

4月8日：ニューズ・インターナショナル社は、傘下の大衆紙『ニューズ・オブ・ザ・ワールド』によるプライバシー侵害事件に関し、一部責任を認める意向を発表した。

『ニューズ・オブ・ザ・ワールド』紙は、社員による警察への収賄行為や、著名人・政治家・王室への盗聴行為を非難されていた。しかし、2011年4月には、彼らの盗聴行為が広く一般人にまで及んでいたことが明らかになった。失踪後に殺害された少女ミリー・ダウラー、戦死した兵士の遺族、2005年7月7日のロンドン同時爆破事件の犠牲者に対しても、不正なアクセスが行われていたのだ。国民の非難を受けて、関係者の辞任が相次いだほか、イギリス・メディアを支配してきたルパート・マードックに疑惑の目が向けられ、皮肉なことに7月7日、同氏が経営する大衆紙『ニューズ・オブ・ザ・ワールド』は168年に及ぶ歴史に幕を閉じることになった（最終版は7月10日発行）。マードックは、太陽と水星が魚座でコンジャンクション、海王星がMCとコンジャンクションという、じつに胡散臭いチャートをもつ。いかにも世界中のメディアに浸透し、「いたるところに存在する」人物らしいチャートだ。海王星の魚座イングレスは、今のところ、彼の運勢の変化を知らせているようだ（2011年春、彼のソーラーアーク水星はネイタル海王星とスクエア。また、出生時間が正確だとすれば、トランジット海王星は射手座0度のソーラーアークMCとスクエアを形成していた）。

4月21日：アメリカのエド・マーキー下院議員は、スティーヴ・ジョブズに書簡を送り、iPhone／iPadに埋め込まれた詳細な位置情報ファイルの目的を問いただした。一部の国では、政府がプライバシー保護法違反について調査することを発表した。

4月25日：ウィキリークス（2006年10月4日設立。蠍座・木星が水瓶座・海王星とスクエア）は、アメリカ海軍基地グアンタナモの収容所内での高齢収容者と精神病収容者（海王星）に対する尋問と拷問の詳細を記した機密電文を公表した。当該収容者たちは後日、罪状を問われることなく解放されている。

4月26日：ソニーのプレイステーション・ネットワークがオフラインに。史上最大規模のセキュリティ侵害により全世界のユーザー7700万人分の個人情報が流出したため（8月3日、マカフィーはIOC、国連、インド政府、大企業に対する、一連の大規模なサイバー攻撃の一つを発見した）。

5月9日：超差し止め措置が大きなニュースになった。差し止め命令（その大半は、実際には「超差し止め措置」ではなかった）を出した著名人たちに関して、匿名のツイッター利用者たちが、報道の自由を阻害する者の「実名をさらす」として、情報を暴露したため。「超差し止め令」は、事実または疑惑の報道を法的に禁じるとともに、差し止め令の存在を報道すること自体も禁じる（海王星）。

5月9日：アメリカの億万長者ルイス・ベーコンが、ウィキペディア、デンバー・ポスト、ワードプレスに対するイギリスでの裁判に勝訴。ベーコンは3つのウェブサイトに対して、自分の名誉を毀損する投稿を行った者の情報を開示するように求めていた。

4月29日：ウィリアム王子とキャサリン・ミドルトンが結婚。また一つ海王星的なおとぎ話が始まりそうだ（牡羊座への天体集中がイギリス王室にとっての新たな始まりを示唆）。

5月10日：マックス・モズリーは、個人の私生活を報じようとしている新聞に本人への事前警告を義務づけるよう、ヨーロッパ人権裁判所に求めていたが敗訴した。

7月4日：独立記念日にハッカーがフォックス・ニュースのツイッターアカウントを乗っ取り、オバマ大統領が殺害されたという偽の情報を投稿。

海王星的人物の死

イングレスの最初の段階に起きる死は、私たちに何を告げているのだろうか。海王星・魚座0度の時期に亡くなった三人の海王星的著名人、オサマ・ビン・ラディン、エイミー・ワインハウス、サイ・ババについて考えてみよう。ビン・ラディンの死は、彼の主義主張を信じている者たち（海王星／魚座）にとって、新たなグル探し、救世主探しの始まりを暗示しているとも考えられる。魚座・海王星時代に音楽業界初の犠牲者とし

て殉教した歌手エイミー・ワインハウスは、「27歳クラブ」（訳注40）の一員になったのだろうか。彼女の死はこの先に続々と起きる薬物関連死の先駆けかもしれない。あるいは、予想されていたとはいえ、彼女が無意味な死を遂げたことは（2012年2月11日、海王星が魚座0度のときに亡くなったホイットニー・ヒューストンの死もそうだが）、薬物に対する社会のイメージ（あるいは法律）を変える可能性もある。すべてを手に入れ（山羊座）ようとしながら、すべてを無駄（海王星）にしてしまう山羊座・海王星世代が、目を覚ますきっかけになるかもしれない。

サイ・ババ

2011年8月5日付『テレグラフ』紙に、「全世界5000万人の信者をもつインドのグルの死により、55億ポンドの資産をめぐる不敬な争いが勃発」というタイトルが躍った。素朴な疑問が浮かんでくる。貧困にあえぐインドで、神に仕える人物がそれほど莫大な資産を築くとは、いったいどういうことだろう？　それに、グルを失ったインドは、この魚座・海王星の時代に、次にどんな聖者を求めるのだろうか。彼らの愛すべきグルは、自ら予言していた死期よりも何年も早くこの世を去ったのだ。

サフラン色の衣とアフロヘアがトレードマークのサティヤ・サイ・ババ（2011年4月24日死去）は、身長158センチ足らずだったが、信者たちにとっては、そびえたつような存在感をもつ海王星的なグルだった。多くの海王星的人物がそうであるように、彼にも、信じる者と同じ数ほどの批判者がいる。信者たちにとって、サイ・ババの教え（それそのものは批判されるべき筋合いのものではないが）や、教育センターをはじめとする人道的な活動や、奇跡の能力（どこからともなく物体を出現させる能力）は、まさに彼の誠実さと神聖さの証にほかならない。一方、懐疑的な人たちは、サイ・ババには、未成年者に対する性的虐待や信者4人の殺害への関与といった疑惑が絶えないことを指摘する。彼らに言わせれば、聖灰やアクセサリーを出現させる物質化現象はトリックにすぎないし、信者もインドのエリート層も、器用なマジシャンまがいの「手口」にだまされていることになる（動画を見ると、たしかにサイ・ババの手さばきは手品師のようにも見えるが、海王星的な人物だけに、真偽のほどは不明だ）。

サイ・ババの出生に関しても、「事実」とされることが山ほどある。彼は、同じ名前の聖者（シルディ・サイ・ババ）の生まれ変わりだとされている。1926年11月23日、プッタパルティという村で生まれたが、その時期はまさしくシルディ・サイ・ババが自分の生まれ変わりが誕生すると予言していた時期と重なるのだという。一方、本当の生年月日はもっとあとだとする説（1929年10月4日）もある。こうした議論と反論は以下のサイトが詳しい。http://saibabaexposed.blogspot.com/2006/10/sai-babas-school-records-new-light.html およびwww.saisathyasai.com/baba/Ex-Baba.com/ssb-school.html

海王星が魚座0度のときに起きたサイ・ババの死によって、彼の残した空席を埋めるような、別のスピリチュアルな思想家（もしくはスピリチュアルな日和見主義者）が出現しやすくなるのだろうか？　それとも、腐敗が蔓延し、ある意味スピリチュアリティに行き詰まった感のあるインドは、精神的指導者を失ったままでい続けるのだろうか？

追加的考察

海王星関連の病気、たとえば筋肉性脳髄膜炎（ME）やウイルス性疾患、安楽死などの健康医療問題に関して、突破口が見えてくるかもしれない。2011年5月15日、自殺ほう助禁止措置の是非を問うスイスの国民投票で、チューリッヒ州は反対が多数を占めた。同時に、自殺ほう助をチューリッヒ州だけに限定的に認めるという案も否決された。5月31日、WHOは携帯電話の電磁波に「発ガン性を有する危険物質」に指定し、「人体への発ガンリスクのおそれがある」と報告した。7月7日、エルサレムの科学者たちが、DNA切断（発

訳注40：ジミ・ヘンドリクス、ジム・モリソン、ジャニス・ジョプリンなど薬物中毒により27歳で亡くなった歌手たち。

がんにつながる）にかかわる分子基盤を特定した。7月1日、デンマークの製薬企業ルンドベックは、麻酔用注射剤ネンブタールを死刑執行に使用しているアメリカの一部の州に同製品の出荷を制限すると発表した。7月29日、ジョンソン・エンド・ジョンソン社は、解熱鎮痛剤タイレノール・エクストラ・ストレングスによる肝損傷のリスクを軽減するため、1日投与量の上限を下げることを発表。

この時期に公開された海王星色の強い映画には、『インシディアス』（昏睡状態に陥った少年が幽霊に憑依される物語）、『ミッション：8ミニッツ』（死後も脳だけが生かされた男がタイムループによって、他人の肉体でその人の人生最後の8分間に戻り、未来を変えていくという物語）などがある。映画は時代の先導役を果たすものだが、こうした作品からも、古巣のサインに回帰していく海王星の特色が垣間見える。

終わりに ── 好きだからこそ
Labours of Love

さて、ここまでチャート解読に関する私の考えを披露してきました。好きだからこその執筆とはいえ、苦労はつきものです。少しでも読者のみなさんに楽しく学んでいただけたなら、筆者としてこれほどうれしいことはありません。

チャートの解釈は、占星術というジグソーパズルのピース一つひとつを理解し、吟味するところから始まります。次に、それらのピースをつなぎ合わせながら、意味のある全体像をつかんでいくわけですが、それはつまり、矛盾するテーマと補完し合うテーマの両方を組み合わせることでもあります。

チャートの天体配置やアスペクトとは、現象化を求めて作用するダイナミックなエネルギーです。そうやって星々は常に働きかけながら、私たちの人生の課題やシナリオをつくっているわけです。ホロスコープの構成要素は、人生という自分探しの旅に必要なシグナルを感知するアンテナのようなもので、つねになんらかの形で表出しようとしています（どうかそれを自覚できますように！）

私たち占星家が探偵のようにホロスコープのパターンを見つけ、痕跡をたどり、特徴や意味を探り当てるためには、技法が必要ですが、そうした技法はまず水星的な部分から始まります。象徴を観察し、解釈し、次にクライアントの理解できる言葉に変換して伝えていくのです。ただし、占星家の仕事はテクニックにとどまるものではありません。象徴が現実に何を意味（木星）するかを探り出し、チャートのパターンがどんな物語を紡ぎ出しているかを発見することも、私たちの仕事です。そして、その物語を探る旅にはクライアントと「共に」乗り出さなければなりません。

占星家ヴィヴィアン・ロブソンは、出生図は、互いに関連性のない複数の天体の集まりなどではなく、人そのものを語っているのであり、したがって、その人の精神的、倫理的、霊的な発達を考慮しなければならないと指摘しました。出生占星術には柔軟なスキルと人間性への理解が必要です。占星家は、クライアントが占星術に何を求めているかを尋ねなければなりません。そして、クライアントが、チャートを構成する部分の総和以上の存在であることを忘れてはならないのです。

クライアントと対話してください。そして、チャートのパターンが、実際にその人の人生でどのように現象化しているかを共に見つけ出してください。チャート分析にコンテクストは欠かせません。占星家リチャード・アイドモンのこんな言葉があります。「人間という存在のホロスコープを見ようというのに、フィードバックをしてくれる本人が不在のままで、どうやってそれができるだろうか」。解釈はコンテクストによって成り立ちますが、それは共同作業でもあるということです。占星家はそのプロセスの一部であり、チャートを解釈し表現するという行為は、占星家とクライアントの力学に影響を与えるのです。

占星家は、メラニー・ラインハートが「占星術的条件付け」と呼ぶものをほどいていく手助けをしなければなりません。ラインハートによれば「占星術的条件付け」とは、「さまざまなソースから得た占星術的ジャンクフードを摂取しすぎて陥る、ある種の（慢性または急性の）精神的な消化不良」のことです。たとえば、特定のチャートの配置に対してクライアントを縛っている考えや思い込みなどが、それに当たります。ラインハートはそのことを、「おそろしく古臭くて心理学以前の、断罪的な決めつけであって、繊細さや思いやりのかけらもなく、人生という『プロセス』に対する理解に欠けている」と表現しました（2010年3月付の論文「占星術的条件付け」より）。

至福を追い求めよ

つまるところ、チャートの核心（ハート）をなしているのは太陽です。太陽は私たちの内面的、外面的なバイタリティの源なのです。そして、太陽（その位置とアスペクト）が発するメッセージに従うことは、本当の人生を歩みたいという欲求、すなわち、自分の心（ハート）の声に従って、人生の目的を果たしたいというニーズに従うことです。そもそもなぜ私たちは、こうして生きているのでしょうか？　太陽は私たちに告げています。「毎朝、人生に『イエス』と言いなさい。物事は循環し、季節は巡るということに気づきなさい。そして全体に対して自分なりの貢献をしなさい」と。ある人たちが指摘してきたように、死が誕生の「対極」にあるとするなら、人生には対極などありません。ならば、生きるというプロセスに正面からかかわり、ジョーゼフ・キャンベルが言うように「至福のあとを追いかけて」、この世に生きていることを精いっぱい経験すればいいのです。

自分の太陽のメッセージに従うことは、生きているという真の実感を得ること、自分を超えるものでありながら自分の一部でもあるパワーの源とつながり直すことです。占星家は、クライアントが人生のパワーの源——宇宙の中心（ハート）にある温かな光——とつながり直し、その人らしく生きられるように、手助けします（そのためには太陽だけでなく、チャート全体を使うわけですが）。クライアントがネイタル太陽の意味を理解し、あらゆる角度からその意味に取り組めるように、その人の人生でもっとも個人的で、もっとも切実なテーマである「召命」を現象化するお手伝いをする、それが占星家の仕事なのです。

この50年ほど太陽星座占星術の本が人気を集めてきましたが、おそらくその理由は、人が抱いている「きっとこれが自分の人生の目的に違いない」という思いの核心を突いているからでしょう。「太陽星座占い」のコラムは、私たちを宇宙のど真ん中に置き、スポットライトを浴びせてくれます。そうやって、自分の召命が何かを簡潔にわかりやすく教えてくれるのです。

出生図は、自分の本質や生まれてきた目的を教えてくれる地図の「一つ」だということを忘れないでください。さて、この本の締めくくりとして、二人の雄弁な占星家、ハワード・サスポータスとデニス・エルウェルの言葉を紹介しておきましょう。生まれてきた目的を果たそうという欲求について、二人は次のように語っています。

サスポータス著『The Twelve Houses（12のハウス）』より。

東洋哲学は、私たちのなかに生まれたときから内在するアイデンティティと人生のパターンを「ダルマ」と表現する。それぞれのパターンにはそれぞれの真理と品格があり、だれもがある種の潜在能力を秘めている。

それどころか、私たちの奥深くには、自分の真の本質、運命、能力、人生の「召命」に対する、根源的な知識、あるいは前意識的な感覚がある。つまり、私たちは、自分のたどるべき道をもつと同時に、どこか本能的なレベルで、それがどんなものかを知っているのだ。

1999年にギャリー・フィリップソンとのインタビューで、デニス・エルウェルは次のように述べています。

　人が誕生するとき、宇宙は特定の方向に動いているはずです。その宇宙のエネルギーの方向性（目的）を象徴しているのが、そのときの太陽系の状態です。あらゆる生き物と物質は、それぞれの能力に合わせて、そうした目的をさらに実現するために生まれてきます。私たち人間の使命は、個人としても集団としても、小宇宙（ミクロコスモス）を大宇宙（マクロコスモス）に同調させることだともいえるでしょう。

　私たちが果たすべき役割の一つは、自分自身を創造の（クリエイティブな）中心にすることです。何もせずに自動的に人生の中心にいられるわけではありません。努力を重ねながら段階的に達成していくべきものです。また、それは太陽の性質を具現化することとも関係しています。もちろん、「クリエイティブであれ」と言っても、みんながみんな水彩画を描くべきだとか、刺繡をすべきだという意味ではありません。さまざまな状況に直面するなかで、いかに意識的にスピリチュアルな知性を働かせ、いかに創造的であり続けるかという話です。チャンスや試練に出会うたびに、そこに自分らしさというスタンプを押すのか、それとも、楽しいとか苦しいといった直接的な感情の言いなりになるのか。そうした感情は月ならではのものであり、ある種の条件反射のように、過去の経験から生じてくるものです。それに対して、太陽は高らかに宣言するのです。「よし、私があらゆるものを新しくしてみせる！」と。

　月は私たちの旅の供（サテライト）です。月は人生という旅の疲れを癒してくれる存在であり、食料の詰まったバックパックのようなものです。そのバックパックは生きていくための必需品ですが、ときには私たちに重くのしかかってきたりもします。むしろ、私たちの至福となり、創造の再現を支えてくれるのは、太陽のまわりをめぐる旅そのものなのです。日ごと、私たちは太陽とその背景の黄道十二宮を違った角度から眺めながら旅をしています。そう、私たちは太陽の周りをまわってはいますが、太陽を「めざしている」わけではありません。一日一日、一年一年、一生をかけて、太陽の光に導かれながら歩むこと、そして、季節の移ろいを存分に味わうこと、それが人生の目的なのです。

Putting it All Together
パズルのピースをつなぎ合わせる：ワークシート

	活動	不動	柔軟
火			
地			
風			
水			

チャートルーラー　　　　　4つのアングルの関係

太陽のディスポジター

太陽　　月　　ASC

メジャーアスペクト

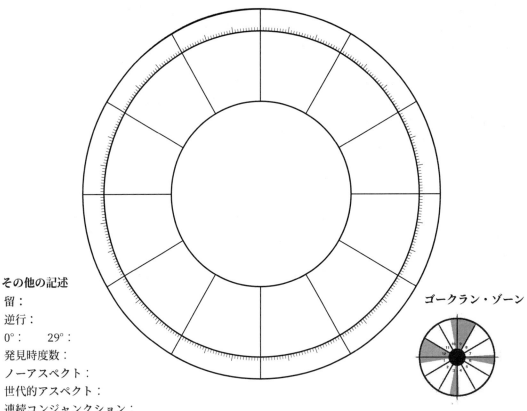

その他の記述
留：
逆行：
0°：　　29°：
発見時度数：
ノーアスペクト：
世代的アスペクト：
連続コンジャンクション：

ゴークラン・ゾーン

重要な複合アスペクト

ワークシートの解説：

1. 天体の分布

2. 4つのアングルのサイン

3. 太陽－月－ASCのビッグスリー

4. エレメントとモードのバランス

5. メジャー・アスペクト

6. 複合アスペクト

7. チャートのオーバートーン

Putting it All Together
パズルのピースをつなぎ合わせる：ワークシート

	活動	不動	柔軟
火			
地			
風			
水			

チャートルーラー

太陽のディスポジター

太陽　　月　　ASC

4つのアングルの関係

メジャーアスペクト

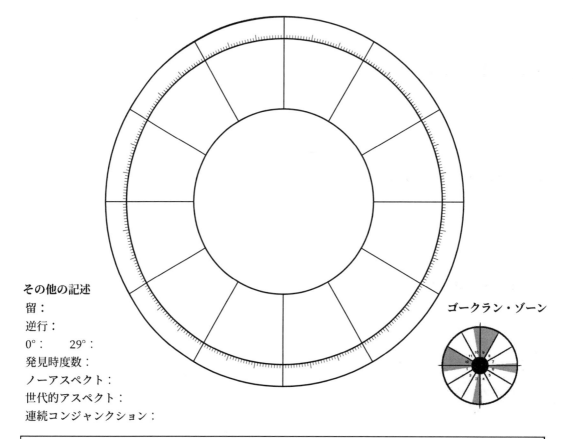

その他の記述
留：
逆行：
0°：　　29°：
発見時度数：
ノーアスペクト：
世代的アスペクト：
連続コンジャンクション：

ゴークラン・ゾーン

重要な複合アスペクト

ワークシートの解説：

1. 天体の分布

2. 4つのアングルのサイン

3. 太陽－月－ASCのビッグスリー

4. エレメントとモードのバランス

5. メジャー・アスペクト

6. 複合アスペクト

7. チャートのオーバートーン

フランクにいこう ── インタビュー
Being Frank ── An Interview

　以下は編集者ジョン・グリーンによるインタビューです。2008年11月／12月号の『The Astrological Journal（占星術ジャーナル）』に掲載されたものですが、グリーンの承諾を得て、ここに転載します。

　2008年9月、イギリス占星術協会（AA）の年次カンファレンスで、フランクのバックグランドや、占星術に関する考え、ロンドンに設立予定の占星術センターについて話を聞く機会があった。

ジョン・グリーン（以下JG）：占星術に興味をもったきっかけは？

フランク・クリフォード（以下FC）：母はよく霊能者や占い師を訪ねる人でした。彼女はそういうことにとても興味をもっていて、私にもしょっちゅう話をしてくれました。それで1989年8月、16歳のとき、自分でも占星術師のタッド・マンに会いに行ったのです。タッドは、私と母が会っていた霊能者からすすめられた人です。占星術への扉を開いてくれたのは、そのタッドや、リンダ・グッドマンのようなライターたちです。

　私はたちまちチャートの象徴や意味に魅せられました。自分の出生図を手にした日のことをよく覚えています。そこに描かれたシンボルの意味を学び始めた私は、トラインが何を意味するかといったことを考えながら、自分なりに、パズルのピースをつなげていきました。それが、その後の私の基本姿勢になったのですが、自分で解決しなければならなかったことや、おもちゃのブロックを手にした子どものように夢中になれたことは、良かったと思います。

JG：手相術についてはどうですか？

FC：手相術にはその1年後に父の影響で出会いました。父は太陽と月を崇拝しているわりに、占星術のことはまるで信じていませんでした。貧しい家庭に生まれ、救貧院に送られたことで、9歳にして無神論者になったのです。彼のチャートはハンドルの位置に天王星をもつバケット型です。また、きわめて火星的、冥王星的なチャートでもありました。実際、父は煽動的で活動的な人でした。6年前、ちょうど天王星が回帰した日に亡くなっています。占星術を信じていなかったとはいえ、父は息子の話が重要らしいとは思っていたのでしょう。よく耳を傾けてくれたし、私の知識をリスペクトしてくれました。それにしても父は予測不能な人でしたね。突然、出かけていったかと思うと、帰宅するなり、手相を観てもらってきたと話し始めたこともあります。「ともかくすごいんだ」と父が言うので、母と私もそれぞれ手相鑑定を受けに行くようになったのです。

　その後、私は別の人から手相鑑定を受けたのですが、その人はものすごく風変わりで、支離滅裂な未来予測をする人でした。彼女によると、私は21歳で結婚するが、パートナーが亡くなって、17歳からずっと、それを引きずるようになるというのです。そう聞かされてから、これは自分で学ばないとだめだなと思いました。もっとましな、まともな手相術があるはずだと思ったのです。それに私は、突き進むのが好きな牡羊座ですから、陳腐な未来予測を黙って聞き入れるわけにはいきません。自分の手相術の生徒たちにも、よくこう言っています。「何もかもあらかじめ決まっているとしたら、なぜ、今ここで手相を学んでいるんだ？」って。人生は、自分が生まれた理由を再発見する旅かもしれませんが、私たちの「自由意志」だってその旅の創造に関係しているはずですよね？

　手相術には、占星術のような資格や職業規範はありません。ですから、さっき話した手相占い師のように、有害で非倫理的な鑑定が生まれる余地はあります。彼女のとんでもない未来予測のせいで、私は21歳で結婚したいという願いを断たれたのですからね。

JG：無責任きわまりない。

FC：そうですね。いまだに、その種の占い師がいますね。自分の力を誇示したいのでしょう。そういう症状を私は木星症候群と呼んでいます。なんでも知っているグルのように見られたいのです。私は占星術より先に手相術に興味をもったのですが、それは、手相術のほうが未来を鮮明に読めると思ったからです。しかし、例の手相占い師の話を聞いて、すっかり興味が失せてしまったのです。

JG：今はその2つを組み合わせて実占されていますよね？

FC：私はいつも占星術と手相を組み合わせてコンサルテーションを行っています。ときには手相が大きなウエイトを占めることもありますが、2つはうまく補完し合ってくれます。これは著書『Palmistry 4 Today（現代手相術）』のなかで述べたことですが、手相は空から見たロードマップのようなものです。車を運転している私たちにとって、手相はカーナビの役割を果たしてくれます。私たちには先の道筋が見えていて、そちらに進めば、どんなことがあるかもわかっています。ただし、ある程度先までルートが見えていても、別のルートを選ぶ可能性がないわけではありません。道のりの全体像と取り得る選択肢を示してくれるのが手相術です。

占星術も車の運転にたとえることができます。ただし、占星術はフロントガラス越しに景色を眺めるようなものです。車の騒音やおしゃべりなども聞こえてくるでしょう。手相術より、細かい部分や色彩や質感までが伝わってきます。つまり、占星術が「今ここ」の状態をかなり詳細に伝えてくれるのに対して、手相術は、過去の行動や対応がどのように現在につながっているかという全体像を見せてくれるわけです。出生図は一生変わりませんが、手相は、その人が何を選択するかに合わせてつねに変化していきます。だから「手相は生きている」と言われるのです。

そういうわけで、私にとって、占星術と手相術は別個のツールなのです。より詳細な情報を与えてくれるのは出生図のほうですが。クライアントが来ると、手相のプリントをとるようにしています。そして、出生図、トランジット、ソーラーアークのチャート（プログレス――一日一年法は含めません）を作成します。それからコンサルテーション用チャートを用意します。これはコンサルテーション以外では使わないチャートです。

JG：なぜソーラーアークだけでプログレスは見ないのですか？

FC：私はよく言うのです。「主よ、私に忍耐をお授けください。なるべく早く！」と言ったのは牡羊座だろう、って。それから、「ソーラーアークを発見したのは自分だと思う」とも。冗談はさておき、天体とアングルの角度を見ているうちに、じつによく現実の事象と一致していて驚いたのです。たとえば、私の木星はMCから9度離れていますが、ヒンドゥー教の中学校に入ったのがちょうど9歳のときです。中学に進むには早い時期でした。水瓶座MCに重なった水瓶座・木星が、思考様式のまったく異なる環境に私を送り込んだのですね。

やがて、その技法を他の占星家たちが未来予測に使っていて、ソーラーアークと呼ばれていることを知りました。ソーラーアークはとても単純明快で、牡羊座的で、教えがいがあります。こんなことを言うと、ふざけすぎに聞こえるかもしれませんが、プログレスのほうが繊細なんだとか、内面世界を映し出しているんだ、とかいう話を聞くたびに思うのです。要するに、うまく機能していないから、わかりにくいって話じゃないのかな、って。

ソーラーアークだと、内面の事象も外面の事象もよく見えてきます。最近、鑑定したクライアントは、月が4ハウス海王星から9度離れていました。彼女は9歳で母親を亡くしたときの困惑について話してくれました。象徴はそれほどシンプルでストレートなことが多いのです。ソーラーアークは手相に似ています。パッと見てすぐにわかるという点で。

JG：ご自身で出版社を立ち上げたのは、なぜですか？

FC：さあ、なぜでしょう。たぶん、手相術を自分で学び始めたときと同じ大胆さからでしょう。手相を観始めて、まもなく大学に進学したのですが、すぐに、その大学の夜のクラスで手相を教えるようになったくらいですから。牡羊座生まれ、火星 MC コンジャンクションには、大胆不敵なところがあるようです。『British Entertainers：The Astrological Profiles（占星術で分析するイギリスのエンターティナーたち）』を書いたとき、主流の出版社はこうしたデータ集に関心を示さないだろうと思って、それで自分の出版社を立ち上げることにしたのです。

JG：データを集め始めたのはいつからですか？

FC：昔から著名人のチャートに興味がありました。役者になりたかったわけではありませんよ。著名人の履歴なら手に入れやすいと思ったからです。今では数百人分の履歴と 5000 件ほどの記事類が集まりました。以前はアルファベット順に整理していたのですが今はちょっと……。私はチャートを浮き彫りにしてくれるような話を聞くのが好きなのです。履歴とか人物伝には、まさに、そういう話が含まれています。それに授業で同じようなチャートばかり使っていることに飽きてしまったのです。フロイト、ユング、ダイアナ妃、最近ではカミラとか。

JG：王室のチャートはどれも見飽きていますね。

FC：まあ、ソーラーアークの授業やセミナーでは、私もハリー王子のチャートを使うのですが。母親のダイアナが亡くなったとき、トランジット天体に目立った動きはありませんでしたが、彼のソーラーアーク海王星は ASC から 1 度のところにきていたのです。それに MC／IC 関連のソーラーアークも、いくつものヘビーな動きを見せていました。彼のチャートはソーラーアークの作用をあらわす適例の 1 つなのです。しかし、王室のチャートには使い古した感があるのはたしかです。だいたいにおいて平凡なチャートでもありますね。だから、授業で王室のチャートを使う際には、そのことを受講者に事前に伝えるようにしています。

自分なりのデータコレクションを構築したところで、私はロイス・ロデンに連絡をとりました。1993 年のことです。それからの 10 年間、彼女とひんぱんにやりとりしながら、さまざまなプロジェクトを実行しました。彼女の改訂版『Profiles of Women（女性のプロフィール）』の編集作業にもかかわりました。日付のわかっている事象のデータを何百件も提供したり、彼女のもとにあったデータや履歴をチェックしたりして。あれほどの重要な文献にかかわれたことは私の誇りでもあります。

データをひたすら集めるだけの収集家がいますが、私はそれ以上のことがしたいと思っていました。たとえば、伝道活動とか、アルコール中毒とか、チャートが示しているテーマがなんであれ、どうしてその人はそういう道をたどるのか、似たような経験をする人たちのチャートには共通点があるのか、ということを解明したいのです。もちろん、いつも答えが見つかるとはかぎりませんが、関連のチャートに出会うたびに、新たな視点が得られるし、自分の占星術が深まっていきます。

JG：今お気に入りのチャートは？

FC：自分のチャートですよ。いつどんなときも！　今年（2008 年）、占星家たちはこぞってエイミー・ワインハウスのチャートを論じていますが、いかがなものでしょう。彼女は今ちょっと悲惨な状態にありますよね。だったら、そっとしておいてあげればいいのに！　占星術を学んでいると、万人に共通の人間性を知ることができます。私は最初の手相術の本を出すとき、連続殺人犯マイラ・ヒンドリー（パート 5、182 ページ参照）にインタビューしようとしたのですが、出版社に止められました。世間の怒りや反感を買うからと言われたのです。たしかにそうだろうと思って、結局、インタビューはしませんでした。でも、どんなに残忍きわまりない犯罪者であ

ろうと、彼女の手相には、私たちと同じ性質が多少は見られるはずだと思うのです。世間はそんなことを知りたくはないでしょう。ある種の人たちを悪魔化したくなる気持ちは、とくに大切な子どもを奪われた遺族にしてみれば、当然かもしれません。しかし、どんな犯罪でも、それが人間の犯した行為である限り、私たちの誰もが同じことをする能力を潜在的にもっているのです。占星術と手相術は、私たちの根底にある共通の性質を暴き、それ以外のさまざまな側面を明らかにしてくれます。そうした性質の微妙な濃淡の違いこそが、私たち一人ひとりをユニークな存在にしているのです。しかし、そのことを論じるために、ヒンドリーという人物やその残虐性を最初に取り上げるのは適当ではありませんでしたね。

JG: ご自分が経営している学校、ロンドン・スクール・オブ・アストロロジー（LSA）について聞かせてください。

FC: 2003年にスー・トンプキンズからLSAを買わないかという連絡がきました。私にとって大きなチャレンジであると同時に、教えながら学び続けることができる、申し分のないチャンスでした。LSAは学校としては独立独歩で、政治にも委員会にも縛られず、自由なところが魅力でした。自分が日ごろから尊敬している、世界中の占星家たちを招いて教えてもらえますからね。実際、素晴らしい占星家たちと生徒たちに出会ってきました。仕事は大変ですが、自分はこの学校の善意の独裁者なんだ、と冗談めかして言っています。私ほど委員会的なものと無縁の人間はいないでしょうね。この学校を運営するにあたって私は、生徒たちが占星術の基礎をしっかり身につけ、多様なタイプの占星術に触れられるように、さまざまな講師陣を集めるようにしています。

JG: 今後の計画は？

FC: 今は学校の経営にかかりきりですね。占星術と手相術の本の構想がいくつかあって、とくにMCについて以前から書きたいと思っていました。学校のほうが忙しくて実現していませんが、本当は今すぐに書きたいくらいです。実はほかの占星家たちがMCをどう考えているかと思って、話に耳を傾けてみたのです。それで、もし自分と考えが同じだったら（というか私よりもすぐれた考えだったら）、わざわざ私が本を書くこともないだろうと思っていました。ところが、私の考えは新しい性質のものだとわかりました。だから、当面はこのテーマを追いかけていくつもりです。

それから今、占星術センターの設立を計画しています。具体化したらお知らせしますが、図書館、学習センター、コンサルティング・ルームなどをつくりたいと思っています。占星術の学習者たちが、所属する学校やグループに関係なく、立ち寄ることができて、おしゃべりしたり、調べものをしたり、他の学習者と交流したりできる場所があったら、素晴らしいと思いませんか？　私の水瓶座・火星－木星－MCコンジャンクションが、そんな拠点をつくりたくて仕方がないようです。占星術界のために何かをしなさい、といっているのでしょう。実際にセンターを設立するとなると、ビジネスの形態をとることになるでしょうし、運営にはさまざまな人の助けが必要だろうと思います。でも、誰か一人が音頭をとるべきでしょうね。形式的なリーダーはいりません。必要なのは、誰も締め出さない開放的でポジティブな気風だけです。

JG: ご自分のチャートに、ここは変えたいと思うところはありますか？

FC: チャートというより、自分の性格の魅力的でない部分を変えたいですね。占星術業界に関していうなら、出生図ではなくて、その持ち主をジャッジするような鑑定の在り方は変えていきたいですね。ちらっと知っているかぎりですが、ある占星家などは、自分の大嫌いなサインを嬉々としてリストアップしていたのですよ！　占星術コンサルタントの仕事の素晴らしいところは、クライアントがもって生まれた出生図というツールをどんな風に使っているかを知ることであって、決まりきった性格特性を一方的に話して聞かせることではありません。画一的な分類や決めつけよりも、観察と対話を大切にしてほしいものです。

古い本には、学習者の害にしかならない、性格特性の決めつけがたくさん書かれているものがあります。たとえば、何かの本で出生図の水星逆行のことを読んだ学生が、「だから自分は頭が鈍くて、占星術を学ぶ能力がないのか」などと思い込むのです。私はそういう学生にしょっちゅう出会います。私たち占星家は、学習者がチャートのさまざまな層を探索できるように手助けすることだってできるのに、チャートの特徴の伝え方ひとつで、学習者のやる気をそぐことにもなるのですから、なんとも皮肉ですね。誰しも自分のチャートを初めて見たときや、その意味を探り始めたときの感動は、忘れられるものではありません。著述家や占星家の側に十分な配慮がないばかりに、素晴らしい発見の機会を失わせてしまうのはもったいないことです。

それから天体に関しても、すぐに「弱い」とか「アフリクトされている」といったレッテルをはりがちですよね。そういうとき私は、学生たちにマルチナ・ナブラチロワを引き合いに出して説明するのです。彼女のチャート・ルーラー火星は魚座12ハウスにありますが、すぐれたアスリートとして、火星が非常にうまく作用しているケースです。彼女のようなケースはまだまだありますから、ゴークランの研究のいくつかの部分に私は注目しているのです。それから私が知るかぎり、スクエアが何かすぐれたことを成し遂げるための潜在能力や手段を示していないケースはありません。そうでなければ、なんのためにそのチャートにスクエアがあるのでしょう？

JG： 占星術はこの先どうなると思いますか？

FC： 占星術がどこに向かうかなんて、誰にわかるでしょう？ もちろん、LSAの教え子の多くが未来の占星術界で活躍するだろうとは予測していますよ。でも、私に「次なる大ブーム」がわかっていたら、今ごろ、本を書いているでしょうね！

占星術は社会を映し出していると思うのです。天王星が魚座に移動する前に、政治的な情報操作（スピン）の問題をよく聞くようになりました。魚座に天王星が入った今（2008年）、イギリス国民の多くは「スピンをかけられている」ことを感じています。頭がくらくらして、シニカルになり、自分の生活に引きこもって、目先のことしか考えなくなっています。何百万という人が立ち上がって、イラク戦争反対デモを起こしたっておかしくないでしょうに、何も声をあげません。私たちの多くは現状にうんざりしているか、運命だとあきらめているか、あるいは、変化を起こすだけの意欲を持ち合わせていないかのようです。私には、社会全体が、人に責任を転嫁するか、未来に賭けることを避けるか、という気風に覆われてるように見えますね。間違いを犯したら、誰かに責められる前に逃げ出す。何かが壊れたら、すぐに放り出して新しいものを買う……。その結果、多くの人が努力することに意味を見出せなくなっています。変化を起こそうという気になるような明確な目標を、私たちは失ってしまったのです。

でも天王星が牡羊座に入ると、新たな方向感覚がもたらされると思います。それは、人々が闘う目的とか共通の「敵」をもっていた80年時代に似た感覚ではないでしょうか。政治的にも占星術的にも新たな方向性が生まれると思いますよ。占星術が豊かになっていくのはいいことです。次々と生まれるテクニックの多さにはめまいがしますが。それにテクニック偏重のアプローチを目にすると、私たち占星家は、生身の人間を相手にしているのであって、血の通わないシステムを使って別のシステムを壊そうとしているのではないということを、改めて感じさせられます。

「唯一の真理なる占星術とは何か」などという議論に私は興味がありません。もちろん、検証や再検証が必要な概念やツールは山ほどあるでしょう。しかし、私たちは試行錯誤を許すだけの勇気をもつべきだと思うのです。それに、チャート解釈には占星家本人の人生観や人生経験が影響するとすれば、どの占星家もそれぞれが重要な独自のアプローチをもっているということですよね？ 占星家というのは、そもそもが、社会の外側にいることに慣れっこになっている一匹狼的な人たちです。それは私たちの強みであると同時に、弱みでもあります。占星術は非合理的だとする批判（皮肉にも、まったく非合理的な角度からの批判なのですが）をさんざん

浴びせられてきたにもかかわらず、私たちの最大の脅威はむしろ仲間内にあるようです。他の世界と同じく、占星家のコミュニティにも権力闘争とエゴがあふれていて、相手の人格や専門的な話題にいたるまで、さまざまな非難合戦を繰り広げています。その手の話を見聞きしたり、経験したりするたびに、私は祈りたくなるのです。「どうかそれと同じ調子でクライアントや愛する人に接しませんように」とね。でも、牡羊座・天王星が最大限うまく働いてくれれば、この種の問題を表現したり、弁護したり、解決したりするツールが見つかるかもしれません。そして、私たち占星家が、才能あふれる独立心旺盛な人々で構成される特別なコミュニティとして、明確な方向性をもち、ともに歩んでいけるようになることを心から願っています。

推奨書籍一覧
Recommended Reading

The following are recommended books for the student and professional astrologer. Each has enriched my understanding of astrology (particularly the ones I wrote myself!).

Textbooks/General Chart Delineation
The Contemporary Astrologer's Handbook   Sue Tompkins
The Knot of Time   Lindsay River and Sally Gillespie
Horoscope Symbols   Robert Hand
Key Words for Astrology   Hajo Banzhaf and Anna Haebler
Astrology in Action   Paul Wright
How to Read Your Astrological Chart   Donna Cunningham
Astrology for the Light Side of the Brain   Kim Rogers-Gallagher
Making the Gods Work for You   Caroline W. Casey

Aspects/Planet Combinations/Houses
Aspects in Astrology   Sue Tompkins
The Twelve Houses   Howard Sasportas
The Combination of Stellar Influences   Reinhold Ebertin
The Houses: Temples of the Sky   Deborah Houlding
Planetary Aspects: From Conflict to Cooperation   Tracy Marks
The Midheaven: Spotlight on Success   Frank C. Clifford

Psychological Astrology
Astrology, Karma & Transformation   Stephen Arroyo
New Insights in Modern Astrology   Stephen Arroyo and Liz Greene
The Astrology of Fate   Liz Greene
Images of the Psyche   Christine Valentine
The Soul's Code   James Hillman
Chiron and the Healing Journey   Melanie Reinhart

Forecasting/Cycles
The Gods of Change   Howard Sasportas
Predictive Astrology   Bernadette Brady
Planets in Transit   Robert Hand
Modern Transits   Lois M. Rodden
Solar Arc Directions   Frank C. Clifford

Consultations/Professional
Between Astrologers & Clients   Bob Mulligan
Astrology: Transformation & Empowerment   Adrian Duncan
Dialogues   Frank C. Clifford & Mark Jones
Doing Time on Planet Earth   Adrian Duncan
The Consulting Astrologer's Guidebook   Donna Cunningham
Using Astrology to Create a Vocational Profile   Faye Cossar
Money: How to Find It with Astrology   Lois M. Rodden

History/Philosophy/Astrology Today
Cosmic Loom   Dennis Elwell
The Moment of Astrology   Geoffrey Cornelius
The Passion of the Western Mind   Richard Tarnas
True as the Stars Above   Neil Spencer
Astrology in the Year Zero   Garry Phillipson
A History of Western Astrology (vols 1 and 2)   Nicholas Campion
The Future of Astrology   Edited by A.T. Mann; various authors
Astrology: The New Generation   Edited by Frank C. Clifford; various authors

Reference Books/Data Collections
The American Ephemeris for the 21st Century (2001 to 2050) at Midnight   Neil F. Michelsen
The Book of World Horoscopes   Nicholas Campion
Tables of Planetary Phenomena   Neil F. Michelsen
Astro-Data vols I-V   Lois M. Rodden
The Astrologer's Book of Charts   Frank C. Clifford
British Entertainers: The Astrological Profiles   Frank C. Clifford
A Multitude of Lives   Paul Wright
A Chronology of American Charts   Ronald Howland

Techniques
Mundane Astrology   Michael Baigent, Nicholas Campion and Charles Harvey
Working with Astrology   Michael Harding and Charles Harvey

注記と参考資料
Notes and References

　私のオフィスには、著名人に関するニュース記事などを集めた専用のキャビネットが3つあります。そこにおさめられたファイルの数はなんと1000冊以上！　本書で取り上げたさまざまな人物伝や寸評は、それらの資料（およびいくつもの伝記類）に基づいています。また、本書の引用句の多くはウェブサイト（たとえば、www.brainyquote.com など）、記事、インタビュー、ならびに、私の蔵書を出典とするものです。

1. Robert Hand『Horoscope Symbols』
2. Linda Reid『Astrology Step By Step』
3. こうした考えはロイス・ロデンとの議論がきっかけで生まれた。彼女の著書も参考になる。Loise Rodden『Money: How to Find It with Astrology』
4. 逆行天体に関しては次の著書が詳しい。Erin Sullivan's insightful volume『Retrograde Planets: Traversing the Inner Landscape』
5. Noel Tyl『Synthesis & Counseling in Astrology: The Professional Manual』
6. スクエア：俳優ジェームズ・アール・ジョーンズは、子どものころから吃音だったことや、自分で自分に沈黙を課したこと（6〜14歳までほとんどしゃべらなかった）を著書で雄弁に語っている。彼の水星（山羊座 ASC とコンジャンクション）と天王星（牡羊座）が形成するスクエアは、吃音と同時に頭の回転の速さも示している。自伝『Voices and Silences』（声と沈黙）には、このスクエアのエネルギーを的確にとらえた一節がある。「吃音障がいをもつ者は自分を表現したいという大きな欲求を抱えるようになる。しゃべりたい気持ちはますます高まり、やがては彼のエネルギーとなり、生命力となるのだ」。こうしたスクエアの要求に応えるように、ジョーンズは、大人になると朗々としたバリトンの声で役者としてのキャリアを切り開いていった。その美声は、CNN のキャッチフレーズ「This is CNN」や、『スターウォーズ』のダース・ベイダーの声でもよく知られている。
7. 引用はすべて次の著書より借用：Michael Crick『Jeffrey Archer: Stranger than Fiction』
8. ニクソンのチャートの解釈については、次を参照：Richard Swatton『From Symbol to Substance』
9. http://www.nelsonearthday.net/nelson/index.htm
10. ニューマンの占星術的人物伝に関しては次を参照：Alex Trenoweth's article in the January/February 2009 issue of The Astrological Journal.
11. Penny Junor『Margaret Thatcher：Wife, Mother, Politician』
12. Joan Bakewell 自身の言葉：The Mail on Sunday（London）, 29 October 2000.
13. Meryle Secrest『Stephen Sondheim：A Life』
14. Jeffrey Elliot『Conversations with Maya Angelou』
15. 引用はすべて次の著書より借用：Michelle Morgan『Marilyn Monroe：Private and Undisclosed』
16. 引用はすべて次の著書より借用：Mirjam Pressler『The Story of Anne Frank』
17. 2009年に放送された BBC のテレビドラマ『The Diary of Anne Frank（アンネの日記）』（日本では NHK 教育テレビで放送）より。アンネを熱演したエリー・ケンドリックのチャート（太陽・双子座15度、金星・牡牛座8度、火星・牡羊座4度）はアンネのチャートとの強いつながりを示している。
18. （「オバマはアメリカ生まれではない」という噂を払しょくするために）支援者たちが彼の出生証明書

をネットに投稿したところ、その信ぴょう性が取りざたされるようになった。理由は重要なデータが1つも含まれていないためだった。だが、投稿された証明書は、じつは出生後に請求された写しであり、コンピューター処理された簡略書式のため、両親の署名や医師の署名が省略されていたにすぎない。懐疑的な論調が続く一方で、当時、彼の誕生を報じた地元ハワイの新聞記事が、もっとも説得力のある証明となっている。

19. とくに明記しないかぎり、引用はすべて次の著書より借用：David Mendell『Obama：From Promise to Power』

20. イコールハウス・システムで計算した10ハウスカスプ。MC／ICは心理的な軸であり、両親から受け継いだものや子どものころに聞かされ、追求するように促されてきた家族の「メッセージ」をあらわすが、一方、イコールハウスの10ハウスは、その人の仕事の構造や選択、および公的な役割にかかわる領域である。幼少期に、その人が仕事の選択に関して両親から受ける影響を示している。トランジット天体やソーラーアーク天体が10ハウスカスプに重なる時期は、仕事／キャリア形成の転機と重なる（ホールサイン・システムで天体が次のサインにイングレスするときとも似ている。ただしイコールハウス・システムの10ハウスカスプは、ASC-DSCとスクエアであることから、その人の人間としての広がりや他者との関係性に直接的に関連している）。

21. まさに10歳のときのソーラーアーク水星とネイタル太陽のコンジャンクションを物語る出来事である（オバマのネイタル水星と太陽は10度離れている）。

22. オバマの冥王星ASCラインは、父親一族の出身地であるケニヤのニャンゴマ・コゲロ（コゲロ村）（南緯0°01'、東経34°21'）を通過している。

23. このトランジット冥王星のMC通過は、母親の1年間に及ぶ卵巣がんの闘病生活と死（1995年11月7日）の時期とも重なる。

24. オバマとアレックス・ヘイリーのチャートには類似点が多い。ヘイリー（出生記録によると1921年8月11日東部夏時間0時55分、ニューヨーク州イサカ市生まれ）は、太陽－海王星がコンジャンクション（獅子座18度と13度）、月が蠍座27度（オバマのMC付近）である。二人とも著述家として海王星を具現化した。ヘイリーの自伝小説『ルーツ』は、その大部分が盗作のフィクションであると非難された。オバマの自伝にも架空の人物が登場するほか、薬物やアルコールの摂取に関する告白が含まれているが、率直で理想主義的な語り口ゆえに、メディアに叩かれずにすんだ。

25. オバマの父親は1982年11月24日死去。このときオバマのソーラーアーク海王星は蠍座のネイタルMCを通過（その1カ月前には、プログレス月がネイタル月とオポジション）。

26. 獅子座的神話を知るためには、リズ・グリーンの著書『Astrology for Lovers』が入門書として参考になる。ディズニーのアニメーション映画『ライオン・キング』でも獅子座的神話の多くが見られる。

27. こうしたオバマの使命感は、彼の誕生から7日後に獅子座18度（すなわち彼のDSC）で起きた日食によって占星術的に強化された。

28. この水星－海王星のスクエアにふさわしく、異母妹のマヤは多文化教育、教育哲学、グローバルダンスを教えるようになった。

29. アメリカの政治史や人種問題の歴史において、土星は、とくに水瓶座17〜18度のとき重要な意味をもつようだ。土星は、ワシントン大行進（1963年8月28日）では水瓶座18度に、ケネディ暗殺時（1963年11月22日）には水瓶座17度にあった。土星がさらに一巡して水瓶座17度のとき、ロドニー・キング事件の被告たちに無罪評決が下され、それがきっかけでロス暴動が起きている（1992年4月29日）。

30. トランジット天体通過の影響をもっとも受けているのが、この獅子座－水瓶座軸である。民主党大会での基調演説（2004年7月27日）は、火星がDSCを通過した直後であり、大統領選出馬宣言（2007年2月10日）は海王星がASCを最終的に通過した1カ月後だった。このとき、太陽は海

王星を追い越した直後で水瓶座 20 度にあり、獅子座 21 度土星とイグザクトのオポジションを形成しかけていた。やがて全米各州の大統領予備選が集中するスーパーチューズデー（2008 年 2 月 5 日）を迎えたときには、水星が水瓶座 19 度を逆行中だった。民主党の大統領選候補に指名された 2008 年 6 月 3 日には、火星が獅子座 13 度にあった。

31. 大統領選に勝利したときのオバマのプログレス ACG マップを見ると、土星 ASC ラインがワシントン DC を通過している。

32. ライト牧師の金星は蠍座 8 度にあり、オバマの海王星とコンジャンクション。長年ライト牧師に触発されていたオバマだったが、2008 年 3 月 18 日の「より完全な連邦」（金星－海王星）と呼ばれる演説で、師の過激な考え方とは距離を置くことを表明した。この絶縁宣言のとき、トランジット水星と金星は、オバマのネイタル 7 ハウス冥王星とオポジションだった。

33. クリントン大統領の 2 期目が始まった 1997 年 1 月 20 日のチャートを見ると、牡羊座 11 ハウス土星が天秤座 5 ハウス火星とオポジション（この火星はネイタル ASC －火星－海王星とコンジャンクション）である。この配置は、牧師の息子だったケネス・スター独立検察官の執拗な追及により、クリントンが不適切な（土星）な性的関係（5 ハウス土星）で弾劾へと追い込まれた道徳的魔女狩りを物語っている。

34. 現代アメリカを占星術の視点から考察した、お勧めの一冊

35. さらなるテクニックを試したいという誘惑はつねにあるものだ。バーナード・エックルズのおかげで、私はミッドポイント・トランジットという概念を知った。これを大統領選勝利の時点に当てはめると、さらに 2 つの重要なミッドポイントが見つかる。海王星／木星は山羊座 25 度（オバマのネイタル土星とコンジャンクション）、木星／天王星は水瓶座 18 度（オバマのネイタル ASC とコンジャンクション）である。

36. たとえば、アメリカ合衆国の冥王星は、オバマの重要な木星－土星のミッドポイントに位置するし、アメリカ月はオバマ・サウスノード（ドラゴンテイル）とコンジャンクションで、オバマ天王星とはオポジション、さらに金星同士が重なっている。

37. 『Time』誌, 27 October 2008.

38. Carter Smith『Presidents：Every Question Answered』

39. Larry Martz with Ginny Carroll『Ministry of Greed』

40. トークショーの司会者、とくに「告白番組」で活躍する人は、木星が顕著であり、しばしば 9 ハウスの強調が見られる。木星と海王星（およびそれらの支配サイン）は、テレビという媒体を利用して幅広い層の人々（海王星）に自分の主義主張（木星）を広め、救済を売り込むのが得意な人のチャートに、とりわけ強くあらわれるようだ。

41. Tammy Faye Messner『Tammy：Telling It My Way』

42. D. Shewey『Rolling Stone Review』

本書に登場する占星術用語について

本書では、占星術用語については、一部を除いて翻訳はせずに、英語表記のままになっています。頻繁に登場する用語につては、ここに意味を補足しておきますので参考にしてください。

アウト・オブ・サイン
同じ星座同士、同じモード同士、同じエレメント同士といった、一般的なサイン同士の関係性から外れていること。たとえば原則として、コンジャンクションは牡羊座の太陽2度と牡羊座の木星5度というように、同じサイン同士で起こる。ただし、牡羊座の太陽2度と魚座の木星29度も、アスペクトとしてはコンジャンクションが成立している。このような場合を、「アウト・オブ・サイン・コンジャンクション」と呼ぶ。

アングル
ASC（アセンダント）、DSC（ディセンダント）、MC（ミディアム・コエリ）、IC（イムム・コエリ）のこと。

イグザクト
アスペクトがオーブなしの正確な角度で形成されること。

インナー・プラネット
月、水星、金星、太陽、火星、木星、土星までの7天体のこと。

エレメント
サインの四区分。四元素（火地風水）にサインを分類する。

オーバートーン
占星術用語ではないが、本書には頻繁に登場する表現。「特徴的な色合い」（個人のチャートにおける強調されている部分）という意味で用いている。

オウンサイン
天体が、自分自身が支配するサインにいること。たとえば太陽が獅子座、月が蟹座にいる状態。その天体がもつ特徴が表現されやすいといわれている。

クアドラント
ホロスコープのアングル（ASC、DSC、MC、IC）の境に、3つのハウス（1～3、4～6、7～9、10～12）に分けた四分円のこと。

シグニフィケーター
表自体。ホロスコープの特徴をもっともよくあらわす天体や感受点のこと。

ブランド・クリアネードの新西洋占星術
― ブランド・クリアネードの新西洋占星術 ―
ホロスコープをもっと3つのメソッド

2019年11月27日	第1刷発行
2020年2月1日	第2刷発行
2020年8月13日	第3刷発行
2022年2月12日	第4刷発行

著者	ブランド・クリアネード
訳者	鏡谷美香子、坂本博子
翻訳協力	株式会社トランネット https://www.trannet.co.jp/
デザイン	木目幸子
編集	鏡川幸子
発行者	相次江麻子
発行所	ARI占星術総合研究所 〒105-0014 東京都港区芝 2-9-5 ワールビング FKO ビル 401 電話：03-6425-7265 URL：https://arijp.com/
印刷所	株式会社イシダ印刷

©ARI, Astrology Research Institute, 2019 Printed in Japan
ISBN-978-4-991 0543-1-0

万一、乱丁・落丁のある場合はお取替えいたします。定価は本体に表示してあります。
本書の一部あるいは全部を無断で複写複製（デジタルデータを含む）、放送、データ配信することは、
法律で認められた場合を除き、著作権の侵害となります。

プロフィール

<著者>

フランク・クリフォード

25年以上、占星術を手相について著述、コンサルティングおよび講義をしている占星術師であり、LSA（ロンドン・スクール・オブ・アストロロジー）学校長。向こう十冊以上の占星術および手相に関する著書があり、11ヶ国語に翻訳されている。ロンドンでは占星術を経営するLSAで講座をもちつつ、幅広い業績に対する賞をいくつも受賞。中国、日本、アメリカ、オーストラリア、トルコ、ヨーロッパ各国など、世界中で講座や講演を行うほか、テレビ、ラジオ、ニュースチャンネル、キャッチアップ・TV、ネット新聞などの媒体を受けるなど、スポーツ、エンターテイメント業界でも活躍している。世界各国の雑誌や新聞、テレビからラジオにも出演しており、日本では2019年5月のNHK BSの番組「コズミックフロント」に出演。

オフィシャルサイト
https://frankclifford.co.uk/

ロンドン・スクール・オブ・アストロロジー
https://www.londonschoolofastrology.co.uk/

<訳者>

鏡谷麻衣子（かがみたに まいこ）

立教大学現代心理学研究科卒業。翻訳家、ヨガ講師、占星術家。陰陽師・隆木禅一と共著で『老子道徳経』上下巻、著書に『医師が薦める最高のダイエット──腸内フローラ革命』（ダイヤモンド社）、『母から受けた傷を癒すには』（さくら舎）、『人生の転機について』（PHP）など多数。

坂本晴子（さかもと はるこ）

日英・英日翻訳家を経て翻訳業に転じ、観光関連運輸事業の翻訳、翻訳会社、その他、広業ネットワーク・コンサルティング会社等の翻訳を手がける。近年は日本最大級の議員会員企業、様々な民間発信メディアの発送スピーキング翻訳者も務める。

シングルトン
ホロスコープのなかで、1つだけ離れた場所に位置している天体。バケット型のホロスコープでは「取っ手」の部分になる。あるいは、天体をエレメントで分けたとき、1つの天体しか属していないエレメントがある場合も、そのエレメントの天体をシングルトンと呼ぶ。例：火4、地1、風2、水3の場合は、地がシングルトンになる。

ステーション
留。天体が順行から逆行、逆行から順行に転じるとき。一時的に天体が動きを止めているように見える状態。

ゾディアック
黄道帯、獣帯。黄道とは、太陽の通り道を天球に反映したもので、上下約 8.5 度の幅がある。黄道十二宮や単に12サインをあらわす場合もある。

ディスポジター
ルーラー（支配星）の配列。ルーラー（支配星）同士のつながりをあらわすもの。

デカン
デーカンともいう。1つのサインを10度ずつ3分割したもの。

ビッグスリー
本書では、太陽、月、ASCを指している。

ポラリティ
サインの二区分。二要素（陰と陽／男性性と女性性）にサインを分類する。

モード
サインの三区分。三区分（活動、不動、柔軟）にサインを分類する。

ライジング
東の地平線（ASC）の8〜10度内に上昇していること。

ルーラー
支配星。各サインを支配する天体のこと。コールーラーは副支配星、もしくは二つある支配星のことを指す。

ルーラーシップ
天体とサインとの支配関係のこと。

ARI占星学総合研究所とは

西洋占星学を中心とした占星学のスクール。
本格的に勉強したい方のための総合コースから、
気楽にご参加いただけるワークショップやセミナーなど、
さまざまなカリキュラムをご用意しています。

東京で開催するライブのクラスの他、
オンラインで受講できるクラスも豊富にありますので、
東京に通うことが出来ない方にもご利用いただけます。

URL：https//arijp.com

ホロスコープを作成するなら
スターナビゲーター

はじめての人にもやさしく、プロの占星家も納得！

- 無料プランで一重円はもちろん三重円も作成できる
- 三区分・四区分でカンタンに性格診断できる
- 天体、星座、アスペクト、ハウスの意味も表示
- 日本語だから設定も簡単

有料プランなら

二重円、ハーフサム、グラフィックエフェメリス、未来予測など、
充実の機能が満載！
Free、Basic、Plus、Pro の4つのプランからお選びいただけます。
（お使いいただける機能は、プランによって異なります）

https://www.arijp.com/horoscope/